华信经管创优系列

U0819961

高级财务会计

崔文娟　主编

電子工業出版社
Publishing House of Electronics Industry
北京 · BEIJING

内 容 简 介

本书主要介绍企业合并、合并财务报表、企业集团内部交易、租赁会计、外币业务会计和外币报表折算、特价变动会计、衍生金融工具会计、分部报告、企业重组及清算会计等理论与实务相关内容。本书的编写既尊重财务会计的完整知识体系，又突出重点，也不回避难点。为了反映学科发展前沿和会计改革成果，在对高级财务会计所包含的内容进行讲解的同时，融入会计研究的最新成果。案例分析资料全部来自实践，而且体现了会计行业的热点问题，有利于学习者在理解内容的基础上，拓展思路，提高分析问题和解决问题的能力。

本书适合作为高等学校财务管理、会计专业的高年级本科生，MPAcc学生以及会计专业研究生的教材。

图书在版编目 (CIP) 数据

高级财务会计 / 崔文娟主编. —北京：电子工业出版社，2017.11
（华信经管创优系列）
ISBN 978-7-121-32919-7

I. ①高… II. ①崔… III. ①财务会计－高等学校－教材 IV. ①F234.4

中国版本图书馆 CIP 数据核字（2017）第 257829 号

策划编辑：石会敏
责任编辑：郝黎明　　　　特约编辑：张燕虹
印　　刷：天津嘉恒印务有限公司
装　　订：天津嘉恒印务有限公司
出版发行：电子工业出版社
　　　　　北京市海淀区万寿路 173 信箱　　邮编：100036
开　　本：787 × 1 092　1/16　印张：20.75　字数：531 千字
版　　次：2017 年 11 月第 1 版
印　　次：2017 年 11 月第 1 次印刷
定　　价：49.00 元

凡所购买电子工业出版社图书有缺损问题，请向购买书店调换。若书店售缺，请与本社发行部联系，联系及邮购电话：(010)88254888，88258888。

质量投诉请发邮件至 zlts@phei.com.cn，盗版侵权举报请发邮件至 dbqq@phei.com.cn。

本书咨询联系方式：(010) 88254537。

前　　言

本书以我国财政部于2006年2月15日发布的、于2007年1月1日施行的《企业会计准则》为主要依据，并根据截至2017年6月新发布和修订的会计准则的新内容、新变化以及税法的相应变化，借鉴国内外院校的同类教材，比较全面、系统地阐述了特殊领域、特定时期的财务会计问题。

全书共10章：第一章介绍所得税会计，重点讲述实务工作中会计人员比较头疼的所得税相关的会计问题，重点是递延所得税的理解和会计处理；第二章和第三章介绍企业合并和合并财务报表，阐述在同一控制下与非同一控制下企业合并的会计处理以及合并报表编制过程中重点关注的内容；第四章到第五章介绍金融工具，阐述金融资产和金融负债的确认、计量和报告，衍生金融工具的种类和相关业务的会计处理以及股权激励这种特殊业务的核算；第六章介绍股权激励的界定、方式、拟订、审批、实施以及股份支付的会计处理等；第七章介绍租赁，阐述经营性租赁和融资租赁的特点及会计处理；第八章介绍外币交易会计及外币报表折算，阐述外币交易的会计处理原则以及外币报表折算的方法和折算流程；第九章介绍物价变动会计，阐述在物价变动的环境下传统会计体系受到的影响以及如何通过会计模式的改变最大限度地消除这些影响；第十章介绍债务重组，阐述会计意义上的债务重组以及以不同方式重组时的会计处理。

本书在每章后附有练习题，并在附录A中给出了详细的答案讲解。

本书在内容上的特点如下：

(1) 实用性：通过大量举例，紧密结合《企业会计准则》详尽说明准则的具体运用。

(2) 国际化：在内容的表述上综合考虑我国的会计准则与国际会计准则。

(3) 化繁为简，篇幅比较紧凑，语言比较通俗，操作比较简练。

说明：本书各章的例子、练习题、案例导读、课外阅读等中的图、表不按章排序号。

本书可作为大中专院校师生在会计研究和教学中的参考资料，也可作为会计与财务工作者、财政税务工作者、注册会计师、政府和内部审计人员在实际工作中的参考书。

本书的编写得到北京科技大学研究生院《2015年研究生教育发展基金》的资助，得到了电子工业出版社及各方面的支持和帮助，在此表示衷心感谢。由于编者水平有限，书中难免会有不妥甚至错误之处，深望读者批评指正。

编　者

目　　录

第一章

所得税会计

本章学习提示

学习内容：

会计和税收是经济领域中两个不同的分支，分别遵循不同的原则，规范不同的对象。会计遵循的是公认的会计原则，反映财务状况、经营成果及现金流量变动；税收遵循的是税收法规，其目的是课税以调节经济。由此产生了会计和税收的差异，进而出现了所得税会计核算的问题。

本章对所得税会计的概念、资产负债表债务法的内涵、资产或负债的账面价值与计税基础的界定、可抵扣暂时性差异和应纳税暂时性差异的界定，以及资产负债表债务法的核算原理做了较为详尽的解析。

学习要点：

1. 资产账面价值与计税基础的判定；
2. 负债账面价值与计税基础的判定；
3. 应纳税暂时性差异的判定；
4. 可抵扣暂时性差异的判定；
5. 递延所得税资产的确认；
6 递延所得税负债的确认；
7. 应纳税所得额的确认和应交所得税的计算；
8. 各期所得税费用的确认。

第一节 所得税会计概述

所得税会计是研究处理会计收益和应税收益差异的会计理论和方法，是税务会计的一个分支，是反映企业所得税的确认、计量和报告的一整套会计原理、程序和方法。它诞生于西方的会计学领域，最早出现于 20 世纪初的美国。1953 年，美国会计师协会宣布采用应付税款法，这开启了所得税会计的历史进程。从那以后至今，所得税会计核算方法已经历了递延法、利润表债务法、资产负债表债务法，经长期研究和实践已发展得较为成熟。

随着经济体制改革的进行，中国原有的税制已不适应市场经济的要求，影响税收作用的发挥。因此，中国对税制进行了改革和调整。中国自 1992 年颁布《税收征管法》和 1993 年颁布《企业所得税条例》开始，确立了会计制度服从税法的计税原则，财政部于 1994 年下发的《企业所得税处理的暂行规定》是中国企业所得税会计处理的主要依据。

经过长时间的酝酿和调查研究，2007 年 3 月 16 日，第十届全国人民代表大会第五次会议高票通过了《中华人民共和国企业所得税法》(以下简称《企业所得税法》)；2007 年 11 月 28 日，国务院第 197 次常务会议通过了《中华人民共和国企业所得税法实施条例》(以下简称《实施条例》)。这两部法律均于 2008 年 1 月 1 日起施行，具有重要的历史和现实意义。

新的《企业所得税法》适用于除个人独资企业和合伙企业之外的所有企业，不再区别所有制性质、组织形式、投资主体等，使纳税人处于公平竞争的环境中，充分保证了税收的公平原则。新所得税法的颁布，使税法标准与会计准则的差异不断扩大，中国会计和税法的改革正朝着各自独立的方向发展。

所得税会计产生的原因主要是会计收益与应税收益存在的差异所致。会计收益和应税收益是经济领域中两个不同的经济概念，分别遵循不同的原则，规范不同的对象，体现不同的要求。因此，同一企业在同一会计期间按照会计准则计算的会计收益与按照国家税法计算的应税收益之间的差异是不可避免的，故在计算所得税时，不可能直接以会计收益为依据，而要以所得税法规定对会计收益进行调整后，才能正确地计算出应税收益，因而就产生了调整这一复杂过程的专门的所得税会计。

所得税会计的核算方法分为两大类，即应付税款法和纳税影响会计法。纳税影响会计法又分为资产负债表债务法和利润表债务法。目前，我国会计准则要求企业采用资产负债表债务法。

一、纳税影响会计法

目前，应付税款法已经被逐渐淘汰。应付税款法是指本期税前会计利润与应纳税所得额之间的差异造成的影响纳税的金额直接计入当期损益，而不递延到以后各期的会计处理方法。在应付税款法下，不需要确认税前会计利润与应纳税所得额之间的差异造成的影响纳税的金额，因此当期计入损益的所得税费用等于当期按应纳税所得额计算的应交所得税，显然这种方法不符合权责发生制。

纳税影响会计法认为，当会计与税务产生收入、支出上的暂时性差异(对于永久性差异，应付税款法与纳税影响会计法的处理相同)时，应当以会计口径的利润认定所得税费用，以税务口径的利润认定应交所得税，二者之差通过“递延所得税资产”科目、“递延所得税负债”科目调整。

例 1-1　ABC 公司于 2016 年年初开始对某设备提取折旧，该设备原价为 40 万元，假定无残值，会计上采用两年期直线法提取折旧，税务口径认可四年期直线法折旧。假定每年的税前会计利润为 100 万元，所得税税率为 25%，则应付税款法与纳税影响会计法的会计处理如下。

(1)设备折旧在会计、税务上的差异如下:

单位：万元

项目	2016 年	2017 年	2018 年	2019 年
会计口径	20	20	0	0
税务口径	10	10	10	10
暂时性差异	10	10	−10	−10

(2) 应付税款法的会计处理如下：

单位：万元

项目	2016 年	2017 年	2018 年	2019 年
税前会计利润	100	100	100	100
暂时性差异	10	10	−10	−10
应税所得	110	110	90	90
应交所得税	27.5	27.5	22.5	22.5
所得税费用	27.5	27.5	22.5	22.5
净利润	72.5	72.5	77.5	77.5

(3) 纳税影响会计法的会计处理如下：

单位：万元

项目	2016 年	2017 年	2018 年	2019 年
税前会计利润	100	100	100	100
暂时性差异	10	10	−10	−10
应税所得	110	110	90	90
应交所得税	27.5	27.5	22.5	22.5
递延所得税资产	借记 2.5	借记 2.5	贷记 2.5	贷记 2.5
所得税费用=会计口径利润×所得税率	25	25	25	25
会计分录	借：所得税费用 25 递延所得税资产 2.5 贷：应交税费——应交所得税 27.5		借：所得税费用 25 贷：递延所得税资产 2.5 应交税费——应交所得税 22.5	

例 1-2 资料同例 1-1，如果将会计折旧口径与税务折旧口径互换，则纳税影响会计法的会计处理又会如何呢？

(1) 设备折旧在会计、税务上的差异

单位：万元

项目	2016 年	2017 年	2018 年	2019 年
税务口径	20	20	0	0
会计口径	10	10	10	10
暂时性差异	10	10	−10	−10

(2) 纳税影响会计法的会计处理

单位：万元

项目	2016 年	2017 年	2018 年	2019 年
税前会计利润	100	100	100	100
暂时性差异	−10	−10	10	10
应税所得	90	90	110	110
应交所得税①	22.5	22.5	27.5	27.5
递延所得税负债②	贷记 2.5	贷记 2.5	借记 2.5	借记 2.5
所得税费用③=会计口径利润×所得税率	25	25	25	25
会计分录：	借：所得税费用③ 贷：递延所得税负债② 应交税费——应交所得税①		借：所得税费用③ 递延所得税负债② 贷：应交税费——应交所得税①	

从上例可以看出，应付税款法中将按税法计算的应纳税额作为所得税费用的金额，体现不出会计准则与税法相关规定的差异，不符合权责发生制原则，而且计算出的净利润也不是一个纯粹的会计指标。因此，为解决以上问题，纳税影响会计法应运而生。这里的“递延所得税资产”有待摊的含义（按照税法已经交纳税款，但会计上先不作为费用，留待以后摊进所得税费用），而“递延所得税负债”有预提的含义（按照税法先不用交纳税款，但会计上已经作为费用，留待以后再纳税）。

二、资产负债表债务法的一般程序

目前，我国采用的纳税影响会计法是资产负债表债务法。在采用资产负债表债务法核算所得税的情况下，企业一般应于每一资产负债表日进行所得税的核算。企业合并等特殊交易或事项发生时，在确认因交易或事项取得的资产、负债时即应确认相关的所得税影响。企业进行所得税核算一般应遵循以下程序：

第一，按照相关会计准则规定确定资产负债表中除递延所得税资产和递延所得税负债以外的其他资产和负债项目的账面价值。

第二，按照会计准则中对于资产和负债计税基础的确定方法，以适用的税收法规为基础，确定资产负债表中有关资产和负债的计税基础。

第三，确定资产或负债的账面金额与其计税基础之间差额，计算暂时性差异。对于存在差异的，区分应纳税暂时性差异和可抵扣暂时性差异，按资产负债表日所得税税率计算该差异产生的递延所得税负债和递延所得税资产。如果期初递延所得税负债和递延所得税资产余额小于资产负债表日产生的递延所得税负债和递延所得税资产额，两者之间的差额应进一步确认为当期的递延所得税负债和递延所得税资产；如果期初递延所得税负债和递延所得税资产的余额大于资产负债表日产生的递延所得税负债和递延所得税资产额，两者之间的差额应予以转销。

第四，计算应交所得税。按照税法规定对会计利润进行调整，按适用税率计算企业应交所得税。

应纳税所得额 = 收入总额–不征税收入–免税收入–各项扣除–以前年度亏损；

应交所得税=应纳税所得额×所得税适用税率。

第五，计算当期利润表中的所得税费用。根据当期应交所得税和当期进一步确认或转销的递延所得税负债和递延所得税资产计算当期所得税费用。

当期所得税费用=当期应交所得税税额+（期末递延所得税负债–期初递延所得税负债）–（期末递延所得税资产–期初递延所得税资产）。

第二节　资产、负债的计税基础及暂时性差异

所得税会计核算的关键在于确定资产、负债的计税基础。资产、负债的计税基础的确定，与税收法规的规定密切关联。企业在取得资产、负债时，应当确定其计税基础。

一、资产与负债的计税基础

1. 资产的计税基础

资产的计税基础，指企业收回资产账面价值的过程中，计算应纳税所得额时按照税法可

以自应税经济利益中抵扣的金额。显然，资产的计税基础是税法允许未来抵税的资产价值，也就是未来不需要纳税的资产价值，即现在不能税前列支抵扣的金额。通常情况下，资产在取得时，其入账价值与计税基础是相同的，后续计量过程中因会计准则规定与税法规定不同，可能造成账面价值与计税基础的差异。计算公式如下：

资产的计税基础=未来可税前列支的金额

某一资产负债表日的计税基础=成本-以前期间已税前列支的金额

例如，固定资产、无形资产等长期资产在某一资产负债表日的计税基础是指其成本扣除按照税法规定已在本期及以前期间税前扣除的累计折旧额或累计摊销额后的金额。

2. 负债的计税基础

负债的计税基础是指负债的账面价值减去未来期间计算应纳税所得税额时按照税法规定可予以抵扣的金额。用公式表示为：

负债的计税基础=账面价值-未来期间按照税法规定可予以税前扣除的金额

二、暂时性差异

暂时性差异是指资产或负债的计税基础与其列示在会计报表上的账面价值之间的差异。根据暂时性差异对未来期间应税金额影响不同,分为应纳税暂时性差异和可抵扣暂时性差异。以后年度当会计报表上列示的资产收回或者列示的负债偿还时，该差异会产生应课税金额或扣除金额。

未作为资产或负债确认的项目，如果按照税法规定可以确定其计税基础，则也可以计算相关的暂时性差异。

1. 可抵扣暂时性差异

可抵扣暂时性差异是指在确定未来收回资产或清偿负债期间的应纳税所得额时，将导致产生可抵扣金额的暂时性差异。该差异在未来期间转回时会减少转回期间的应纳税所得额，减少未来期间的应交所得税。在可抵扣暂时性差异产生当期，应当确认相关的递延所得税资产。可抵扣暂时性差异一般产生于以下情况。

(1)资产的账面价值小于其计税基础

当资产的账面价值小于其计税基础时，从经济含义来看，资产在未来期间产生的经济利益少，按照税法规定允许税前扣除的金额多，而计入利润表的费用项目金额偏小。因此，未来期间计算的应纳税所得额将会小于会计利润。资产账面价值与计税基础之间的差额，企业在未来期间可以减少应纳税所得额并减少应交所得税，此情形下的暂时性差异为可抵扣暂时性差异。

出现这种情况的常见原因是，企业按照会计准则加速折旧、加速摊销、提取资产减值准备、确认资产公允价值下降等。这些会计处理会导致资产减少，而税收法规只承认依照税法计算的折旧额和摊销额，并且对于会计上所记载的资产减值损失、公允价值变动损失和超过税法规定标准计提的累计折旧和累计摊销的金额，则一概不予认可。这样，资产的账面价值较小，而其计税基础较大，两者之间形成了可抵扣暂时性差异。

(2)负债的账面价值大于其计税基础

一项负债的账面价值大于其计税基础，意味着未来期间按照税法规定与该项负债相关的全部或部分支出可以从未来应税经济利益中扣除，减少未来期间的应纳税所得额和应交所得税。

当负债的账面价值大于其计税基础时，负债产生的暂时性差异实质上是税法规定就该项负债可以在未来期间税前扣除的金额，即负债产生的暂时性差异=账面价值–计税基础=账面价值–(账面价值–未来期间计税时按照税法规定可予税前扣除的金额)=未来期间计税时按照税法规定可予税前扣除的金额。

2. 应纳税暂时性差异

应纳税暂时性差异是指在确定未来收回资产或清偿负债期间的应纳税所得额时，将导致产生应税金额的暂时性差异。该差异在未来期间转回时，会增加转回期间的应纳税所得额，即在未来期间不考虑该事项影响的应纳税所得额的基础上，由于该暂时性差异的转回，会进一步增加转回期间的应纳税所得额和应交所得税金额。应纳税暂时性差异通常产生于以下情况。

(1)资产的账面价值大于其计税基础

资产的账面价值大于其计税基础意味着未来期间税法允许税前扣除的金额少，而计入利润表的费用项目的金额偏大，因此，未来期间计算的应纳税所得额将大于会计利润。此情形下的暂时性差异为应纳税暂时性差异。出现这种情况的常见原因是，企业按照会计准则记载了公允价值的上升，但税法一概不予认可。

(2)负债的账面价值小于其计税基础

一项负债的账面价值为企业预计在未来期间清偿该项负债时的经济利益流出，而其计税基础代表的是账面价值在扣除税法规定未来期间允许税前扣除的金额之后的差额。因负债的账面价值与其计税基础不同产生的暂时性差异，本质上是税法规定就该项负债在未来期间可以税前扣除的金额(即与该项负债相关的费用支出在未来期间可予税前扣除的金额)。负债的账面价值小于其计税基础则意味着就该项负债在未来期间可以税前抵扣的金额为负数，即应在未来期间应纳税所得额的基础上调增，增加应纳税所得额和应交所得税金额，产生应纳税暂时性差异。

综上所述，暂时性差异产生的原因可总结如下：

资产的账面价值>计税基础，形成应纳税暂时性差异；

资产的账面价值<计税基础，形成可抵扣暂时性差异；

负债的账面价值>计税基础，形成可抵扣暂时性差异；

负债的账面价值<计税基础，形成应纳税暂时性差异。

三、具体资产项目的暂时性差异分析

1. 固定资产

账面价值=实际成本–会计累计折旧–固定资产减值准备

计税基础=实际成本–按照税法规定已在以前期间税前扣除的折旧额

初始确认时：固定资产的入账价值一般等于计税基础。

后续计量时：

账面价值=实际成本–累计折旧(会计)–减值准备

计税基础=实际成本–累计折旧(税收)

产生差异的原因如下。

(1)折旧方法：会计准则规定，企业应当根据与固定资产有关的经济利益的预期实现方式合理选择折旧方法，包括可以采取加速折旧方法；除某些按照规定可以加速折旧的情况外，基本上可以税前扣除的是按照直线法计提的折旧。

(2)折旧年限：会计准则根据固定资产的性质和使用情况合理确定；税法对每一类固定资产的折旧年限做出了规定。

(3)计提减值准备：会计准则下固定资产可以计提固定资产减值准备，计提后固定资产账面价值下降；税法规定按照会计准则规定计提的资产减值准备在资产发生实质性损失前不允许税前扣除。

例 1-3 ABC 股份有限公司于 20×7 年 12 月购入的管理部门用设备原价为 1 000 万元，经济寿命为 10 年，净残值为 0。该设备不符合税法规定的加速折旧条件。会计处理中按双倍余额递减法计提折旧，20×9 年年底，该公司对该项固定资产计提了 40 万元的减值准备。则在 20×9 年年末：

固定资产的账面价值=实际成本–累计折旧(会计)–减值准备

=1 000–(200+160)–40=600 万元

固定资产的计税基础=实际成本–按税法规定已在以前期间税前扣除的折旧额

=1 000–(100+100)=800 万元

这样，账面价值与计税基础之间就产生了 200 万元的暂时性差异。

下面解读这 200 万元的暂时性差异的含义。

在会计处理上，所有的资产最终都会被列为利润表中的减项(即费用类项目)，通俗来讲，资产是长期化了的费用，资产的价值最终都会进入利润表中，如库存商品在销售后会转变为利润表中的“营业成本”项目，管理部门的固定资产通过每个会计期间计提折旧以“管理费用”的方式进入利润表，在期末进行减值测试时如发生减值又会以“资产减值损失”项目进入利润表中。可见，资产的账面价值有多少，未来期间利润表中的减项就有多少。

在税务处理上，企业生产经营所发生的所有必要而合理的开支都可以享受税前扣除。换言之，所有的有形资产的成本最终都可以享受税前扣除。计税基础实际上是指留待未来期间扣除的金额，也就是未来期间所得税纳税申报表中的减项。

上例中，固定资产的账面价值为 600 万元，这是它在未来期间在利润表中的减项。假如 ABC 公司一直使用该项固定资产，则该公司在未来 8 年的利润表通过管理费用、资产减值损失或营业外支出等形式所记载的利润表上的减项合计为 600 万元(不考虑时间价值)。固定资产的计税基础为 800 万元，即它在未来期间纳税申报表中的减项(“税前扣除数”)。假如 ABC 公司一直使用该项固定资产，则税务机关允许该公司在未来 8 年的纳税申报表上每年扣除按照直线法计算的折旧额为 100 万元，8 年的扣除额合计为 800 万元。

由上述分析可见，暂时性差异 200 万元意味着未来计入利润表的减项小于计入纳税申报表的减项。也就是说，未来的会计利润数字将会比未来的应纳税所得额大 200 万元。在纳税申报时，税务机关会在会计利润的基础上做调减处理。准则把这种调减处理称为“可抵扣暂时性差异”。假设该公司未来适用 25%的所得税税率，则上述差额对未来期间应纳税额的影响将会使得实际应纳税额比按照会计利润计算的数额少 50 万元。这是一种“预期好处”，符合企业会计准则关于资产的定义(资产是指企业过去的交易或事项形成的、由企业拥有或控制的、预期会给企业带来经济利益的资源)。因此，按照准则的规定，应当作为递延所得税资产入账，即借记“递延所得税资产”账户 50 万元。

2. 无形资产

1) 初始计量

(1) 除内部研究开发形成的无形资产以外，以其他方式取得的无形资产，初始确认时按照会计准则规定确定的入账价值与按照税法规定确定的成本之间一般不存在差异。

(2) 对于内部研究开发形成的无形资产，会计准则规定有关内部研究开发活动区分两个阶段，研究阶段的支出应当费用化计入当期损益，开发阶段符合资本化条件以后至达到预定用途前发生的支出应当资本化作为无形资产的成本；税法规定通常情况下，企业自行开发的无形资产，以开发过程中该资产符合资本化条件后至达到预定用途前发生的支出为计税基础(说明通常情况下，企业自行开发的无形资产，在初始确认时账面价值等于计税基础)。企业为开发新技术、新产品、新工艺发生的研究开发费用，未形成无形资产计入当期损益的，在按照规定据实扣除的基础上，按照研究开发费用的 50%加计扣除；形成无形资产的，按照无形资产成本的 150%摊销。如该无形资产的确认不是产生于合并交易、同时在确认时既不影响会计利润也不影响应纳税所得额，则按照所得税会计准则的规定，不确认有关暂时性差异的所得税影响。

2) 后续计量

无形资产的后续中，会计与税收的差异主要产生于对无形资产是否需要摊销以及无形资产减值准备的提取。比如会计准则规定，使用寿命不确定的无形资产不要求摊销，税法则要求在不少于 10 年的期限内摊销；会计上提取的减值准备在税法上是承认的。

(1) 使用寿命不确定的无形资产：账面价值=实际成本−减值准备。

计税基础=实际成本−累计摊销(税收)

(2) 有使用寿命的无形资产：账面价值=实际成本−累计摊销(会计)−减值准备。

计税基础=实际成本−累计摊销(税收)

例 1-4 ABC 股份有限公司斥资 600 万元购入某项专利权，法律保护期仅为 5 年，会计上采用年数总和法对其进行加速摊销。但税法规定应按直线法摊销。则第一年年底：

无形资产的账面价值=600−200=400 万元

无形资产的计税基础=600−120=480 万元

这样，账面价值与计税基础之间就产生了 80 万元的暂时性差异。

例 1-5 ABC 公司于 2016 年年初开始研发某专利权，研究费用支付了 40 万元，开发费用支付了 100 万元，开发费用均满足资本化条件，专利权于当年的 7 月 1 日研发成功，达到预定可使用状态，7 月 2 日支付了注册费和律师费 20 万元。会计上、税务上均采用 5 年期直线法摊销。税法规定，企业发生的研究开发费用允许追扣 50%。

项目名称	会计口径	税务口径	差异
研究费用	计入管理费用 40 万元	计入应税支出 60 万元	20 万元属于非暂时性差异
开发费用	以 120 万元计入无形资产成本	以 170 万元计入无形资产成本	定义为可抵扣暂时性差异，但不确认为递延所得税资产
	当年摊销 12 万元	当年计入应税支出 17 万元	5 万元做纳税调整处理，但不调整递延所得税资产
	年末无形资产账面价值为 108 万元	年末无形资产的计税基础为 153 万元	定义为可抵扣暂时性差异 45 万元，但不确认为递延所得税资产

3. 以公允价值计量且其变动计入当期损益的金融资产

按照《企业会计准则第 22 号——金融工具确认和计量》的规定，以公允价值计量且其变动计入当期损益的金融资产于某一会计期间的账面价值为其公允价值。

税法规定：企业以公允价值计量的金融资产、金融负债以及投资性房地产等，持有期间公允价值的变动不计入应纳税所得额，在实际处置或结算时，处置取得的价款扣除其历史成本后的差额应计入处置或结算期间的应纳税所得额。按照该规定，以公允价值计量的金融资产在持有期间市价的波动在计税时不予考虑，有关金融资产在某一会计期末的计税基础为其取得成本，从而造成在公允价值变动的情况下，以公允价值计量的金融资产的账面价值与计税基础之间的差异。

以公允价值计量且其变动计入当期损益的金融资产的账面价值=实际成本 ± 公允价值变动

以公允价值计量且其变动计入当期损益的金融资产的计税基础=实际成本

可见，以公允价值计量且其变动计入当期损益的金融资产形成暂时性差异的原因是，税法对于公允价值变动损益(未实现的浮动盈亏)一概不予认可。

企业持有的可供出售金融资产计税基础的确定，与以公允价值计量且其变动计入当期损益的金融资产类似，可比照处理。

例 1-6 ABC 股份有限公司于 20×7 年以 100 万元的价格购入某上市公司股票作为交易性金融资产处理。当年年末，该交易性金融资产价格升至 300 万元。

交易性金融资产的账面价值=实际成本±公允价值变动

=100+200=300 万元

交易性金融资产的计税基础=实际成本=100 万元

该项交易性金融资产的账面价值与计税基础之间的暂时性差异 200 万元意味着未来该资产计入利润表的减项大于计入纳税申报表的减项，也就是说，未来的会计利润数字将会比未来的应纳税所得额小 200 万元，在纳税申报时，税务机关将会在会计利润的基础上做调增处理。准则把这种调增处理称为“应纳税暂时性差异”。假设该公司现在和未来均适用 25%的所得税税率，则上述差额对未来期间应纳税额的影响将会使得实际应纳税额比按照会计利润计算的应纳税额多 50 万元。这是一种“预期坏处”，符合企业会计准则关于负债的定义(即负债是指企业过去的交易或事项形成的、预期会导致经济利益流出企业的现时义务)。准则要求企业记载相关内容于“递延所得税负债”，即贷记“递延所得税负债”账户 50 万元。

4. 其他资产

因会计准则规定与税法规定不同，企业持有的其他资产，可能造成其账面价值与计税基础之间存在差异，例如：

(1)投资性房地产，企业持有的投资性房地产进行后续计量时，会计准则规定可以采用两种模式：一是成本模式，采用该种模式计量的投资性房地产的账面价值与计税基础的确定与固定资产、无形资产相同；二是在符合规定条件的情况下，可以采用公允价值模式对投资性房地产进行后续计量。对于采用公允价值进行后续计量的投资性房地产，其计税基础的确定类似于交易性金融资产。

(2)其他计提了资产减值准备的各项资产。有关资产计提了减值准备后，其账面价值会随之下降，而税法规定资产在发生实质性损失之前，不允许税前扣除，即其计税基础不会因减值准备的提取而发生变化，从而造成在计提资产减值准备以后，资产的账面价值与计税基础之间的差异。也就是说，减值准备在税法上一概不予承认。

四、具体负债项目的暂时性差异

对于绝大多数常规意义上的债务而言，由于资产负债表债务法的目的是计算暂时性差异对所得税的预期影响，而负债只存在欠债还钱的问题，既不影响当期的所得税，也不存在预期影响，因此，根本不需要考虑负债的暂时性差异的问题。这是因为短期借款、应付票据、应付账款、其他应付款等常规负债的确认和偿还，不会对未来期间的损益和应纳税所得额产生影响。因此，其“未来期间按照税法规定可予税前扣除的金额”为零，其计税基础等于账面价值，无暂时性差异。

对于极个别的负债项目(如预计负债，已经计入应纳税所得额的预收账款和应付职工薪酬)而言，虽然企业在履行给付义务时，其会计处理(即减记负债、减记资产)并不涉及利润表项目，但税法允许其将金额予以税前扣除。因此，可直接将该负债科目的金额列为“可抵扣暂时性差异”。

1. 预计负债

1)企业因销售商品提供售后服务等原因确认的预计负债

(1)按照或有事项准则规定,企业对于预计提供售后服务将发生的支出在满足有关确认条件时，销售当期即应确认为费用，同时确认预计负债。

(2)如果税法规定，与销售产品相关的支出应于发生时税前扣除。因该类事项产生的预计负债在期末的计税基础=账面价值–未来期间可税前扣除的金额之间，如有关的支出实际发生时可全部税前扣除，其计税基础为零；

如果税法规定对于费用支出按照权责发生制原则确定税前扣除时点(即税法和会计准则一致)，所形成负债的计税基础等于账面价值。

2)其他事项确认的预计负债

企业按照或有事项准则规定确认预计负债，税法应按照税法规定的计税原则确定其计税基础(题目中会给出税法规定)。

某些情况下，因有些事项确认的预计负债，税法规定其支出无论是否实际发生均不允许税前扣除，即未来期间按照税法规定可予抵扣的金额为零，账面价值等于计税基础。

例 1-7 ABC 股份有限公司在 20×7 年因销售产品承诺提供 3 年的保修服务，在当年的利润表中确认了 600 万元的销售费用，同时确认了预计负债。该公司当前和未来适用的所得税税率为 25%。计算该公司因预计负债所形成的暂时性差异。

账面价值=600 万元

计税基础=账面价值-未来期间按照税法规定可予以税前扣除的金额=600-600=0 万元

暂时性差异=600-0=600 万元

现在，我们可以将负债的暂时性差异概括如下。

(1) 对于常规负债而言，未来期间负债的偿还既不影响利润的计算，也不存在税前扣除的问题，其暂时性差异等于零，即其计税基础（负债在未来期间清偿时不予税前抵扣的金额）等于账面价值。

(2) 对于那些在清偿时可予税前扣除和负债（如预计负债）来说，可直接将账面价值（负债在清偿时可予税前扣除的金额）列为可抵扣暂时性差异。

2. 预收账款

(1) 如果税法规定的收入确认时点与会计准则规定相同

会计准则：企业在收到客户预付的款项时，因不符合收入确认条件，会计上将其确认为负债。

税法：税法中对于收入的确认原则一般与会计规定相同，即会计上未确认收入时，计税时一般也不计入应纳税所得额，该部分经济利益在未来期间计税时可予税前扣除的金额为零，计税基础等于账面价值。

(2) 如果税法规定的收入确认时点与会计规定不同

会计准则：不符合收入确认条件，作为负债反映。

税法：按照税法规定应计入当期纳税所得，未来期间可全额税前扣除，则计税基础为零。

3. 应付职工薪酬

会计准则：企业为获得职工提供的服务给予的各种形式的报酬以及其他相关支出均应作为企业的成本费用，在未支付之前确认为负债。

税法：税法中对于合理的职工薪酬基本允许税前扣除，但税法中如果规定了税前扣除标准的，按照会计准则规定计入成本费用的金额超过规定标准部分，应进行纳税调整。因超过部分在发生当期不允许税前扣除，在未来期间也不允许税前扣除，即该部分差额对未来期间计税不产生影响，所产生应付职工薪酬负债的账面价值等于计税基础。

4. 其他负债

一般情况下，计税基础=账面价值，不产生暂时性差异，但计税时可能需要做纳税调整，如应交的罚款和滞纳金等。

五、特殊交易或事项中产生资产、负债计税基础的确定

除企业在正常生产经营活动过程中取得的资产和负债以外，对于某些特殊交易中产生的资产、负债，其计税基础的确定应遵从税法规定，如企业合并过程中取得资产、负债计税基础的确定。

《企业会计准则第 20 号——企业合并》中，视参与合并各方在合并前后是否为同一方或相同的多方最终控制，分为同一控制下的企业合并和非同一控制下的企业合并两种类型。同一控制下的企业合并，合并中取得的有关资产、负债基本上维持其原账面价值不变，合并中不产生新的资产和负债；对于非同一控制下的企业合并，合并中取得的有关资产、负债应按其在

购买日的公允价值计量，企业合并成本大于合并中取得可辨认净资产公允价值的份额部分确认为商誉，企业合并成本小于合并中取得可辨认净资产公允价值的份额部分计入合并当期损益。

因会计准则规定与税收法规规定不同，可能使得对于企业合并中取得的资产、负债的入账价值与按照税法规定确定的计税基础不同，如对于非同一控制的企业合并，购买方对于合并中取得的可辨认资产、负债按照企业会计准则规定应当按照其在购买日的公允价值确认，而如果该合并按照税法规定属于免税改组，即购买方在合并中取得的可辨认资产、负债维持其原计税基础不变，则会产生因企业合并中取得可辨认资产、负债的公允价值与其计税基础不同形成的暂时性差异。

六、特殊项目产生的暂时性差异

1. 未作为资产、负债确认的项目产生的暂时性差异

某些交易或事项发生以后，因为不符合资产、负债的确认条件而未体现为资产负债表中的资产或负债，但按照税法规定能够确定其计税基础的，其账面价值与计税基础之间的差异也构成暂时性差异。如企业发生的符合条件的广告费和业务宣传费支出，除另有规定外，不超过当期销售收入 15%的部分准予扣除；超过部分准予在以后纳税年度结转扣除。该类费用在发生时按照会计准则规定计入当期损益，不形成资产负债表中的资产，但按照税法规定可以确定其计税基础的，两者之间的差额也形成暂时性差异。

例 1-8 ABC 公司于 20×9 年发生了 1 000 万元广告费支出，发生时已作为销售费用计入当期损益，税法规定，该类支出不超过当年销售收入 15%的部分允许当期税前扣除，超过部分允许向以后年度结转税前扣除。ABC 公司于 20×9 年实现销售收入 5 000 万元。

该广告费支出因按照会计准则规定在发生时已计入当期损益，不体现为期末资产负债表中的资产，如果将其视为资产，其账面价值为 0。

因按照税法规定，该类支出税前列支有一定的标准限制，根据当期 A 公司销售收入 15%计算，当期可予税前扣除 750(5 000×15%)万元，当期未予税前扣除的 250 万可以向以后年度结转，其计税基础为 250 万元(作为“长期待摊费用”)。

该项资产的账面价值 0 与其计税基础 250 万元之间产生了 250 万元的暂时性差异，该暂时性差异在未来期间可减少企业的应纳税所得额，为可抵扣暂时性差异。

2. 可抵扣亏损及税款抵减产生的暂时性差异

对于按照税法规定可以结转以后年度的未弥补亏损及税款抵减，虽不是因资产、负债的账面价值与计税基础不同产生的，但本质上可抵扣亏损和税款抵减与可抵扣暂时性差异具有同样的作用，均能减少未来期间的应纳税所得额和应交所得税，将其视同可抵扣暂时性差异处理。

例 1-9 ABC 公司于 20×9 年因政策性原因发生经营亏损 1 000 万元，按照税法规定，该亏损可用于抵减以后 5 个年度的应纳税所得额。该公司预计其于未来 5 年期间能够产生足够的应纳税所得额弥补该亏损。

该经营亏损不是资产、负债的账面价值与其计税基础不同产生的，但从性质上可以减少未来期间企业的应纳税所得额和应交所得税，属于可抵扣暂时性差异。亏损发生时当作新增可抵扣暂时性差异，亏损弥补时，当作转回可抵扣暂时性差异。

第三节　递延所得税负债及递延所得税资产的确认

企业在计算确定了应纳税暂时性差异与可抵扣暂时性差异后，应当按照所得税会计准则规定的原则确认相关的递延所得税负债以及递延所得税资产。

一、递延所得税负债的确认和计量

1. 确认递延所得税负债的一般情形

除所得税准则中明确规定可不确认递延所得税负债的情况以外，企业对于所有的应纳税暂时性差异均应确认相关的递延所得税负债。除直接计入所有者权益的交易或事项以及企业合并中取得资产、负债相关的以外，在确认递延所得税负债的同时，应增加利润表中的所得税费用。

例 1-10　ABC 企业于 20×7 年 12 月 23 日购入某项机器设备，取得成本为 500 万元，会计上采用年限平均法计提折旧，使用年限为 10 年，净残值为零，因该资产长年处于强震动状态，计税时按双倍余额递减法计列折旧，使用年限及净残值与会计相同。A 企业适用的所得税税率为 25%。假定该企业不存在其他会计与税收处理的差异。

20×8 年 12 月 31 日

该项设备的账面价值=500−500÷10=450（万元）

资产计税基础=500−500×20%=400（万元）

递延所得税负债余额=(450−400)×25%=12.5（万元）

借：所得税费用　　12.5

　　贷：递延所得税负债　　12.5

20×9 年 12 月 31 日

资产账面价值=500−500÷10×2=400（万元）

资产计税基础=500−500×20%−400×20%=320（万元）

递延所得税负债余额=(400−320)×25%=20（万元）

借：所得税费用　　7.5

　　贷：递延所得税负债　　7.5（20−12.5）

2. 不确认递延所得税负债的情况

有些情况下，虽然资产、负债的账面价值与其计税基础不同，产生了应纳税暂时性差异，但出于各方面考虑，所得税准则中规定不确认相应的递延所得税负债，主要包括：

(1) 商誉的初始确认。

非同一控制下的企业合并中，商誉=合并成本−被购买方可辨认净资产公允价值的份额。因会计与税收的划分标准不同，会计上作为非同一控制下的企业合并，但如果按照税法规定计税时作为免税合并的情况下，商誉的计税基础为零，其账面价值与计税基础形成应纳税暂时性差异，准则中规定不确认与其相关的递延所得税负债。若确认递延所得税负债，则减少被购买方可辨认净资产公允价值，增加商誉，由此进入无限循环状态。

例 1-11 ABC企业以增发市场价值为15 000万元的自身普通股为对价购入B企业100%的净资产，对B企业进行吸收合并，合并前，A企业与B企业不存在任何关联方关系。假定该项合并符合税法规定的免税合并条件，交易各方选择进行免税处理，购买日B企业各项可辨认资产、负债的公允价值及其计税基础如下表所示。

单位：万元

项目	公允价值	计税基础	暂时性差异
固定资产	6 750	3 875	2 875
应收账款	5 250	5 250	
存货	4 350	3 100	1 250
其他应付款	(750)	0	(750)
应付账款	(3 000)	(3 000)	0
不包括递延所得税的可辨认资产、负债的公允价值	12 600	9 225	3 375

B企业适用的所得税税率为25%，预期在未来期间不会发生变化，该项交易中应确认递延所得税负债及商誉的金额计算如下：

可辨认净资产公允价值	12 600
+递延所得税资产	187.5
−递延所得税负债	1 031.25
=考虑递延所得税后可辨认资产、负债的公允价值	11 756.25
+商誉	3 243.75
=企业合并成本	15 000

不考虑递延所得税的商誉=15 000−12 600=2 400(万元)

借：递延所得税资产 187.5

　　贷：商誉 187.5

借：商誉 1 031.25

　　贷：递延所得税负债 1 031.25

考虑递延所得税后的商誉=2 400−187.5+1 031.25=3 243.75(万元)

因此，企业合并时，递延所得税资产和递延所得税负债对应科目为商誉。

因该项合并符合税法规定的免税合并条件，当事各方选择进行免税处理的情况下，购买方在免税合并中取得的被购买方有关资产、负债应维持其原计税基础不变。被购买方原账面上未确认商誉，即商誉的计税基础为零。

该项合并中所确认的商誉金额3 243.75万元与其计税基础零之间产生的应纳税暂时性差异，按照准则中规定，不再进一步确认相关的所得税影响。

可辨认净资产公允价值

+递延所得税资产

− 递延所得税负债

=考虑递延所得税后的可辨认净资产的公允价值

+商誉

=企业合并成本(固定)

需要说明的是，非同一控制下的企业合并形成的商誉，并且按照所得税法规定商誉在初始确认时计税基础等于账面价值的(即应税合并形成的商誉)，该商誉在后续计量过程中因计提减值准备，使得商誉的账面价值小于计税基础，会产生可抵扣暂时性差异，应确认相关的所得税影响。

(2)除企业合并以外的其他交易或事项中，如果该项交易或事项发生时既不影响会计利润，也不影响应纳税所得额，则可不确认由此产生的应纳税暂时性差异所形成的递延所得税负债。在我国的法律环境中，此款的对应情形尚不明了。

(3)对于采用权益法核算的长期股权投资所形成的应纳税暂时性差异，一般应确认相应的递延所得税负债，但投资企业能够控制暂时性差异转回的时间且该暂时性差异在可预见的未来很可能不会转回的情形除外。

3. 递延所得税负债的计量

递延所得税负债应以相关应纳税暂时性差异转回期间适用的所得税税率计量。在我国，除享受优惠政策的情况以外，企业适用的所得税税率在不同年度之间一般不会发生变化，企业在确认递延所得税负债时，可以以现行适用税率为基础计算确定，无论应纳税暂时性差异的转回期间如何，递延所得税负债的确认不要求折现。

二、递延所得税资产的确认和计量

1. 确认递延所得税资产的一般情形

准则规定，对于可抵扣暂时性差异，如果估计未来期间能够取得应纳税所得额，从而得以全部或者部分地利用那些可抵扣暂时性差异，则应以预期很可能取得的应纳税所得额为限，确认相关的递延所得税资产。计算公式为：

递延所得税资产=可抵扣暂时性差异×适用税率

(1)递延所得税资产的确认应以未来期间很可能取得的应纳税所得额为限。因预期无法取得足够的应纳税所得额而未确认相关的递延所得税资产时，应在附注中进行披露。

(2)确认递延所得税资产与递延所得税负债时，交易或事项发生时影响到会计利润或应纳税所得额的，相关的所得税影响应作为利润表中所得税费用的组成部分。

(3)对于按照税法规定可以结转以后年度的未弥补亏损和税款抵减，应视同可抵扣暂时性差异处理。在有关的亏损或税款抵减金额得到税务部门的认可或预计能够得到税务部门的认可且预计可利用未弥补亏损或税款抵减的未来期间内能够取得足够的应纳税所得额时，除准则中规定不予确认的情况外，应当以很可能取得的应纳税所得额为限，确认相应的递延所得税资产，同时减少确认当期的所得税费用。

(4)与直接计入所有者权益的交易或事项(如可供出售金融资产)相关的可抵扣暂时性差异，相应的递延所得税资产应计入“其他综合收益”。比如，对因可供出售金融资产的公允价值下降而确认的递延所得税资产，借记“递延所得税资产”科目，贷记“其他综合收益”科目。

2. 不确认递延所得税资产的特殊情况

某些情况下，如果企业发生的某项交易或事项不是企业合并，并且交易发生时既不影响会计利润也不影响应纳税所得额，且该项交易中产生的资产、负债的初始确认金额与其计税基础不同，产生可抵扣暂时性差异的，所得税准则中规定在交易或事项发生时不确认相应的递延所得税资产。其原因是，如果确认递延所得税资产，则需调整资产、负债的入账价值，对实际成本进行调整将有违会计核算中的历史成本原则，影响会计信息的可靠性，该种情况下不确认相应的递延所得税资产。

例 1-12 某企业于20×8年度发生研发支出共计200万元，其中研究阶段支出20万元，开发阶段不符合资本化条件支出为60万元，符合资本化条件支出为120万元，假定该项研发于20×8年7月30日达到预定用途，采用直线法按5年摊销。该企业20×8年税前会计利润为1 000万元，适用的所得税税率为25%。不考虑其他纳税调整事项。假定无形资产摊销计入管理费用。

无形资产20×8年按准则规定计入管理费用金额=20+60+120÷5÷12×6=92(万元)

按税法规定20×8年应计入损益的金额=92+92×50%=138(万元)

20×8年纳税调减金额=92×50%=46(万元)

20×8年应交所得税=(1 000–46)×25%=238.5(万元)

20×8年12月31日无形资产账面价值=120–120÷5÷12×6=108(万元)

计税基础=108×150%=162(万元)

可抵扣暂时性差异=162–108=54(万元)，但不能确认递延所得税资产。

3. 递延所得税资产的计量

(1)适用税率的确定。确认递延所得税资产时，应估计相关可抵扣暂时性差异的转回时间，以转回期间适用的所得税税率为基础计算确定。无论相关的可抵扣暂时性差异转回期间如何，递延所得税资产均不予折现。

(2)递延所得税资产的减值。资产负债表日，企业应当对递延所得税资产的账面价值进行复核。如果未来期间很可能无法取得足够的应纳税所得额用以利用可抵扣暂时性差异带来的利益，应当减记递延所得税资产的账面价值。递延所得税资产的账面价值减记以后，后续期间根据新的环境和情况判断能够产生足够的应纳税所得额以利用可抵扣暂时性差异，使得递延所得税资产包含的经济利益能够实现的，应相应恢复递延所得税资产的账面价值。

例 1-13 甲公司适用的所得税税率为25%，20×8年12月31日因职工教育经费超过税前扣除限额确认递延所得税资产10万元，20×9年度，甲公司工资薪金总额为4 000万元，发生职工教育经费90万元。税法规定，工资按实际发放金额在税前列支，企业发生的职工教育经费支出，不超过工资薪金总额2.5%的部分，准予扣除；超过部分准予在以后纳税年度结转扣除。甲公司20×9年12月31日下列会计处理中正确的是(　　)。

A. 转回递延所得税资产10万元　　B. 增加递延所得税资产22.5万元

C. 转回递延所得税资产2.5万元　　D. 增加递延所得税资产25万元

答案：C。甲公司20×9年按税法固定可税前扣除的职工教育经费=4 000×2.5%=100(万元)，实际发生的90万元当期可扣除，20×8年超过税前扣除限额的部分本期可扣除10万元，应转回递延所得税资产=10×25%=2.5(万元)，选项C正确。

三、特殊交易或事项中涉及递延所得税的确认

1. 与直接计入所有者权益的交易或事项相关的所得税

与当期及以前期间直接计入所有者权益的交易或事项相关的当期所得税及递延所得税应当计入所有者权益。直接计入所有者权益的交易或事项主要有：会计政策变更采用追溯调整法或对前期差错更正采用追溯重述法调整期初留存收益、可供出售金融资产公允价值变动计入其他综合收益、同时包含负债及权益成分的金融工具在初始确认时计入所有者权益等。

2. 与企业合并相关的递延所得税

在企业合并中，购买方取得的可抵扣暂时性差异，比如，购买日取得的被购买方在以前期间发生的未弥补亏损等可抵扣暂时性差异，按照税法规定可以用于抵减以后年度应纳税所得额，但在购买日不符合递延所得税资产确认条件而不予以确认。购买日后 12 个月内，如取得新的或进一步信息表明购买日的相关情况已经存在，预期被购买方在购买日可抵扣暂时性差异带来的经济利益能够实现的，应当确认相关的递延所得税资产，同时减少商誉，商誉不足冲减的，差额部分确认为当前损益；除上述情况以外，确认与企业合并相关的递延所得税资产，应当计入当期损益。

注：此处指的是购买日不符合递延所得税资产确认条件的可抵扣暂时性差异，购买日后符合条件确认递延所得税资产的会计处理。对购买日符合递延所得税资产确认条件的可抵扣暂时性差异，应确认递延所得税资产，同时减少商誉。

例 1-14 ABC 公司于 20×8 年 1 月 1 日购买乙公司 80%股权，形成非同一控制下企业合并。因会计准则规定与适用税法规定的处理方法不同，在购买日产生可抵扣暂时性差异 300 万元。假定购买日及未来期间企业适用的所得税税率为 25%。

购买日，因预计未来期间无法取得足够的应纳税所得额，未确认与可抵扣暂时性差异相关的递延所得税资产 75 万元。购买日确认的商誉为 50 万元。

在购买日后 6 个月，甲公司预计能够产生足够的应纳税所得额用以抵扣企业合并时产生的可抵扣暂时性差异 300 万元，且该事实于购买日已经存在，则甲公司应做如下会计处理：

借：递延所得税资产	750 000	
贷：商誉		500 000
所得税费用		250 000

假定，在购买日后 6 个月，甲公司根据新的事实预计能够产生足够的应纳税所得额用以抵扣企业合并时产生的可抵扣暂时性差异 300 万元，且该新的事实于购买日并不存在，则甲公司应做如下会计处理：

借：递延所得税资产	750 000	
贷：所得税费用		750 000

3. 与股份支付相关的当期及递延所得税

与股份支付相关的支出在按照会计准则规定确认为成本费用时，其相关的所得税影响应区别于税法的规定进行处理：如果税法规定与股份支付相关的支出不允许税前扣除，在按照

会计准则规定确认成本费用的期间内，企业应当根据会计期末取得的信息估计可税前扣除的金额计算确定其计税基础及由此产生的暂时性差异，符合确认条件的情况下，应当确认相关的递延所得税。其中，预计未来期间可税前扣除的金额超过按照会计准则规定确认的与股份支付相关的成本费用，超过部分的所得税影响应直接计入所有者权益。

四、适用税率变化对已确认递延所得税资产和递延所得税负债的影响

因税收法规的变化，导致企业在某一会计期间适用的所得税税率发生变化的，企业应对已确认的递延所得税资产和递延所得税负债按照新的税率重新计量。递延所得税资产和递延所得税负债的金额代表的是有关可抵扣暂时性差异或应纳税暂时性差异于未来期间转回时，导致企业应交所得税金额的减少或增加的情况。适用税率变动的情况下，应对原已确认的递延所得税资产及递延所得税负债的金额进行调整，反映税率变化带来的影响。

除直接计入所有者权益的交易或事项产生的递延所得税资产及递延所得税负债，相关的调整金额应计入所有者权益以外，其他情况下因税率变化产生的调整金额应确认为税率变化当期的所得税费用（或收益）。

第四节　所得税费用的确认与计量

一、所得税费用的概念

所得税费用是一个会计概念，所得税是指企业所得税。根据会计基本准则规定，费用是指企业在日常活动中发生的、会导致所有者权益减少的、与向所有者分配利润无关的经济利益的总流出。费用在经济利益很可能流出从而导致企业资产减少或者负债增加、且经济利益的流出额能够可靠计量时予以确认。符合费用定义和费用确认条件的项目，应当列入利润表。所得税费用是根据会计准则确定的。

从会计的角度来看，企业交纳的所得税和其他费用一样，符合费用的定义和确认的条件，所以也属于一项费用，称为所得税费用。企业核算所得税，主要是为确定当期应交所得税以及利润表中应确认的所得税费用。按照资产负债表债务法核算所得税的情况下，利润表中的所得税费用由两个部分组成：当期所得税和递延所得税。

从税法的角度来看，所得税是一种纳税义务，而不是一项费用，企业应该在不把所得税作为费用的前提下，计算应纳税所得额，交纳所得税后，再对税后利润进行分配。《企业所得税法》第八条规定，企业实际发生的与取得收入有关的、合理的支出，包括成本、费用、税金、损失和其他支出，可以在计算应纳税所得额时扣除。《实施条例》第二十九条规定，《企业所得税法》第八条所称成本，是指企业在生产经营活动中发生的销售成本、销货成本、业务支出以及其他耗费。第三十条规定，《企业所得税法》第八条所称费用，是指企业在生产经营活动中发生的销售费用、管理费用和财务费用，已经计入成本的有关费用除外。第三十一条规定，《企业所得税法》第八条所称税金，是指企业发生的除企业所得税和允许抵扣的增值税以外的各项税金及其附加。《企业所得税法》第十条规定，企业所得税税款在计算应纳税所得额时不得扣除。所以，税法上没有所得税费用之说。

二、当期所得税

当期所得税是指企业按照《企业所得税法》规定针对当期发生的交易和事项，确定应纳税所得额计算的应纳税额，即应交所得税。当期所得税，应以适用的《企业所得税法》规定为基础计算确定。

企业在确定当期所得税时，对于当期发生的交易或事项，会计处理与税收处理不同的，应在会计利润的基础上，按照适用税收法规的规定进行纳税调整，计算出当期应纳税所得额，按照应纳税所得额与适用所得税税率计算确定当期应交所得税。一般情况下，应纳税所得额可在会计利润的基础上，考虑会计与税收之间的差异，按照以下公式计算确定：

应纳税所得额=会计利润+按照会计准则规定计入利润表但计税时不允许税前扣除的费用±计入利润表的费用与按照税法规定可予税前抵扣的费用金额之间的差额±计入利润表的收入与按照税法规定应计入应纳税所得额的收入之间的差额−税法规定的不征税收入±其他需要调整的因素

三、递延所得税

递延所得税，是指按照所得税准则规定，应予确认的递延所得税资产和递延所得税负债，在期末应有的金额相对于原已确认金额之间的差额，即递延所得税资产及递延所得税负债当期发生额的综合结果。用公式表示为：

递延所得税=(期末递延所得税负债−期初递延所得税负债)−(期末递延所得税资产−期初递延所得税资产)

应予说明的是，企业因确认递延所得税资产和递延所得税负债产生的递延所得税，一般应当记入所得税费用，但以下两种情况除外：

一是某项交易或事项按照会计准则规定应计入所有者权益的，由该交易或事项产生的递延所得税资产或递延所得税负债及其变化亦应计入所有者权益，不构成利润表中的递延所得税费用(或收益)。

例 1-15 某企业持有一项可供出售金融资产，成本为 1 000 万元，会计期末，其公允价值为 1 500 万元，如计税基础仍维持 1 000 万元不变，该计税基础与其账面价值之间的差额 500 万元为应纳税暂时性差异。该企业适用的所得税税率为 25%。假设除该事项外，该企业不存在其他会计与税收之间的差异，且递延所得税资产和递延所得税负债不存在期初余额。

会计期末在确认 500 万元的公允价值变动时：

借：可供出售金融资产　　500 万

　　贷：其他综合收益　　500 万

确认应纳税暂时性差异的所得税影响时：

借：其他综合收益　　125 万

　　贷：递延所得税负债　　125 万

二是企业合并中取得的资产、负债，其账面价值与计税基础不同，应确认相关递延所得税的，该递延所得税的确认影响合并中产生的商誉或是记入合并当期损益的金额，不影响所得税费用。

四、所得税费用的计量

企业在计算确定当期所得税（即当期应交所得税）以及递延所得税费用（或收益）的基础上，应将两者之和确认为利润表中的所得税费用（或收益），但不包括直接计入所有者权益的交易或事项的所得税影响，即所得税费用（或收益）=当期所得税+递延所得税费用（–递延所得税收益）。

综上所述，所得税费用的计算如表 1-1 所示。

表 1-1　所得税费用的计算

项目	计算过程	对应科目
当期所得税	在企业会计利润的基础上将其调整成应纳税所得额，计算应交纳给税务部门的所得税金额，即当期所得税	所得税费用（当期所得税）
递延所得税	按照所得税准则规定当期应予确认的递延所得税资产和递延所得税负债金额，即递延所得税资产及递延所得税负债当期发生额的综合结果，但不包括计入所有者权益的交易或事项的所得税影响	所得税费用（递延所得税）

例 1-16　20×3 年，甲公司实现利润总额 210 万元，包括：20×3 年收到的国债利息收入 10 万元，因违反环保法规被环保部门处以罚款 20 万元。甲公司 20×3 年年初递延所得税负债余额为 20 万元，年末余额为 25 万元，上述递延所得税负债均产生于固定资产账面价值与计税基础的差异。甲公司适用的所得税税率为 25% 。不考虑其他因素，甲公司 20×3 年的所得税费用是（　　）。

A. 52.5 万元　　B. 55 万元　　C. 57.5 万元　　D. 60 万元

答案：B。甲公司 20×3 年的所得税费用=（210–10+20–5/25%）×25%+（25–20）=55（万元）

例 1-17　甲公司 20×9 年度涉及所得税的有关交易或事项如下。

（1）甲公司持有乙公司 40%股权，与丙公司共同控制乙公司的财务和经营政策。甲公司对乙公司的长期股权投资系甲公司 20×7 年 2 月 8 日购入，其初始投资成本为 3 000 万元，初始投资成本小于投资时应享有乙公司可辨认净资产公允价值份额的差额为 400 万元。甲公司拟长期持有乙公司股权。根据税法规定，甲公司对乙公司长期股权投资的计税基础等于初始投资成本。

（2）20×9 年 1 月 1 日，甲公司开始对 A 设备计提折旧。A 设备的成本为 8 000 万元，预计使用 10 年，预计净残值为零，采用年限平均法计提折旧。根据税法规定，A 设备的折旧年限为 16 年。假定甲公司 A 设备的折旧方法和净残值符合税法规定。

会计折旧=8 000/10=800（万元）

税法折旧=8 000/16=500（万元）

（3）20×9 年 7 月 5 日，甲公司自行研究开发的 B 专利技术达到预定可使用状态，并作为无形资产入账。B 专利技术的成本为 4 000 万元，预计使用 10 年，预计净残值为零，采用直线法摊销。根据税法规定，B 专利技术的计税基础为其成本的 150%。假定甲公司 B 专利技术的摊销方法、摊销年限和净残值符合税法规定。

20×9 年 7 月 5 日自行研发取得无形资产，所以当年摊销 6 个月。

（4）20×9 年 12 月 31 日，甲公司对商誉计提减值准备 1 000 万元。该商誉系 20×7 年 12 月 8 日甲公司从丙公司处购买丁公司 100%股权并吸收合并丁公司时形成的，初始计量金额为 3 500 万元，丙公司根据税法规定已经交纳与转让丁公司 100%股权相关的所得税及其他税费。根据税法规定，甲公司购买丁公司产生的商誉在整体转让或者清算相关资产、负债时，允许税前扣除。

(5) 甲公司的C建筑物于20×7年12月30日投入使用并直接出租，成本为6 800万元。甲公司对投资性房地产采用公允价值模式进行后续计量。20×9年12月31日，已出租C建筑物累计公允价值变动收益为1 200万元，其中本年度公允价值变动收益为500万元。根据税法规定，已出租C建筑物以历史成本按税法规定扣除折旧后作为其计税基础，折旧年限为20年，净残值为零，自投入使用的次月起采用年限平均法计提折旧。

甲公司20×9年度实现的利润总额为15 000万元，适用的所得税税率为25%。假定甲公司未来年度有足够的应纳税所得额用于抵扣可抵扣暂时性差异。要求：根据上述资料，不考虑其他因素，回答下列问题。

(1) 下列各项关于甲公司上述各项交易或事项会计处理的表述中，正确的有（　　）。

A. 商誉产生的可抵扣暂时性差异确认为递延所得税资产

B. 无形资产产生的可抵扣暂时性差异确认为递延所得税资产

C. 长期股权投资产生的应纳税暂时性差异确认为递延所得税负债

D. 投资性房地产产生的应纳税暂时性差异确认为递延所得税负债

答案：AD。选项A，商誉的初始确认不产生暂时性差异，但是因为减值造成的可抵扣暂时性差异需要确认递延所得税资产；选项B，无形资产加计扣除产生的暂时性差异不确认递延所得税资产；选项C，甲公司拟长期持有乙公司股权，应纳税暂时性差异转回的时间不能确定，不确认递延所得税负债；选项D，投资性房地产账面价值大于其计税基础产生的应纳税暂时性差异确认为递延所得税负债。

(2) 下列各项关于甲公司20×9年度所得税会计处理的表述中，正确的有（　　）。

A. 确认所得税费用3 725万元

B. 确认应交所得税3 840万元

C. 确认递延所得税资产800万元

D. 确认递延所得税负债570万元

答案：AB。

确认应交所得税=(15 000+300−200×50%+1 000−840)×25%=3 840（万元）

确认递延所得税资产=(300+1 000)×25%=325（万元）

确认递延所得税负债=840×25%=210（万元）

确认所得税费用=3 840+210−325=3 725（万元）

第五节　资产负债表债务法综合处理

一、资产负债表债务法的一般核算程序

(1) 按照相关会计准则规定确定资产负债表中除递延所得税资产和递延所得税负债以外的其他资产和负债项目的账面价值。

(2) 按照会计准则中对于资产和负债计税基础的确定方法，以适用的税收法规为基础，确定资产负债表中有关资产、负债项目的计税基础。

(3) 比较资产、负债的账面价值与其计税基础，对于两者之间存在差异的，分析其性质，除准则中规定的特殊情况外，分别应纳税暂时性差异与可抵扣暂时性差异，确定资产负债日递延所得税负债和递延所得税资产的应有金额，并与期初递延所得税资产和递延所得税负债的余额相比，确定当期应进一步确认的递延所得税资产和递延所得税负债金额或应予转销的金额，作为递延所得税。

(4)就企业当期发生的交易或事项，按照适用的税法规定计算确定当期应纳税所得额，将应税所得税额与适用的所得税税率计算的结果确认为当期应交所得税。

(5)确定利润表中的所得税费用。

例 1-18 甲公司 2016 年税前会计利润为 1 000 万元，所得税税率为 25%，当年发生如下业务。

(1)甲公司自用的一幢办公楼于 2016 年年初对外出租，办公楼的账面原价为 1 000 万元，甲公司一直采用 10 年期直线法折旧，无残值。出租开始日已提折旧 300 万元，甲公司对此投资性房地产采用公允价值模式进行后续计量，假定出租当日办公楼的公允价值等于账面价值，年末此办公楼的公允价值为 800 万元，税法认可此办公楼的原有的折旧标准。

(2)某销售部门用的固定资产自 2015 年年初开始计提折旧，原价为 200 万元(税务上对此原价是认可的)，假定无残值，会计上采用 4 年期双倍余额递减法提取折旧，税法上则采取 5 年期直线法折旧。

(3)2016 年 4 月 1 日，甲公司购入乙公司的股票，初始取得成本为 300 万元，界定为交易性金融资产，年末该股票的公允价值为 363 万元。

(4)年初因产品质量担保费用提取的预计负债为 60 万元，年末此项预计负债的余额为 80 万元。

(5)甲公司当年预收乙公司定金 500 万元，合同约定货物将于 2017 年年初发出，该批货物的总价款为 1 000 万元，增值税税率为 17%，商品的成本为 800 万元。假定税法认为，企业应在收到定金时确认收入，最终发货时再确认其余收入。

根据以上资料，做出甲公司 2016 年所得税的会计处理(单位：万元)。

(1)首先判定暂时性差异

单位：万元

项目	年初口径			年末口径			差异类型	差异变动金额
	账面价值	计税基础	差异	账面价值	计税基础	差异		
投资性房地产	700	700	0	800	600	200	新增应纳税暂时性差异	200
固定资产	100	160	60	50	120	70	新增可抵扣暂时性差异	10
交易性金融资产	0	0	0	363	300	63	新增应纳税暂时性差异	63
预计负债	60	0	60	80	0	80	新增可抵扣暂时性差异	20
预收账款	0	0	0	500	0	500	新增可抵扣暂时性差异	500

(2)资产负债表债务法下所得税的核算过程

单位：万元

项目	计算过程	
税前会计利润	1 000	
暂时性差异	投资性房地产产生的新增应纳税暂时性差异	200
	固定资产产生的新增可抵扣暂时性差异	10
	交易性金融资产产生的新增应纳税暂时性差异	63
	预计负债产生的新增可抵扣暂时性差异	20
	预收账款产生的新增可抵扣暂时性差异	500
应税所得	1 267=1 000−200+10−63+20+500	
应交税费	316.75=1 267 × 25%	
递延所得税资产	净新增可抵扣暂时性差异 × 税率	借记 132.5=(10+20+500) × 25%
递延所得税负债	新增应纳税暂时性差异 × 税率	贷记 65.75=(200+63) × 25%
本期所得税费用	250=316.75−132.5+65.75	

(3)会计分录如下:

借：所得税费用　250

　　递延所得税资产　132.5

　　贷：递延所得税负债　65.75

　　　　应交税费——应交所得税　316.75

二、资产负债表债务法下既有永久性差异又有暂时性差异时的会计处理

1. 永久性差异

(1)永久性差异的概念

该差异仅影响发生当期，不影响以后期间，不存在不同会计期间摊配问题。如果此差异对应了资产或负债，则账面价值与计税基础相同。

(2)永久性差异的分类

①会计认定为收入的税务不认定，比如国债利息收入；

②税务认定为费用而会计不认定，比如企业研发费用的追加扣税额；

③会计认定为费用而税务不认定，常见的有超标的业务招待费、罚没支出、超过同期金融机构贷款利率标准的利息费用、超标的公益性捐赠支出、非公益性捐赠支出等。

④税务认定为收入而会计不认定。

(3)永久性差异对应的资产或负债其账面价值通常与计税基础一致。

比如，因罚没支出形成的“其他应付款”，其账面价值与计税基础均为入账额，二者没有差异。

2. 资产负债表债务法下既有永久性差异又有暂时性差异时的会计处理程序

表 1-2　资产负债表债务法下既有永久性差异又有暂时性差异时的会计处理程序

项　目	计算方法	
税前会计利润	来自于会计口径利润	
永久性差异	+	会计认可而税务上不认可的支出
		税务认可而会计上不认定的收入
	−	会计认可而税务上不认可的收入
		税务认可而会计上不认定的支出
暂时性差异	+	新增可抵扣暂时性差异
		转回应纳税暂时性差异
	−	转回可抵扣暂时性差异
		新增应纳税暂时性差异
应税所得		推算认定
应交税费		应税所得 × 税率
递延所得税资产	借记	新增可抵扣暂时性差异 × 税率
	贷记	转回可抵扣暂时性差异 × 税率
递延所得税负债	贷记	新增应纳税暂时性差异 × 税率
	借记	转回应纳税暂时性差异 × 税率
本期所得税费用		倒挤认定

例 1-19 （2016 年中级会计职称试题）甲公司 2015 年年初的递延所得税资产借方余额为 50 万元，与之对应的预计负债贷方余额为 200 万元；递延所得税负债无期初余额。甲公司 2015 年度实现的利润总额为 9 520 万元，适用的企业所得税税率为 25%且预计在未来期间保持不变；预计未来期间能够产生足够的应纳税所得额用以抵扣可抵扣暂时性差异。甲公司 2015 年度发生的有关交易和事项中，会计处理与税收处理存在差异的相关资料如下。

资料一：2015 年 8 月，甲公司向非关联企业捐赠现金 500 万元。

资料二：2015 年 9 月，甲公司以银行存款支付产品保修费用 300 万元，同时冲减了预计负债年初贷方余额 200 万元。2015 年年末，保修期结束，甲公司不再预提保修费。

资料三：2015 年 12 月 31 日，甲公司对应收账款计提了坏账准备 180 万元。

资料四：2015 年 12 月 31 日，甲公司以定向增发公允价值为 10 900 万元的普通股股票为对价取得乙公司 100%有表决权的股份，形成非同一控制下控股合并。假定该项企业合并符合税法规定的免税合并条件，且乙公司选择进行免税处理。乙公司当日可辨认净资产的账面价值为 10 000 万元，其中股本为 2 000 万元，未分配利润为 8 000 万元；除一项账面价值与计税基础均为 200 万元、公允价值为 360 万元的库存商品外，其他各项可辨认资产、负债的账面价值与其公允价值、计税基础均相同。

假定不考虑其他因素。

要求：

(1) 计算甲公司 2015 年度的应纳税所得额和应交所得税。

(2) 根据资料一至资料三，逐项分析甲公司每一交易或事项对递延所得税的影响金额（如无影响，也明确指出无影响的原因）。

(3) 根据资料一至资料三，逐笔编制甲公司与递延所得税有关的会计分录（不涉及递延所得税的，不需要编制会计分录）。

(4) 计算甲公司利润表中应列示的 2015 年度所得税费用。

(5) 根据资料四，分别计算甲公司在编制购买日合并财务报表时应确认的递延所得税和商誉的金额，并编制与购买日合并资产负债表有关的调整的抵销分录。

分析：

(1) 2015 年度的应纳税所得额=9 520+500−200+180=10 000（万元）；

2015 年度的应交所得税=10 000×25%=2 500（万元）。

(2) 资料一，对递延所得税无影响。非公益性现金捐赠，本期不允许税前扣除，未来期间也不允许抵扣，未形成暂时性差异，形成永久性的差异，不确认递延所得税资产。

资料二，转回递延所得税资产 50 万元。分析：2015 年年末保修期结束，不再预提保修费，本期支付保修费用 300 万元，冲减预计负债年初余额 200 万元，因期末不存在暂时性差异，需要转回原确认的递延所得税资产 50 万元（200×25%）。

资料三，税法规定，尚未实际发生的预计损失不允许税前扣除，待实际发生损失时才可以抵扣，因此本期计提的坏账准备 180 万元形成可抵扣暂时性差异，确认递延所得税资产 45 万元（180×25%）。

(3) 资料一：不涉及递延所得税的处理。

资料二：

借：所得税费用　　50

　　贷：递延所得税资产　　50

资料三：

借：递延所得税资产　　45

　　贷：所得税费用　　45

(4) 当期所得税(应交所得税)=10 000×25%=2 500(万元)；递延所得税费用=50–45=5(万元)；2015 年度所得税费用=当期所得税+递延所得税费用=2 500+5=2 505(万元)。

(5) ①购买日合并财务报表中应确认的递延所得税负债=(360–200)×25%=40(万元)。

②商誉=合并成本–购买日应享有被购买方可辨认净资产公允价值(考虑递延所得税后)的份额=10 900–(10 000+160–40)×100%=780(万元)。

抵销分录：

借：存货　　160

　　贷：资本公积　　160

借：资本公积　　40

　　贷：递延所得税负债　　40

借：股本　　2 000

　　未分配利润　　8 000

　　资本公积　　120

　　商誉　　780

　　贷：长期股权投资　　10 900

例 1-20　ABC 公司为房地产开发企业，对投资性房地产采用公允价值模式进行后续计量。

(1) 20×6 年 1 月 1 日，甲公司以 30 000 万元总价款购买了一栋已达到预定可使用状态的公寓。该公寓总面积为 1 万平方米，每平方米单价为 3 万元，预计使用寿命为 50 年，预计净残值为零。甲公司计划将该公寓用于对外出租。

(2) 20×6 年，甲公司出租上述公寓实现租金收入 750 万元，发生费用支出(不含折旧) 150 万元。由于市场发生变化，甲公司出售了部分公寓，出售面积占总面积的 20%，取得收入 6 300 万元，所出售公寓于 20×6 年 12 月 31 日办理了房产过户手续。20×6 年 12 月 31 日，该公寓的公允价值为 3.15 万元每平方米。

其他资料：

甲公司所有收入与支出均以银行存款结算。

根据税法规定，在计算当期应纳所得税时，持有的投资性房地产可以按照其购买成本、根据预计使用寿命 50 年按照年限平均法自购买日起至处置时止计算的折旧额在税前扣除，持有期间公允价值的变动不计入应纳税所得额；在实际处置时，处置取得的价款扣除其历史成本减去按照税法规定计提折旧后的差额计入处置或结算期间的应纳税所得额，甲公司适用的所得税税率为 25%。

甲公司当期不存在其他收入或成本费用，当期所发生的 150 万元费用支出可以全部在税前扣除，不存在未弥补亏损或其他暂时性差异。

不考虑除所得税外其他相关税费。

要求：

(1)编制甲公司20×6年1月1日、12月31日与投资性房地产的购买、公允价值变动、出租、出售相关的会计分录。

(2)计算投资性房地产20×6年12月31日的账面价值、计税基础及暂时性差异。

(3)计算甲公司20×6年当期所得税，并编制与确认所得税费用相关的会计分录。

答案：

(1)20×6年1月1日，甲公司以30 000万元购买公寓。

借：投资性房地产　　30 000

　　贷：银行存款　　30 000

20×6年12月31日，公寓剩余部分公允价值增加至1 200万元[=(3.15万–3万)/平方米×0.8万平方米]。

借：投资性房地产　　1 200

　　贷：公允价值变动损益　　1200

甲公司实现租金收入和成本：

借：银行存款　　750

　　贷：其他业务收入　　750

借：其他业务成本　　150

　　贷：银行存款　　150

甲公司12月31日出售投资性房地产的会计分录如下：

借：银行存款　　6 300

　　贷：其他业务收入　　6 300

借：其他业务成本　　(30 000×20%) 6 000

　　贷：投资性房地产　　(30 000×20%) 6 000

(2)公寓剩余部分的账面价值=31 500×80%=25 200(万元)

公寓剩余部分的计税基础=(30 000–30 000/50)×80%=29 400×80%=23 520(万元)

暂时性差异=25 200–23 520=1 680(万元)

(3)甲公司的当期所得税计算如下：

=(应税收入–可抵扣成本费用)×适用税率

=(出售收入–出售成本+租金收入–费用–折旧)×25%

=(6 300–29 400×20%+750–150–30 000/50)×25%

=(6 300–5 880+600–600)×25%

=420×25%=105(万元)

递延所得税负债=16 80×25%=420(万元)

所得税相关分录如下：

借：所得税费用　　525

　　贷：应交税费——应交所得税　　105

　　　　递延所得税负债　　420

练习题一

1．(2016 年注册会计师真题)20×4 年 1 月 1 日，甲公司递延所得税资产的账面价值为 100 万元，递延所得税负债的账面价值为零。20×4 年 12 月 31 日，甲公司有关资产、负债的账面价值和计税基础如下：

单位：万元

项目名称	账面价值	计税基础
固定资产	12 000	15 000
无形资产	900	1 350
可供出售金融资产	5 000	3 000
预计负债	600	0

上表中，固定资产在初始计量时，账面价值与计税基础相同，无形资产的账面价值是当季末新增的符合资本化条件的开发支出形成的，按照税法规定对于研究开发费用形成无形资产的，按照形成无形资产成本的 150%作为计税基础。假定在确定无形资产账面价值及计税基础时均不考虑当季度摊销因素。

20×4 年度，甲公司实际净利润为 8 000 万元，发生广告费 1 500 万元，按照税法规定准予从当年应纳税所得额中扣除的金额为 1 000 万元，其余可结转以后年度扣除。

甲公司适用的所得税税率为 25%，预计能够取得足够的应纳税所得额用于抵扣可抵扣暂时性差异的所得税影响，除所得税外，不考虑其他税费及其他因素影响。

要求：

(1)对上述事项或项目产生的暂时性差异影响，分别证明是否应计入递延所得税负债或递延所得税资产，分别说明理由。

(2)说明哪些暂时性差异的所得税影响应计入所有者权益。

(3)计算甲公司 20×4 年度应确认的递延所得税费用。

2．ABC 公司 2016 年税前会计利润为 1 000 万元，所得税税率为 25%，当年发生如下业务。

(1)库存商品年初账面余额为 200 万元，已提跌价准备 80 万元；年末账面余额为 350 万元，相应的跌价准备为 110 万元。

(2)ABC 公司的商标权自 2015 年年初开始摊销，原价为 90 万元(税务上对此原价是认可的)，无残值，会计上采用 5 年期直线法摊销，2015 年年末商标权的可收回价值为 40 万元，税法上则采取 10 年期直线法摊销。

(3)2015 年 10 月 1 日购入丙公司股票，初始成本为 80 万元，ABC 公司将此投资界定为交易性金融资产，2015 年年末此投资的公允价值为 110 万元。2016 年 3 月 2 日，ABC 公司抛售了丙公司股票，卖价为 120 万元，假定无相关交易费用。

(4)应收账款年初账面余额为 50 万元，坏账准备为 10 万元，年末账面余额为 30 万元，坏账准备为 2 万元。

根据以上资料，做出 ABC 公司 2016 年所得税的会计处理(单位：万元)。

3．甲公司 2016 年税前会计利润为 100 万元，所得税税率为 25%，当年发生如下业务。

(1)罚没支出 10 万元。

(2) 国债利息收入 6 万元。

(3) 2016 年 4 月 1 日，甲公司购入乙公司的股票，初始取得成本为 200 万元，界定为交易性金融资产，年末该股票的公允价值为 230 万元。

(4) 某销售部门用的固定资产自 2015 年年初开始计提折旧，原价为 200 万元（税务上对此原价是认可的），假定无残值，会计上采用 4 年期、年数总和法提取折旧，税法上则采取 5 年期直线法计提折旧。

(5) 2016 年年初，甲公司开始自行研制某专利权，历时 6 个月研究成功投入使用，于 2016 年 7 月 1 日达到预计可使用状态，会计上采用 5 年期直线法摊销，假定无残值。该专利权在自行研发中耗费了 100 万元的研究费用、200 万元的开发费用，假定此开发费用按新会计准则均符合资本化条件。另发生注册费、律师费 100 万元。税务上认可此专利权的分摊期限，但对研究开发费用追计 50%。

(6) 甲公司因产品质量担保确认了预计负债，年初余额为 5 万元，当年新提了 3 万元，支付了产品质量担保费用 2.5 万元。

根据以上资料，做出甲公司 2016 年所得税的会计处理。

第二章

企 业 合 并

本章学习提示

学习内容：

通过本章的学习，需要理解企业合并的概念、企业合并的方式及分类，并理解同一控制下和非同一控制下企业的会计处理。

学习要点：

1. 如何区分合并的方式及类型；
2. 同一控制下企业合并的会计处理原则；
3. 非同一控制下企业合并的会计处理原则；
4. 合并直接费用、债券发行费用及股票发行费用的处理原则；
5. 多次交易完成企业合并的会计处理。

第一节 企业合并概述

不管是过去还是现在，不管是传统的能源或制造业还是当今站在风口上的互联网和金融行业，如果哪家企业要想快速地扩大规模或者提高产能（产量），占据更高的市场份额或争取更多的用户资源以达到获取更高的收益（利润）的目的，那么，收购或者兼并其他企业无疑是一条有效的“捷径”，这也正是如今并购市场如此火爆的重要原因。仅就2016年10月完成并购交易数量的行业分布，中国并购市场交易完成案例中，互联网完成交易案例数量以32起位居首位，占比16.75%；IT、金融行业完成交易案例数量均为29起并列第二位，各自占比均为15.18%，见图2-1。

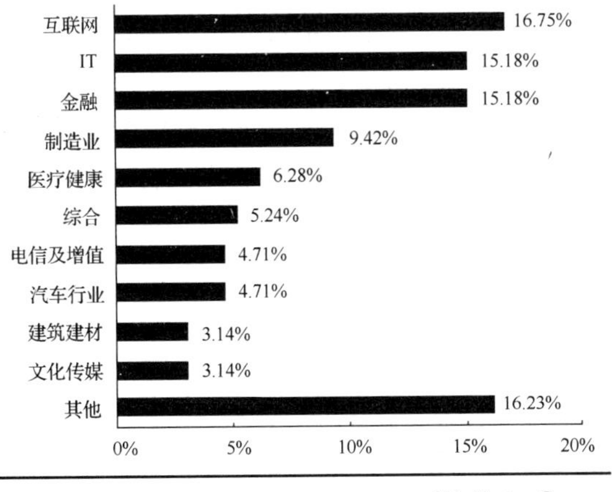

图2-1 2016年10月中国并购市场完成交易数量占比按行业分布

企业合并为我国深化体制改革、推进产业结构调整做出了积极的贡献，在合并过程中必然会因为复杂的交易引起各方资产、负债和所有者权益等一系列会计要素的变化，这就是企业合并会计需要解决的问题。

一、企业合并的界定

1. 公司法关于企业合并的界定

根据《中华人民共和国公司法》第九章“公司合并、分立、增资、减资”的规定：“公司合并可以采取吸收合并和新设合并两种形式。一个公司吸收其他公司为吸收合并，被吸收的公司解散。两个以上公司合并设立一个新的公司为新设合并，合并各方解散。公司合并，应当由合并各方签订合并协议，并编制资产负债表及财产清单。公司应当自做出合并决议之日起十日内通知债权人，并于三十日内在报纸上公告。债权人自接到通知书之日起三十日内，未接到通知书的自第一次公告之日起四十五日内，有权要求公司清偿债务或者提供相应的担保。不清偿债务或者不提供相应的担保的，公司不得合并。公司合并时，合并各方的债权、债务，应当由合并后存续的公司或者新设的公司承继。”

2. 会计准则关于企业合并的界定

企业合并是将两个或两个以上单独的企业合并形成一个报告主体的交易或事项。

要理解准则中的“企业合并”，必须理解以下三个关键词。

(1)单独

两个单独的企业之间的关系有两种：一是相互独立；二是相互关联。相互关联是指兄弟企业。兄弟企业是属于一个共同母公司的两个企业。参与合并的两个企业要么是兄弟企业，要么是相互独立的企业。

(2)报告主体

报告主体即会计主体，包括法人会计主体和非法人会计主体两类。企业合并的结果存在两种：一是形成一个法人会计主体——企业；二是形成一个非法人会计主体——企业集团。

①企业合并形成一个企业的，被并方必须能够成为主并方的“业务”，否则不属于企业合并。企业合并的结果通常是一个企业取得了对一个或多个业务的控制权。如果只取得一个或多个企业的控制权而未真正获取业务，则不可界定为合并，而应按其购买日公允价值所占比例分拆其入账，不按照合并准则处理。

业务是指企业内部某些生产经营活动或资产负债的组合，该组合具有投入、加工处理过程和产出能力，能够独立计算其成本费用或所产生的收入，但一般不构成一个企业、不具有独立的法人资格，如分公司、独立的车间及非法人的分部。一般而言，只要具备“投入”和“加工处理过程”两个要素即为“构成业务”。

现实中存在这样的情况：企业具有独立法人资格，但其所拥有的资产负债组合不具备“构成业务”所需的“投入”和“加工处理过程”两项基本要素，因而不构成企业合并会计准则所指的一项“业务”，即所谓“不构成业务”。这种情况常见于房地产、采矿等行业中，因为直接转让房地产或者转让一项矿业权的税负可能较重，或者为了规避法律法规对直接转让资产的限制，所以转让方常常采用将其注入一个公司法人的架构内，再转让该公司股权的形式实现资产转让的目的。在这种情况下，被转让的标的公司的资产负债表上可能仅有一项价值较大的资产(例如，尚未进入实质开发阶段的土地使用权、探矿权或采矿权等)，如果存在其他资产，其价值很小(不具有重要性)，并且与该项主体资产之间缺乏有机联系，因此在股权转让的时点，标的公司自身并无业务活动。

②企业合并形成一个企业集团的，合并后双方仍然保留法人资格，而且形成母子公司的关系。企业集团是由母子公司构成的会计主体，它本身不是法人，但其成员(即母公司或子公司)都是法人。

(3)交易或事项

企业合并的性质有两种：一是一项交易；二是一个事项。交易是两个独立主体之间的活动；事项是一个主体内部的活动。若参与合并的企业是两个互相独立的企业，则企业合并是交易；若参与合并的企业是一个企业集团内部的企业即兄弟企业，则企业合并是事项。而且，交易或事项的发生必须引起报告主体的变化才可界定为企业合并。

会计准则所称的企业合并包括三种合并方式，即吸收合并、新设合并和控股合并。经过对比可知，会计准则与公司法都承认吸收合并和新设合并，但对于会计准则比较看重的控股合并，公司法没有提及。

二、企业合并的动因

1)经营协同

经营协同是指合并给企业生产经营活动在效率方面带来的变化及效率的提高所产生的效益，主要表现在以下几个方面。

(1)规模经济。规模经济是指随着生产规模的扩大，单位产品所负担的固定费用下降，从而导致收益率的提高。显然，规模经济效应的获取主要是针对横向合并而言的，两家产销相同(或相似)产品的企业合并后，有可能在经营过程的任何一个环节(供、产、销)和任何一个方面(人、财、物)获取规模经济效应。

(2)纵向一体化。纵向一体化主要是针对纵向合并而言的，在纵向合并中，被合并企业要么是合并企业的原材料或零部件供应商，要么是合并企业产品的买主或顾客。

纵向一体化可以减少商品流转的中间环节，节约交易成本；可以加强生产过程各环节的配合，有利于协作化生产；可以通过企业规模的扩大及更为有效的营销手段，极大地节约营销费用。

(3)获取市场力或垄断权。获取市场力或垄断权主要是针对横向合并而言的，两家产销同一产品的企业合并，有可能导致该行业的自由竞争程度降低，合并后的企业可以借机提高产品价格，获取垄断利润。

以获取市场力或垄断权为目的的合并往往对社会公众无益，也可能降低整个社会经济的运行效率。所以，对横向合并的管制历来就是各国反托拉斯法的重点。

(4)资源互补。合并可以达到资源互补从而优化资源配置的目的。

2)管理协同

管理协同是指合并给企业管理活动在效率方面带来的变化及效率的提高所产生的效益。主要表现在以下几个方面。

(1) 节省管理费用。通过合并将许多企业置于同一企业领导之下，企业一般管理费用在更多数量的产品中分摊，单位产品的管理费用可以大大减少。

(2) 提高企业的运营效率。根据差别效率理论，如果甲企业的管理层比乙企业更有效率，在甲企业合并了乙企业之后，乙企业的效率便被提高到甲企业的水平，效率通过合并得到了提高，致使整个集团的效率水平将由于此类合并活动而提高。

(3) 充分利用过剩的管理资源。在合并活动中，当合并企业具有高效的管理资源且过剩时，通过合并那些资产状况良好但仅仅因为管理不善造成低绩效的企业，合并企业高效的管理资源得以有效利用，被合并企业的绩效得以改善，双方效率均得到提高。

3) 财务协同

财务协同是指合并在财务方面给企业带来的效益，主要体现在以下几个方面。

(1) 企业内部现金流入更为充足，在时间分布上更为合理。一是被合并企业可以从合并企业得到闲置的资金，投向具有良好回报的项目；可以增加企业内部资金的创造机能，使现金流入更为充足。二是混合合并使企业涵盖了多种不同行业，而不同行业的投资回报速度、时间存在差别，从而使内部资金收回的时间分布相对平均。

(2) 企业内部资金流向更有效益的投资机会。

混合合并使得企业经营所涉及的行业不断增加，经营多样化为企业提供了丰富的投资选择方案，企业可以从中选取最为有利的项目。

(3) 企业资本扩大，破产风险相对降低，偿债能力和取得外部借款的能力提高。

(4) 企业的筹集费用降低。合并后，企业可以根据整个企业的需要筹集资金，避免了各自为政的筹资方式，整体性筹资的费用要明显小于各企业单独多次筹资的费用之和。

(5) 获取低价资产，实行投机行为。企业合并的主要原因往往都在于目标企业的价值被低估，而低估的主要原因有三个：一是企业的经济管理能力并没有发挥应有的作用；二是合并企业发现由于某些原因造成目标企业的股票市场价值低于重置成本；三是合并企业知道一些外部市场所不知道的信息而认为目标企业价值被低估，认为通过合并会得到收益时，就会采取合并手段。例如有些经营不善的企业，当时拥有无偿使用的国有土地，而这些土地未能在前期经营中发挥出应有的效能，其真实价值被低估，再加上我国目前在土地使用的审批上比较严格，因此对于经营业绩良好的企业，可通过合并获得这些被合并企业的廉价土地。还有些企业以大量举债方式通过股市收购目标企业股权，再将部分资产出售，然后对目标企业进行整顿，再以高价卖出，从而实现充分利用被低估的资产获取合并收益。

(6) 取得税负利益，降低成本。大多数国家的税法规定，企业可以利用税法中的亏损递延条款进行合理避税，对于拥有较大盈利的企业往往会把那些拥有相当数量累计亏损的企业作为合并对象，纳税收益作为企业现金流入的增加，可以增加企业的价值。因此，如果被并企业因为无法维持经营而出售，由于亏损可以在若干年内税前弥补，一个高额盈余的企业合并这个亏损的企业，无疑就会使企业据此条款采取某些恰当的财务处理方法达到合理避税的目的。基于以上税收政策的优惠，对于那些内部投资机会短缺而现金流动又很丰裕的企业而言，无疑会成为其合并目标企业的直接猎物。

例 2-1 甲公司和乙公司是两家规模相当、产品类似、设在同一地区的小型日化生产企业，属于竞争对手。两家公司都依靠短期银行借款缓解长期现金短缺问题，但都因规模小，所以只能以较高利率取得银行借款。2017 年，甲公司和乙公司完成了企业合并，共同组成了一家全新的公司，即丙公司。丙公司凭借企业合并后的规模，经与银行谈判成功签订了较低利率的长期借款合同。同样，丙公司因规模扩大在与供应商的谈判中降低了采购成本。

根据上述资料，丙公司“因规模扩大在与供应商的谈判中降低了采购成本”属于经营协同效应，“经与银行谈判成功签订了较低利率的长期借款合同”属于财务协同效应。

有时，企业合并并不是纯粹的市场经济行为，也不是唯一的主体，政府的偏好在很大程度上会影响企业合并动机强度，主要体现在如下两个方面。

一是进行产业结构调整，实现资源优化配置。为了解决我国国有企业重复建设及资源浪费问题，政府通过合并活动，对资产进行合并重组，对资源进行优化配置，提高存量资产运行的质量和效率，并引进市场竞争机制，不仅可以达到优化产业结构的目的，而且还可以大大节省调整所需的大量资金投入。

二是组建企业集团，参与国际竞争。在国际经济中，企业合并对经济的发展作用是举足轻重的，它不仅是推动国际经济合作、规避国外贸易壁垒的重要手段，而且也是促进国内资本与国际资本市场连通对接的重要手段。因此，针对企业面临国际强有力竞争的挑战，实行企业强强联合，组建与跨国公司相抗衡的企业航母，已成为政府的一项重要工作。以资本为纽带，通过市场形成具有较强竞争力的跨地区、跨行业、跨部门、跨国经营的大型企业集团，积极参与国际竞争，已成为我国企业合并的主要动因。

总之，企业合并不仅有其自身原因，也有来自政府的偏好与行政干预，但无论是哪一种，都必须紧紧围绕以实现企业目标利润最大化为原则，只有这样，合并才显得有价值、有意义。

三、企业合并的方式

1. 吸收合并

吸收合并是指两个或两个以上的公司合并后，其中一个公司吸收其他公司成为存续公司，而被吸收公司注销法人地位的合并方式。

吸收合并的类型有如下几种。

(1) 以现金购买资产的方式

吸收公司以现金购买被吸收公司的全部资产（包括全部债权债务），被吸收公司获得吸收公司支付的现金，被吸收公司解散，被吸收公司的股东通过“清算程序”依据各自的股权获得现金分配。

(2) 以股权购买资产的方式

吸收公司以自身的股权购买被吸收公司的全部资产（包括全部债权债务），被吸收公司解散，被吸收公司的股东通过“清算程序”分配被吸收公司持有的吸收公司的股权，从而成为吸收公司的股东。

(3) 以现金购买股权的方式

吸收公司以现金购买被吸收公司股东持有的全部股权，吸收公司成为被吸收公司的唯一股东，随后解散被吸收公司；被吸收公司的全部资产（包括债权债务）由吸收公司承继。

(4) 以股权购买股权的方式

吸收公司以自身股权换取被吸收公司股东持有的被吸收公司的全部股权，被吸收公司股东成为吸收公司的股东，吸收公司成为被吸收公司的唯一股东，随后解散被吸收公司；被吸收公司的全部资产(包括债权债务)由吸收公司承继。

案例 2-1

2010 年，中国汽车业发生了一件大事，即吉利并购沃尔沃。当时，沃尔沃的原母公司福特在经历了 20 世纪末 21 世纪初的全面扩张之后，由于市场变化及公司相对竞争力下降，开始出现连续亏损。仅仅是轮胎“召回门”事件，就让福特损失了 55 亿美元。到 2006 年，福特已经从北美汽车业界的老二退到老三、老四的水平了。福特公司决定重组公司资产，卖掉那些烧钱的豪华品牌，比如阿斯顿马丁、捷豹、路虎。此时，沃尔沃并不在出售名单上。

吉利的掌门人李书福当时也得到了这个消息。他判断福特肯定会把沃尔沃也卖掉，在 2007 年，他专程跑到美国，与福特当时的掌门人取得了联系。不过，福特掌门人并没有把李书福放在眼里。毕竟吉利 2007 年的收入大约为 100 亿元人民币，而沃尔沃同年的收入是 106 亿美元！简直就是“癞蛤蟆想吃天鹅肉”。

结果，2008 年的金融危机让福特的亏损达到了 258 亿美元，促使福特重组进程必须加快。福特终于拿出了沃尔沃，标价 60 亿美元，比当年收来的时候还便宜了 4 亿美元。

李书福这次找来了罗斯柴尔德银行方面大中华区的负责人作为财务顾问，给福特公司报出了 35 亿美元的报价。福特认为低估企业价值。

到了 2009 年，李书福收到福特的通知，他在美国政府于 3 月 30 日公布《汽车制造商未来发展计划》前递交了标书。这一次，李书福给的报价更低，只有 20 亿美元。因为柴尔德罗斯银行调查出沃尔沃到 2009 年 6 月收入才 30 多亿美元，评估价不超过 30 亿美元。最后，吉利以 18 亿美元外加后期 9 亿美元，拿下了沃尔沃轿车 100%的股权和许多关键专利。

在李书福的带领下，不但沃尔沃在 2013 年年前就实现了扭亏为盈，如今吉利也跃然成为中国自主品牌战略转型中的一匹黑马，汽车销售增幅远高于行业增长幅度，在中国自主品牌中更为显著，无疑是一起成功的吸收合并案例。

近几年，“吸收合并+股票置换”已成为母子公司通过置换股份实现整体上市的主要方式之一。国内集团公司或者母公司实现整体上市时多采用换股吸收合并的方式，这种方式不涉及现金流动，不必通过以现金支付的方式来购买被合并方的全部资产和股份，由此可以避免在吸收合并过程中出现大量的现金流出，保持合并方企业即存续公司的企业实力，有利于企业的长远发展。

案例 2-2

2013 年 3 月，美的电器公告，美的集团以换股吸收合并美的电器方式来实现整体上市，发行价格为 44.56 元。美的电器换股价格为 15.96 元，以决议公告日交易均价 9.46 元为基准，溢价 68.71%。美的集团向美的电器除美的集团外的所有换股股东发行股票交换该等股东所持有的美的电器股票。其中，美的集团所持美的电器股票不参与换股、也不行使现金选择权，并且该等股票在本次换股吸收合并完成后予以注销。本次换股吸收合并完成后，美的电器的法人资格注销，美的集团作为存续公司承继及承接美的电器的全部资产、负债、业务、人员、合同及其他一切权利与义务。

2. 新设合并

新设合并又称创立合并，是指两个或两个以上的公司合并后，成立一个新的公司，参与合并的原有各公司均消失的公司合并。在新设合并后，参与合并的各企业均丧失了法人地位，只有新设立的企业具有法人资格。

从法律形式上讲，它表现为“甲公司+乙公司=丙公司”，丙公司为新设立的法人企业，甲、乙公司则丧失其法人资格。如果丙公司以支付现金或其他资产的方式合并甲、乙公司，则甲、乙公司的原所有者无权参与丙公司的经营管理，也无权分享丙公司以后实现的税后利润；但如果丙公司采取向甲、乙公司发行股票以换取原甲、乙公司股票，并将其注销的方式，则甲、乙公司原股东成为丙公司的股东，这些股东与丙公司存在投资与被投资的关系，且可以参与丙公司的管理，分享其实现的税后利润，但一般已丧失对原企业的控制权。

新设合并可以通过以下两种方式进行：

(1) 由新设公司以货币资金购买部分参与合并公司的资产或股份，该部分参与合并公司的股东丧失其股东资格，剩余股东持有新设公司发行的股份，成为新设公司的股东；

(2) 新设公司发行新股，原来各公司股东持有的股份可以全部转化为新公司的股份，成为新设公司的股东。在新设合并中，新设立的公司具有新的公司名称，但对原来各公司的全部资产和负债概括承受。

3. 控股合并

控股合并是指一家企业购进另一家企业有投票表决权的股份，且已达到控制程度的企业合并方式。

从法律形式上讲，企业合并后，参与合并各家公司仍然保留其法人资格，正常运行，编制独立的会计报表。理论上，控股合并下，控股公司持有的股份应占被控股企业有投票表决权股份（即普通股）的50%以上，此时控股公司完全控制了被控制企业的经营管理大权，即成为后者的母公司，被控股公司成为控股公司的附属公司，即子公司。但在证券市场发达的国家，由于股份分散在为数众多的股东手中，一家企业购买另一企业25%～30%有投票表决权的股份，就足以控制该家企业，所以，控股比例并不是绝对的，合并的概念应以投资企业（购买企业）对被投资企业（被并企业）的生产经营管理及财务方针是否具有控制力，即能否控制被投资企业为准。

吸收合并与新设合并方式下，均只剩下一个具有法人资格的企业继续开展经营活动，其他企业则丧失法人地位，故不存在编制合并会计报表的问题；而控股合并方式之下，投资企业（收购企业）与被投资企业（被并企业）仍作为独立的法人继续经营，延续各自的会计记录，故将产生合并会计报表的编制问题。

四、企业合并类型的划分

我国的企业合并准则中将企业合并按照一定的标准划分为两大基本类型：同一控制下的企业合并与非同一控制下的企业合并。企业合并的类型划分不同，所遵循的会计处理原则也不同。

1. 同一控制下的企业合并

该合并是指参与合并的企业在合并前后均受同一方或相同多方最终控制且该控制并非暂时性的。

(1) 能够对参与合并各方在合并前后均实施最终控制的一方，通常是指企业集团的母公司。

(2) 能够对参与合并的企业在合并前后均实施最终控制的相同多方，是指根据合同或协议的约定，拥有最终决定参与合并企业的财务和经营政策，并从中获取利益的投资者群体。

(3) 实施控制的时间性要求，是指参与合并各方在合并前后较长时间内为最终控制方所控制。具体是指在企业合并之前(即合并日之前)，参与合并各方在最终控制方的控制时间一般为 1 年以上(含 1 年)，企业合并后所形成的报告主体在最终控制方的控制时间也应达到 1 年以上(含 1 年)。

(4) 企业之间的合并是否属于同一控制下的企业合并，应综合分析企业合并交易的各方面情况，按照实质重于形式的原则进行判断。

2. 非同一控制下的企业合并

非同一控制下的企业合并，是指参与合并各方在合并前后不受同一方或相同多方最终控制的合并交易，即除判断属于同一控制下企业合并的情况以外的其他企业合并。

例 2-2 下列业务属于企业合并的有(　　)。

A. 甲公司通过增发自身的普通股自 N 公司原股东处取得 N 公司的全部股权，该交易事项发生后，N 公司仍持续经营

B. 乙公司支付对价取得 L 公司的净资产，该交易事项发生后，撤销 L 公司的法人资格

C. 丙公司以自身持有的资产作为出资投入 G 公司中，取得对 G 公司的控制权，该交易事项发生后，G 公司仍维持其独立法人资格继续经营

D. 丁公司购买了 F 公司的一个独立的生产车间

答案：ABCD。

例 2-3 A 企业与 B 企业是两个归属于不同主管单位的企业，甲、乙、丙、丁、丑、寅为股份有限公司。其中，A 企业直接拥有甲企业 80%的表决权，直接拥有乙企业 70%的表决权；甲企业直接拥有丙企业 60%的表决权；B 企业直接拥有丁企业 80%的表决权，直接拥有丑企业 70%的表决权；丁企业直接拥有寅企业 60%的表决权，以上各项表决权的拥有都超过 1 年。

要求判断合并类型：甲、乙合并；乙、丙合并；丙、丁合并；丙、寅、丑合并。

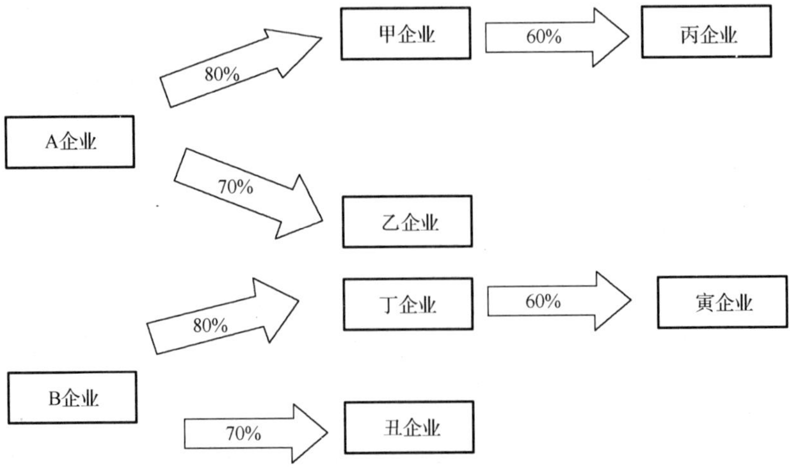

分析：甲、乙合并是同一控制下的企业合并；乙、丙合并是同一控制下的企业合并；丙、

丁合并是非同一控制下的企业合并；丙、寅、丑合并是非同一控制下的企业合并(尽管寅和丑是兄弟企业，但丙与寅、丑不是兄弟企业)。

五、企业合并的主要会计问题

企业合并的会计问题，包括企业合并过程中的会计处理与合并以后的会计处理。

合并过程中的会计处理分为合并方与被合并方所进行的会计处理，本书主要讨论合并方的会计处理过程，主要涉及同一控制与非同一控制下合并日取得的净资产或股权的计量；支付的合并对价的计量；合并对价与取得净资产之间差异的处理；支付的合并费用的处理等。

吸收合并和新设合并完成后仍然是一个会计主体，所以会计处理问题也仍然属于独立会计主体的范畴。控股合并完成后，合并各方成为企业集团的一部分，母公司本身是一个独立的会计主体，母公司控制下的每一个子公司或分支机构也是一个独立的会计主体，其各自的会计处理同样属于独立会计主体的范畴。但站在企业集团的角度，各个独立的会计主体既要进行独立的会计核算，编制个别会计报表，又要以整个企业集团为主体，在个别企业会计报表的基础上由母公司编制合并会计报表。

第二节　同一控制下企业合并的会计处理

同一控制下的企业合并的会计处理，是从合并方角度出发，确定合并方在合并日对于企业合并事项应进行的会计处理。准则把在合并日获得其他企业控制权的一方称为“合并方”，把相对方称为“被合并方”，准则把非一控制下企业合并的参与方分别称为“购买方”和“被购买方”。

准则规定，合并日(或购买日)是指合并方(或购买方)实际取得对被合并方(或被购买方)控制权的日期,即被合并方(被购买方)的净资产或生产经营决策的控制权转移给合并方(或购买方)的日期。

同时满足下列条件的，通常可以认为实现了控制权转移：(1)企业合并合同已获股东大会等通过；(2)企业合并事项需要经过国家有关主管部门审批的，已获得批准；(3)参与合并方已办理了必要的财产权转移手续；(4)合并方(或购买方)已支付了合并价款的大部分(一般应超过50%)，并且有能力、有计划支付剩余款项；(5)合并方(或购买方)实际上已经控制了被合并方(或被购买方)的财务和经营政策，并享有相应的利益、承担相应的风险。

一、同一控制下企业合并的处理原则

同一控制下的企业合并，合并方应遵循以下原则进行相关的处理。

(1)合并方在合并中确认取得的被合并方的资产、负债仅限于被合并方账面上原已确认的资产和负债，合并中不产生新的资产和负债。

(2)合并方在合并中取得的被合并方各项资产、负债应维持其在被合并方的原账面价值不变。

当被合并方的会计政策与合并方不同时，应按合并方的会计政策调整被合并方的资产、负债，并以调整后的口径纳入合并数据。

(3)合并方在合并中取得的净资产的入账价值相对于为进行企业合并支付的对价账面价

值之间的差额，不作为资产的处置损益，不影响合并当期利润表，有关差额应调整所有者权益相关项目：

①先调冲“资本公积——资本溢价或股本溢价”；

②再冲“盈余公积”；

③最后冲“利润分配——未分配利润”

(4)对于同一控制下的控股合并，合并方在编制合并财务报表时，应视同合并后形成的报告主体自最终控制方开始实施控制时一直是一体化存续下来的，参与合并各方在合并以前期间实现的留存收益应体现为合并财务报表中的留存收益。

准则制定者认为，对于同一控制下的控股合并，编制合并财务报表时应当秉持这样的理念，即企业集团视为在合并日以及以前期间一直存在。因此，在确认同一控制下的控股合并形成的长期股权投资后，编制合并报表时，应当保留被合并方在企业合并前所记载的留存收益(即盈余公积和未分配利润之和)中应当属于合并方的部分，即把被合并方在合并前实现的留存收益中按照持股比例计算应属于合并方的部分自“资本公积”转入“盈余公积”和“未分配利润”项目。

若合并方账面的资本公积(仅指资本溢价或股本溢价的部分)贷方余额小于被合并方在合并前实现的留存收益中按持股比例计算应归属于合并方的部分，在合并资产负债表中，应以合并方资本公积(资本溢价或股本溢价的部分)的贷方余额为限，将被合并方在企业合并前实现的留存收益中归属于合并方的部分自“资本公积”转入“盈余公积”和“未分配利润”项目。因合并方的资本公积(资本溢价或股本溢价的部分)余额不足，被合并方在合并前实现的留存收益在合并资产负债表中未予以全部恢复的，合并方应当在会计报表附注中对这一情况加以说明。

二、同一控制下控股合并的会计处理

1. 长期股权投资的确认和计量

(1)合并方以支付现金、转让非现金资产或承担债务方式作为合并对价的，应当在合并日按照取得被合并方所有者权益账面价值的份额作为长期股权投资的初始投资成本。长期股权投资初始投资成本与支付的现金、转让的非现金资产以及所承担债务账面价值之间的差额，应当调整资本公积；资本公积(资本溢价或股本溢价)不足冲减的，调整留存收益。

合并方的一般分录如下。

借：长期股权投资(合并当日被投资方账面净资产 × 合并方取得的股份比例)

　　资本公积(转让资产或代偿负债的账面价值高于长期股权投资初始成本的差额先冲资本公积)

　　盈余公积

　　利润分配——未分配利润(当资本公积不够冲时再冲盈余公积，如果仍不够抵最后冲未分配利润)

　　贷：转让的资产或代偿的负债(账面价值)

　　　　应交税费——应交增值税(销项税额)

　　　　　　　　——应交消费税

例 2-4 2017 年 6 月 1 日，甲公司以库存商品及土地使用权取得同一集团乙公司 90%的股权，并于当日起能够对乙公司实施控制。合并日，库存商品的账面余额为 60 万元，公允价值为 100 万元，增值税率为 17%，消费税率为 5%；土地使用权的账面余额为 500 万元，累计摊销 100 万元，公允价值为 600 万元，转让土地使用权的增值税率为 11%(假设该土地使用权为 2016 年 4 月 30 日后取得)。合并日，乙公司所有者权益在最终控制方合并财务报表中的账面价值的份额为 800 万元，可辨认净资产的公允价值为 900 万元。甲公司与乙公司的会计年度和采用的会计政策相同，甲公司相关会计分录如下。

借：长期股权投资　　720
　　累计摊销　　100
　　贷：库存商品　　60
　　　　应交税费——应交增值税(销项税额)　　17+66=83
　　　　　　　　——应交消费税　　5
　　　　无形资产　　500
　　　　资本公积——股本溢价　　172

(2)合并方以发行权益性证券作为合并对价的，应当在合并日按照被合并方账面净资产中属于投资方的份额作为长期股权投资的初始投资成本。按照发行股份的面值总额作为股本，长期股权投资初始投资成本与所发行股份面值总额之间的差额，应当调整资本公积；资本公积(资本溢价或股本溢价)不足冲减的，调整留存收益。

合并方的会计分录如下。

借：长期股权投资

　(合并当日被投资方账面净资产×合并方取得的股份比例)

　贷：股本或实收资本(发行股份的面值或新增的实收资本)

　　资本公积——股本溢价或资本溢价(当长期股权投资的入账成本大于股份面值时挤入贷方，反之挤入借方，如果资本公积不够冲减的则调减留存收益)

例 2-5 甲、乙、丙三公司同属一个集团，丙公司持有乙公司 60%的股权，甲企业发行 600 万股普通股(每股面值为 1 元)作为对价自丙公司手中取得乙企业 60%的股权，每股的公允价值为 10 元。甲公司为此支付给券商 8 万元的发行费用。合并日，乙企业账面净资产总额为 1 300 万元。

①发行股票时：

借：长期股权投资　　(1 300×60%) 780
　　贷：股本　　600
　　　　资本公积——股本溢价　　180

②支付发行费用时：

借：资本公积——股本溢价　　8
　　贷：银行存款　　8

(3)合并直接费用及证券发行费用的会计处理原则。

同一控制下的企业合并中，合并方发生的审计、法律服务、评估咨询等中介费用以及其他相关直接费用，应当于发生时直接计入管理费用。

股票发行费用应冲减“资本公积——股本溢价”，如果溢价不够冲或无溢价时则冲减留存收益。

债券发行费用应冲减“应付债券——利息调整”，即冲减溢价或追加折价。

例 2-6 2017 年 5 月 20 日，甲公司以发行公司债券的方式取得母公司控制的乙公司 90%的股权，并于当日起能够对乙公司实施控制。甲公司所发行的公司债券的面值为 500 万元，票面年利率为 6%，每年末付息到期还本，甲公司另行支付发行费用 2 万元。合并日，乙公司所有者权益在最终控制方合并财务报表中的账面价值为 600 万元。甲公司与乙公司的会计年度和采用的会计政策相同。

长期股权投资的入账成本=600×90%=540（万元）；

甲公司的会计分录如下：

借：长期股权投资——乙公司	540	
贷：应付债券——面值		500
——利息调整		40

同时，支付发行费用时：

借：应付债券——利息调整	2	
贷：银行存款		2

例 2-7 A 公司以定向增发股票的方式购买同一集团内 B 公司持有的 F 公司 80%股权。为取得该股权，A 公司增发 200 万股普通股，每股面值为 1 元，每股公允价值为 10 元；支付承销商佣金 20 万元，合并中发生审计费用 12 万元。合并当日，B 公司所有者权益在最终控制方合并财务报表中的账面价值为 700 万元，公允价值为 1 000 万元。A 公司和 B 公司采用的会计政策相同，基于上述资料，

换股合并时，A 公司的会计处理为：

借：长期股权投资	560	
贷：股本		200
资本公积——股本溢价		360

支付承销商佣金时：

借：资本公积——股本溢价	20	
贷：银行存款		20

支付审计费用时：

借：管理费用	12	
贷：银行存款		12

（4）对于被合并方账面所有者权益，应当在考虑以下几个因素的基础上计算确定形成长期股权投资的初始投资成本：

①被合并方与合并方的会计政策、会计期间是否一致。如果合并前合并方与被合并方的会计政策、会计期间不同的，应首先按照合并方的会计政策、会计期间对被合并方资产、负债的账面价值进行调整，在此基础上计算确定被合并方的账面所有者权益，并计算确定长期股权投资的初始投资成本。

②被合并方账面所有者权益是指被合并方的所有者权益相对于最终控制方而言的账面价值。

例 2-8 甲公司于2017年年初自非关联方购入乙公司80%的股份，初始投资成本为1 000万元，并于当日实质控制了乙公司。购买日，乙公司的账面净资产为700万元，可辨认净资产的公允价值为900万元。2017年，乙公司实现账面净利润300万元，基于2017年年初的可辨认净资产的公允价值口径推定的当年净利润为370万元，当年，乙公司分配现金股利40万元，乙公司当年无其他所有者权益变动事项。2018年年初，甲公司的另一子公司即丁公司自甲公司手中购得乙公司80%的股份。

单位：万元

项目名称	乙公司账面口径	最终控制方甲公司认可的口径
乙公司2017年年初净资产	700	900+（1 000–900 × 80%）÷ 80%=900+350=1 250
乙公司2017年的净利润	300	370
乙公司2017年的分红	40	40
乙公司2018年年初净资产	960	1 580
丁公司长期股权投资入账成本	不得采纳	=1 580 × 80%=1 264

③同一控制下企业合并形成的长期股权投资，如果子公司按照改制时确定的资产、负债经评估确认的价值调整资产、负债账面价值的，合并方应当按照取得子公司经评估确认的净资产的份额作为长期股权投资的初始投资成本。

④如果被合并方本身编制合并财务报表的，被合并方的账面所有者权益的价值应当以其合并财务报表为基础确定。

2．合并日合并财务报表的编制

合并日需编制合并资产负债表、合并利润表和合并现金流量表。

1）合并资产负债表

被合并方的有关资产、负债应当以其账面价值并入合并财务报表（合并方与被合并方采有的会计政策会计期间不同的，指按照合并方的会计政策会计期间，对被合并方有关资产、负债经调整后的账面价值）。这里的账面价值是指被合并方的资产、负债（包括最终控制方收购被合并方而形成的商誉）在最终控制方财务报表中的账面价值。合并方与被合并方在合并日及以前期间发生的交易，应作为内部交易进行抵销。合并方的财务报表比较数据追溯调整的期间应不早于双方处于最终控制方的控制之下孰晚的时间。

同一控制下企业合并基本处理原则是视同合并后形成的报告主体在合并日及以前期间一直存在，在合并资产负债表中，对于被合并方在企业合并前实现的留存收益中归属于合并方的部分，应按如下原则处理：

（1）确认控股合并形成的长期股权投资后，合并方账面资本公积（资本溢价或股本溢价）贷方余额大于被合并方在合并前实现的留存收益中归属于合并方的部分，在合并资产负债表中，应将被合并方在合并前实现的留存收益中归属于合并方的部分自“资本公积”转入“盈余公积”和“未分配利润”项目。

（2）确认企业合并形成的长期股权投资后，合并方账面资本公积（资本溢价或股本溢价）贷方余额小于被合并方在合并前实现的留存收益中归属于合并方的部分的，在合并资产负债表中，应以合并方资本公积（资本溢价或股本溢价）的贷方余额为限，将被合并方在企业合并前实现的留存收益中归属于合并方的部分自“资本公积”转入“盈余公积”和“未分配利润”。在合并工作底稿中，借记“资本公积”，贷记“盈余公积”和“未分配利润”。

例 2-9 甲公司于 20×8 年 3 月 1 日以 A 商品为合并对价自乙公司换得同一集团丙公司 100%股份，A 商品的账面余额 800 万元，公允价值 1 000 万元，增值税率 17%，消费税率 5%，合并当日丙公司账面净资产 900 万元，其中股本 100 万元，资本公积 400 万元，盈余公积 80 万元，未分配利润 320 万元。合并当日丙公司账面资产总计 1 400 万元，账面负债总计 500 万元。甲公司同日所有者权益总计 1 500 万元，其中股本 300 万元，资本公积 600 万元，盈余公积 200 万元，未分配利润 400 万元。

吸收合并			控股合并		
借：丙资产	1400		借：长期股权投资	900	
资本公积	120		资本公积	120	
贷：丙负债		500	贷：库存商品		800
库存商品		800	应交税费——应交增值税（销项税额）		170
应交税费——应交增值税（销项税额）		170	——应交消费税		50
——应交消费税		50			

在控股合并的前提下，甲公司需在合并当日即 20×8 年 3 月 1 日编制合并资产负债表、年初至合并日即从 20×8 年 1 月 1 日到 20×8 年 3 月 1 日的利润表和现金流量表。而且在编制合并资产负债表的前期准备工作中需做如下调整分录：

借：资本公积 400

　　贷：盈余公积 80

　　　　未分配利润 320

假如 M 公司资本公积——股本溢价只有 240 万元的结余额时：

借：资本公积 240

　　贷：盈余公积 240×[80/（80+320）]

　　　　未分配利润 240×[320/（80+320）]

在编制合并日合并资产负债表时，在合并工作底稿上直接抵销母公司“长期股权投资”和子公司的所有者权益项目。在母公司持股比例不足 100%的情况下，子公司的所有者权益之中不属于母公司的份额以“少数股东权益”予以表示。

抵销分录如下：

借：实收资本（股本）

　　资本公积

　　其他综合收益

　　盈余公积

　　未分配利润——年末

（以上合计：子公司所有者权益的账面价值）

　　贷：长期股权投资（合并方享有的被合并方所有者权益账面价值的份额）

　　　　少数股东权益（子公司的所有者权益账面价值×少数股东持股比例）

2）合并日的合并利润表

合并利润表应当包括参与合并各方自合并当期期初至合并日所发生的收入、费用和利润，双方在当期所发生的交易，应当按照合并财务报表的有关原则进行抵销。被合并方在合并前实现的净利润，应当在合并利润表中单列项目反映。

对于同一控制下的控股合并，为了帮助会计信息使用者了解合并利润表中净利润的构成，合并方应在合并利润表中的"净利润"项目现单列"其中：被合并方在合并前实现的净利润"项目，以提示会计信息使用者关注合并利润表中所记载的、被合并方在合并日前实现的净利润的情况。

3)合并现金流量表

合并现金流量表应当包括合并各方自合并当期期初至合并日的现金流量。

三、同一控制下吸收合并的会计处理

在同一控制下的企业吸收合并中，合并方取得的资产和负债，应当按照合并日资产和负债在被合并方的账面价值计量，合并方取得的净资产账面价值与支付的合并对价账面价值(或发行股份面值总额)的差额，应当调整资本公积；资本公积不足冲减的，调整留存收益。如果同一控制下的企业合并中，被合并方采用的会计政策与合并方不一致，合并方在合并日应当按照本企业会计政策对被合并方的财务报表相关项目进行调整，在此基础上按照同一控制下的企业合并的相关规定进行会计处理。

例 2-10 甲、乙公司同为胜利集团内的两个全资子公司，20×8 年 1 月 31 日，甲公司对乙公司进行合并，增发 100 万股普通股，每股面值为 1 元，市价为 3.5 元，并于当日取得对乙公司 100%的股权。自该日开始，乙公司注销。该项合并中参与合并的企业在合并前及合并后均为胜利集团最终控制。

合并前，乙公司的资产账面价值合计 2 885 000 元，其中库存商品 500 000 元，增值税进项税额 85 000 元，长期股权投资 600 000 元，固定资产 1 300 000 元，累计折旧 300 000 元，无形资产 900 000 元，累计摊销 200 000 元。负债合计 980 000 元，其中短期借款 200 000 元，应付账款 360 000 元，长期借款 420 000 元。所有者权益 1 820 000 元，其中实收资本 1 000 000 元，资本公积 400 000 元，盈余公积 300 000 元，未分配利润 120 000 元。

假定乙公司除已确认的资产及负债外，不存在其他需要确认的资产及负债。

在该项合并中，参与合并的企业在合并前及合并后均为胜利集团最终控制。甲公司增发 100 万股普通股取得对乙公司 100%的股权，乙公司注销，可以判断出该项企业合并事项属于同一控制下的企业吸收合并，应按照同一控制下的企业吸收合并原则进行会计核算。会计分录为：

借：库存商品	500 000	
应交税费——应交增值税(进项税额)	85 000	
长期股权投资	600 000	
固定资产	1 300 000	
无形资产	900 000	
贷：短期借款		200 000
应付账款		360 000
长期借款		420 000
累计折旧		300 000
累计摊销		200 000
股本		1 000 000
资本公积		905 000

第三节　非同一控制下企业合并的会计处理

一、非同一控制下企业合并的处理原则

非同一控制下的企业合并是参与合并的一方购买另一方或多方的交易，其基本处理原则是购买法。

1. 购买方的确定

购买方是指在企业合并中取得对另一方或多方控制权的一方。合并中一方取得了另一方半数以上有表决权股份的，除非有明确的证据表明该股份不能形成控制，一般认为取得控股权的一方为购买方。某些情况下，即使一方没有取得另一方半数以上有表决权股份，但存在以下情况时，一般也可认为其获得了对另一方的控制权：

(1)通过与其他投资者签订协议，实质上拥有被购买企业半数以上表决权。

(2)按照法律或协议等的规定，具有主导被购买企业财务和经营决策的权力。

(3)有权任免被购买企业董事会或类似权力机构的绝大多数成员。

(4)在被购买企业董事会或类似权力机构具有绝大多数投票权。

2. 购买日的确定

购买日的确定参考“同一控制下的企业合并”。企业合并涉及一次以上交换交易的，企业应于每一交易日确认对被投资企业的各单项投资。“交易日”是指合并方或购买方在自身的账簿和报表中确认对被投资单位投资的日期。分步实现的企业合并中，购买日是指按照有关标准判断购买方最终取得对被购买企业控制权的日期。

3. 购买方合并成本的计算

企业合并成本包括购买方为进行企业合并支付的现金或非现金资产、发行或承担的债务、发行的权益性证券等在购买日的公允价值。

非同一控制下企业合并中发生的与企业合并直接相关的费用，包括为进行合并而发生的会计审计费用、法律服务费用、咨询费用等，应当计入“管理费用”。为进行企业合并发行的权益性证券或发行的债务相关的手续费、佣金等，该部分费用的处理与同一控制下企业合并中类似费用的处理原则相同，即应抵减权益性证券的溢价发行收入或计入所发行债务的初始确认金额。

通过多次交换交易分步实现的企业合并，在购买方的个别报表中，应当以购买日之前所持被购买方的股权投资的账面价值与购买日新增投资成本之和，作为该项投资的初始投资成本；在合并报表中，以购买日之前所持被购买方股权于购买日的公允价值与购买日支付对价的公允价值之和作为合并成本。

4. 被购买方可辨认净资产的公允价值的计算

可辨认净资产的公允价值取决于资产和负债的计量，因为会计原理认为净资产是不可辨认的。可辨认净资产的公允价值是可辨认资产的公允价值与可辨认负债公允价值之差。另外，

当编制合并财务报表时，被购买方的相关资产和负债也需要以公允价值确认。

购买方应当按照以下标准来确定被购买方各项可辨认资产和负债的公允价值。

1）可辨认资产的公允价值的确定

(1)货币资金，按照购买日被购买方的账面余额确定。

(2)有活跃市场的股票、债券、基金等金融工具，按照购买日活跃市场中的市场价格确定。

(3)应收款项，其中的短期应收款项，一般按照应收取的金额作为其公允价值；长期应收款项，应按适当的利率折现后的现值确定其公允价值。在确定应收款项的公允价值时，应考虑发生坏账的可能性及相关收款费用。

(4)存货，对其中的产成品和商品按其估计售价减去估计的销售费用、相关税费以及购买方出售类似产成品或商品估计可能实现的利润确定；在产品按完工产品的估计售价减去至完工仍将发生的成本、估计的销售费用、相关税费以及在同类或类似产成品的基础上估计出售可能实现的利润确定；原材料按现行重置成本确定。

(5)不存在活跃市场的金融工具如权益性投资等，应当参照《企业会计准则第22号——金融工具确认和计量》的规定，采用估值技术确定其公允价值。

(6)房屋建筑物、机器设备、无形资产，存在活跃市场的，应以购买日的市场价格为基础确定其公允价值；不存在活跃市场但同类或类似资产存在活跃市场的，应参照同类或类似资产的市场价格确定其公允价值；同类或类似资产也不存在活跃市场的，应采用估值技术确定其公允价值。

2）可辨认负债及或有负债的确定

(1)应付账款、应付票据、应付职工薪酬、应付债券、长期应付款，其中的短期负债，般按照应支付的金额确定其公允价值；长期负债，应按适当的折现率折现后的现值作为其公允价值。

(2)取得的被购买方的或有负债，其公允价值在购买日能够可靠计量的，应确认为预计负债。此项负债应当按照市场上独立的第三方的立场来计算。注意，此时不再要求“很可能发生”，这与《企业会计准则第13号——或有事项》有所不同。

3）有关无形资产的确认

非同一控制下的企业合并中，购买方在对企业合并中取得的被购买方资产进行初始确认时，应当对被购买方拥有的但在其财务报表中未确认的无形资产进行充分辨认和合理判断，满足以下条件之一的，应确认为无形资产：

(1)源于合同性权利或其他法定权利；

(2)能够从被购买方中分离或者划分出来，并能单独或与相关合同、资产和负债一起，用于出售、转移、授予许可、租赁或交换。

4）递延所得税项目

在按照规定确认了合并中应予确认的各项可辨认资产、负债的公允价值后，其计税基础与账面价值不同形成暂时性差异的，应当按照所得税会计准则的规定确认相应的递延所得税资产或递延所得税负债。

注：同一控制下的企业合并中，被合并方的数据以账面价值进入合并财务报表，不产生新的资产或负债；非同一控制下的企业合并中，被购买方的数据以公允价值口径进入合并财务报表。

5. 企业合并成本与合并中取得的被购买方可辨认净资产公允价值份额差额的处理

企业合并成本与合并中取得的被购买方可辨认净资产公允价值份额差额的处理如表 2-1 所示。

表 2-1　企业合并成本与合并中取得的被购买方可辨认净资产公允价值份额差额的处理

<table>
<tr><td rowspan="4">合并成本</td><td rowspan="2">大于</td><td rowspan="4">被购买方可辨认净资产公允价值份额</td><td rowspan="4">差额</td><td>控股合并</td><td>合并报表中做商誉认定</td><td rowspan="2">至少每年末做减值测试</td></tr>
<tr><td>吸收合并</td><td>购买方账簿及个别报表中做商誉认定</td></tr>
<tr><td rowspan="2">小于</td><td>控股合并</td><td colspan="2">合并利润表中做营业外收入认定</td></tr>
<tr><td>吸收合并</td><td colspan="2">购买方账簿及个别利润表中做营业外收入认定</td></tr>
</table>

6. 购买日合并财务报表的编制

非同一控制下的企业合并中形成母子公司关系的，购买方一般应于购买日编制合并资产负债表，反映其于购买日开始能够控制的经济资源情况。在合并资产负债表中，合并中取得的被购买方各项可辨认资产、负债应以其在购买日的公允价值计量，长期股权投资的成本大于合并中取得的被购买方可辨认净资产公允价值份额的差额,体现为合并财务报表中的商誉；长期股权投资的成本小于合并中取得的被购买方可辨认净资产公允价值份额的差额，应计入合并利润表中作为合并当期损益。因购买日不需要编制合并利润表，该差额体现在合并资产负债表上，应调整合并资产负债表的盈余公积和未分配利润。

二、非同一控制下企业合并的会计处理

1. 非同一控制下的控股合并

在此情形下，在母公司(购买方)的个别财务报表中，控股合并是作为长期股权投资核算的。准则要求，购买方应当按照公允价值计量合并成本。

(1)购买方股权投资初始成本的会计处理

①如果换出的是存货，则按正常销售处理：

借：长期股权投资

　　贷：主营业务收入

　　　　应交税费——应交增值税(销项税额)

借：主营业务成本

　　存货跌价准备

　　贷：库存商品

借：税金及附加

　　贷：应交税费——应交消费税

②如果换出的是固定资产，则按正常转让固定资产处理：

借：固定资产清理

　　累计折旧

　　固定资产减值准备

　　贷：固定资产

借：长期股权投资(固定资产的公允价值+销项税)

贷：固定资产清理

应交税费——应交增值税(销项税额)

借：固定资产清理

贷：营业外收入

或：

借：营业外支出

贷：固定资产清理

③如果换出的是无形资产，则按正常转让方式处理：

借：长期股权投资(无形资产的公允价值)

累计摊销

无形资产减值准备

贷：无形资产

应交税费——应交增值税

营业外收入(或借记"营业外支出")

④如果是换股合并方式，则应做如下处理：

借：长期股权投资(按股份的公允价值入账)

贷：股本(按股票面值入账)

资本公积——股本溢价(倒挤)

另付发行费用时：

借：资本公积——股本溢价

贷：银行存款

(2)购买日编制合并财务报表

在合并工作底稿中按照调整分录进行公允价值调整后，购买方所付出的代价(即"长期股权投资"项目)与所得到的对价(母公司享有的子公司净资产公允价值)已经全部陈列在合并工作底稿上，这样就可以进行抵销处理了。

对于非同一控制下的控股合并，母公司应当编制购买日的资产负债表，因企业合并取得的被购买方各项可辨认资产、负债及或有负债应当以公允价值列示。母公司的合并成本与取得的子公司可辨认净资产公允价值份额的差额，作为商誉或负商誉进行处理。

例 2-11 20×8 年 6 月 30 日，黄河公司以银行存款 5 000 万，发行股票 1 000 万股(每股面值为 1 元，市场价格为 18 元)，取得了长江公司 90%的股权。假定黄河公司与长江公司在合并前采用的会计政策相同，合并两公司无关联关系。

资产负债表(简表)

20×8 年 6 月 30 日　　　　单位：万元

项目	黄河公司		长江公司	
	账面价值		账面价值	公允价值
资产：				
货币资金	6 000		3 000	3 000
存货	12 000		6 000	8 000

续表

项目	黄河公司		长江公司	
	账面价值		账面价值	公允价值
固定资产	18 000		5 000	9 000
无形资产	8 000		4 000	7 000
资产总计	44 000		18 000	27 000
负债和所有者权益:				
长期借款	10 000		5 000	5 000
实收资本(股本)	2 000		1 000	
资本公积	16 000		2 000	
盈余公积	10 000		7 000	
未分配利润	6 000		3 000	
负债和所有者权益总计	44 000		18 000	22 000

(1)确认长期股权投资:

借:长期股权投资　　23 000

　　贷:银行存款　　5 000

　　　　股本　　1 000

　　　　资本公积——股本溢价　　17 000

(2)计算确定商誉:

假定长江公司除已确认资产外,不存在其他需要确认的资产及负债,则黄河公司首先计算合并中应确认的合并商誉:

合并商誉=企业合并成本−合并中取得被购买方可辨认净资产公允价值份额

=23 000−22 000×90%=3 200(万元)

(3)编制调整及抵销分录:

借:存货　　2 000

　　固定资产　　4 000

　　无形资产　　3 000

　　贷:资本公积　　9 000

借:实收资本　　1 000

　　资本公积　　11 000

　　盈余公积　　7 000

　　未分配利润　　3 000

　　商誉　　3 200

　　贷:长期股权投资　　23 000

　　　　少数股东权益　　2 200

6月30日合并资产负债表如下:

单位：万元

项目	黄河公司	长江公司	抵销分录		合并金额
			借方	贷方	
资产：					
货币资金	1 000	3 000			4 000
存货	12 000	6 000	2 000		20 000
长期股权投资	23 000			23 000	
固定资产	18 000	5 000	4 000		27 000
无形资产	8 000	4 000	3 000		15 000
商誉		0	3 200		3 200
资产总计	62 000	18 000			69 200
负债和所有者权益：					
长期借款	10 000	5 000			15 000
实收资本（股本）	3 000	1 000	1 000		3 000
资本公积	33 000	2 000	11 000	9 000	33 000
盈余公积	10 000	7 000	7 000		10 000
未分配利润	6 000	3 000	3 000		6 000
少数股东权益				2 200	2 200
负债和所有者权益总计	62 000	18 000			69 200

例 2-12 A 公司与相关公司的所得税率均为 25%。A 公司自 20×8 年起实施了一系列股权交易计划，具体情况如下：

20×8 年 3 月 10 日，A 公司与 B 公司控股股东 W 公司签订协议。协议约定：A 公司向 W 公司定向发行 15 000 万股本公司股票，以换取 W 公司持有 B 公司 80%的股权。A 公司定向发行的股票按规定为 3 元/股，双方确定的评估基准日为 20×8 年 4 月 30 日。B 公司经评估确定 20×8 年 4 月 30 日的可辨认净资产公允价值（不含递延所得税资产和负债）为 6 000 万元。

A 公司该并购事项于 20×8 年 5 月 10 日经监管部门批准，作为对价定向发行的股票于 20×8 年 6 月 30 日发行，当日收盘价为 3.5 元/股。A 公司自 6 月 30 日起主导 B 公司财务和经营政策。以 20×8 年 4 月 30 日的评估值为基础，B 公司可辨认净资产于 20×8 年 6 月 30 日的账面价值为 33 030 万元（其中股本 15 000 万元、资本公积 9 000 万元、盈余公积 3 000 万元、未分配利润 6 030 万元），公允价值为 65 100 万元（不含递延所得税资产和负债），A 公司与 W 公司在此项交易前不存在关联方关系。A 公司向 W 公司发行股票后，W 公司持有 A 公司发行在外的普通股的 9%，不具有重大影响。

B 公司在 20×8 年 6 月 30 日有关资产、负债评估增值情况如下表所示。

B 公司在 20×8 年 6 月 30 日有关资产、负债评估增值情况

单位：万元

项目	评估增值
存货	12 070
固定资产	15 000
无形资产	6 000
预计负债	1 000
合计	32 070

（1）该项为非同一控制下的企业合并，因为 A 公司与 W 公司在此项交易前不存在关联方关系。

(2) 购买日为20×8年6月30日；

企业合并成本=15 000×3.5=52 500（万元）

合并中取得可辨认净资产的公允价值=65 100–12 070×25%–15 000×25%–6 000×25%+1 000×25%=57 082.5（万元）

合并商誉=52 500–57 082.5×80%=6 834（万元）

分析：由于本合并为非同一控制下的企业合并，并且资产负债计税基础与按历史成本计算的账面价值相同，因此评估增值减值的资产需要确认递延所得税。所以可辨认净资产公允价值=可辨认净资产账面价值+评估增值–评估减值–评估增值×25%（递延所得税负债）+评估减值×25%（递延所得税资产），或者=可辨认净资产公允价值（未考虑所得税的金额）–评估增值×25%（递延所得税负债）+评估减值×25%（递延所得税资产），这里用的就是第二个计算方式。

(3) A公司20×8年6月30日股权投资的会计分录：

借：长期股权投资	（15 000×3.5）52 500	
贷：股本		15 000
资本公积——股本溢价		37 500

(4) A公司在购买日合并资产负债表中的调整分录与抵销分录为：

借：存货	12 070	
固定资产	15 000	
无形资产	6 000	
递延所得税资产	（1 000×25%）250	
贷：预计负债		1 000
递延所得税负债		（33 070×25%）8 267.5
资本公积		24 052.5
借：股本	15 000	
资本公积	（9 000+24 052.5）33 052.5	
盈余公积	3 000	
未分配利润	6 030	
商誉	6 834	
贷：长期股权投资		52 500
少数股东权益		（57 082.5×20%）11 416.5

2. 非同一控制下的吸收合并

非同一控制下的吸收合并，购买方在购买日应当将合并中取得的符合确认条件的各项资产、负债，按其公允价值确认为本企业的资产和负债；作为合并对价的有关非货币性资产在购买日的公允价值与其账面价值的差额，应作为资产的处置损益计入合并当期的利润表；确定的企业合并成本与所取得的被购买方可辨认净资产公允价值的差额，视情况分别确认为商誉或是作为企业合并当期的损益计入利润表。

其具体处理原则与非同一控制下的控股合并类似，不同点在于在非同一控制下的吸收合并中，合并中取得的可辨认资产和负债是作为个别报表中的项目列示，合并中产生的商誉也是作为购买方账簿及个别财务报表中的资产列示。

三、企业通过多次交易分步实现企业合并的会计处理

1. 同一控制下的多次交易完成的企业合并

1) 个别报表的会计处理

确定同一控制下企业合并形成的长期股权投资的初始投资成本。在合并日，应当按照被合并方所有者权益账面价值的份额作为长期股权投资的初始投资成本，合并日长期股权投资初始投资成本与达到合并前的长期股权投资账面价值加上合并日取得进一步股份新支付对价的账面价值之和的差额，调整资本公积(资本溢价或股本溢价)，资本公积不足冲减的，冲减留存收益。

(1) 合并方于合并日之前持有的被合并方的股权投资，保持其账面价值不变。其中：

①合并日之前持有股权投资作为长期股权投资并采用权益法核算的，为权益法核算下至合并日应有的账面价值；

②合并日之前持有股权投资作为金融资产并按公允价值计量的，为至合并日应有的账面价值；

(2) 这里所谓的被合并方账面所有者权益，是指被合并方所有者权益相对于最终控制方而言的账面价值。如果被合并方本身编制合并财务报表，则被合并方的账面所有者权益的价值应当以其合并财务报表为基础确定。

(3) 如果通过多次交易分步取得同一控制下的吸收合并，则按照上述原则进行会计处理。

2) 合并财务报表的会计处理

通过多次交易分步取得同一控制下的企业合并，合并日原所持股权采用权益法核算、按被投资单位实现净利润和原持股比例计算确认的损益、其他综合收益，以及净资产变动部分，在合并报表中予以冲回，即冲回原权益法下确认的损益、其他综合收益，并转入资本公积(股本溢价)。

合并方的财务报表比较数据追溯调整的期间应不早于双方处于最终控制方的控制之下孰晚的时间。

例 2-13 甲公司是乙公司和丙公司的母公司，丙公司是一家上市公司，其他有关资料如下：

(1) 20×8 年 1 月 1 日，乙公司以银行存款方式自甲公司购买丙公司 20%的股份，达到对丙公司的重大影响，初始成本为 1 000 万元，丙公司当日所有者权益账面价值与公允价值均为 4 000 万元。

借：长期股权投资	1 000
贷：银行存款	1 000

(2) 20×8 年 12 月 31 日，丙公司实现净利润 800 万元(已经考虑了公允价值的调整和未实现内部交易损益的修正)。丙公司可供出售金融资产公允价值变动形成利得 100 万元。

借：长期股权投资	180
贷：投资收益	160 (=800×20%)
其他综合收益	20 (=100×20%)

(3) 20×9 年 1 月 1 日，乙公司以土地使用权为合并对价自甲公司处再次取得丙公司 50%的股份，此无形资产账面价值为 3 000 万元(成本为 4 000 万元，累计摊销 1 000 万元)。丙公

司相对于最终控制方(甲公司)而言的净资产账面价值为5 000万元。至此，乙公司已经取得丙公司70%的股份，达到了控制，并且为同一控制下的企业合并。

①个别报表的会计处理

借：长期股权投资	3 000	
累计摊销	1 000	
贷：无形资产		4 000

a. 合并日初始投资成本=5 000×70%=3 500(万元)

b. 长期股权投资的账面价值=1 180+3 000=4 180(万元)

c. 差额680万元调整资本公积

借：资本公积——股本溢价	680	
贷：长期股权投资		680

②合并报表角度

合并日原所持股权采用权益法核算、按被投资单位实现净利润和原持股比例计算确认的损益、其他综合收益，以及净资产变动部分，在合并报表中予以冲回，即冲回原权益法下确认的损益、其他综合收益，并转入资本公积(股本溢价)。

借：未分配利润	160	
其他综合收益	20	
贷：资本公积		180

2. 非同一控制下多次交易完成的企业合并

1)个别财务报表

长期股权投资在购买日的初始投资成本=原持有股权投资的账面价值+购买日新增投资成本

①购买日之前持有股权投资作为长期股权投资并采用权益法核算的，为权益法核算下至购买日应有的账面价值。

②购买日之前持有股权投资作为金融资产并按公允价值计量的，为购买日公允价值。

③购买日之前持有的股权投资因采用权益法核算而确认的其他综合收益，应当在处置该项投资时转入投资收益。

④购买日之前持有的股权投资按照《企业会计准则第22号——金融工具确认和计量》的有关规定进行会计处理的，原计入其他综合收益的累计公允价值变动应当在改按成本法核算时转入当期损益。

2)合并财务报表

(1)购买方对于购买日之前持有的被购买方的股权，按照该股权在购买日的公允价值进行重新计量，公允价值与其账面价值的差额计入当期投资收益。合并报表层面，视同为处置原有的股权再按照公允价值购入一项新的股权。

(2)合并成本

合并财务报表中的合并成本=购买日之前所持被购买方的股权于购买日的公允价值+购买日新购入股权所支付对价的公允价值

(3)合并商誉

购买日的合并商誉=按上述计算的合并成本–应享有被购买方可辨认净资产公允价值的份额

(4)购买日之前持有的被购买方的股权涉及权益法核算下的其他综合收益等的，与其相关的其他综合收益等应当转为购买日所属当期收益。

(5)合并利润表中投资收益=原持有股权在购买日的公允价值与其账面价值的差额+与原持有股权相关的其他综合收益

例 2-14 甲公司于 20×8 年 1 月 1 日购买了乙公司 20%的股份，具备了重大影响能力，作为长期股权投资，采用权益法核算，初始取得成本为 400 万元，20×8 年，乙公司发生如下业务：

①分红 30 万元；

②实现净利润 80 万元；

③可供出售金融资产增值 20 万元。

20×9 年 1 月 1 日，甲公司又取得了乙公司 40%的股份，初始成本为 1 040 万元，完成对乙公司的合并。原 20%股份的公允价值为 520 万元。合并当日，乙公司可辨认净资产的公允价值为 2 200 万元，则甲公司的会计处理如下。

(1)个别报表角度

①20×8 年年初，甲公司原 20%股权投资的账面余额=400–30×20%+80×20%+20×20%=414(万元)；

②甲公司合并当日长期股权投资的账面余额=414+1 040=1454(万元)。

(2)合并报表角度

①合并当日，当初 20%的股份的公允价值为 520 万元(=1 040 万元/2)，相比其账面余额 414 万元高出 106 万元，做如下合并报表的准备分录：

借：长期股权投资	106	
贷：投资收益		106

②合并成本=当初 20%公允价值 520 万元+追加投资 40%的初始成本 1 040 万元=1 560 万元。

③属于母公司的商誉=合并成本 1 560 万元–合并当日母公司所占可辨认净资产公允价值 1 320 万元(=2 200×60%)=240 万元。

④甲公司因乙公司可供出售金融资产增值而追加的 4 万元，应做如下合并报表前的准备分录：

借：其他综合收益	4	
贷：投资收益		4

⑤合并当日抵销分录：

借：股本 资本公积 其他综合收益 盈余公积 未分配利润	2 200	
商誉	240	

贷：长期股权投资　　　　　　　　　　　　　　　　　　1 560
　　少数股东权益　　　　　　　　　　　　　　　　　　880

第四节　反向购买的会计处理

近年来，资本市场反向购买的交易不断涌现，非上市公司通过反向购买上市公司从而实际上取得了上市地位。非同一控制下的企业合并，以发行权益性证券交换股权的方式进行的，通常发行权益性证券的一方为购买方。但在某些企业合并中，发行权益性证券的一方因其生产经营决策在合并后被参与合并的另一方所控制的，发行权益性证券的一方虽然为法律上的母公司，但其为会计上的被购买方(会计上的子公司，下同)。在交易过程中，上市公司向非上市公司的股东定向增发股票，非上市公司的股东以非上市公司的股权(或经营性资产)认购上市公司增发的股票，从而在交易完成后成为上市公司的股东，非上市公司取得上市地位。这类交易属于反向购买，在资本市场中一般称为借壳上市或重组上市。

通俗来讲，反向购买(借壳上市)就是一家资产雄厚又没有上市的公司，通过收购、资产置换等方式获得一家上市公司的控制权之后，将母公司资产注入达到短时间内(相对于 IPO)母公司上市的效果。那么要怎么借壳呢？要借壳，首先要有个壳，这些壳一般是经营不善的上市公司，通过并购、重组、资产置换等方式取得壳公司的控制权后，将母公司的资本注入壳内，就算是借壳完成。而一个好壳的标准就是市值小、所在板块好、债券关系简单且被借壳的公司普遍发行股小，不会让准备上市的公司有财务压力。例如，2017 年 2 月成功借壳上市的快递公司顺丰曾经发布的上市辅导公告是准备 IPO 的,但是当时 IPO 排队企业数量太多，未过会就有 622 家，而且每周的上会公司数量减少，若想 IPO 上市，需要等待很长时间。于是，顺丰决定借壳鼎泰新材(002352，sz)，而鼎泰新材 2016 年第一季度净收入 1.4 亿元，同比下滑 13.54%；净利润仅为 300 万元，同比下滑 52.44%，业绩不理想；市值为 40 亿元以下；大股东非国企控股，符合壳的条件。

一、法律上母公司的合并成本和反向购买的确认

反向购买中，法律上的母公司(会计上的子公司)取得法律上的子公司(会计上的母公司)控制权的对价，是以发行普通股形式支付的，按规定，这种情况下发行的普通股应以公允价值计量。会计处理为：按发行的母公司普通股的公允价值，借记“长期股权投资”科目，按发行的普通股股票面值总额，贷记“股本”科目，按其差额，贷记“资本公积——股本溢价”科目。这个分录反映的交易，应在母公司的账务中登记并计入母公司的个别资产负债表。

反向购买后，法律上的母公司应当遵从以下原则编制合并财务报表：

(1)合并财务报表中，法律上子公司的资产、负债应以其在合并前的账面价值进行确认和计量。

(2)合并财务报表中的留存收益和其他权益余额应当反映的是法律上子公司在合并前的留存收益和其他权益余额。

(3)合并财务报表中的权益性工具的金额应当反映法律上子公司合并前发行在外的股份面值以及假定在确定该项企业合并成本过程中新发行的权益性工具的金额。

(4)法律上母公司的有关可辨认资产、负债在并入合并财务报表时，应以其在购买日确定的公允价值进行合并。

(5)合并财务报表的比较信息应当是法律上子公司的比较信息(法律上子公司的前期合并财务报表)。

(6)法律上子公司的有关股东在合并过程中未将其持有的股份转换为对法律上母公司股份的，该部分股东享有的权益份额在合并财务报表中应作为少数股东权益列示。

需要注意的是，上述反向购买的会计处理原则仅适用于合并财务报表的编制。

二、法律上子公司的合并成本

反向购买中，子公司(购买方)的合并成本是指子公司如果以发行普通股方式为获取在合并后报告主体的持股比例，应向母公司(被购买方)的股东发行的子公司普通股数量与普通股公允价值。

子公司确认的合并成本只是假定，并不计入子公司的总账、明细账和个别财务报表，而只在反向购买后编制的购买日合并资产负债表工作底稿中反映。

三、反向购买相关数据的计算

合并时拟作为母公司的企业应发行的普通股数量=计划换回拟作为子公司的普通股数量X子公司普通股每股公允价值÷拟发行的母公司普通股每股公允价值

合并后参加换股的子公司原股东对母公司的持股比例=母公司为换股而新发行普通股的数量÷(母公司原有普通股数量+母公司新发行普通股数量)×100%

假定子公司以向母公司发行普通股方式为获取在合并后报告主体的持股比例，子公司应向母公司的股东发行普通股的数量=子公司参加换股的原有股份数量÷合并后子公司原股东对母公司的持股比例–子公司参加换股的股东原有股份数量；子公司(购买方)的合并成本(应发行普通股的价值=应发行普通股的数量×每股公允价值)。

例2-15 A上市公司于2017年6月1日通过定向增发本公司普通股对B公司进行合并，取得B公司80%的股权。假定不考虑所得税影响，该项业务的有关资料如下。

(1)2017年6月1日，A公司通过定向增发本公司普通股，以2股换1股的比例自B公司原股东C公司处取得了B公司80%的股权。A公司共发行了2 000万股普通股以取得B公司1 000万股普通股。

(2)A公司普通股在2017年6月1日的公允价值为18元/股，B公司普通股当日的公允价值为36元/股。A公司、B公司每股普通股的面值均为1元。

(3)2017年6月1日，除A公司固定资产的公允价值总额较账面价值总额高1 000万元、B公司无形资产的公允价值总额较账面价值总额高6 000万元以外，A、B公司其他资产、负债项目的公允价值与其账面价值相同。

(4)假定A公司与B公司在合并前不存在任何关联方关系。

(5)B公司的有关股东在合并过程中已将其持有的股份转换为对A公司的股份。

(6)A公司及B公司在合并前简化资产负债表如下表所示。

A 公司及 B 公司在合并前简化资产负债表

单位：万元

项目	A 公司		B 公司	
	账面价值	公允价值	账面价值	公允价值
可供出售金融资产	6 000	6 000	2 250	2 250
固定资产	4 000	5 000	18 000	18 000
无形资产	13 000	13 000	20 000	26 000
资产总额	23 000	24 000	40 250	46 250
应付账款	500	500	500	500
长期借款	1 000	1 000	9 500	9 500
负债总额	1 500	1 500	10 000	10 000
股本	1 500		1 250	
资本公积	1 000		9 000	
盈余公积	4 000		0	
未分配利润	15 000		20 000	
所有者权益合计	21 500	22 500	30 250	36 250

A 公司 2017 年 6 月 1 日合并资产负债表

单位：万元

项目	A 公司	B 公司	调整、抵销分录	金额
可供出售金融资产	6 000	2 250		
长期股权投资	36 000			
固定资产	4 000	18 000		
无形资产	13 000	20 000		
商誉	0	0		
资产总额	59 000	40 250		
应付账款	500	500		
长期借款	1 000	9 500		
负债总额	1 500	10 000		
股本（1 500+2 000=3 500 万股普通股）	1 500+2 000=3 500	1 250		
资本公积	1 000+34 000=35 000	9 000		
盈余公积	4 000	0		
未分配利润	15 000	20 000		
少数股东权益	0	0		
所有者权益总额	57 500	30 250		

（1）A 公司购买日的会计分录为：

借：长期股权投资　　　　（2 000×18）36 000

　　贷：股本　　　　　　　　2 000

　　　　资本公积——股本溢价　　34 000

合并后，A 公司的股东权益为：

股本=1 500+2 000=3 500（万元）；资本公积=1 000+34 000=35 000（万元）；盈余公积= 4 000（万元）；未分配利润=15 000（万元）。

(2)该项企业合并属于反向购买。A公司在该项企业合并中向B公司原股东C公司增发了2 000万股普通股，合并后，B公司原股东C公司持有A公司的股权比例为57.14%[2 000/(1 500+2 000)×100%]，对于该项企业合并，虽然在合并中发行权益性证券的一方为A公司，但因其生产经营决策的控制权在合并后由B公司原股东C公司控制，B公司应为购买方(法律上的子公司)，A公司为被购买方(法律上的母公司)，所以该项企业合并属于反向购买。

B公司的合并成本：

假定B公司发行本公司普通股对A公司进行企业合并，在合并后，主体享有同样的股权比例，B公司应当发行的普通股股数为750(1 000/57.14%–1 000)万股。所以，B公司的合并成本=750×36=27 000(万元)。

(3)购买日，A公司合并财务报表中的相关调整、抵销分录。

①B公司对取得的A公司股权投资采用成本法核算，按照支付合并对价的公允价值作为长期股权投资的入账价值，因此，取得投资时的虚拟分录为：

借：长期股权投资	27 000	
贷：股本		750
资本公积		26 250

注：该虚拟分录只出现在合并工作底稿中，不是真正的账务处理。

②抵销A公司对B公司的投资。

按照反向购买的原则，是B公司购买了A公司，而不是A公司购买了B公司，因此，要将A公司购买B公司的账务处理予以反向抵销。

借：股本	2 000	
资本公积	34 000	
贷：长期股权投资		(2 000×18)36 000

抵销后，A公司的所有者权益恢复到合并前的金额：

股本=(1 500+2 000)–2 000=1 500(万元)；资本公积=(1 000+34 000)–34 000=1 000(万元)；盈余公积=4 000(万元)；未分配利润=15 000(万元)，所有者权益合计为21 500万元。

③对A公司个别财务报表进行调整，将账面价值调整为公允价值。

A公司是被合并方，即会计上的子公司，应按A公司资产和负债的公允价值进行合并。因此，应对A公司个别财务报表中的资产和负债按照公允价值进行调整。A公司只有固定资产的公允价值与账面价值不相等：

借：固定资产	1 000	
贷：资本公积		1 000

调整之后，A公司可辨认净资产公允价值=21 500+1 000=22 500(万元)，其中，股本1 500万元，资本公积2 000(1 000+1 000)万元，盈余公积4 000万元，未分配利润15 000万元。

④B公司合并商誉=27 000–22 500=4 500(万元)，即产生正商誉4 500万元。

⑤将会计上母公司的长期股权投资与会计上子公司的所有者权益进行抵销：

借：股本	(1 500+1 250×20%)1 750
资本公积	(2 000+9 000×20%)3 800
盈余公积	4 000
未分配利润	(15 000+20 000×20%)19 000

商誉　　　　4 500
贷：长期股权投资　　　　27 000
　　少数股东权益　　　　(30 250×20%) 6 050

(4) A 公司 2017 年 6 月 1 日合并资产负债表。

A 公司 2017 年 6 月 1 日合并资产负债表

单位：万元

项目	A 公司	B 公司	调整、抵销分录	金额
可供出售金融资产	6 000	2 250		6 000+2 250=8 250
长期股权投资	36 000		①27 000–②36 000–⑤27 000	0
固定资产	4 000	18 000	③1 000	5 000+18 000=23 000
无形资产	13 000	20 000		13 000+20 000=33 000
商誉			⑤4 500	4 500
资产总额	59 000	40 250	–30 500	68 750
应付账款	500	500		500+500=1 000
长期借款	1 000	9 500		1 000+9 500=10 500
负债总额	1 500	10 000		11 500
股本（1 500+2 000=3 500 万股普通股）	1 500+2 000=3 500	1 250	①750–②2 000–⑤1 750	1 500+1 250+750–1 750=1 750
资本公积	1 000+34 000=35 000	9 000	①26 250–②34 000+③1 000–⑤3 800	33 450
盈余公积	4 000		–⑤4 000	0
未分配利润	15 000	20 000	–⑤19 000	16 000
少数股东权益	0	0	⑤6 050	6 050
所有者权益总额	57 500	30 250	–30 500	57 250

例 2-16[2016 注册会计师考题节选]　甲公司为境内上市公司，专门从事能源生产业务。2×15 年，甲公司发生的企业合并及相关交易事项或事项如下。

(1) 2×15 年 2 月 20 日，甲公司召开董事会，审议通过了以换股方式购买专门从事新能源开发业务的乙公司 80%股权的议案。2×15 年 3 月 10 日，甲公司、乙公司及其控股股东丙公司各自内部决策机构批准了该项交易方案。2×15 年 6 月 18 日，证券监管机构核准了甲公司以换股方式购买乙公司 80%股权的方案。

2×15 年 6 月 30 日，甲公司以 3∶1 的比例向丙公司发行 6 000 万股普通股，取得乙公司 80%股权，有关股份登记和股东变更手续于当日完成；同日，甲公司、乙公司的董事会进行了改选，丙公司开始控制甲公司，甲公司开始控制乙公司。甲公司、乙公司普通股的每股面值均为 1 元，2×15 年 6 月 30 日，甲公司普通股的公允每股价值为 3 元/股，乙公司普通股的公允价值为 9 元/股。

2×15 年 7 月 16 日，甲公司支付为实施上述换股合并而发生的会计师、律师、评估师等费用 350 万元，支付财务顾问费 1 200 万元。

(2) 甲公司、乙公司资产、负债等情况如下。

2×15 年 6 月 30 日，甲公司账面资产总额 17 200 万元，其中固定资产账面价值 4 500 万元，无形资产账面价值 1 500 万元；账面负债总额 9 000 万元；账面所有者权益（股东权益）合计 8 200 万元，其中股本 5 000 万元（每股面值为 1 元），资本公积 1 200 万元，盈余公积 600 万元，未分配利润 1 400 万元；2×15 年 6 月 30 日，甲公司除一项无形资产外，其他资产、负债的公允价值与其账面价值相同，该无形资产为一项商标权，账面价值 1 000 万元，公允价值 3 000 万元，按直线法摊销，预计尚可使用 5 年，预计净残值为零。

2×15 年 6 月 30 日，乙公司账面资产总额 34 400 万元，其中固定资产账面价值 8 000 万元，无形资产账面价值 3 500 万元；账面负债总额 13 400 万元；账面所有者权益(股东权益)合计 21 000 万元，其中股本 2 500 万元(每股面值为 1 元)，资本公积 500 万元，盈余公积 1 800 万元，未分配利润 16 200 万元。2×15 年 6 月 30 日，乙公司除一项固定资产外，其他资产、负债的公允价值与其账面价值相同，该固定资产为一栋办公楼，账面价值 3 500 万元，公允价值 6 000 万元，按年限平均法计提折旧。预计尚可使用 20 年，预计净残值为零。

(3) 2×15 年 12 月 20 日，甲公司向乙公司销售一批产品，销售价格(不含增值税)为 100 万元，成本为 80 万元，款项已收回。截至 2×15 年 12 月 31 日，乙公司从甲公司购入的产品已对外出售 50%，其余 50%形成存货。

其他有关资料如下：

合并前，丙公司、丁公司分别持有乙公司 80%和 20%股权，甲公司与乙公司、丙公司、丁公司不存在任何关联方联系；合并后，甲公司与乙公司除资料(3)所述内部交易外，不存在其他任何内部交易。

甲公司和乙公司均按照年度净利润的 10%计提法定盈余公积，不计提任意盈余公积。企业合并后，甲公司和乙公司没有向股东分配利润。

甲公司和乙公司适用的所得税税率均为 25%。甲公司以换股方式购买乙公司 80%股权的交易适用特殊处理规定，即收购企业、被收购企业的原有各项资产和负债的计税基础保持不变，甲公司和乙公司合并前的各项资产、负债的账面价值和计税基础相同，不存在套期未确认暂时性差异所得税影响的事项。甲公司和乙公司预计未来年度均有足够的应纳税所得额用以抵扣暂时性差异。

除所得税外，不考虑增值税及其他相关税费，不考虑其他因素。

要求：

(1) 根据资料(1)～(2)及其他有关资料，判断该项企业合并的类型及会计上的购买方和被购买方，并说明理由。

(2) 根据资料(1)～(2)及其他有关资料，确定改性企业合并的购买日(或合并日)，并说明理由。

(3) 根据资料(1)～(2)及其他有关资料，计算甲公司取得乙公司 80%股权投资的成本，并编制相关会计分录。

(4) 根据资料(1)～(2)及其他有关资料，计算该项企业合并的合并成本和商誉(如有)。

(5) 根据资料(1)～(2)及其他有关资料，计算甲公司购买日(或合并日)合并资产负债表中固定资产、无形资产、递延所得税资产(或负债)、盈余公积和未分配利润的列报金额。

分析：

(1) 合并类型：反向购买；会计上的购买方：乙公司；被购买方：甲公司。

理由：2×15 年 6 月 30 日，甲公司以 3:1 的比例向丙公司发行 6 000 万股普通股，取得乙公司 80%股权，有关股份登记和股东变更手续于当日完成；同日，甲公司、乙公司的董事会进行了改选，丙公司开始控制甲公司，甲公司开始控制乙公司，构成反向购买。

(2) 购买日：2×15 年 6 月 30 日。理由：2×15 年 6 月 30 日，甲公司以 3∶1 的比例向丙公司发行6 000万股普通股，取得乙公司80%股权，有关股份登记和股东变更手续于当日完成；同日，甲公司、乙公司的董事会进行了改选。实质上，购买方取得对被购买方的控制权。

(3)甲公司取得乙公司80%股权投资的成本，并编制相关会计分录。

甲公司取得乙公司80%股权投资的成本=6 000×3=18 000（万元），相关会计分录为：

借：长期股权投资　　18 000

　贷：股本　　6 000

　　资本公积——股本溢价　　12 000

借：管理费用　　1 550

　贷：银行存款　　1 550

(4)合并成本：企业合并后，乙公司原股东丙公司持有甲公司的股权比例为(6 000/(6 000+5 000)=54.55%；假定乙公司发行本公司普通股对甲公司进行企业合并，在合并后，主体享有同样的股权比例，乙公司应当发行的普通股股数为2 500×80%/54.55%−2 500×80%=1 666.36（万元）。

企业合并成本=1 666.36×9=15 000（万元）。

企业合并商誉=15 000−(8 200+2 000×75%)=5 300（万元）。

(5)固定资产的列报金额=4 500+8 000=12 500（万元）；

无形资产的列报金额=1 500+(3 000−1 000)+3 500=7 000（万元）；

递延所得税资产的列报金额=0；

递延所得税负债的列报金额=(3 000−1 000)×25%=500（万元）；

盈余公积的列报金额=600+1 800×80%−600=1 440（万元）；

未分配利润的列报金额=1 400+16 200×80%−1 400=12 960（万元）。

练习题二

1. [2012年《高级会计实务》试题]甲公司是一家在境内、外上市的综合性国际能源公司，该公司在致力于内涵式发展的同时，也高度重视企业并购以实现跨越式发展。以下是该公司近年来的一些并购资料。

(1)2011年9月30日，甲公司与其母公司乙集团签订协议，以100 000万元购入乙集团下属全资子公司A公司50%的有表决权股份。收购完成后，A公司董事会进行重组。7名董事中的4名由甲公司委派，A公司所有生产经营和财务管理重大决策须由半数以上董事表决通过。9月30日，A公司的净资产账面价值为160 000万元，可辨认净资产公允价值为180 000万元。10月1日，甲公司向乙集团支付了100 000万元。10月31日，甲公司办理完股权转让手续并拥有实质控制权。A公司当日的净资产账面价值为170 000万元，可辨认净资产公允价值为190 000万元，此外，甲公司为本次收购发生审计、法律服务、咨询等费用1 000万元。

(2)2011年6月30日，甲公司决定进军银行业。其战略目的是依托油气主业，进行产融结合，实现更好的发展。2011年11月1日，甲公司签订协议以160 000万元的对价购入与其无关联关系的B银行90%的有表决权股份。2011年11月30日，甲公司支付价款并取得实质控制权，B银行当日净资产账面价值为180 000万元，可辨认净资产公允价值为190 000万元，并购完成后，甲公司对B银行进行了一系列整合：①要求B银行将服务重点转向与石油业务链相关的业务，支持油气主业发展；②要求 B 银行对其业务进行调整、优化，使经营效率更高、运行效果更好；③要求 B 银行更加重视风险管理，按照银监会有关要求完善制度、规范运作；④要求 B 银行按照发展目标和业务变化，调整其部门设置和人事安排，以与甲公司有关机构设置相协同；⑤要求 B 银行努力吸收甲公司长期所形成的良好企业文化，以此来促进银行管理，以上整合收到了很好的效果。

(3) 2012 年上半年，欧债危机继续蔓延扩大，世界经济复苏乏力。我国经济也面临较大的下行压力，受此影响，我国成品油销量增速放缓。C 公司是一家与甲公司无关联关系的成品油销售公司，拥有较好的营销网络，但受市场形势影响，其上半年经营业绩不佳，经多次协商，甲公司于 2012 年 6 月 30 日以 12 000 万元取得了 C 公司 70%的有表决权股份，能够实施控制。C 公司当日可辨认净资产公允价值为 15 000 万元。8 月 31 日，甲公司又以 4 000 万元取得了 C 公司 20%的有表决权股份。C 公司自 6 月 30 日始持续计算的可辨认净资产公允价值为 18 000 万元。

假定不考虑其他因素。

要求：

(1) 根据资料(1)，指出甲公司购入 A 公司股份是否属于企业合并，并简要说明理由；如果属于企业合并，则指出是属于同一控制下的企业合并还是非同一控制下的企业合并，并简要说明理由，同时指出合并日(或购买日)。

(2) 根据资料(1)，计算甲公司在合并日(或购买日)应确定的长期股权投资金额，简要说明支付的价款与长期股权投资金额之间差额的会计处理方法，简要说明甲公司支付的审计、法律服务、咨询等费用的会计处理方法。

(3) 根据资料(2)，指出该项合并是属于同一控制下的企业合并还是非同一控制下的企业合并，并简要说明理由；计算甲公司合并成本与确认的可辨认净资产公允价值份额之间的差额，并简要说明该差额的会计处理方法。

(4) 根据资料(2)，指出该项合并是属于横向合并、纵向合并还是混合合并，简要说明理由，并根据①～⑤指出合并后进行了哪些类型的整合。

(5) 根据资料(3)，指出甲公司购入 C 公司 20%股份是否构成企业合并，并简要说明理由，计算甲公司购入 C 公司 20%股份后，甲公司个别报表上的长期股权投资金额，以及在甲公司合并报表上应该列示的商誉金额。

(6) 根据资料(3)，计算甲公司购入 C 公司 20%股份支付的价款与其应享有 C 公司自购买日始持续计算的可辨认净资产公允价值份额之间的差额，并简要说明该差额的会计处理方法。

2．甲公司是一家生产和销售钢铁的 A 股上市公司，其母公司为 XYZ 集团公司。甲公司为实现规模化经营、提升市场竞争力，多次通过资本市场融资成功进行了同行业并购，迅速扩大和提高了公司的生产能力和技术创新能力，奠定了该公司在钢铁行业的地位，实现了跨越式发展。在一系列并购过程中，甲公司根据目标公司的具体情况，主要采取了现金购买、承债和股份置换三种方式进行。甲公司的三次并购过程要点如下：

(1) 收购乙公司。乙公司是 XYZ 集团公司于 2010 年设立的一家全资子公司，其主营业务是生产和销售钢铁。甲公司为实现“立足华北、面向国际和国内市场”的发展战略，于 2015 年 6 月 30 日，采用承担乙公司全部债务的方式收购乙公司，取得了控制权。当日，甲公司的股本为 100 亿元，资本公积(股本溢价)为 120 亿元，留存收益为 50 亿元；乙公司净资产账面价值为 0.6 亿元(公允价值为 1 亿元)，负债合计为 1 亿元(公允价值与账面价值相同)。并购完成后，甲公司于 2017 年整合了乙公司财务、研发、营销等部门和人员，并追加资金 2 亿元对乙公司进行技术改造，提高了乙公司产品技术等级并大幅度扩大了生产能力。

(2)收购丙公司。丙公司同为一家钢铁制造企业，丙公司与甲公司并购前不存在关联方关系。2016 年 12 月 31 日，甲公司支付现金 4 亿元成功收购了丙公司的全部可辨认净资产(账面价值为 3.2 亿元，公允价值为 3.5 亿元)，取得了控制权。并购完成后，甲公司对丙公司引入了科学运行机制、管理制度和先进经营理念，同时追加资金 3 亿元对丙公司钢铁的生产技术进行改造，极大地提高了丙公司产品质量和市场竞争力。

(3)收购丁公司。丁公司是一家专门生产铁矿石的 A 股上市公司，丁公司与甲公司并购前不存在关联方关系。2017 年 6 月 30 日，甲公司经批准通过定向增发 1 亿股(公允价值为 5 亿元)换入丁公司的 0.6 亿股(占丁公司股份的 60%)，控制了丁公司。当日，丁公司可辨认净资产公允价值为 10 亿元。甲公司控制丁公司后，向其输入了新的管理理念和模式，进一步完善了丁公司的公司治理结构，提高了规范运作水平，使丁公司从 2017 年下半年以来业绩稳步攀升。

假定不考虑其他有关因素。

要求：

(1)分别指出甲公司并购乙公司、丙公司和丁公司是属于横向并购还是纵向并购，并逐项说明理由。

(2)分别指出甲公司并购乙公司、丙公司和丁公司是属于同一控制下的企业合并还是非同一控制下的企业合并，并逐项说明理由。

(3)分别确定甲公司并购乙公司、丙公司和丁公司的合并日(或购买日)，并分别说明甲公司在合并日(或购买日)所取得的乙公司、丙公司和丁公司的资产和负债应当如何计量。

(4)分别判断甲公司并购乙公司、丙公司和丁公司是否产生商誉；如产生商誉，则计算确定商誉的金额；如不产生商誉，则说明甲公司支付的企业合并成本与取得的被合并方净资产账面价值(或被购买方可辨认净资产公允价值)份额之间差额的处理方法。

(5)简要说明甲公司上述三次并购取得成功的原因。

案例导读

顺丰借壳鼎泰新材

一、借壳背景介绍

1. 鼎泰新材成长性较弱，发展前景不明

鼎泰新材的主营业务为生产、销售稀土合金镀层钢丝、钢绞线和 PC 钢绞线等金属制品。近年来，我国经济已经由高速增长转向中高速增长，不仅表现为经济增速的放缓，更表现为增长动力的转换、经济结构的再平衡。我国制造业也面临着经济转型、整体出口下降、国内经济下行压力持续增加、国内制造业去库存压力增大等不利因素。受此影响，2013 年、2014 年和 2015 年，鼎泰新材实现的净利润分别为 4 028.10 万元、2 412.44 万元和 2 513.06 万元，整体呈快速下滑趋势。在市场竞争激烈、客户需求变化等多重背景下，公司主营业务未来的盈利成长性不容乐观。

鉴于上述情况，为了保护广大股东的利益，使公司盈利能力能够保持持续健康的发展，公司决定进行重大资产重组，从传统的金属制品制造转型成为国内领先的快递物流综合服务提供商，将现有资产出售，同时注入持续盈利能力较强的快递业务优质资产，保护上市公司广大股东，特别是中小股东的利益。

2. 快递行业发展前景广阔

2015 年，我国快递市场业务量达到 206.67 亿件，业务收入达到 2 769.60 亿元，分别比上年增长 48.0%和 35.4%。目前，我国已成为全球最大的快递市场。此外，快递上游产业不断转型升级，农业、制造业、其他服务业等行业也将逐步与快递接轨，快递上游需求空间继续膨胀。

随着农村市场、西部地区、跨境网购食品、生鲜领域和医药领域快递需求的释放，无论是市场拓展还是区域扩张，未来快递行业都将保持高速增长。根据国务院关于促进快递业发展的若干意见(国发[2015]61 号)提出的发展目标，到 2020 年，我国快递市场规模稳居世界首位，快递年业务量达到 500 亿件，年业务收入达到 8 000 亿元。

3. 顺丰控股系国内领先的快递物流综合服务提供商，拟借助 A 股平台实现进一步发展

顺丰控股系国内领先的快递物流综合服务提供商，不仅为客户提供全方位的物流服务，也提供包括金融服务和信息服务等在内的一体化供应链解决方案。经过多年发展，顺丰控股已在物流圈中构建了集物流资金流和信息流为一体的开放生态系统。

在物流方面，顺丰控股可以为客户提供全方位多品类的物流快递服务，包括商务快递、国际快递、电商快递、仓储配送、逆向物流等多种快递服务，以及物流普运、重货快运等重货运输服务，同时，还为食品和医药领域的客户提供冷链运输服务。在物流服务基础上，顺丰控股提供保价、代收货款等多种增值服务，以满足客户个性化需求。在资金流方面，顺丰控股拥有第三方支付、保理、融资租赁、小额贷款等多个金融牌照，可以为客户提供第三方支付、银行卡收单、供应链金融、理财等多项金融服务。

在信息流方面，顺丰控股快递服务不但已经实现全业务流程信息跟踪查询和管控、投递路线动态优化、运力预警、车辆运输、异常警告等功能，信息处理能力位居行业前列，同时，顺丰控股利用大数据分析和云计算技术，可以为电商客户提供销售预测、提前发货、数据分析等信息服务。

在运输网络方面，顺丰控股建立了覆盖全国及海外重点国家的服务网络，拥有全国最大的民营货运航空公司顺丰航空，自有全货机 30 架，并依托航空货运网和陆路运输网形成通达国内外的运输能力，为快件的高效中转运输提供了有力的支持。

在业务经营模式方面，顺丰控股采用直营的经营模式，由总部对各分支机构实施统一经营、统一管理，在开展业务的范围内统一组织揽收投递网络和集散处理、运输网络，并根据业务发展的实际需求自主调配网络资源；同时，公司大量运用信息技术保障全网执行统一规范，建立多个行业领先的业务信息系统，提升了网络整体运营质量。

在快递行业持续快速发展的背景下，具备规模优势、专业服务能力的行业龙头地位将更加突出，顺丰控股作为国内领先的快递物流服务商迎来难得的发展机遇。为顺应行业发展趋势，顺丰控股拟通过本次交易取得 A 股资本市场运作平台，未来可积极运用 A 股资本市场平台实现融资、并购整合功能，为顺丰控股长远发展奠定良好的基础。

二、本次借壳交易的具体实施

通过本次交易，本公司将持有顺丰控股 100%的股权，根据盈利预测补偿协议，业绩承诺人承诺本次重大资产重组实施完毕后，顺丰控股在 2016 年度、2017 年度、2018 年度实现的扣除非经常性损益后归属于母公司所有者的净利润分别不低于 21.8 亿元、28 亿元和 34.8 亿元，具体金额由交易双方根据聘请的具有证券从业资格的评估机构出具的资产评估报告中相关的预测净利润数协商确定。因此，交易完成后，上市公司盈利能力将得到大幅提升，有利于保护全体股东特别是中小股东的利益，实现利益相关方共赢的局面。

通过本次交易，顺丰控股将获得 A 股融资平台，可进一步推动顺丰控股的业务发展，提升其在行业中的综合竞争力和行业地位，为后续发展提供推动力，实现公司股东利益最大化。

本次交易方案包括三个部分：重大资产置换、发行股份购买资产和募集配套资金。上述重大资产置换和发行股份购买资产互为条件，共同构成本次交易不可分割的组成部分。

本次交易的主要内容如下。

1. 重大资产置换

鼎泰新材以截至拟置出资产评估基准日全部资产及负债与顺丰控股全体股东持有的顺丰控股 100%股权的等值部分进行置换。以 2015 年 12 月 31 日为基准日，本次交易置出资产的预估值为 8.1 亿元。考虑 2016 年 5 月 17 日公司股东大会审议通过的《关于 2015 年度利润分配预案的议案》拟进行的 1 634.45 万元现金分红，根据《重大资产置换及发行股份购买资产协议》，经交易各方友好协商，以拟置出资产预估值为基础并扣减上述拟实施的现金股利分配，本次交易置出资产初步作价 8 亿元。交易各方同意，置出资产最终交易价格以具有证券期货业务资格的评估机构出具的置出资产的相关评估报告载明的评估价值为依据，由交易各方协商确定。

以 2015 年 12 月 31 日为基准日，本次交易的拟购买资产顺丰控股 100%股权的预估值为 448 亿元。由于 2016 年 5 月 3 日顺丰控股召开股东大会，决议以现金分红 15 亿元。根据《重大资产置换及发行股份购买资产协议》，经交易各方友好协商，以拟置入资产预估值为基础并扣减上述拟实施的现金股利分配，本次交易，顺丰控股 100%股权的初步作价为 433 亿元。交易各方同意。

2. 发行股份购买资产

经交易各方协商一致，本次交易中拟置出资产初步作价 8 亿元，拟置入资产初步作价 433 亿元，两者差额为 425 亿元。置入资产与置出资产的差额部分由公司以发行股份的方式自顺丰控股全体股东处购买。

(1)发行价格和定价依据

本次发行股份购买资产定价基准日为公司第三届董事会第十三次会议决议公告日，本次发行股份购买资产的股份发行价格为 21.66 元/股，不低于定价基准日前 60 个交易日股票均价的 90%。

2016 年 5 月 17 日，公司召开 2015 年年度股东大会，审议通过《关于 2015 年度利润分配预案的议案》，公司以截至 2015 年 12 月 31 日，公司总股本 116 746 170 股为基数，每 10 股派发现金红利 1.40 元(含税)，现金分红总额为 1 634.45 万元，同时以资本公积向全体股东每 10 股转增 10 股。经除权除息调整后，本次购买资产的股份发行价格为 10.76 元/股。

定价基准日至发行日期间，若公司发生其他派发股利、送红股、转增股本或配股等除息、除权行为，对本次发行价格将做相应调整。

(2)发行数量

本次交易中拟置出资产初步作价8亿元，拟置入资产初步作价433亿元，两者差额为425亿元。按照本次发行股票价格10.76元/股计算，本次拟发行股份数量约为394 981.41万股。在定价基准日至发行日期间，上市公司如有派息、送股、转增股本或配股等除权、除息行为，将按照相关规则对上述发行数量做相应调整。

3. 募集配套资金

(1)发行价格和定价依据

本次配套融资发行股份的定价基准日为公司第三届董事会第十三次会议决议公告日，发行价格不低于定价基准日前20个交易日公司股票交易均价的90%，即不低于11.03元/股(经除权、除息调整后)。

最终发行价格将在本次交易获得中国证监会核准后，由公司董事会根据股东大会的授权，按照相关法律、行政法规及规范性文件的规定，依据市场询价结果确定。

定价基准日至发行日期间，若公司发生派发股利、送红股、转增股本或配股等除息、除权行为，对本次发行价格将做出相应调整。在公司审议本次交易的股东大会决议公告日至本次交易获得中国证监会核准前，公司董事会可根据公司股票二级市场价格走势，并经合法程序召开董事会会议(董事会决议公告日为调价基准日)，对本次发行股份募集配套资金的发行底价进行一次调整，调整后的发行底价为调价基准日前 20 个交易日公司股票交易均价的90%。

(2)发行数量

本次交易拟募集配套资金总额不超过800 000万元。按照本次发行底价计算，向其他不超过10名特定投资者发行股份数量不超过72 595.47万股。最终发行数量将根据最终发行价格确定。

在定价基准日至发行日期间，上市公司如有派息、送股、转增股本或配股等除权、除息行为，将按照相关规则对上述发行数量做相应调整。

4. 本次交易的性质

(1)本次交易构成重大资产重组本次交易拟购买资产未经审计的最近一年末资产总额、资产净额及最近一年的营业收入占上市公司最近一个会计年度经审计的合并财务报告相关指标的比例如下:

单位：万元

项目	鼎泰新材	顺丰控股	交易金额	计算依据	指标占比
资产总额	88 541.15	3 471 657.33	4 330 000.00	4 330 000.00	4890.38%
资产净额	70 800.22	1 369 573.62	4 330 000.00	4 330 000.00	6115.80%
营业收入	66 846.55	4 810 115.48	—	4 810 115.48	7195.76%

由上表可知，根据《重组管理办法》的规定，本次交易构成重大资产重组。同时，本次交易涉及向特定对象发行股份购买资产，根据《重组管理办法》第四十七条的规定，本次交易需提交中国证监会上市公司并购重组审核委员会审核并经中国证监会核准后方可实施。

(2)本次交易构成借壳上市

本次交易完成后，上市公司实际控制人变更为王卫先生。在本次交易中，拟购买资产的资产总额与交易金额孰高值为 4 330 000.00 万元，占上市公司 2015 年年末资产总额 88 541.15 万元的比例为 4 890.38%，超过 100%；按照《重组管理办法》第十三条的规定，本次交易构成借壳上市，需提交中国证监会上市公司并购重组审核委员会审核并经中国证监会核准后方可实施。

本次重组符合《重组管理办法》第十三条等有关规定的说明请详见《重组管理办法》“第九章本次交易的合规性分析”之二、本次交易符合《重组管理办法》“第十三条规定”。

(3)本次交易构成关联交易

本次交易完成后，王卫先生将成为上市公司的实际控制人，明德控股将成为上市公司的控股股东。根据《重组管理办法》和《上市规则》，本次交易系本公司与潜在控股股东之间的交易，构成关联交易，关联方在相关决策程序时需回避表决。

第三章

合并财务报表

本章学习提示

学习内容：

通过本章的学习，要求了解合并财务报表编制的范围、编制步骤及具体要求，相关内部各项交易的抵销及注意事项。

学习要点：

1. 合并报表范围的界定；
2. 合并报表的编制程序；
3. 长期股权投资与所有者权益的抵销(同一控制与非同一控制下)；
4. 内部商品购销交易的抵销；
5. 内部固定资产购销交易的抵销；
6. 内部债权债务的抵销。

第一节　合并财务报表概述

一、合并财务报表的定义

准则所称合并财务报表，是指反映母公司和其全部子公司形成的企业集团整体财务状况、经营成果和现金流量的财务报表。母公司，是指控制一个或一个以上主体的主体；子公司，是指被母公司控制的主体。企业合并不仅为母公司增加了拥有的资源，更重要的是母公司通过对子公司资源的控制、对子公司经营决策的影响，实现其合并的目的。根据会计准则的要求，会计报表应该同时满足不同会计信息使用者的需要，编制合并财务报表可以弥补母公司个别会计报表的不足，为有关各方提供决策有用的信息，从而满足报表使用者了解集团总体财务状况和经营成果的需要。具体来讲，编制合并财务报表的目的在于向母公司的外部利益相关者，以及集团的管理层提供企业集团整体的财务信息。

二、合并报表范围的界定原则

合并财务报表是指将企业集团作为一个会计主体而由母公司编制的会计报表。这个主体应该包括哪些子公司，即哪些子公司应包括在合并财务报表的编报范围之内，哪些子公司不应该纳入合并财务报表的编报范围，就成了编制合并财务报表的重要前提。合并范围的准确与否直接影响着合并报表提供信息的完整性、准确性和有用性。所以，编制合并财务报表之前首先需要界定合并财务报表的合并范围。如果合并报表的合并范围不清晰或具体规定不够严谨细致，则企业集团可能会出于自身的目的，在编制合并财务报表时，采用调整合并范围的手段进行盈余操纵，使得合并财务报表的信息使用者难以了解企业集团的整体经营情况，造成决策失误。

1. 控制的界定

控制是指投资方拥有对被投资方的权力，通过参与被投资方的相关活动而享有可变回报，并且有能力运用对被投资方的权力影响其回报金额。

上述控制的界定包含三项基本要素：

(1)投资方通涉入被投资方而承担或有权获得可变回报。

(2)投资方拥有对被投资方的权力。

(3)权力与回报的关联。

控制和第(3)项要素是投资方必须有能力使用权力来影响因涉入被投资方而获得的可变回报。

2. 投资方对控制的判断

投资方在判断能否控制被投资方时，具体判断如下。

1)判断通过涉入被投资方的活动享有的是否为可变回报

可变回报是指不固定的并可能随着被投资方业绩而变化的回报，可以仅是正回报，仅是负回报，或者同时包括正回报和负回报。

可变回报的形式有：

(1)股利、被投资方经济利益的其他分配(例如，被投资方发行的债务工具产生的利息)、投资方对被投资方的投资的价值变动。

(2)因向被投资方的资产或负债提供服务而得到的报酬、因提供信用支持或流动性支持收取的费用或承担的损失、被投资方清算时在其剩余净资产中所享有的权益、税务利益、因参与被投资方而获得的未来流动性。

(3)其他利益持有方无法得到的回报。例如，投资方将自身资产与被投资方的资产整合以实现规模经济，达到节约成本的目的；投资方通过参与被投资方保证稀缺资源的供应、获得专有技术或限制被投资方某些运营或资产，从而提高投资方其他资产的价值。

2)判断投资方是否对被投资方拥有权力，并能够运用此权力影响回报金额

(1)权力的界定

投资方能够主导被投资方的相关活动时，称投资方对被投资方享有权力。需要注意的是：①权力只表明投资方主导被投资方相关活动的现时能力，并不要求投资方实际行使其权力；②权力是一种实质性权利，而不是保护性权利；③权力是为自己行使的，而不是代其他方行使的；④权力通常表现为表决权，但有时也可能表现为其他合同安排。

(2)相关活动

相关活动是指对被投资方的回报产生重大影响的活动。对许多企业而言，经营和财务活

动通常对其回报产生重大影响。这些活动可能包括但不限于下述活动：①商品或劳务的销售和购买；②金融资产的管理；③资产的购买和处置；④研究与开发活动；⑤确定资本结构和获取融资。

值得注意的是，应关注的活动应是对被投资方的回报具有重大影响的活动，而不是对被投资方回报影响甚微或没有影响的行政活动。

就相关活动所做出的决策的例子包括但不限于：①就被投资方的经营、融资等活动做出决策，包括编制预算；②任命被投资方的关键管理人员或服务提供商，并决定其报酬；以及终止其作为服务提供商的业务关系或者将其予以辞退。

相关活动一般由企业章程及协议中约定的权力机构(例如股东会、董事会)来决策，特殊情况下，相关活动的决策也可能基于合同协议约定等原因由其他机构来主导，如专门设置的管理委员会等。有限合伙企业的相关活动可能由合伙人大会决策，也可能是由普通合伙人或者投资管理公司等机构或人员决策。

当两个或两个以上投资方能够分别单方面主导被投资方的不同相关活动时，能够主导对被投资方回报产生最重大影响的活动的一方拥有对被投资方的权力。在判断哪个投资方对被投资方拥有权力时，投资方考虑的因素可能包括：①被投资方的设立目的；②影响被投资方利润率、收入和企业价值的决定因素；③各投资方拥有的与上述决定因素相关的决策职权的范围，分别对被投资方回报的影响程度；④投资方对于可变回报的风险敞口的大小。

(3)权力是一种实质性权利

实质性权利是指持有人有实际能力行使的可执行的权利。实质性权利应是在对相关活动进行决策时可执行的权利。对于投资方拥有的实质性权利，即便投资方并未实际行使，也应在判断投资方是否对被投资方拥有权力时予以考虑。

保护性权利旨在保护持有这些权利的当事方的权益，而不赋予当事方对这些权利所涉及的主体的权力。投资方仅持有保护性权利不能对被投资方实施控制，也不能阻止其他方对被投资方实施控制。保护性权利通常仅适用于被投资方的活动发生根本性改变或某些特殊例外的情况，但并非所有在例外情况下行使的权利或在不确定事项发生时才行使的权利都是保护性权利。

(4)权力持有人应为主要责任人

权力是能够主导被投资方相关活动的现时能力。

在评估控制时，代理人的决策权应被视为由主要责任人直接持有，权力属于主要责任人，而非代理人。除非某一方拥有罢免该决策者的实质性权利，且能够实现无理由罢免，否则，代理人身份的界定中需考虑以下四个因素：

①决策者对被投资方的决策权范围，范围越广，越能表明决策者拥有权力，但并不意味着该决策者一定就是主要责任人；

②其他方享有的实质性权利，其他方持有实质性罢免权或其他权利可能显示决策者是代理人；当存在单独一方拥有实质性罢免权并能无理由地罢免决策者时，单凭这一点就足以表明决策者是代理人；如果决策者在进行决策时，仅需要取得数量较少的其他方许可，则基本上可以判断该决策者是代理人。

③决策者的薪酬水平，应考虑如下因素：

a．决策者的薪酬与其所提供的服务对称；

b．薪酬协议仅包括在公平交易基础上针对类似服务和技能水平商定的安排中常见的条款、条件和金额。

如不同时满足上述条件，则决策者必然不是代理人。

④决策者因持有被投资方的其他权益而承担可变回报的风险。

对于在被投资方持有其他权益(如对被投资方进行投资或提供被投资方业绩担保)的决策者，在评估其是否为代理人时，应考虑决策者因为该权益所面临的可变回报的风险。持有被投资方其他权益表明该决策者可能是主要责任人。

在评估由于在被投资方的其他利益而面临的可变回报风险时，决策者应考虑如下因素：

a．决策者享有的经济利益的量级和可变动性。将决策者的薪酬和其他利益结合在一起的总体经济利益的量级和可变动性越大，该决策者越有可能是主要责任人；

b．决策者面临的可变回报风险是否与其他投资方不同？如果是，这些不同是否会影响其行为。例如，决策者持有次级权益，或向被投资方提供其他形式的信用增级。

决策者应评估其所承担的可变回报风险相对于被投资方回报总体变动的风险而言的程度。该评价应主要基于预期从被投资方的活动中得到的回报，但也应考虑决策者通过持有其他利益而承担的被投资方可变回报的最大风险。

上述四项因素中的前两项因素涉及决策者对被投资方拥有的权力范围以及对这些权力设定的任何限制的程度。第③项和第④项因素与可变回报有关，要求考虑决策者从被投资方中获得的、相对于被投资方活动所产生总报酬的部分(预期值和最大值)的量级和可变动性。

综合上述四项因素的分析，当存在单独一方持有实质性罢免权并能无理由地罢免决策者时，决策者属于代理人。除此以外，需综合考虑上述四项因素以判断决策者是否作为代理人行使决策权。

(5)权力的一般来源来自表决权

①通过直接或间接拥有半数以上表决权而拥有权力。

当被投资方的相关活动由持有半数以上表决权的投资方表决决定，或者主导相关活动的权力机构的多数成员由持有半数以上表决权的投资方指派，而且权力机构的决策由多数成员主导时，持有半数以上表决权的投资方拥有对被投资方的权力。

在进行控制分析时，投资方需要考虑其持有的潜在表决权以及其他方持有的潜在表决权的影响，以确定其对被投资方是否拥有权力。潜在表决权为获得被投资方表决权的权力，例如可转换工具、认股权证、远期股权购买合同或期权所产生的权利。

确定潜在表决权是否给予其持有者权力时所需考虑的因素：

a．潜在表决权是否为实质性表决权。在分析控制时，仅考虑满足实质性权利要求的潜在表决权；

b．投资方是否持有其他表决权或其他与被投资方相关的决策权，这些权利与投资方持有的潜在表决权结合后是否赋予投资方拥有对被投资方的权力；

c．潜在表决权工具的设立目的和设计，以及投资方参与被投资方的其他方式的目的和设计。这包括分析相关工具和安排的条款和条件，以及投资方接受这些条款和条件的期望、动机和原因。

②持有被投资方半数以上表决权但无权力。

确定持有半数以上表决权的投资方是否拥有权力，关键在于该投资方是否拥有主导被投资方相关活动的现时能力。在被投资方相关活动被政府、法院、管理人、接管人、清算人或监管人等其他方主导时，投资方无法凭借其拥有的表决权主导被投资方的相关活动，因此，投资方即使持有被投资方过半数的表决权，也不拥有对被投资方的权力。

投资方虽然持有被投资方半数以上投票权，但当这些投票权不是实质性权利时，其并不拥有对被投资方的权力：

a. 当其他方拥有现时权利使其可以主导被投资方的相关活动，且该其他方不是投资方的代理人时，则投资方不拥有对被投资方的权力。

b. 当投资方所拥有的表决权并非实质性权利时，即使持有多数表决权，投资方也不拥有对被投资方的权力。例如，由于无法获得必要的信息或法律法规方面的障碍，投资方虽持有半数以上表决权但无法行使，则该投资方不拥有对被投资方的权力。

有些情况下，根据相关章程、协议或其他法律文件，主导相关活动的决策所要求的表决权比例高于持有半数以上表决权的一方持有的表决权比例。例如，被投资方的公司章程规定，与相关活动有关的决策必须由出席会议的投资方所持 2/3 以上的表决权通过。这种情况下，持有半数以上但不足 2/3 表决权的投资方，虽然表决权比例超过半数，但该表决权本身不足以赋予投资方权力，应结合其他因素做进一步的分析与判断。

③直接或间接结合，也只拥有半数或半数以下表决权，但仍然可以通过表决权判断拥有权力。

持有半数或半数以下表决权的投资方（或者虽持有半数以上表决权，但表决权比例仍不足以主导被投资方相关活动的投资方），应综合考虑下列事实和情况，以判断其持有的表决权与相关事实和情况相结合是否可以赋予投资方拥有对被投资方的权力。

a. 投资方持有的表决权相对于其他投资方持有的表决权份额的大小，以及其他投资方持有表决权的分散程度。投资方持有的表决权比例越高，越有可能有现时能力主导被投资方相关活动。与其他方持有的表决权比例相比，投资方持有的表决权比例越高，越有可能有现时能力主导被投资方相关活动。为否决投资方而需要联合一致的行动方越多，投资方越有可能有现时能力主导被投资方相关活动。

b. 考虑与其他表决权持有人的协议。投资方自己拥有的表决权不足，但通过与其他表决权持有人的合同安排使其可以控制足以主导被投资方相关活动的表决权，从而拥有被投资方的权力。该类合同安排需确保投资方能够主导其他表决权持有人的表决，即其他表决权持有人按照投资方的意愿进行表决，而不是与其他表决权持有人协商根据双方协商一致的结果进行表决。

c. 考虑其他合同安排产生的权利。投资方可能通过拥有的表决权和其他决策权相结合的方式使其目前有能力主导被投资方的相关活动。例如，合同安排赋予投资方在被投资方的权力机构中指派若干成员的权利，而该等成员足以主导权力机构对相关活动的决策。

又如，投资方可能通过表决权和合同安排给予的其他权利，使其目前有能力主导被投资方的生产活动，或主导被投资方的其他经营和财务活动，从而对被投资方的回报产生重大影响。但是，在不存在其他权利时，仅仅是被投资方对投资方的经济依赖（如供应商和其主要客户的关系）不会导致投资方对被投资方拥有权力。

d. 其他显示投资方在需要决策时拥有现时能力主导被投资方相关活动的事实或情况：投资方能够任命或批准被投资方的关键管理人员；投资方能够决定或否决被投资方的重大交易；

投资方能够控制被投资方董事会等类似权力机构成员的任命程序；与被投资方关键管理人员或董事会等类似机构中的多数成员存在关联关系；与被投资方存在特殊关系。

对于被投资方的相关活动是通过表决权进行决策，而投资方持有的表决权比例不超过半数的情况，如果投资方在考虑了所有相关情况和事实后仍不能确定投资方是否拥有被投资方的权力，则投资方不控制被投资方。

对于被投资方的相关活动通过表决权进行决策，而投资方持有的表决权比例不超过半数的情况，如果投资方在综合考虑了所有相关情况和事实后仍不能确定投资方是否拥有被投资方的权力，则投资方不控制被投资方。

(6)权力源自表决权之外的其他权利——来自合同安排

投资方对被投资方的权力通常来自表决权，但有时，投资方对一些主体的权力不是来自表决权，而是由一项或多项合同安排决定。例如，证券化产品、资产支持融资工具、部分投资基金等结构化主体。结构化主体，是指在确定其控制方时没有将表决权或类似权利作为决定因素而设计的主体。主导该主体相关活动的依据通常是合同安排或其他安排形式。

投资方需要评估合同安排，以评价其享有的权利是否足够使其拥有对被投资方的权力。在评估时，投资方通常应考虑下列四方面：

①在设立被投资方时的决策及投资方的参与度。在评估被投资方的设立目的和设计时，投资者应考虑设立被投资方时的决策及投资方的参与度，以判断相关交易条款与参与特点是否使投资方足以拥有权力。参与被投资方的设立本身虽然不足以表明参与方控制被投资方，但可能使参与方有机会拥有对被投资方的权力。

②相关合同安排。投资方需考虑结构化主体设立之初的合同安排是否赋予投资方主导结构化主体相关活动的权利。例如，看涨期权、看跌期权、清算权等可能为投资方提供权力的合同安排。在评估对结构化主体是否拥有权力时，应当考虑投资方在这些合同安排中享有的决策权。

③仅在特定情况或事项发生时开展的相关活动。结构化主体的活动及其回报在其设计时就已经明确，除非特定情况或事项发生。当特定情况或事项发生时，只有对结构化主体回报产生重大影响的活动才属于相关活动。相应地，对这些相关活动具有决策权的投资方才享有权力。决策权依赖于特定情况或特定事件的发生这一事实本身并不表示该权利为保护性权利。

④投资方对被投资方做出的承诺。为确保结构化主体持续按照原定设计和计划开展活动，投资方可能会做出一些承诺(包括明确的承诺和暗示性的承诺)，因而可能会扩大投资方承担的可变回报风险，由此促使投资方更有动机获取足够多的权利，使其能够主导结构化主体的相关活动。投资方做出的确保此类主体遵守原定设计经营的承诺可能是投资方拥有权力的迹象，但其本身并不赋予投资方权力，也不会阻止其他方拥有权力。

(7)权力与回报之间的联系

投资方必须不仅拥有对被投资方的权力和因涉入被投资者而承担或有权获得可变回报，而且要有能力使用权力来影响因涉入被投资者而获得的投资方的回报。

只有当投资方不仅拥有对被投资方的权力、通过参与被投资方的相关活动而享有可变回报，并且有能力运用对被投资方的权力来影响其回报的金额时，投资方才控制被投资方。

三、纳入合并范围的特殊情况——对被投资方可分割部分的控制

投资方通常应当对是否控制被投资方整体进行判断。但在少数情况下，如果有确凿证据表明同时满足下列条件并且符合相关法律法规规定的，投资方应当将被投资方的一部分（以下简称“该部分”）视为被投资方可分割的部分（单独主体），进而判断是否控制该单独主体：

（1）该部分的资产是偿付该部分负债或该部分其他利益方的唯一来源，不能用于偿还该部分以外的被投资方的其他负债；

（2）除与该部分相关的各方外，其他方不享有与该部分资产相关的权利，也不享有与部分资产剩余现金流量相关的权利。

因此，实质上该部分的所有资产、负债及其他相关权益均与被投资方的剩余部分相隔离，即该部分的资产产生的回报不能由该部分以外的被投资方其他部分使用，该部分的负债也不能用该部分以外的被投资方资产偿还。

如果被投资方的一部分资产和负债及其他相关权益满足上述条件，构成单独主体，则投资方应当基于控制的判断标准确定其是否能控制该单独主体，考虑该单独主体的相关活动及其决策机制，投资方是否目前有能力主导单独主体的相关活动并据以从中取得可变回报。如果投资方控制该单独主体，则应将其进行合并。在此情况下，其他方在考虑是否合并被投资方时，应仅对被投资方的剩余部分进行控制及合并的评估，而将该单独主体排除在外。

四、合并范围的豁免——投资性主体

母公司应当将其全部子公司（包括母公司所控制的被投资单位可分割部分、结构化主体）纳入合并范围。但是，如果母公司是投资性主体，则只应将那些为投资性主体的投资活动提供相关服务的子公司纳入合并范围，对其他子公司不应予以合并，母公司对其他子公司的投资应当按照公允价值计量且其变动计入当期损益。

一个投资性主体的母公司本身不是投资性主体，则应当将其控制的全部主体，包括投资性主体以及通过投资性主体间接控制的主体，纳入合并财务报表范围。

1. 投资性主体的界定

同时满足如下三个条件时，应界定为投资性主体：

（1）该公司以向投资者提供投资管理服务为目的，从一个或多个投资者获取资金；

（2）该公司的唯一经营目的，是通过资本增值、投资收益或两者兼有而让投资者获得回报；

（3）该公司按照公允价值对几乎所有投资的业绩进行计量和评价。

2. 合并范围豁免原则

（1）母公司是投资性主体的，仅应将那些为投资性主体的投资活动提供相关服务的子公司纳入合并范围，对其他子公司不应予以合并，母公司对其他子公司的投资应当按照公允价值计量且其变动计入当期损益。

（2）一个投资性主体的母公司如果不是投资性主体，应当将其控制的全部主体，包括投资性主体以及通过投资性主体间接控制的主体，纳入合并范围。

（3）当母公司由非投资性主体转为投资性主体时，除仅将为其投资活动提供相关服务的子

公司纳入合并范围编制合并财务报表外，企业自转变日起对其他子公司不应予以合并，其会计处理参照部分处置子公司股权但不丧失控制权的处理原则。

(4)当母公司由投资性主体转变为非投资性主体时，应将原未纳入合并财务报表范围的子公司于转变日纳入合并财务报表范围，将转变日视为购买日，原未纳入合并报表范围的子公司于转变日的公允价值视为购买的交易对价，按照非同一控制下企业合并的会计处理方法进行会计处理。

五、控制的持续评估

当环境或情况发生变化时，投资方需要评估控制的两个基本要素中的一个或多个是否发生了变化。如果有任何事实或情况表明控制的两项基本要素中的一个或多个发生了变化，投资方应重新评估对被投资方是否具有控制权。

第二节　合并财务报表编制工作概述

一、合并会计报表的合并理论

合并理论指编制合并财务报表的理论依据，即人们对合并财务报表所合并的范围及企业集团的理解而产生的观念。国际上流行的合并理论主要有以下几种。

1. 母公司理论

母公司理论是目前应用最广泛的一种合并报表理论。该理论认为合并报表只不过是母公司财务报表的延伸和扩展，其所侧重反映的是母公司或控股公司的股东在合并的财务状况和经营成果中所占的份额，并不注重少数股东的利益和权益。

母公司理论在会计处理上的特点是：

(1)将少数股东对子公司净资产的要求权在合并资产负债表中单独列项，看成集团的准负债，列在负债与股东权益之间；

(2)将少数股东收益视为一项费用，合并利润表中的净损益为减去属于少数股权净收益后的余额；

(3)子公司净资产中属于母公司的部分按公允价值合并，而属于少数股权的部分按账面价值合并；

(4)取得子公司股权时产生的商誉是母公司付出的代价，只归属于母公司，少数股权的份额不受影响。

2. 实体理论

实体理论是由美国莫雷斯·毛尼兹(Maurice Moonitz)教授首先提出的。美国会计学会(AAA)于 1944 年出版了一本名为《合并报表的实体理论》的著作，对实体理论进行了专门的论述。实体理论是一种站在由母、子公司组成的统一实体的角度来看待母公司与子公司之间的控股合并关系的合并理论。它侧重于单一管理部门对整个经济实体的控制，认为合并财务报表反映的是整个集团的财务状况和经营成果，母公司股东和少数股东处于同等重要的地位，是同一实体的共同所有者。

实体理论在会计处理上的特点为：
(1)将少数股东对子公司净资产的要求权列入所有者权益的一个单独项目；
(2)合并利润表中的净损益包含了少数权益的净损益，但是单独列项；
(3)子公司净资产中不论是属于母公司的部分还是属于少数股权的部分均按公允价值合并；
(4)取得子公司股权时产生的商誉，要确认属于少数股权的部分。

3. 修正的母公司理论(所有权理论)

修正的母公司理论既不是母公司概念，也不属实体概念。该理论认为，合并报表反映的是将整个公司集团作为一个经济实体来看待时的财务状况和经营成果。在该理论下，公司集团的财务报表对所有事项的处理必须是一致的。这种理论在会计处理中的特点为：对于子公司的资产、负债、收入、费用和利润，只按母公司所持有股权的比例计入合并财务报表。

二、合并财务报表的合并程序

准则规定，母公司应当以自身和其子公司的财务报表为基础，根据其他有关资料，编制合并财务报表。母公司编制合并财务报表，应当将整个企业集团视为一个会计主体，依据相关企业会计准则的确认、计量和列报要求，按照统一的会计政策，反映企业集团整体财务状况、经营成果和现金流量。具体工作内容如下：

(1)合并母公司和子公司的资产、负债、所有者权益、收入、费用和现金流量等项目。

(2)抵销母公司对子公司的长期股权投资与母公司在子公司所有者权益中所享有的份额。

(3)抵销母公司与子公司、子公司相互之间发生的内部交易的影响。内部交易表明相关资产发生减值损失的，应当全额确认该部分损失。

(4)站在企业集团角度对特殊交易事项予以调整。

除以上工作外，母公司还应做如下工作。

1. 将对子公司的长期股权投资调整为权益法

追溯一：初始投资的追溯

如为商誉，无须追溯；

如为负商誉，则追溯如下：

借：长期股权投资

　　贷：未分配利润(如追当年的，则贷“营业外收入”)

追溯二：被投资方分红的追溯

借：投资收益(当年分红的追溯)

　　未分配利润(以前年度分红的追溯)

　　贷：长期股权投资

追溯三：被投资方盈亏的追溯

借：长期股权投资

　　贷：投资收益(当年盈余的追溯)

　　未分配利润(以前年度盈余的追溯)

如为亏损，则反之；如是非同一控制的背景，则需以子公司调整公允价值后的口径为依据。

追溯四：被投资方其他综合收益的影响

借：长期股权投资

　　贷：其他综合收益

　　　　或反之

追溯五：被投资方其他所有者权益变动的影响

借：长期股权投资

　　贷：资本公积

　　　　或反之

2. 统一母、子公司的会计政策

合并财务报表准则规定："母公司应当统一子公司所采用的会计政策，使子公司采用的会计政策与母公司保持一致。子公司所采用的会计政策与母公司不一致的，应当按照母公司的会计政策对子公司会计报表进行必要的调整；或者要求子公司按照母公司的会计政策另行编制财务报表。"

3. 统一母、子公司的会计期间

合并财务报表准则规定："母公司应当统一子公司的会计期间，使子公司的会计期间与母公司保持一致。子公司的会计期间与母公司不一致的，应当按照母公司的会计期间对子公司财务报表进行调整；或者要求子公司按照母公司的会计期间另行编制财务报表。"

4. 对子公司以外币财务报表进行折算

对母公司和子公司的财务报表进行合并，其前提必须是母子公司个别财务报表所采用的货币计量单位一致。在我国，允许外币业务比较多的企业采用某一外币作为记账本位币，境外企业一般也是采用其所在国或地区的货币作为其记账本位币。在将这些企业的财务报表纳入合并时，必须将其折算为母公司所采用的记账本位币表示的财务报表。

5. 收集编制合并财务报表的相关资料

合并财务报表以母公司的其子公司的财务报表以及其他有关资料为依据，由母公司合并有关项目的数额编制。为编制合并财务报表，母公司应当要求子公司及时提供下列有关资料：

(1)子公司相应期间的财务报表。

(2)与母公司及与其他子公司之间发生的内部购销交易、债权债务、投资及其产生的现金流量表和未实现内部销售损益的期初、期末余额及变动情况等资料。

(3)子公司所有者权益变动和利润分配的有关资料。

(4)编制合并财务报表需要的其他资料。

6. 收集子公司相关的公允价值数据

如果是非同一控制下的企业合并，需将子公司的账表数据按购买日可辨认资产、负债及或有负债的公允价值标准为基础进行公允口径调整后再进行合并数据的处理。合并工作底稿模板如表 3-1 所示。

表 3-1 合并工作底稿模板

报表项目	个别财务报表		合计数	抵销分录		合并财务报表
	母公司	子公司		借方	贷方	

第三节 内部投资的抵销

在合并财务报表的编制过程中，抵销分录往往同时涉及资产负债表与利润表两张报表。具体的抵销内容包括：

(1) 内部投资的抵销，包括母公司股权投资与子公司所有者权益的抵销、母公司投资收益与子公司利润分配的抵销。

(2) 内部交易的抵销，包括内部商品交易的抵销、内部固定资产交易的抵销、内部无形资产交易的抵销等。

(3) 内部债权债务的抵销，包括应收账款与应付账款的抵销、应收票据与应付票据的抵销、预付账款与预收账款的抵销、持有至到期投资与应付债券的抵销、应收股利与应付股利的抵销、其他应收款与其他应付款的抵销。

一、长期股权投资与所有者权益的合并处理（同一控制下）

1. 同一控制下合并日财务报表的编制

根据现行企业会计准则，母公司在合并日可以编制合并日的合并资产负债表、合并利润表、合并现金流量表等合并财务报表。母公司在将购买取得子公司股权登记入账后，在编制合并资产负债表时，只需将对子公司长期股权投资与子公司所有者权益中母公司所有的份额相抵销。

借：实收资本（股本）
　　资本公积
　　其他综合收益
　　盈余公积
　　未分配利润——年末
（以上各项合计：子公司所有者权益的账面价值）
　　贷：长期股权投资（母公司对该特定子公司投资的账面余额）
　　　　少数股东权益（子公司的所有者权益账面价值×少数股东持股比例）

2. 同一控制下合并日后合并财务报表的编制

编制合并日后合并财务报表时，首先，将母公司对子公司长期股权投资由成本法核算的结果调整为权益法核算的结果，使母公司对子公司长期股权投资项目反映其在子公司所有者权益中所拥有权益的变动情况；其次，将母公司对子公司长期股权投资项目与子公司所有者权益项目等内部交易相关的项目进行抵销处理，将内部交易对合并财务报表的影响予以抵销；最后，在编制合并日合并工作底稿的基础上编制合并财务报表。

1)将长期股权投资成本法核算的结果调整为权益法核算的结果

将成本法核算调整为权益法核算时，应当自取得对子公司长期股权投资的年度起，逐年按照子公司当年实现的净利润中属于母公司享有的份额，调整增加对子公司长期股权投资的金额，并调整增加当期投资收益；对于子公司当期分配的现金股利或宣告分配的股利中母公司享有的份额，则调整冲减长期股权投资的账面价值，同时调整减少原投资收益。

在取得子公司长期股权投资的第二年，将成本法调整为权益法核算的结果时，则在调整计算第一年年末权益法核算的子公司长期股权投资的金额的基础上，按第二年子公司实现的净利润中母公司所拥有的份额，调整长期股权投资的金额；按子公司分配或宣告分配的现金股利中母公司所拥有的金额，调减长期股权投资的金额。以后年度的调整，则比照上述做法进行调整处理。

子公司除净损益以外所有者权益的其他变动，在按照权益法对成本法核算的结果进行调整时，应当根据子公司本期除损益以外的所有者权益的其他变动而计入资本公积或其他综合收益的金额中所享有的金额，对长期股权投资的金额进行调整。在以后年度将成本法调整为权益法核算的结果时，也应当持续考虑这一因素对长期股权投资的金额进行调整。

2)合并抵销处理

在合并工作底稿中，对长期股权投资的金额进行调整后，长期股权投资的金额正好反映母公司在子公司所有者权益中所拥有的份额。要编制合并财务报表，在此基础上还必须按编制合并财务报表的要求进行合并抵销处理，将母公司与子公司之间的内部交易对合并财务报表的影响予以抵销。

编制合并财务报表时，首先，必须将母公司对子公司长期股权投资与子公司所有者权益中所拥有的份额予以抵销。根据母公司在子公司在所有者权益中拥有份额的多少不同，可以将子公司分为全资子公司和非全资子公司。对于全资子公司，进行抵销处理时将对子公司长期股权投资的金额与子公司的所有者权益全额抵销；而对于非全资子公司，则将长期股权投资与子公司所有者权益中母公司所拥有的金额进行抵销，不属于母公司的份额，即属于子公司少数股东的权益，应将其转为少数股东权益。相应的会计分录为：

借：实收资本（股本）
　　资本公积
　　其他综合收益　　　　子公司所有者权益的账面价值
　　盈余公积
　　未分配利润——年末

　　贷：长期股权投资（母公司对该特定子公司投资的账面余额+成本法转权益法的调整数）
　　　　少数股东权益（子公司的所有者权益账面价值×少数股东持股比例）

其次，还必须将对子公司的投资收益与子公司当年利润分配相抵销，使合并财务报表反映母公司股东权益变动的情况。从单一企业来讲，当年实现的净利润加上年年初未分配利润是企业利润分配的来源，企业对其进行分配，提取盈余公积、向股东分配股利以及留待以后年度的未分配利润（未分配利润可以理解为将这部分利润分配到下一会计年度）等，则是利润分配的去向。而子公司当年实现的净利润，可以分为两部分：一部分属于母公司所有，即母公司的投资收益；另一部分则属于少数股东所有，即少数股东本期收益。为了使合并财务报表反映母公司股东权益的变动情况及财务状况，则必须将母公司投资收益、少数股东收益和期初未分配利润与子公司当年利润分配以及未分配利润的金额相抵销。

借：投资收益(子公司净利润×母公司的持股比例)
　　少数股东损益(子公司净利润×少数股东持股比例)
　　未分配利润——年初
　　贷：提取盈余公积
　　　　向所有者(或股东)的分配
　　　　未分配利润——年末

（以上贷方项目：抄自子公司所有者权益变动表）

值得注意的是，子公司发行累积优先股等其他权益工具的，无论当期是否宣告发放其股利，在计算列报母公司合并利润表中的“归属于母公司股东的净利润”时，应扣除当期归属于除母公司之外的其他权益工具持有者的可累积分配股利，扣除金额应在“少数股东损益”项目中列示；子公司发行不可累积优先股等其他权益工具的，在计算列报母公司合并利润表中的“归属于母公司股东的净利润”时，应扣除当期宣告发放的归属于除母公司之外的其他权益工具持有者的不可累积分配股利，扣除金额应在“少数股东损益”项目中列示。子公司发行累积或不可累积优先股等其他权益工具的，在资产负债表和股东权益变动表中的列报原则与利润表相同。

例 3-1 黄河公司 2016 年度和 2017 年度有关业务资料如下。

2016 年度有关业务资料

①2016 年 1 月 1 日，黄河公司以银行存款 1 100 万元，自同一集团 H 公司购入长江公司 80%有表决权的股份。当日，长江公司账面所有者权益总额为 800 万元，其中，股本 600 万元，资本公积 100 万元，盈余公积 20 万元，未分配利润 80 万元。当日，长江公司有一专利权账面价值 200 万元，公允价值 300 万元，尚可使用 10 年，假定无残值。黄河公司合并当日资本公积(均为股本溢价)结余 660 万元。税务政策界定此合并为免税合并。

②2016 年 3 月，黄河公司向长江公司销售 A 商品一批，售价为 100 万元，成本为 80 万元，增值税率为 17%，至 2016 年 12 月 31 日，长江公司已将该批 A 商品对外售出 50%。

③2016 年 6 月，黄河公司自长江公司购入 B 商品作为管理用固定资产，采用年限平均法计提折旧，折旧年限为 5 年，预计净残值为 0。长江公司出售该商品不含增值税货款 200 万元，成本为 150 万元；黄河公司已于当日支付货款。

④2016 年度，长江公司实现净利润 150 万元，年末计提盈余公积 15 万元，当年，长江公司分红 40 万元。

⑤2016 年年末，长江公司持有的可供出售金融资产增值 30 万元(已扣除所得税影响)。

有关 2016 年合并会计报表的会计处理如下：

合并当日的会计处理

1. 母公司个别分录：

借：长期股权投资	640	
资本公积——股本溢价	460	
贷：银行存款		1 100

2. 编制合并当日合并资产负债表需做的前期准备工作——将子公司以前年度留存收益

中属于母公司的部分自母公司的资本公积转入留存收益:

借: 资本公积 80

　贷: 盈余公积 16

　　未分配利润 64

3. 合并当日的抵销分录:

借: 股本 600

　资本公积 100

　盈余公积 20

　未分配利润 80

　贷: 长期股权投资 640

　　少数股东权益 160

2016 年年末合并报表的会计处理

1. 母公司的个别分录:

(1)投资时:

借: 长期股权投资 640

　资本公积——股本溢价 460

　贷: 银行存款 1 100

(2)分红时:

借: 应收股利 32

　贷: 投资收益 32

借: 银行存款 32

　贷: 应收股利 32

2016 年年末，其投资账面余额为 640 万元。

2. 合并报表前的准备工作:

(1)将子公司以前年度留存收益中属于母公司的部分自资本公积转入留存收益:

借: 资本公积 80

　贷: 盈余公积 16

　　未分配利润 64

(2)将母公司的长期股权投资追溯为权益法:

①初始投资成本为 640 万元，与投资当日子公司账面净资产中属于母公司的部分相同，无须追溯。

②被投资方分红的追溯:

借: 投资收益 32

　贷: 长期股权投资 32

③被投资方净利润的追溯:

借: 长期股权投资 120(150×80%)

　贷: 投资收益 120

④被投资方其他综合收益的追溯:

借: 长期股权投资 24

贷：其他综合收益　　24

⑤追溯后的投资余额=640−32+120+24=752（万元）。

3. 母公司的长期股权投资与子公司所有者权益的抵销：

借：股本　　600

资本公积　　100

其他综合收益　　30

盈余公积　　35（20+15）

未分配利润——年末　　175（80+150−40−15）

贷：长期股权投资　　752

少数股东权益　　188［（600+100+30+35+175）×20%］

4. 母公司当年投资收益与子公司利润分配的抵销：

借：投资收益　　120（150×80%）

少数股东损益　　30（150×20%）

未分配利润——年初　　80

贷：提取盈余公积　　15

向股东分配利润　　40

年末未分配利润　　175

2017年度有关业务资料

①2017年4月，长江公司将剩余的A商品全部对外售出。

②2017年度，长江公司实现净利润300万元，年末计提盈余公积为30万元，当年，长江公司分红20万元。

③2017年年末，长江公司持有的可供出售金融资产增值40万元（已扣除所得税影响）。

有关2017年合并会计报表的会计处理如下：

1. 母公司的个别分录：

被投资方分红20万元时：

借：应收股利　　16

贷：投资收益　　16

借：银行存款　　16

贷：应收股利　　16

2017年年末，其投资账面余额为640万元。

2. 合并报表前的准备工作：

（1）将子公司以前年度留存收益中属于母公司的部分自资本公积转入留存收益：

借：资本公积　　80

贷：盈余公积　　16

未分配利润　　64

（2）然后将母公司的长期股权投资追溯为权益法：

①初始投资无须追溯。

②被投资方2016年分红的追溯：

借：未分配利润——年初　　32

　　贷：长期股权投资　　32

③被投资方2016年净利润的追溯：

借：长期股权投资　　120（150×80%）

　　贷：未分配利润——年初　　120

④被投资方2016年其他综合收益的追溯：

借：长期股权投资　　24

　　贷：其他综合收益　　24

⑤被投资方2017年分红的追溯：

借：投资收益　　16

　　贷：长期股权投资　　16

⑥被投资方2017年净利润的追溯：

借：长期股权投资　　240（300×80%）

　　贷：投资收益　　240

⑦被投资方其他综合收益的追溯：

借：长期股权投资　　32

　　贷：其他综合收益　　32

⑧追溯后的投资余额=640–32+120+24–16+240+32=1008（万元）。

3. 母公司的长期股权投资与子公司所有者权益的抵销：

借：股本　　600

　　资本公积　　100

　　其他综合收益　　70

　　盈余公积　　65（20+15+30）

　　未分配利润——年末　　425（175+300–20–30）

　　贷：长期股权投资　　1 008

　　　　少数股东权益　　252［（600+100+70+65+425）×20%］

4. 母公司当年投资收益与子公司利润分配的抵销：

借：投资收益　　240（300×80%）

　　少数股东收益　　60（300×20%）

　　未分配利润——年初　　175

　　贷：提取盈余公积　　30

　　　　向股东分配利润　　20

　　　　年末未分配利润　　425

二、长期股权投资与所有者权益的合并处理（非同一控制下）

1. 非同一控制下取得子公司购买日合并财务报表的编制

根据现行会计准则，非同一控制下取得子公司、母公司编制购买日的合并资产负债表时，因企业合并取得的子公司各项可辨认资产、负债及或有负债应当以公允价值在合并财务报表中列示。母公司合并成本大于取得的子公司可辨认净资产公允价值份额的差额，作为合并商誉在合并资产负债表中列示。

1) 按公允价值对非同一控制下取得子公司的财务报表进行调整

在非同一控制下取得子公司的情况下，母公司为进行企业合并要对子公司的资产负债进行估值，然而子公司作为持续经营的主体，一般情况下，即一般不将该估值而产生的资产、负债公允价值的变动登记入账，其对外提供的财务报表仍然是以各项资产和负债原来的账面价值为基础编制的，其提供的购买日财务报表一般也是以各项资产和负债原账面价值为基础编制的。为此，母公司要编制购买日的合并财务报表，则必须按照购买日子公司资产、负债的公允价值对其财务报表项目进行调整。这一调整是通过在合并工作底稿中编制调整分录进行的，实际上相当于将各项资产、负债的公允价值变动模拟入账，然后以购买日子公司各项资产、负债的公允价值为基础编制购买日的合并财务报表。

2) 母公司长期股权投资与子公司所有者权益抵销处理

在编制购买日的合并资产负债表时，需要将母公司对子公司长期股权投资与子公司所有者权益中所拥有的份额予以抵销。母公司对非同一控制下取得的子公司长期股权投资进行账务处理时，母公司是按子公司资产、负债的公允价值确定其在子公司所有者权益中所拥有的份额，合并成本超过这一金额的差额则作为合并商誉处理。经过上述按公允价值对子公司财务报表调整处理后，在编制合并财务报表时则可以将长期股权投资与子公司所有者权益所拥有的份额相抵销。在非全资子公司的情况下，不属于母公司所拥有的份额在抵销处理时则结转为少数股东权益。在抵销处理时，应当注意的是，母公司在子公司所有者权益中所拥有的份额是以资产和负债的公允价值为基础计算的，也是按公允价值进行抵销，少数股东权益也是以资产和负债的公允价值为基础计算调整后的金额确定的。

3) 编制合并工作底稿并编制合并财务报表

在按公允价值对子公司财务报表项目进行调整，并编制合并抵销分录，将母公司对子公司长期股权投资与子公司所有者权益中母公司所持有的份额进行抵销处理后，则可以编制购买日合并工作底稿，并根据合并工作底稿计算得出的合并资产负债表各项目的合并数，编制合并资产负债表。

2. 非同一控制下取得子公司购买日后合并财务报表的编制

母公司在非同一控制下取得子公司后，在未来持有该子公司的情况下，每一会计期末都需要将其纳入合并范围，编制合并财务报表。

在对非同一控制下取得的子公司编制合并财务报表时，首先，应当以购买日确定的各项可辨认资产、负债及或有负债的公允价值为基础对子公司的财务报表进行调整。

其次，将母公司对子公司的长期股权投资采用成本核算的结果，调整为权益法核算的结果，对公司的财务报表进行相应的调整。

再次，通过编制合并抵销分录，将母公司对子公司长期股权投资与子公司所有者权益等内部交易对合并财务报表的影响予以抵销。

最后，在编制合并工作底稿的基础上，计算合并财务报表各项目的合并数，编制合并财务报表。

例 3-2 黄河公司 2016 年度和 2017 年度有关业务资料如下。

2016 年度有关业务资料

①2016 年 1 月 1 日，黄河公司以银行存款 1100 万元，自非关联方 H 公司购入长江公司 80%有表决权的股份。当日，长江公司账面所有者权益总额为 800 万元，其中，股本 600 万元，资本公积 100 万元，盈余公积 20 万元，未分配利润 80 万元。当日，长江公司有一专利权账面价值 200 万元，公允价值 300 万元，尚可使用 10 年，假定无残值。税法政策认定此合并为应税合并。

②2016 年 3 月，黄河公司向长江公司销售 A 商品一批，售价为 100 万元，成本为 80 万元，增值税率为 17%，至 2016 年 12 月 31 日，长江公司已将该批 A 商品对外售出 50%。

③2016 年 6 月，黄河公司自长江公司购入 B 商品作为管理用固定资产，采用年限平均法计提折旧，折旧年限为 5 年，预计净残值为 0。长江公司出售该商品不含增值税货款 200 万元，成本为 150 万元；黄河公司已于当日支付货款。

④2016 年度，长江公司实现净利润 150 万元，年末计提盈余公积 15 万元，当年，长江公司分红 40 万元。

⑤2016 年年末，长江公司持有的可供出售金融资产增值 30 万元(已扣除所得税影响)。

有关 2016 年合并会计报表的会计处理如下：

合并当日的会计处理

1. 母公司个别分录：

借：长期股权投资	1 100	
贷：银行存款		1 100

2. 编制合并当日合并资产负债表需做的前期准备工作——将子公司的数据调为公允口径：

借：无形资产	100	
贷：资本公积		100

3. 合并当日的抵销分录：

借：股本	600	
资本公积	200(100+100)	
盈余公积	20	
未分配利润	80	
商誉	380	
贷：长期股权投资		1 100
少数股东权益		180

2016 年年末合并报表的会计处理

1. 母公司的个别分录：

分红时：

借：应收股利	32	
贷：投资收益		32
借：银行存款	32	

贷：应收股利　　32

2016年年末，其投资账面余额为1 100万元。

2. 合并报表前的准备工作：

(1)将子公司的数据调整为公允口径：

①借：无形资产　　100

贷：资本公积　　100

②借：管理费用　　10

贷：无形资产　　10

(2)将母公司的长期股权投资追溯为权益法：

①初始投资成本为1 100万元，当日所占可辨认净资产的公允价值为720万元(900×80%)，形成商誉380万元，无须追溯，直接在长期股权投资与子公司所有者权益的抵销分录中确认商誉即可。

②被投资方分红的追溯：

借：投资收益　　32

贷：长期股权投资　　32

③被投资方净利润的追溯：

首先将子公司修正为公允口径：150–10=140(万元)；

然后做如下追溯分录：

借：长期股权投资　　112(140×80%)

贷：投资收益　　112

④被投资方其他综合收益的追溯：

借：长期股权投资　　24

贷：其他综合收益　　24

⑤追溯后的投资余额=1 100–32+112+24=1 204(万元)。

3. 母公司的长期股权投资与子公司所有者权益的抵销：

借：股本　　600

资本公积　　200(100+100)

其他综合收益　　30

盈余公积　　35(20+15)

未分配利润——年末165(年初未分配利润80万元+当年修正后的净利润140万元–分红40万元–提取盈余公积15万元)

商誉　　380

贷：长期股权投资　　1 204

少数股东权益206[年末子公司修正后的所有者权益总计(600+200+30+35+165)]×20%)

4. 母公司当年投资收益与子公司利润分配的抵销

借：投资收益　　112(140×80%)

少数股东收益　　28(140×20%)

未分配利润——年初　　80

贷：提取盈余公积　　15

向股东分配利润　　40

未分配利润——年末　　165

2017 年度有关业务资料

①2017 年 4 月，长江公司将剩余的 A 商品全部对外售出。

②2017 年度，长江公司实现净利润 300 万元，年末计提盈余公积为 30 万元，当年，长江公司分红 20 万元。

③2017 年年末，长江公司持有的可供出售金融资产增值 40 万元(已扣除所得税影响)。

有关 2017 年合并会计报表的会计处理如下：

1. 母公司的个别分录：

被投资方分红 20 万元时：

借：应收股利　　16

　　贷：投资收益　　16

借：银行存款　　16

　　贷：应收股利　　16

2017 年年末，其投资账面余额为 1 100 万元。

2. 合并报表前的准备工作：

(1)将子公司的数据调整为公允口径：

①借：无形资产　　100

　　　贷：资本公积　　100

②借：未分配利润–年初　　10

　　　管理费用　　10

　　　贷：无形资产　　20

(2)将母公司的长期股权投资追溯为权益法：

①初始投资成本为 1 100 万元，当日所占可辨认净资产的公允价值为 720 万元(=900×80%)，形成商誉 380 万元，无须追溯。

②被投资方 2016 年分红的追溯：

借：未分配利润——年初　　32

　　贷：长期股权投资　　32

③被投资方 2016 年净利润的追溯：

首先将子公司净利润修正为公允口径标准：150–10=140(万元)；

然后做如下追溯分录：

借：长期股权投资　　112(=140×80%)

　　贷：未分配利润——年初　　112

④被投资方 2016 年其他综合收益的追溯：

借：长期股权投资 24

　　贷：其他综合收益 24

⑤被投资方 2017 年分红的追溯：

借：投资收益 16

贷：长期股权投资 16

⑥被投资方2017年净利润的追溯：

首先将子公司修正为公允口径：300−10=290（万元）；

然后做如下追溯分录：

借：长期股权投资　　232（290×80%）

　贷：投资收益　　232

⑦被投资方其他综合收益的追溯：

借：长期股权投资　　32

　贷：其他综合收益　　32

⑧追溯后的投资余额=1 100−32+112+24−16+232+32=1 452（万元）。

3. 母公司的长期股权投资与子公司所有者权益的抵销：

借：股本　　600

　资本公积　　200（100+100）

　其他综合收益　　70（30+40）

　盈余公积　　65（20+15+30）

　未分配利润——年末　　405（165+290−20−30）

　商誉　　380

　贷：长期股权投资　　1 452

　少数股东权益　　268［（600+200+70+65+405）×20%］

4. 母公司当年投资收益与子公司利润分配的抵销：

借：投资收益　　232（290×80%）

　少数股东收益　　58（290×20%）

　未分配利润——年初　　165

　贷：提取盈余公积　　30

　　向股东分配利润　　20

　　未分配利润——年末　　405

第四节　内部商品交易的合并处理

集团内部商品交易是指集团内母子公司或子公司之间相互提供产品或商品的交易，是企业集团中常见的内部交易。通常有三种方式：（1）母公司向子公司销售称为顺销；（2）子公司向母公司销售称为逆销；（3）母公司所属子公司之间的销售称为平销。企业集团内部商品交易的价格可能按照成本，也可能高于或低于成本。对于母公司或各子公司而言，这些交易都与正常的对外商品交易一样，要记入各主体的账簿中，并在母公司、子公司各自的财务报表中反映存货交易产生的损益。

一、内部商品交易发生当期的合并处理

在企业集团内部母公司与子公司、子公司相互之间发生内部购销交易的情况下，母公司和子公司都从自身的角度，以自身独立的会计主体进行核算反映其损益情况。对于销售企业

来说，以其内部销售确认当期销售收入并结转相应的销售成本，计算当期内部销售损益。对于购买企业来说，其购进的商品可能用于对外销售，也可能作为固定资产、工程物资、在建工程、无形资产等资产使用。在购买企业将内部购进的商品用于对外销售时，可能出现以下三种情况：一是内部购进的商品全部实现对外销售；二是内部购进的商品全部未实现销售，形成期末存货；三是内部购进的商品部分实现对外销售，部分形成期末存货。在购买企业将内部购进的商品作为固定资产、工程物资、在建工程、无形资产等资产使用时，则形成固定资产、工程物资、在建工程、无形资产等资产。

1. 母子公司、子公司之间相互销售商品，期末全部实现对外销售

在这种情况下，对于销售企业来说，销售给企业集团内其他企业的商品与销售给企业集团外企业的情况下的会计处理相同，即在本期确认销售收入、结转销售成本、计算销售商品损益，并在其个别利润表中反映；对于购买企业来说，一方面要确认向企业集团外部企业的销售收入；另一方面要结转销售内部购进商品的成本，在其个别利润表中分别作为营业收入和营业成本反映，并确认销售损益。也就是说，对于同一购销业务，在销售企业和购买企业的个别利润表中都做了反映。但从整个企业集团来讲，这一购销业务只是实现了一次对外销售，其销售收入只是购买企业向企业集团外部企业销售该产品的销售收入，其销售成本只是销售企业向购买企业销售该商品的成本。销售企业向购买企业销售该商品实现的收入属于内部销售收入，相应地，购买企业向集团外部企业销售该商品的销售成本则属于内部销售成本。因此，在编制合并财务报表时，就必须将重复反映的内部销售收入与内部销售成本予以抵销。借记“销售收入”等项目，贷记“营业成本”等项目。

2. 母子公司、子公司相互之间销售商品，期末未实现对外销售

在内部购进的商品未实现对外销售的情况下，从销售来说，同样是按照一般的销售业务确认销售收入并结转销售成本，计算销售利润，并在其利润表中列示。对于整个企业集团而言，实际上只是商品存放地点发生变动，并没有真正实现企业集团对外销售，不应确认销售收入，结转销售成本以及计算损益。因此，对于该类内部购销业务，在编制合并财务报表时，应将销售企业由此确认的内部销售收入和内部销售成本予以抵销。这一经济业务对于购买企业来说，以支付的购买价款作为存货成本入账，并在其个别资产负债表中作为资产列示。这样，购买企业的个别资产负债表中存货的价值中就包含了销售企业实现的销售毛利。销售企业由于内部购销业务实现的销售毛利属于未实现内部销售损益。

编制抵销分录时，按照集团内部销售企业销售该商品的销售收入借记“营业收入”项目，按照销售企业销售该商品的销售成本贷记“营业成本”项目，按照当期期末存货价值中包含的未实现内部销售损益的金额贷记“存货”项目。

3. 母子公司、子公司相互之间销售商品，期末部分实现对外销售、部分形成期末存货

对于内部购进的商品部分实现对外销售、部分形成期末存货的情况，可以将内部购买的商品分解为两部分来理解：一部分为当期购进并全部实现对外销售；另一部分为当期购进但未实现对外销售而形成的期末存货。

二、连续编制合并财务报表时内部商品交易的抵销

在上期内部购进商品全部实现对外销售的情况下，由于不涉及内部存货价值中包含的未实现内部销售损益的抵销处理，所以在本期连续编制合并财务报表时也不涉及对其进行处理的问题。但在上期内部购进并形成期末存货的情况下，在编制合并财务报表进行抵销处理时，存货价值中包含的未实现内部销售损益的抵销，直接影响上期合并财务报表中合并净利润金额的减少，最终影响合并所有者权益变动表中期末未分配利润金额的减少。由于本期编制合并财务报表时以母公司和子公司本期个别财务报表为基础，而母公司和子公司个别财务报表中未实现内部损益作为其实现利润的部分包括在期初未分配利润之中，故以母公司个别财务报表中期初未分配利润为基础加总得出的期初未分配利润的金额就可能与上期合并财务报表中的期末未分配利润的金额不一致。因此，上期编制合并财务报表时抵销的内部购进存货中包含的未实现内部销售损益，也对本期的期初未分配利润产生影响。本期编制合并财务报表时必须在合并母子公司期初未分配利润的基础上，将上期抵销的未实现内部销售损益对本期期初未分配利润的影响予以抵销，调整本期期初未分配利润的金额。

其具体合并处理程序和方法如下：

(1)将上期抵销的存货价值中包含的未实现内部销售损益对本期期初未分配利润的影响进行抵销。按照上期内部购进存货价值中包含的未实现内部销售损益的数额，借记“期初未分配利润”项目，贷记“营业成本”项目。可把这一抵销分录理解为上期内部购进的存货中包含的未实现内部销售损益在本期视为实现利润，将未实现内部销售损益转为实现利润，冲减当期的合并销售成本。

(2)对于本期发生的内部购销活动，将内部销售收入、内部销售成本及内部购进存货中未实现内部销售损益予以抵销。按照销售企业内部销售收入的数额，借记“营业收入”项目，贷记“营业成本”项目。

(3)将期末内部购进存货价值中包含的未实现内部销售损益予以抵销。对于期末内部采购形成的存货(包括上期结转形成的本期存货)，应按照购买企业期末内部购入存货价值中包含的未实现内部销售损益的数额，借记“营业成本”项目，贷记“存货”项目。上述会计处理可以理解为本期内部存货作为本期购进形成的存货处理，按照本期销售企业的销售毛利率进行合并处理。

三、内部商品交易计提跌价准备的抵销

1. 初次编制合并财务报表时存货跌价准备的合并处理

母公司与子公司之间、子公司与子公司之间的商品交易抵销后，还应消除内部交易形成的存货跌价准备的影响。对于单一企业中的某商品因毁损、陈旧过时、物价持续下跌等原因而导致其可变现净值低于成本时，就要对其计提跌价准备。对于整个集团来说，这一商品同样也必须计提跌价准备。但是，某一商品计提跌价准备的金额对于单一企业来说，是其成本与可变现净值的差额；而对于整个企业集团来说，则是该商品可变现净值与企业集团范围内取得该商品成本的差额。

从商品的可变现净值来说，某一商品的可变现净值，无论是对于企业集团还是对于持有

该商品的单一企业来说，基本上都是一致的。持有内部购进商品的企业，其取得商品的成本包括销售企业所实现的利润；对于整个企业集团来说，取得商品的成本是指从外部购买该商品的成本或生产这一产品的生产成本。编制合并财务报表时，计提存货跌价准备应当是将该商品的可变现净值与从企业集团角度看取得的成本进行比较确定计提金额。

从购买企业角度，对内部销售形成的存货计提跌价准备的合并处理有两种情况：一是购买企业本期期末内部购进存货的可变现净值低于其取得成本，但高于销售企业销售成本；二是购买企业本期期末内部购进存货的可变现净值既低于该存货的取得成本，也低于销售企业的该存货的取得成本。两种情况的处理如下。

(1)购买企业本期期末内部购进存货的可变现净值低于其取得成本,但高于销售企业的销售成本:

这种情况下，在购买企业的个别财务报表中，按该存货的可变现净值低于其取得成本的金额，确认存货跌价准备并在其个别资产负债表中通过抵销存货项目的金额列示；同时，在利润表中作为资产减值损失列示。但在合并财务报表中，随着内部购进存货包含的未实现内部销售损益的抵销，该存货在合并财务报表中列示的成本为抵销未实现内部销售损益后的成本。当该存货的可变现净值低于购买企业的取得成本，但高于该存货在合并财务报表中的成本时，则不需要计提存货跌价准备。个别财务报表中计提的存货跌价准备的金额，借记“存货”项目，贷“资产减值损失”项目。

(2)购买企业本期期末内部购进存货的可变现净值既低于该存货的取得成本,也低于销售企业该存货的取得成本:

这种情况下，在购买企业的个别财务报表中，购买企业按该存货的可变现净值低于其取得成本的金额确认存货跌价准备，确认的存货跌价准备的金额，在其个别资产负债表中通过抵销存货项目列示；同时在利润表中作为资产减值损失列示。购买企业在个别财务报表中确认的存货跌价准备的金额，既包括购买企业商品的取得成本高于销售企业销售成本(取得成本)的差额(抵销的未实现内部销售损益)，也包括销售企业销售成本高于该商品可变现净值的差额。

但对于合并财务报表，随着内部购进存货价值中包含的未实现内部销售损益的抵销，在合并财务报表中列示的存货的成本为抵销未实现内部销售损益后的成本。相对于购买企业该存货的取得成本高于销售企业取得成本的差额部分计提的跌价准备的金额，已经因为未实现内部销售损益的抵销而抵销；而相对于销售企业取得成本高于该存货可变现净值的部分而计提的存货跌价准备的金额，无论是对于购买企业来说，还是对于整个企业集团来说，都是必须计提的部分，必须在合并财务报表中反映。进行抵销处理时，应当按照购买企业本期计提的存货跌价准备中内部购进商品取得成本高于销售企业取得成本的金额，借记“存货”项目，贷记“资产减值损失”项目。

2. 连续编制合并财务报表时存货跌价准备的合并处理

在连续编制合并财务报表时，首先，应将上期资产减值损失中抵销的存货跌价准备对本期期初未分配的影响予以抵销，即按上期资产减值损失项目中抵销的存货跌价准备的数额，借记“存货”项目，贷记“期初未分配利润”项目；其次，对于本期对内部购进存货在个别财务报表中补提或者冲销的存货跌价准备的数额予以抵销，借记“存货”项目，贷记“资产减值损失”项目。

对于抵销的存货跌价准备应分别按不同情况进行处理：

(1) 本期内部购进存货的可变现净值低于持有该存货企业的取得成本但高于抵销未实现内部销售损益后的取得成本，抵销的存货跌价准备的数额为本期存货跌价准备的增加额。

(2) 本期内部购进存货的可变现净值低于抵销未实现内部销售损益后的取得成本，抵销的存货跌价准备数额为相对于购买企业该存货的取得成本高于销售企业取得成本的差额部分计提的跌价准备的数额扣除期初内部购进存货计提的存货跌价准备的金额后的余额，即本期期末存货中包含的未实现内部销售损益的金额减去期初内部购进存货计提的存货跌价准备的金额后的余额。

例 3-3 20×8 年 12 月 31 日，甲公司存货中包括一批原材料，系于 20×7 年自其母公司(丁公司)购入，购入时，甲公司支付 1 500 万元，在丁公司的账面价值为 1 000 万元，当年度未对外销售。20×8 年，用该原材料生产的产品市场萎缩，甲公司停止了相关产品生产。至 12 月 31 日，甲公司估计其可变现净值为 700 万元，计提了 800 万元存货跌价准备。

本题中有关公司适用的所得税税率均为 25%，且预计未来期间能够产生足够的应纳税所得额用于抵减可抵扣暂时性差异的所得税影响。不考虑除所得税以外的其他相关税费。编制丁公司各年合并财务报表有关的抵销分录如下。

(1) 20×7 年 12 月 31 日合并报表抵销分录：

借：营业收入	1 500	
贷：营业成本		1 500
借：营业成本	500	
贷：存货		500
借：递延所得税资产	125	
贷：所得税费用		125

(2) 20×8 年 12 月 31 日合并报表抵销分录：

借：期初未分配利润	500	
贷：存货		500
借：递延所得税资产	125	
贷：期初未分配利润		125
借：存货	500	
贷：资产减值损失		500
借：所得税费用	125	
贷：递延所得税资产		125

(续) 20×9 年，甲公司将前述存货全部出售，20×9 年又自丁公司购入另外一批存货且再次积压在库，为购买这批存货甲公司支付 1 000 万元，在丁公司的账面价值为 700 万元。至 20×9 年 12 月 31 日，甲公司估计其可变现净值为 800 万元，计提了 200 万元存货跌价准备。

(3) 20×9 年 12 月 31 日合并报表抵销分录：

借：期初未分配利润	500	
贷：营业成本		500
借：递延所得税资产	125	

贷：期初未分配利润		125
借：营业成本	500	
贷：期初未分配利润		500
借：期初未分配利润	125	
贷：递延所得税资产		125
借：营业收入	1 000	
贷：营业成本		1 000
借：营业成本	300	
贷：存货		300
借：递延所得税资产	75	
贷：所得税费用		75
借：存货	200	
贷：资产减值损失		200
借：所得税费用	50	
贷：递延所得税资产		50

第五节　内部固定资产交易的合并处理

一、内部固定资产交易概述

内部固定资产交易，是指企业集团内部发生的与固定资产有关的购销业务。根据销售企业销售的是产品还是商品，可以将企业集团内部固定资产交易划分为两种类型：第一种类型是企业集团内部企业将自身使用的固定资产变卖给集团内的其他企业作为固定资产使用；第二种类型是企业集团内部企业将自身生产的产品销售给企业集团内的其他企业作为固定资产使用。此外，还有一种类型的内部固定资产交易，即企业集团内部企业将自身使用的固定资产变卖给企业集团内的其他企业作为普通商品核算。这种类型的固定资产，属于固定资产的内部处置，在企业集团内部发生的情况极少，一般情况下发生的数量也不大。

内部固定资产交易属于内部商品交易，其在编制合并财务报表时的抵销处理与一般内部商品交易的抵销处理有相同之处。但由于固定资产取得并投入使用后，往往要跨越若干个会计期间，并且在使用过程中通过计提折旧的方式将其价值转移到产品生产成本或各会计期间的费用中，因而其抵销也有其特殊性。由于其跨越若干个会计期间，则涉及使用该固定资产期间编制合并财务报表的期初未分配利润的调整问题；由于固定资产要计提折旧，则涉及每一次计提折旧中包含的未实现内部销售损益的抵销问题，也涉及每期累计折旧中包含的未实现内部销售损益的抵销问题。

为了便于理解，这里将财务报表中的“固定资产”项目，细化为“固定资产原价”项目、“累计折旧”项目和“固定资产净值”项目来介绍相关的合并处理。

二、初次编制合并报表时的抵销处理

对于企业集团成员之间在本期发生的涉及固定资产的内部销售，应按照如下思路处理：

(1) 抵销销售方的销售利润以及购买方的固定资产原价中所包含的未实现内部销售利润。

对于一方购入对方的产品作为固定资产的情形，按照销售方所记载的营业收入，借记“营业收入”项目，按照销售方所记载的营业成本，贷记“营业成本”项目，按照两者之差，贷记“固定资产原价”项目。对于一方购入对方的固定资产的情形，按照销售方所记载的营业外收入，借记“营业外收入”项目，贷记“固定资产原价”项目。

(2) 抵销购入方由于其记载的固定资产原价中包含未实现内部销售利润而多计提的折旧。按照因固定资产中包含未实现内部销售利润而多计提的折旧额，借记“固定资产累计折旧”项目，贷记“管理费用”等项目（为简化表达，本部分仅针对总部管理使用的固定资产进行举例，在实际工作中，需要根据固定资产的具体用途确定应贷记的项目）。

三、连续编制合并报表时的抵销处理

一方面，要在合并报表工作底稿中延续以前的抵销处理，从而保持合并报表的连续性；另一方面，要抵销本期由于固定资产中包含未实现内部销售利润而多计提的折旧，其操作与首次编制合并报表相同。

四、内部交易形成的固定资产在清理时的抵销处理

固定资产清理时可能出现三种情况：一是期满清理；二是超期清理；三是提前清理。应视情况分别加以处理。

1. 在固定资产使用寿命期满时予以处置的情形

在此情形下，购买企业内部交易固定资产实体已不复存在，因此不存在未实现内部销售损益抵销问题，包括未实现内部销售损益在内的该内部交易固定资产的价值全部转移到各会计期间实现的损益之中。从整个企业来说，随着该内部交易固定资产的使用期满，其包含的未实现内部销售损益也转化为已实现利润。从销售企业来说，因该内部销售所实现的利润作为期初未实现利润的一部分已结转到购买企业对该内部交易固定资产使用期满进行清理的会计期间，故编制合并财务报表时首先必须调整期初未分配利润；其次，在对固定资产进行清理的会计期间，在未进行清理前仍处于使用之中，仍须计提折旧，本期计提折旧中仍然包含因内部未实现销售损益而多计提的折旧额，因此也需要将当期多计提的折旧额予以抵销。

2. 对内部交易固定资产超期使用进行清理期间的合并处理

对内部交易固定资产超期使用进行清理时，在内部交易固定资产清理前的会计期间，该固定资产仍然按包含未实现内部销售损益的原价及计提的累计折旧，在购买企业的个别资产负债表中列示；销售企业因该内部交易固定资产所实现的利润，作为期初未分配利润的一部分结转到购买企业对该内部交易固定资产进行清理的会计期间。因此，首先需要将固定资产原价中包括的未实现内部销售损益予以抵销，并调整期初未分配利润；其次，要将以前会计期间因内部交易固定资产原价中包含的未实现内部销售利润而多计提的累计折旧予以抵销；最后，由于在该固定资产使用期满的会计期间仍然需要计提折旧，本期计提折旧中仍然包含多计提的折旧，因此需要将多计提的折旧费用予以抵销，并调整已计提的累计折旧。

在内部交易固定资产超期使用未进行清理前，由于该内部交易的固定资产仍处于使用之中，并在购买企业资产负债表中列示，因此，首先，必须将该固定资产原价中包含的未实现内部销售损益予以抵销；其次，由于固定资产的累计折旧仍然是按包含有未实现内部销售损

益的原价计提折旧的，为此也必须将其计提的累计折旧予以抵销。但是，由于固定资产超期使用不计提折旧，所以不存在抵销多计提折旧问题。

对于超期使用后再进行清理的内部交易固定资产，由于清理当期的实物已不存在，不存在固定资产原价中包含未实现内部销售损益的抵销问题；同时，该固定资产累计折旧也随着固定资产清理而转销，也不存在固定资产使用多计提折旧的抵销问题。

3. 内部交易固定资产使用期限未满提前进行清理期间的合并处理

在这种情况下，购买企业内部交易固定资产实体已不复存在，因此不存在未实现内部销售损益抵销问题，但由于固定资产提前报废，固定资产原价中包含的未实现内部销售损益随着清理而成为实现的损益。对于销售企业来说，由于该内部交易固定资产所实现的利润，作为期初未分配利润的一部分结转到购买企业对该内部交易固定资产进行清理的会计期间，因此，首先必须调整期初未分配利润；其次在固定资产进行清理前仍需计提折旧，本期计提折旧中仍然包含多计提的折旧，需要将多计提的折旧费用予以抵销。

例 3-4 20×7 年 6 月 20 日，甲公司以 2 700 万元自子公司（丙公司）购入丙公司原自用的设备作为管理用固定资产，并于当月投入使用。该设备系丙公司于 20×6 年 12 月以 2 400 万元取得，原预计使用 10 年，预计净残值为零，采用年限平均法计提折旧，未发生减值。甲公司取得该资产后，预计尚可使用 7.5 年，预计净残值为零，采用年限平均法计提折旧。

本题中有关公司适用的所得税税率均为 25%，且预计未来期间能够产生足够的应纳税所得额用于抵减可抵扣暂时性差异的所得税影响。不考虑除所得税以外的其他相关税费。假定甲公司持有丙公司 80%的股权。根据上述资料，甲公司 20×7 年合并财务报表有关的抵销分录如下：

固定资产原价中未实现内部交易损益=2 700–（2 400–2 400/10×2.5）=2 700–1 800=900（万元）

20×7 年多提的累计折旧=900/7.5/2=120/2=60（万元）

借：营业外收入	900	
贷：固定资产原价		900
借：累计折旧	60	
贷：管理费用		60
借：递延所得税资产	210	
贷：所得税费用		210
借：少数股东权益	126	
贷：少数股东损益		126（90 0–60– 210=630 630×20%=126）

第六节 内部债权债务的合并处理

内部债权债务交易是指集团内母公司与子公司、子公司之间因销售商品、提供劳务以及发生结算业务等原因产生的应收账款与应付账款、应收票据与应付票据、预付账款与预收账款、其他应收款与其他应付款、债券投资与应付债券等项目。发生在母公司与子公司、子公司相互之间的这些项目，企业集团内部企业的一方在其个别资产负债表中反映为资产，而另一方则在其个别资产负债表中反映为负债。但从企业集团角度来看，它只是内部资金运动，既不能增加企业集团的资产，也不能增加负债。因此，为了消除个别资产负债表直接加总中的重复计算因素，在编制合并财务报表时应当将内部债权债务项目予以抵销。

一、交易发生当期的抵销处理

现行企业会计准则规定，企业对于包括应收账款、应收票据、预付账款以及其他应收款在内的所有应收款项，应当根据其公允价值变动情况，确认资产减值损失，并计提坏账准备。在对子公司的应收款项计提坏账准备的情况下，企业集团在初次编制合并财务报表时，随着内部应收款项的抵销，相应地也要将该内部应收款项计提的坏账准备予以抵销。抵销内部应收款项时，按内部应付款项的金额，借记“应付账款”、“应付根据”等项目，贷记“应收账款”、“应付票据”等项目。同时，还需要抵销内部应收款项计提的坏账准备，按各内部应收款项计提的相应坏账准备期末余额，借记“应收账款”、“应收票据”等项目，贷记“资产减值损失”项目。

二、交易发生以后各期的抵销处理

从合并财务报表的角度看，内部应收账款计提的坏账准备的抵销是与抵销当期资产减值损失相对应的，上期抵销的坏账准备的金额，即上期资产减值损失抵减的金额，最终将影响到本期合并所有者权益变动表中的期初未分配利润金额的增加。由于利润表和所有者权益变动表是反映企业一定会计期间经营成果及其分配情况的财务报表，其上期期末未分配利润就是本期所有者权益变动表期初未分配利润(假定不存在会计政策变更和前期差错更正的情况)。

本期编制合并财务报表是以本期母公司和子公司当期的个别财务报表为基础编制的，随着上期编制合并财务报表时内部应收账款计提的坏账准备的抵销，以母子公司个别财务报表中期初未分配利润为基础加总得出的期初未分配利润与上一会计期间合并所有者权益变动表中的未分配利润金额之间则将产生差额。为此，编制合并财务报表时，必须将上期因内部应收账款计提的坏账准备抵销而抵销的资产减值损失对本期期初未分配利润的影响予以抵销，调整本期期初未分配利润的金额。

企业集团在连续编制合并财务报表进行抵销处理时：

首先，将内部应收账款与应付账款予以抵销，即按内部应收账款的金额，借记“应付账款”项目，贷记“应收账款”项目。

其次，应将上期资产减值损失中抵销的内部应收账款计提的坏账准备对本期期初未分配利润的影响予以抵销，即按上期资产减值损失项目中抵销的内部应收账款计提的坏账准备的金额，借记“应收账款–坏账准备”项目，贷记“期初未分配利润”项目。

再次，对于本期个别财务报表中内部应收账款相对应的坏账准备增减变动的金额也应予以抵销，即按照本期个别资产负债表中期末内部应收账款相对应的坏账准备的增加额，借记“应收账款–坏账准备”项目，贷记“资产减值损失”项目，或按照本期个别资产负债表中期末内部应收账款相对应的坏账准备的减少额，借记“资产减值损失”项目，贷记“应收账款–坏账准备”项目。

例3-5 20×7年12月31日，甲公司有一笔应收子公司(丁公司)款项3 000万元，系20×7

年向丁公司销售商品形成，丁公司已将该商品于20×7年对集团外独立第三方销售。甲公司于20×8年对该笔应收款计提了800万元坏账准备，考虑到丁公司20×7年财务状况进一步恶化，甲公司于20×7年对该应收款进一步计提了400万元坏账。有关公司适用的所得税税率均为25%，且预计未来期间能够产生足够的应纳税所得额用于抵减可抵扣暂时性差异的所得税影响。不考虑除所得税以外的其他相关税费。根据上述资料，甲公司20×7年合并财务报表有关的抵销分录如下所示：

借：应付账款	3 000	
贷：应收账款		3 000
借：应收账款	800	
贷：年初未分配利润		800
借：年初未分配利润	200	
贷：递延所得税资产		200
借：应收账款	400	
贷：资产减值损失		400
借：所得税费用	100	
贷：递延所得税资产		100

例3-6 （综合分析）甲股份有限公司（以下简称“甲公司”）于20×2年、20×3年发生了以下交易事项。其他资料：本题不考虑所得税等相关税费。

（1）20×2年4月1日，甲公司以定向发行本公司普通股2 000万股为对价，自乙公司取得A公司30%股权，并于当日向A公司派出董事，参与A公司生产经营决策。当日，甲公司发行股份的市场价格为5元/股，另支付中介机构佣金1 000万元；A公司可辨认净资产公允价值为30 000万元，除一项固定资产公允价值为2 000万元、账面价值为800万元外，其他资产、负债的公允价值与账面价值相同。

A公司增值的固定资产原取得成本为1 600万元，原预计使用年限为20年，自甲公司取得A公司股权时起仍可使用10年，采用年限平均法计提折旧，预计净残值为零。A公司20×2年实现净利润2 400万元，假定A公司有关损益在年度中均衡实现；20×2年4月至12月产生其他综合收益600万元。甲公司与乙公司及A公司在发生该项交易前不存在关联方关系。有关的账务处理如下：

甲公司对A公司投资成本为10 000万元。该项投资应采用权益法核算，

理由：甲公司向A公司董事会派出成员，参与其生产经营决策，能够施加重大影响。

借：长期股权投资——投资成本	10 000	
贷：股本		2 000
资本公积		8 000
借：资本公积	1 000	
贷：银行存款		1 000

甲公司20×2年因持有A公司30%股权应确认的投资收益为[2400−(200−80)]×9÷12×30%=513（万元），会计分录为：

借：长期股权投资	693	

　　贷：投资收益　　513

　　　　其他综合收益　　(600×30%) 180

(2)20×3 年 1 月 2 日，甲公司追加购入 A 公司 30%股权并自当日起控制 A 公司。购买日，甲公司用于合并对价的是本公司一项土地使用权及一项专利技术。土地使用权和专利技术的原价合计为 6 000 万元，已累计摊销 1 000 万元，公允价值合计为 12 600 万元。

购买日，A 公司可辨认净资产公允价值为 36 000 万元；A 公司所有者权益账面价值为 26 000 万元，具体构成为：股本 6 667 万元、资本公积（资本溢价）4 000 万元、其他综合收益 2 400 万元、盈余公积 6 000 万元、未分配利润 6 933 万元。甲公司原持有 A 公司 30%股权于购买日的公允价值为 12 600 万元。

甲公司合并 A 公司的购买日为 20×3 年 1 月 2 日，企业合并成本=12 600+12 600=25 200（万元）；商誉=25 200–36 000×60%=3 600（万元）；个别报表中应确认的损益为 7 600 万元：购买日，甲公司合并 A 公司的抵销分录如下。

借：长期股权投资　　12 600

　　累计摊销　　1 000

　　贷：无形资产　　6 000

　　　　营业外收入　　7 600

合并报表中应确认计入损益=7 600+（12 600–10 693）+180=9 687（万元）

甲公司在个别财务报表中长期股权投资的账面价值=10 693+12 600=23 293（万元）

购买日合并抵销分录如下：

借：股本　　6 667

　　资本公积　　14 000

　　其他综合收益　　2 400

　　盈余公积　　6 000

　　未分配利润　　6 933

　　商誉　　3 600

　　贷：长期股权投资　　25 200

　　　　少数股东权益　　14 400

(3)20×3 年 6 月 20 日，甲公司将其生产的某产品出售给 A 公司。该产品在甲公司的成本为 800 万元，销售给 A 公司的售价为 1 200 万元（不含增值税市场价格）。A 公司将取得的该产品作为管理用固定资产，预计可使用 10 年，预计净残值为零，采用年限平均法计提折旧。

截至 20×3 年 12 月 31 日，甲公司应收 A 公司上述货款尚未收到。甲公司对 1 年以内应收账款（含应收关联方款项）按照期末余额的 2%计提坏账准备。甲公司应收 A 公司货款于 20×4 年 3 月收到，A 公司从甲公司购入的产品处于正常使用中。

甲公司 20×3 年合并财务报表时，与 A 公司内部交易相关的抵销分录如下。

借：营业收入　　1 200

　　贷：营业成本　　800

　　　　固定资产　　400

借：固定资产（累计折旧）　　20

　　贷：管理费用　　20

借：应付账款	1 200	
贷：应收账款		1 200
借：应收账款(坏账准备)	24	
贷：资产减值损失		24

甲公司20×4年合并财务报表时，与A公司内部交易相关的抵销分录如下。

借：资产减值损失	24	
贷：年初未分配利润		24
借：年初未分配利润	400	
贷：固定资产		400
借：固定资产(累计折旧)	20	
贷：年初未分配利润		20
借：固定资产(累计折旧)	40	
贷：管理费用		40

第七节　合并现金流量表、合并所有者权益变动表及对特殊交易的处理

以上所述的抵销处理主要涉及合并资产负债表与合并利润表，少部分涉及合并所有者权益变动表，本节主要讲解合并现金流量表、合并所有者权益变动表及一些特殊交易的合并处理。

准则规定，合并现金流量表应当以母公司和子公司的现金流量表为基础，在抵销母公司与子公司、子公司相互之间发生的内部交易对合并现金流量表的影响后，由母公司编制。以下所称现金包括现金和现金等价物。

准则规定，合并所有者权益变动表应当以母公司和子公司的所有者权益变动表为基础，在抵销母公司与子公司、子公司相互之间发生的内部交易对合并所有者权益变动表的影响后，由母公司合并编制。

1. 合并现金流量表

(1)母公司与子公司、子公司相互之间当期以现金投资或收购股权增加的投资所产生的现金流量应当抵销。

(2)母公司与子公司、子公司相互之间当期取得投资收益、利息收入收到的现金，应当与分配股利、利润或偿付利息支付的现金相互抵销。

(3)母公司与子公司、子公司相互之间以现金结算全权与债务所产生的现金流量应当抵销。

(4)母公司与子公司、子公司相互之间当期销售商品所产生的现金流量应当抵销。

(5)母公司与子公司、子公司相互之间处置固定资产、无形资产和其他长期资产收回的现金净额，应当与购建固定资产、无形资产和其他长期资产支付的现金相互抵销。

(6)母公司与子公司、子公司相互之间当期发生的其他内部交易所产生的现金流量应当抵销。

合并现金流量表及其补充资料也可以根据合并资产负债表和合并利润表进行编制。

母公司在报告期内因同一控制下企业合并增加的子公司以及业务，应当将该子公司以及业务合并当期期初至报告期末的现金流量纳入合并现金流量表，同时应当对比较报表的相关项目进行调整，视同合并后的报告主体自最终控制方开始控制时点起一直存在。因非同一控制下企业合并增加的子公司以及业务，应当将该子公司购买日至报告期末的现金流量纳入合并现金流量表。

母公司在报告期内处置子公司以及业务，应当将该子公司以及业务期初至处置日的现金流量纳入合并现金流量表。

2. 合并所有者权益变动表

(1)母公司对子公司的长期股权投资应当与母公司在子公司所有者权益中所享有的份额相互抵销。

子公司持有母公司的长期股权投资以及子公司相互之间持有的长期股权投资，其抵销方法与前述合并资产负债表的抵销相同，即子公司持有母公司的长期股权投资，应当视为企业集团的库存股，作为所有者权益的减项，在合并资产负债表中所有者权益项目下以“减：库存股”项目列示；子公司相互之间持有的长期股权投资，应当比照母公司对子公司的股权投资的抵销方法，将长期股权投资与其对应的子公司所有者权益中所享有的份额相互抵销。

(2)母公司对子公司、子公司相互之间持有对方长期股权投资的投资收益应当抵销。

(3)母公司与子公司、子公司相互之间发生的其他内部交易对所有者权益变动的影响应当抵销。合并所有者权益变动表也可以根据合并资产负债表和合并利润表进行编制。

有少数股东的，应当在合并所有者权益变动表中增加“少数股东权益”栏目，反映少数股东权益变动的情况。

3. 对特殊交易的处理

1)母公司购买子公司少数股东拥有的子公司的股权

母公司购买子公司少数股东拥有的子公司股权，在合并财务报表中，因购买少数股权新取得的长期股权投资与按照新增持股比例计算应享有子公司自购买日或合并日开始持续计算的可辨认净资产份额之间的差额，应当调整母公司个别报表中的资本公积(资本溢价或股本溢价)，资本公积不足冲减的，调整留存收益。(购买子公司少数股权在合并财务报表中属于权益性交易。因控制权未发生改变，商誉金额只反映原投资部分，新增持股比例部分在合并财务报表中不确认商誉，所以会有上述会计处理。)

2)本期增加子公司时如何编制合并财务报表

编制合并资产负债表时，以本期取得的子公司在合并资产负债表日的资产负债表为基础编制。对于本期投资或追加投资取得的子公司，不需要调整合并资产负债表的期初数。

但为了提高会计信息的可比性，应当在财务报表附注中披露本期取得的子公司对合并财务报表的财务状况的影响，即披露本期取得的子公司在购买日的资产和负债金额，包括流动资产、长期股权投资、固定资产、无形资产及其他资产和流动负债、长期负债等的金额。

编制合并利润表时，应当以本期取得的子公司自取得控制权日起至本期期末为会计期间的财务报表为基础编制，将本期取得的子公司自取得控制权日起至本期期末的收入、费用和利润通过合并，纳入合并财务报表之中。同时，为了提高会计信息的可比性，应在财务报表附注中披露本期取得的子公司对合并财务报表的经营成果的影响，以及对前期相关金额的影响，即披露本期取得的子公司自取得控制权日至本期期末止的经营成果，包括营业收入、营业利润、利润总额、所得税费用和净利润等。

编制合并现金流量表时，应当将本期取得的子公司自取得控制权日起至本期期末止的现金流量的信息纳入合并现金流量表，并将取得子公司所支付的现金扣除子公司于购买日持有的现金及现金等价物后的净额，在有关投资活动类的“取得子公司及其他营业单位所支付的现金”项目反映。

3)处置对子公司投资的会计处理

(1)在不丧失控制权的情况下部分处置对子公司的长期股权投资

母公司在不丧失控制权的情况下部分处置对子公司的长期股权投资的，处置价款与处置长期股权投资相对应享有子公司自购买日或合并日开始持续计算的净资产份额之间的差额，应当调整资本公积(资本溢价或股本溢价)，资本公积不足冲减的，调整留存收益。(该交易从合并财务报表角度看属于权益性交易，合并财务报表中不确认投资收益；合并财务报表中的商誉不因持股比例改变而改变；合并财务报表中确认资本公积的金额=售价-出售日应享有子公司按购买日公允价值持续计算的金额对应处置比例份额。)

(2)母公司因处置对子公司长期股权投资而丧失控制权

①一次交易处置子公司

母公司因处置部分股权投资或其他原因丧失了对原有子公司控制的，在合并财务报表中，应当进行如下会计处理：

a. 终止确认长期股权资产、商誉等的账面价值，并终止确认少数股东权益(包括属于少数股东的其他综合收益)的账面价值。

b. 按照丧失控制权日的公允价值进行重新计量剩余股权，按剩余股权对被投资方的影响程度，将剩余股权作为长期股权投资或金融工具进行核算。

c. 处置股权取得的对价与剩余股权的公允价值之和，减去按原持股比例计算应享有原有子公司自购买日开始持续计算的净资产账面价值份额与商誉之和，形成的差额计入丧失控制权当期的投资收益。

d. 与原有子公司的股权投资相关的其他综合收益、其他所有者权益变动，应当在丧失控制权时转入当期损益，由于被投资方重新计量设定受益计划净负债或净资产变动而产生的其他综合收益除外。

②多次交易分步处置子公司

企业通过多次交易分步处置对子公司股权投资直至丧失控制权，在合并财务报表中，首先应判断分步交易是否属于“一揽子交易”。

如果分步交易不属于“一揽子交易”，则在丧失对子公司控制权以前的各项交易应按照本节中“在不丧失控制权的情况下部分处置对子公司的长期股权投资”的规定进行会计处理。

如果分步交易属于“一揽子交易”，则应将各项交易作为一项处置原有子公司并丧失控制权的交易进行会计处理。其中，对于丧失控制权之前的每一次交易，处置价款与处置投资对应的享有该子公司自购买日开始持续计算的净资产账面价值的份额之间的差额，在合并财务报表中应当计入其他综合收益，在丧失控制权时一并转入丧失控制权当期的损益。

(3)本期减少子公司时如何编制合并财务报表

在本期出售转让子公司部分股份或全部股份，丧失对该子公司的控制权而使其成为非子公司的情况下，应当将其排除在合并财务报表的合并范围之外。

在编制合并资产负债表时，不需要对该出售转让股份而成为非子公司的资产负债表进行合并。

编制合并利润表时，应当以该子公司期初至丧失控制权成为非子公司之日止的利润表为基础，将该子公司自期初至丧失控制权之日止的收入、费用、利润纳入合并利润表。

在编制现金流量表时，应将该子公司自期初至丧失控制权之日止的现金流量信息纳入合并现金流量表，并将出售该子公司所收到的现金扣除子公司持有的现金和现金等价物以及相关处置费用后的净额，在有关投资活动类的“处置子公司及其他营业单位所收到的现金”项目中反映。

4)因子公司少数股东增资导致母公司股权稀释

如果由于子公司的少数股东对子公司进行增资而导致母公司股权稀释，则母公司应当按照增资前的股权比例计算其在增资前子公司账面净资产中的份额，该份额与增资后按母公司持股比例计算的在增资后子公司账面净资产份额之间的差额计入资本公积，资本公积不足冲减的，调整留存收益。

5)其他特殊交易

对于站在企业集团合并财务报表角度的确认和计量结果与其所属的母公司或子公司的个别财务报表层面的确认和计量结果不一致的，在编制合并财务报表时，应站在企业集团角度对该特殊交易事项予以调整。例如，母公司将借款作为实收资本投入子公司用于长期资产的建造，母公司应在合并财务报表层面反映借款利息的资本化金额。再如，子公司作为投资性房地产的大厦，出租给集团内其他企业使用，母公司应在合并财务报表层面作为固定资产反映。

练 习 题 三

1. 20×8 年 1 月 2 日，甲公司以发行 1 200 万股本公司普通股(每股面值为 1 元)为对价，取得同一母公司控制的乙公司 60%股权，甲公司该项合并及合并后有关交易或事项如下：

(1)甲公司于 20×8 年 1 月 2 日控制乙公司，当日甲公司净资产账面价值为 35 000 万元，其中：股本 15 000 万元、资本公积 12 000 万元、盈余公积 3 000 万元、未分配利润 5 000 万元；乙公司净资产账面价值为 8 200 万元，其中：股本 2 400 万元、资本公积 3 200 万元、盈余公积 1 000 万元、未分配利润 1 600 万元。

(2)其他有关资料：以 20×8 年 1 月 2 日甲公司合并乙公司时确定的乙公司净资产账面价值为基础，乙公司后续净资产变动情况如下：20×8 年实现净利润 1 100 万元，实现除净损益、利润分配以及其他综合收益以外的所有者权益其他变动 200 万元。

20×9 年实现净利润 900 万元，实现除净损益、利润分配以及其他综合收益以外的所有者权益其他变动 300 万元。上述期间，乙公司未进行利润分配，假设按净利润的 10%提取盈余公积，不考虑其他因素，要求编制内部投资抵销的相关会计分录。

2. 有关资料如下所示：

(1)20×7 年 1 月 1 日,甲公司向乙公司控股股东丙公司定向增发本公司普通股股票 1 400 万股(每股面值为 1 元，市价为 15 元)，以取得丙公司持有的乙公司 70%股权，实现对乙公司财务和经营政策的控制，股权登记手续于当日办理完毕，交易后，丙公司拥有甲公司发行在外普通股的 5%。甲公司为定向增发普通股股票，支付券商佣金及手续费 300 万元。

为核实乙公司资产价值，支付资产评估费 20 万元；相关款项已通过银行支付。当日，乙公司净资产账面价值为 24 000 万元，其中：股本 6 000 万元、资本公积 5 000 万元、盈余公积 1 500 万元、未分配利润 11 500 万元；乙公司可辨认净资产的公允价值为 27 000 万元。乙公司可辨认净资产账面价值与公允价值的差额系由以下两项资产所致：

①一批库存商品，成本为 8 000 万元，未计提存货跌价准备，公允价值为 8 600 万元；②一栋办公楼，成本为 80 000 万元，累计折旧为 66 000 万元，未计提减值准备，公允价值为 16 400 万元。上述库存商品于 20×7 年 12 月 31 日前全部实现对外销售；上述办公楼预计自 20×7 年 1 月 1 日起剩余使用年限为 10 年，预计净残值为零，采用年限平均法计提折旧。

(2)20×7 年度，乙公司利润表中实现净利润 9 000 万元，提取盈余公积 900 万元，因持有的可供出售金融资产公允价值上升计入当期其他综合收益的金额为 500 万元。当年，乙公司向股东分配现金股利 4 000 万元，其中甲公司分得现金股利 2 800 万元。

(3)其他有关资料：①20×7 年 1 月 1 日前，甲公司与乙公司、丙公司均不存在任何关联方关系。②甲公司与乙公司均以公历年度作为会计年度，采用相同的会计政策。③假定不考虑所得税及其他因素，甲公司和乙公司均按当年净利润的 10%提取法定盈余公积，不提取任意盈余公积。要求编制内部投资抵销的相关会计分录。

3. (2014 年中级会计职称考试题)甲公司与长期股权投资、合并财务报表有关的资料如下：

(1)2013 年度资料

①1 月 1 日，甲公司与非关联方丁公司进行债务重组，丁公司以其持有的公允价值为 15 000 万元的乙公司 70%有表决权的股份，抵偿前欠甲公司贷款 16 000 万元。甲公司对上述应收账款已计提坏账准备 800 万元。乙公司股东变更登记手续及董事会改选工作已于当日完成。交易前，甲公司与乙公司不存在关联方关系且不持有乙公司任何股份；交易后，甲公司能够对乙公司实施控制并将持有的乙公司股份作为长期股权投资核算，当日，乙公司可辨认净资产的公允价值和账面价值均为 20 000 万，其中股本 10 000 万元，资本公积 5 000 万元，盈余公积 2 000 万元，未分配利润 3 000 万元。

②12 月 1 日,甲公司向乙公司销售 A 产品一台,销售价格为 3 000 万元,销售成本为 2 400 万元；乙公司当日收到后作为管理用固定资产并于当月投入使用，该固定资产预计使用年限为 5 年，预计净残值为零，采用年限平均法计提折旧，12 月 31 日，甲公司尚未收到上述款项，对其计提坏账准备 90 万元；乙公司未对该固定资产计提减值准备。

③2013 年度，乙公司实现的净利润为零，未进行利润分配，所有者权益无变化。

(2)2014 年度资料

①1 月 1 日，甲公司以银行存款 280 000 万元取得丙公司 100%有表决权的股份，并作为长期股权投资核算，交易前，甲公司与丙公司不存在关联方关系且不持有丙公司任何股份；交易后，甲公司能够对丙公司实施控制。当日，丙公司可辨认净资产的公允价值和账面价值

均为 280 000 万元，其中股本 150 000 万元，资本公积 60 000 万元，盈余公积 30 000 万元，未分配利润 40 000 万元。

②3 月 1 日，甲公司以每套 130 万元的价格购入丙公司 B 产品 10 套作为存货，货款于当日以银行存款支付。丙公司生产 B 产品的单位成本为 100 万元/套，至 12 月 31 日，甲公司以每套售价 150 万元对外销售 8 套，另外 2 套存货不存在减值迹象。

③5 月 9 日，甲公司收到丙公司分配的现金股利 500 万元。

④12 月 31 日，甲公司以 15 320 万元将其持有的乙公司股份全部转让给戊公司，款项已收存银行，乙公司股东变更登记手续及董事会改选工作已于当日完成，当日，甲公司仍未收到乙公司前欠的 3 000 万元货款，对其补提了 510 万元的坏账准备，坏账准备余额为 600 万元。

⑤2014 年度，乙公司实现的净利润为 300 万元；除净损益和股东变更外，没有影响所有者权益的其他交易或事项；丙公司实现的净利润为 960 万元，除净损益外，没有影响所有者权益的其他交易或事项。

(3) 其他相关资料

①甲、乙、丙公司均以公历年度作为会计年度，采用相同的会计政策。

②假定不考虑增值税、所得税及其他因素。

要求：

(1) 根据资料(1)，编制甲公司取得乙公司股份的会计分录。

(2) 根据资料(1)，计算甲公司在 2013 年 1 月 1 日编制合并财务报表时应确认的商誉。

(3) 根据资料(1)，逐笔编制与甲公司编制 2013 年度合并财务报表相关的抵销分录(不要求编制与合并现金流量表相关的抵销分录)。

(4) 根据资料(2)，计算甲公司出售乙公司股份的净损益，并编制相关会计分录。

(5) 根据资料(2)，分别说明在甲公司编制的 2014 年度合并财务报表中应如何列示乙公司的资产、负债、所有者权益、收入、费用、利润和现金流量。

(6) 根据资料(2)，逐笔编制与甲公司编制 2014 年度合并财务报表相关的调整、抵销分录(不要求编制与合并现金流量表相关的抵销分录)。

4. (2016 年中级会计职称考试题) 甲公司和乙公司采用的会计政策和会计期间相同，甲公司和乙公司从 2014 年至 2015 年有关长期股权投资及其内部交易或事项如下。

资料一：2014 年度资料

①1 月 1 日，甲公司以银行存款 18 400 万元自非关联方购入乙公司 80%有表决权的股份。交易前，甲公司不持有乙公司的股份且与乙公司不存在关联方关系；交易后，甲公司取得乙公司的控制权。乙公司当日可辨认净资产的账面价值为 23 000 万元，其中股本 6 000 万元，资本公积 4 800 万元、盈余公积 1 200 万元、未分配利润 11 000 万元；各项可辨认资产、负债的公允价值与其账面价值均相同。

②3 月 10 日，甲公司向乙公司销售 A 产品一批，售价为 2 000 万元，生产成本为 1 400 万元。至当年年末，乙公司已向集团外销售 A 产品的 60%。剩余部分形成年末存货，其可变现净值为 600 万元，计提了存货跌价准备 200 万元；甲公司应收款项 2 000 万元尚未收回，计提坏账准备 100 万元。

③7 月 1 日，甲公司将其一项专利权以 1 200 万元的价格转让给乙公司，款项于当日收

存银行。甲公司该专利权的原价为1 000万元，预计使用年限为10年、残值为零，采用年限平均法进行摊销，至转让时已摊销5年。乙公司取得该专利权后作为管理用无形资产核算，预计尚可使用5年，残值为零。采用年限平均法进行摊销。

④乙公司当年实现的净利润为6 000万元，提取法定盈余公积600万元，向股东分配现金股利3 000万元；因持有的可供出售金融资产公允价值上升计入当期其他综合收益的金额为400万元。

资料二：2015年度资料

2015年度，甲公司与乙公司之间未发生内部购销交易。至2015年12月31日，乙公司上年自甲公司购入的A产品剩余部分全都向集团外售出；乙公司支付了上年所欠甲公司货款2 000万元。

假定不考虑增值税、所得税等相关税费及其他因素。

要求：

(1)编制甲公司2014年12月31日合并乙公司财务报表时按照权益法调整长期股权投资的调整分录以及该项投资直接相关的(含甲公司内部投资收益)抵销分录。

(2)编制甲公司2014年12月31日合并乙公司财务报表时与内部购销交易相关的抵销分录(不要求编制与合并现金流量表相关的抵销分录)。

(3)编制甲公司2015年12月31日合并乙公司财务报表时与内部购销交易相关的抵销分录(不要求编制与合并现金流量表相关的抵销分录)。

第四章

金融资产与金融负债

本章学习提示

学习内容：

本章的内容包括金融资产与金融负债的确认与计量、金融负债与权益性工具的区分以及金融资产后续计量中的一些特殊问题处理。

学习要点：

1. 金融资产和金融负债的界定；
2. 金融资产的确认与计量；
3. 金融负债的确认与计量；
4. 金融负债与权益工具的区别；
5. 金融资产减值；
6. 金融资产转移。

第一节　金融资产概述

金融工具对世界经济的影响随着金融市场的发展和交易量的扩大日益加重。衍生金融工具市场发展超前和监管滞后的矛盾已经严重困扰整个国际金融市场。作为监管重要一环的会计，从金融工具确认、计量和报告等方面完善会计监管，有助于金融工具市场的健康发展。

一、金融工具的定义

国际会计准则第 32 号《金融工具：披露和列报》(IAS32)中对金融工具的定义是：金融工具是指形成一个企业的金融资产并形成另一个企业的金融负债或权益工具的合同。

其实，所谓金融工具是指这样一种合同：它在一个主体内产生一项金融资产，在另一主体内产生一项金融负债或者一项权益工具。比如巴菲特购买中石油股票，中石油的股票就是一项金融工具合同。对于巴菲特来说，这项合同是一项金融资产；而对于中石油来说，这项合同就是一项权益工具。

按照我国企业会计准则的定义，金融工具是指形成一个企业的金融资产并形成其他单位的金融负债或权益工具的合同。同样，从这个定义可以看出，首先，金融工具是一种“合同”，这种“合同”的签订，会形成一项金融资产和一项金融负债或权益工具。比如，甲企业发行一项 5 年期债券，乙企业购入该项债券，双方签订购销合同，那么这个合同就是一项金融工具，甲企业就产生了一项金融负债，乙企业就产生了一项金融资产。

金融工具包括金融资产、金融负债和权益性工具。

二、金融资产的界定

金融资产主要包括库存现金、应收账款、应收票据、贷款、垫款、其他应收款、应收利息、债权投资、股权投资、基金投资、衍生金融资产等。金融资产的含义如图 4-1 所示。

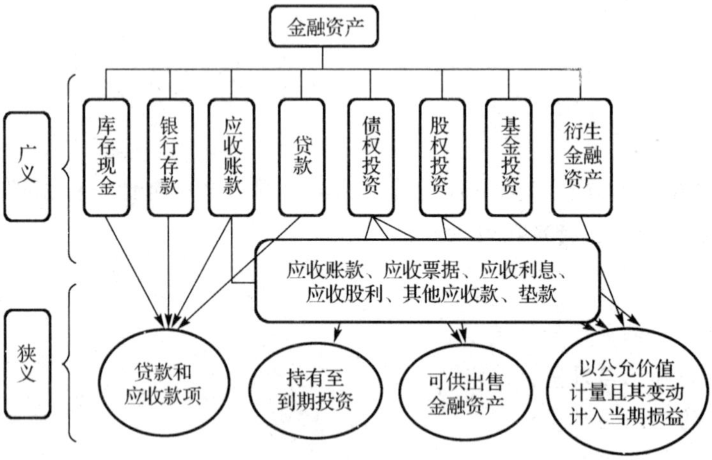

图 4-1　金融资产的含义

注：

(1)“贷款和应收款项”泛指一类金融资产，包括金融企业发放的贷款和其他债权，也包括非金融企业持有的现金、银行存款、各类应收款项、持有的其他企业的债权(无活跃市场报价)。

(2)“贷款和应收款项”不是会计科目，它所包含的金融资产，各自有单独的会计科目进行核算。

(3)金融工具确认和计量准则(第 22 号准则)中所规范的金融资产是狭义的金融资产，即如图 4-1 所示的四类金融资产，是本章的主要内容。广义金融资产中的部分内容，如长期股权投资，不属于上述四类金融资产。

(4)如图 4-1 所示的金融资产“广义”与“狭义”的映射关系，为形象说明，是一般情况下的映射关系，企业应当结合自身业务特点和风险管理要求，特别是管理者的持有意图，对金融资产进行核算分类。

三、金融资产的分类

金融资产的分类是其确认和计量的基础。企业应当结合自身业务特点和风险管理要求，将取得的金融资产在初始确认时进行合理分类，且分类一经确定，不得随意变更。

1. 以公允价值计量且其变动计入当期损益的金融资产

1) 交易性金融资产

根据金融工具确认与计量会计准则的规定，满足下列条件之一的金融工具，应当划分为交易性金融资产：

(1) 取得该金融资产的目的主要是为了近期内出售。例如购入的拟短期持有的股票可作为交易性金融资产。

(2) 属于进行集中管理的可辨认金融工具组合的一部分，且有客观证据表明企业近期采用短期获利方式对该组合进行管理。例如基金公司购入的一批股票，其目的是短期获利，该组合股票应作为交易性金融资产。

(3) 衍生金融工具如购入的国债期货、远期合同、股指期货等衍生金融工具等，其公允价值变动大于零时，应将其相关变动金额确认为交易性金融资产，同时计入当期损益。例如2017年5月1日，A与B签订购买国债期货合约，约定4个月后以105万元的价格购买面值为100万元的国债，1个月后，此面值100万元的国债市价为105万元，即国债期货合约价值上升5万元，会计上计交易性金融资产5万元，同时计入当期损益5万元。

2) 直接指定为以公允价值计量且其变动计入当期损益的金融资产

企业将某项金融资产指定为以公允价值计量且其变动计入当期损益的金融资产，通常是指该金融资产不满足确认为交易性金融资产条件时，企业仍可在符合条件的某些特定条件的情况下按其公允价值计量，并将其公允价值变动计入当期损益。

通常情况下，只有符合以下条件之一的金融资产，才可以在初始确认时指定为以公允价值计量且其变动计入当期损益的金融资产：

(1) 该指定可以消除或明显减少由于该金融资产的计量基础不同而导致的相关利得或损失在确认和计量方面不一致的情况。设立这项条件的目的在于通过直接指定为以公允价值计量，并将其变动计入当期损益，以消除会计上可能存在的不配比现象。

例4-1 2017年年初，A公司发行债券筹集资金100亿元，年实际利率为6%，所筹资金当即用于购买B上市公司1%的股份，拟长期持有，年末B公司1%股份的市值为160亿元。

此交易构成一对金融工具组合(发公司债和购买股权)，A公司既是债务人又是股权持有人，公司债的利息是计入损益的，那么从道理上来讲用发债筹措的资金来买股票的损益也应该入损益，这样才能使其与公司债损益的归属类型相一致。

①如果A企业按照《金融工具》准则处理，将此项投资应界定为可供出售金融资产，则初始计量如下。

借：银行存款　　100

　　贷：应付债券　　100

借：可供出售金融资产　　100

　　贷：银行存款　　100

当年末该股份增值时，会计处理如下：

借：可供出售金融资产　　60

　　贷：其他综合收益　　60

同时，债券利息费用负担如下：

借：财务费用　　6

　　贷：应付利息　　6

则利润表上显示买卖这个金融工具亏损6亿元，这样不合理。

②在人为指定对以公允价值计量且其变动计入当期损益的金融资产初始计量时：

借：银行存款　　100
　　贷：应付债券　　100
借：交易性金融资产　　100
　　贷：银行存款　　100
当年末该股份增值时，会计处理为：
借：交易性金融资产　　60
　　贷：公允价值变动损益　　60
债券利息费用负担为：
借：财务费用　　6
　　贷：应付利息　　6
这样，当年利润表中的收益为54亿元，合理。

(2)企业的风险管理或投资策略的正式书面文件已载明，该金融资产组合或该金融资产和金融负债组合，以公允价值为基础进行管理、评价并向关键管理人员报告。

此项条件看重企业日常管理和评价业绩的方式，而不是关注金融工具组合中各组成部分的性质。例如，风险投资机构、证券投资基金或类似会计主体，其经营活动的主要目的在于从投资工具的公允价值变动中获取回报，它们在风险管理或投资策略的正式文件中对此也有清楚的说明，在这种情况下，应将该组合进行指定。

2. 持有至到期投资

持有至到期投资是指到期日固定、回收金额固定或可确定，且企业有明确意图和能力持有至到期的非衍生金融资产。通常情况下，包括企业持有的、在活跃市场上有公开报价的国债、企业债券、金融债券等。

1)到期日固定、回收金额固定或可确定

“到期日固定、回收金额固定或可确定”是指相关合同明确了投资者在确定的时间内获得或应收取现金流量的金额和时间。例如，符合持有至到期投资条件的债券投资，其到期日固定、利息和本金金额固定或可确定。而购入的股权投资因其没有固定的到期日，不符合持有至到期投资的条件，不能划分为持有至到期投资。据此，权益工具投资不能划分为此类别，而浮动利率的债务工具投资仍可划分为此类别。从投资者的角度看，如果不考虑其他条件，在将某项投资划分为持有至到期投资时可以不考虑可能存在的发行方重大支付风险。

2)有明确意图持有至到期

“有明确意图持有至到期”是指投资者在取得投资时意图明确，准备将投资持有至到期，除非遇到一些企业所不能控制、预期不会重复发生且难以合理预计的独立事件，否则将持有至到期。

存在下列情况之一的，表明企业没有明确意图将金融资产持有至到期：

(1)持有该金融资产的期限不确定；

(2)发生市场利率变化、流动性需要变化、替代投资机会及其投资收益率变化、融资来源和条件变化、外汇风险变化等情况时，将出售该金融资产，但是，无法控制、预期不会重复发生且难以合理预计的独立事项引起的金融资产出售除外；

(3) 该金融资产的发行方可以按照明显低于其摊余成本的金额清偿；

(4) 其他表明企业没有明确意图将该金融资产持有至到期的情况。

据此，对于发行方可以赎回的债务工具，如发行方行使赎回权，投资者仍可收回其几乎所有初始净投资(含支付的溢价和交易费用)，那么投资者可以将此类投资划分为持有至到期。但是，对于投资者有权要求发行方赎回的债务工具投资，投资者不能将其划分为持有至到期投资。

3) 有能力持有至到期

“有能力持有至到期”是指企业有足够的财务资源，并不受外部因素影响将投资持有至到期。

存在下列情况之一的，表明企业没有能力将具有固定期限的金融资产投资持有至到期：

(1) 没有可利用的财务资源持续地为该金融资产投资提供资金支持，以使该金融资产持有至到期；

(2) 受法律、行政法规的限制，使企业难以将该金融资产投资持有至到期；

(3) 其他表明企业没有能力将具有固定期限的金融资产投资持有至到期的情况。

企业应当于每个资产负债表日对持有至到期投资的意图和能力进行评价。发生变化的，应当将其重分类为可供出售金融资产进行处理。

例 4-2 下列各项中应划分为持有至到期投资核算的是(　　)。

A. 从二级市场购入某企业面值 10 万元的债券，并准备近期出售

B. 从二级市场购入某企业面值 500 万元的债券，并准备持有至到期

C. 从二级市场购入某企业于当日发行的面值 100 万元的 5 年期债券，企业意图持有至到期但是目前的财务状况难以支持其持有至到期

D. 从二级市场购入的某企业处于限售期的股权 50 万股

答案：选项 B，持有至到期投资只能是债权投资，同时要有明确的意图和能力持有至到期；选项 A，准备近期出售，不满足有意图持有至到期这个条件；选项 C，没有能力持有至到期；选项 D，持有至到期投资必须是债券投资，而不是股权投资。

3. 贷款和应收款项

贷款和应收款项是指在活跃市场中没有报价、回收金额固定或可确定的非衍生金融资产。贷款和应收款项泛指一类金融资产，主要指金融企业发放的贷款和其他债权，但不限于金融企业发放的贷款和其他债权(如委托贷款)。非金融企业持有的现金和银行存款、销售商品或提供劳务形成的应收款项、企业持有的其他企业的债权(不包括在活跃市场上有报价的债务工具)等，只要符合贷款和应收款项的定义，可以划分为这一类。

4. 可供出售金融资产

该资产通常是指企业初始确认时即被指定为可供出售的非衍生金融资产，以及没有划分为以公允价值计量且其变动计入当期损益的金融资产、持有至到期投资、贷款和应收款项的金融资产。比如，企业购入的在活跃市场上有报价的股票、债券和基金等，没有划分为以公允价值计量且其变动计入当期损益的金融资产或持有至到期投资等金融资产的，可归为此类。存在活跃市场并有报价的金融资产应该划分为哪类金融资产，完全由管理者的意图和金融资产的分类条件决定。

需注意以下两类限售股权的分类：

(1)企业在股权分置改革过程中持有对被投资单位在重大影响以上的股权，应当作为长期股权投资，视对被投资单位的影响程度分别采用成本法或权益法核算；企业在股权分置改革中持有对被投资单位不具有控制、共同控制或重大影响的股权，应当划分为可供出售金融资产。

(2)企业持有上市公司限售股权(不包括股权分置改革中持有的限售股权)，对上市公司不具有控制、共同控制或重大影响的，应当按照《企业会计准则第 22 号——金融工具确认和计量》的规定，将该限售股权划分为可供出售金融资产或以公允价值计量且其变动计入当期损益的金融资产。

5. 不同类金融资产之间的重分类

企业在金融资产初始确认时对其进行分类后，不得随意变更。

(1)企业在初始确认时将某金融资产划分为以公允价值计量且其变动计入当期损益的金融资产后，不得重分类为其他类金融资产；其他类金融资产也不得重分类为以公允价值计量且其变动计入当期损益的金融资产。

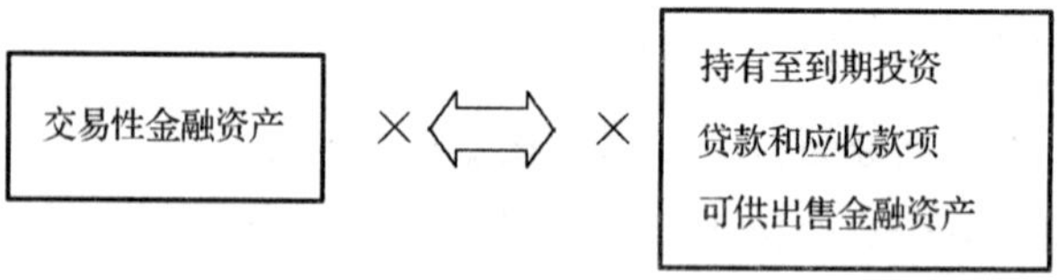

(2)划分为贷款和应收款项后，不得随意重分类为持有至到期投资和可供出售金融资产；持有至到期投资和可供出售金融资产也不得随意重分类为贷款和应收款项。

(3)持有至到期投资可重分类为可供出售金融资产。

企业将某项资产划分为持有至到期投资后，可能会发生到期前将该金融资产予以处置或重分类的情况。这种情况的发生通常表明企业违背了将投资持有至到期的最初意图。

企业将尚未到期的某项持有至到期投资在本会计年度内予以出售或重分类为可供出售金融资产的金额，相对于该类投资(即企业内部持有至到期投资)在出售或重分类前的总额较大时，则企业在处置或者重分类后应立即将其剩余的持有至到期投资(即全部持有至到期投资扣除已处置或重分类的部分)重分类为可供出售金融资产，且在本会计年度及后两个完整的会计年度内不得再将该金融资产划分为持有至到期投资。

例如，甲企业于 2017 年 1 月购入 ABC 公司发行的 3 年期、年利率为 3%的公司债 1 000 万元，划分为持有至到期投资。当年 6 月，因资金周转困难，甲企业卖出上述债券 800 万元。如不考虑其他因素，甲企业应将剩余的 200 万元债券重分类为可供出售金融资产，并且在 2018 年和 2019 年不得把任何取得的金融资产划分为持有至到期投资。

但是，下列情况除外：

(1)出售日或重分类日距离该项投资到期日或赎回日较近(如到期前三个月内)，且市场利率变化对该项投资的公允价值没有显著影响。

(2)根据合同约定的定期偿付或提前还款方式收回该所有初始本金后，将剩余部分予以出售或重分类。

(3)出售或重分类是由于企业无法控制、预期不会重复发生且难以合理预计的独立事项所引起的。此种情况主要包括：

①因被投资单位信用状况严重恶化，将持有至到期投资予以出售；

②因相关税收法规取消了持有至到期投资的利息税前可抵扣政策，或显著减少了税前可抵扣金额，将持有至到期投资予以出售；

③因发生重大企业合并或重大处置，为保持现行利率风险头寸或维持现行信用风险政策，将持有至到期投资予以出售；

④因法律、行政法规对允许投资的范围或特定投资品种的投资限额做出重大调整，将持有至到期投资予以出售；

⑤因监管部门要求大幅度提高资产流动性，或大幅度提高持有至到期投资在计算资本充足率时的风险权重，将持有至到期投资予以出售。

例 4-3 甲公司的财务经理在复核2017年度财务报表时，对以下交易或事项会计处理的正确性难以做出判断。

①为减少交易性金融资产市场价格波动对公司利润的影响，2017年1月1日，甲公司将所持有乙公司股票从交易性金融资产重分类为可供出售金融资产，并将其作为会计政策变更采用追溯调整法进行会计处理。2017年1月1日，甲公司所持有乙公司股票共计300万股，其中200万股系于2016年1月5日以12元/股的价格购入，支付价款2 400万元，另支付相关交易费用8万元；100万股系于2016年10月18日以11元/股的价格购入，支付价款1 100万元，另支付相关交易费用4万元。2016年12月31日，乙公司股票的市场价格为10.5元/股。甲公司估计该股票价格为持续性下跌。

②2017年1月1日，甲公司按面值购入丙公司发行的分期付息、到期还本债券35万张，支付价款3 500元。该债券每张面值为100元，期限为3年，票面年利率为6%，利息于每年年末支付。甲公司将购入的丙公司债券分类为持有至到期投资，2017年12月31日，甲公司将所持有丙公司债券的50%予以出售，董事会决议，由于债券市场价格持续波动，将剩余债券重分类为可供出售金融资产。

分析：

①甲公司将持有的乙公司股票进行重分类并进行追溯调整的会计处理不正确。因为交易性金融资产不能与其他金融资产进行重分类。

②甲公司因债券市场价格持续波动而将持有至到期投资重分类为可供出售金融资产不正确，因为市场价格持续波动不是会计准则规定的允许重分类的情况。

4) 如出售或重分类金融资产的金额较大而受到“两个完整会计年度”内不能将金融资产划分为持有至到期的限制已解除(即已过了两个完整的会计年度)，企业可以再将符合规定条件的金融资产划分为持有至到期投资。

第二节 金融资产确认与计量

一、金融资产的确认条件

企业成为金融工具合同的一方时，应当确认一项金融资产或金融负债。但是，如果衍生金融工具涉及金融资产转移，且导致该金融资产不符合终止确认条件，则不应将其确认，否则会导致衍生金融工具形成的义务被重复确认。

金融资产终止确认，是指将金融资产从企业的账户和资产负债表内予以转销。金融工具确认和计量准则规定，收取金融资产现金流量的合同权利终止，或金融资产已经转移，且符合《企业会计准则第 23 号——金融资产转移》规定的金融资产终止确认条件的，应当终止确认该金融资产。

二、金融资产的初始计量

企业初始确认金融资产时，应当按照公允价值计量。

对于以公允价值计量且其变动计入当期损益的金融资产，相关交易费用应当直接计入当期损益；对于其他类别的金融资产，相关交易费用应当计入初始确认金额。

金融资产初始确认时的公允价值通常指交易价格(即所收到或支付对价的公允价值)，但是，如果收到或支付的对价的一部分并非针对该金融工具，该金融工具的公允价值应根据估值技术进行估计。例如，一项不带息的长期贷款或应收款项公允价值的估计数是以信用等级相当的类似金融工具(标价的币种、条款、利率类型和其他因素相类似)的当前市场利率，对所有未来现金收款额折现所得出的现值。任何额外借出的金额应作为一项费用或收益的抵减项处理，除非其符合确认为其他某类型资产的条件。此外，如果企业按低于市场利率发放了一项贷款(例如，类似贷款市场利率为 8%时，该贷款的利率为 5%)，并且直接收到一项费用作为补偿，该企业应以公允价值确认这项贷款，即应减去企业收到的费用，之后，企业应采用实际利率法将相关折价计入损益。

交易费用，是指可直接归属于购买、发行或处置金融资产新增的外部费用。新增的外部费用，是指企业不购买、发行或处置金融工具就不会发生的费用，包括支付给代理机构咨询公司、券商等的手续费和佣金及其他必要支出，不包括债券溢价、折价、融资费用、内部管理成本及其他与交易不直接相关的费用。

企业取得金融资产所支付的价款中包含的已宣告但尚未发放的债券利息或现金股利，应当单独确认为应收项目进行处理。

例 4-4-1 A 公司于 2017 年 4 月 1 日购入 B 公司股票 10 万股，做交易性金融资产核算，每股买价为 20 元，另支付交易费用 3 万元，乙公司已于 3 月 20 日宣告分红，每股红利为 0.2 元，于 4 月 7 日发放。

金融资产的入账成本=(20 元−0.2 元)×10 万股=198 万元

4 月 1 日会计分录：

借：交易性金融资产——成本	198	
应收股利	2	
投资收益	3	
贷：银行存款		203

例 4-5-1 A 公司于 2017 年 3 月 1 日购入 B 公司债券做交易性金融资产核算，债券面值为 100 万元，票面利率为 6%，每年 2 月 1 日、8 月 1 日各付息一次，B 公司本应于 2 月 1 日结付的利息因资金紧张延至 3 月 6 日才兑付。债券买价为 109 万元，含交易费用 1 万元。

入账成本=109–1–100×6%×6/12=105(万元)

3 月 1 日会计分录：

借：交易性金融资产—成本　　105

　应收利息　　3

　投资收益　　1

　贷：银行存款　　109

例 4-6　A 公司于 2017 年 3 月 1 日购入 B 公司债券，面值为 1 000 万元，票面利率为 6%，该债券于 2016 年年初发行，每年年末付息，到期还本。假定 B 公司本应于 2016 年年末结付的利息延至 3 月 11 日才兑付。债券买价为 1 100 万元，另付交易费用 4 万元，A 公司将其不作为交易性金融资产处理，且有意图将该债券持有至到期。

持有至到期投资的入账成本=买价 1 100–已到付息期但尚未收到的利息 60(1 000×6%)+交易费用 4=1 044(万元)

借：持有至到期投资——成本　　1 000(面值)

　——应计利息　　10(60×2/12)(债券买入时所含的未到期利息)

　——利息调整　　34(溢价记借，折价记贷)

　应收利息　　60(债券买入时所含的已到付息期但尚未领取的利息)

　贷：银行存款　　1 104

例 4-7　20×9 年 1 月 1 日，甲公司支付价款 100 万元(含交易费用)从上海证券交易所购入 A 公司同日发行的 5 年期公司债券，债券票面价值总额为 125 万元，票面年利率为 4.72%，于年末支付本年利息(即每年利息为 5.9 万元)，本金在债券到期时一次性偿还。甲公司没有意图将该债券持有至到期，划分为可供出售金融资产。

20×9 年 1 月 1 日，甲公司购入 A 公司债券的会计处理：

借：可供出售金融资产——成本　　125

　贷：银行存款　　100

　　可供出售金融资产——利息调整　　25

三、金融资产的后续计量

1. 金融资产后续计量原则

以公允价值计量，且其变动计入当期损益金融资产、可供出售金融资产，应当按照公允价值计量，且不扣除将来处置该金融资产时可能发生的交易费用；持有至到期投资、贷款和应收款项应当采用实际利率法，按摊余成本计量。

在对金融资产进行后续计量时还应注意：

(1) 如果一项金融工具以前被确认为一项金融资产并以公允价值计量，而现在它的公允价值低于零，企业应将其确认为一项负债。

(2) 如果可供出售金融资产有固定或可确定的收款额，交易费用应按实际利率法摊销计入损益；如果可供出售金融资产没有固定或可确定收款额，交易费用在该资产终止确认或发生减值时计入损益。

（3）如果企业方便且定期能从交易所、经纪商、行业协会、定价服务机构等场所获得报价，且这些报价代表了正常情况下实际和经常发生的市场交易，则说明金融工具在活跃市场上有报价。公允价值的定义是在正常交易中买卖双方自愿达成的价格。确定活跃市场中交易的金融工具公允价值的目的，就是要找到在资产负债表日企业可立即进入的最有利的活跃市场中，该金融工具的交易价格（即没有对该金融工具的条款进行修改或重新组合）。但是，企业应调整在最有利的活跃市场中的交易价格，以反映交易对手的信用风险在此市场中交易的金融工具和拟计量的金融工具之间存在的差异。活跃市场上存在的公开报价通常是公允价值的最好依据。这种报价存在时，应用于计量金融资产或金融负债。

（4）用于估计特定金融工具公允价值的估值技术，应当包括可观察到的市场数据，这些数据涉及可能影响金融工具公允价值的市场条件和其他因素。金融工具的公允价值应基于下列一项或几项因素（可能还有其他的因素）：

①货币时间价值（也即基础利率或无风险利率）。基础利率通常由可观察到的政府债券价格得出，且其报价经常在金融媒介上发布。这些利率通常沿着一条利率收益曲线，随不同时间水平预计现金流量的日期不同而改变。实务中，企业可以使用被广泛接受的、容易观察到的通行利率作为基准利率，例如 LIBOR 或互换利率。LIBOR 或类似利率不是无风险利率，适用于特定金融工具的信用风险调整，应根据该金融工具的信用风险相对于基准利率中的信用风险确定。在境外，企业购买的当地中央政府债券可能承担着重大信用风险，无法为以该国货币报价的金融工具提供稳定的标准基础利率。此外，在境外，某些企业可能拥有比当地中央政府更好的信用等级和更低的借款利率，在这种情况下，恰当的做法是通过参考以当地货币报价的最高等级公司债券的利率来确定基准利率。

②信用风险。信用风险对公允价值的影响（即由于信用风险产生的基准利率的溢价）可以从不同信用质量、交易中的金融工具的可观察到的市价或贷款方发放不同信用等级贷款的可观察利率获得。

③外币兑换价格。对于大多数主要货币都存在活跃的货币交易市场，且其价格每天都在金融媒介上公布。

④商品价格。对于许多商品都存在可观察到的市场价格。

⑤权益价格。交易中的权益工具的价格（和价格指数）在一些市场中很容易被观察到。对于没有可观察到价格的权益工具，其现行市价可以用以现值为基础的估值技术估计。

⑥波动性（即金融工具价格或其他项目的未来变动程度）。对活跃交易项目波动性的计量，通常可以历史市场数据为基础或通过使用内含于当前市价中的波动性进行合理估计。

⑦提前偿付风险和履约风险。预计的金融资产提前偿付方式和预计的金融负债履约方式可以根据历史数据进行估计。

⑧金融资产的服务费用。金融资产转移等形成的服务费用可以通过和其他市场参与者当前收取的费用相比较加以估计。如果一项金融资产的服务费用很高，且其他市场参与者也面临着类似的费用，发行方在确定此项金融资产或金融负债的公允价值时要考虑这些服务费用。对未来收费的合约权利，其开始时的公允价值通常与所支付的初始费用一致，除非未来收费与相关成本和市场上的类似费用或成本不具可比性。在不具可比性的情况下，其公允价值应按市场上的类似费用或成本确定。

2. 以摊余成本计量的金融资产的会计处理

1）实际利率法

实际利率法是指按照金融资产（含一组金融资产或金融负债）的实际利率计算其摊余成本及各期利息收入或利息费用的方法。

实际利率，是指将金融资产在预期存续期间或适用的更短期间内的未来现金流量，折现为该金融资产当前账面价值所使用的利率，与票面利率相对。企业在初始确认以摊余成本计量的金融资产时，就应当计算确定实际利率，并在相关金融资产预期适用的更短期间内保持不变（例如，企业提前收回一部分本金，此时不能调整实际利率，只能改变投资的摊余成本）。

企业在确定实际利率时，应当在考虑金融资产所有合同条款（包括提前还款权、看涨期权、类似期权等）的基础上预计未来现金流量，但不应考虑未来信用损失。

金融资产合同各方之间支付或收取的、属于实际利率组成部分的各项收费、交易费用及溢价或折价等，应当在确定实际利率时予以考虑。金融资产的未来现金流量或存续期间无法可靠预计时，应当采用该金融资产在整个合同期内的合同现金流量。

企业对付款额或收款额的估计数进行修正时，应调整此金融资产（或金融工具组）的账面价值以反映实际和修正后的预计现金流量。企业应通过按金融工具初始实际利率计算预计未来现金流量的现值来重估金融工具的账面价值，相关调整金融作为收入或费用，计入当期损益。

2）实际利率法产生原因举例

当债券票面利率高于同期银行存款利率时，大多数的人都更愿意去购买此债券进行投资。如果大家都去争相购买，按照价值规律，债券发行商此时就会适当抬高价格（比如面值 1 000 元的债券按 1 010 元卖出），只要折算的实际利率仍不低于银行存款利率，购买者有利可图，则债券仍然可以顺利地溢价发行；反之，如果债券票面利率低于同期银行存款利率，大家都更愿意把钱存入银行或进行其他的投资，导致该项债券无人问津，债券发行商只能折价发行才会有人购买（比如面值 1 000 元的债券按 950 元卖出）。正是由于债券溢价或折价发行事实的存在，才导致债券发行后存续期内的实际利息与票面利息之间产生差异。

3）摊余成本

金融资产的摊余成本，是指该金融资产的初始确认金额经下列调整后的结果：

（1）扣除已偿还的本金（如提前偿还的本金，则计算时要将这部分本金扣除掉）；

（2）加上或减去采用实际利率法将该初始确认金额与到期日金额之间的差额进行摊销形成的累计摊销额（简单地讲，就是利息调整的摊销）；

（3）扣除已发生的减值损失（仅适用于金融资产）。

摊余成本=初始确认金额−已收回或偿还的本金±累计摊销额−已发生的减值损失。其中，第二项调整金额“累计摊销额”利用实际利率法计算得到。

摊余成本的通俗理解：如果你借钱，摊余成本就是指你目前还需还多少钱给别人。如果你投资，摊余成本就是指别人目前还欠你多少钱没还。

下面以“持有至到期投资”举例说明：

投资者在初期购入债券时的实际支付额，比如支付了 1 000 元购买面值是 1 250 元的债券，这个 1 000 元就是借给对方的钱，也就是期初摊余成本。可以把“摊余成本”简单地理解为本金，即借出的本金，所以取得时应该按取得债券的面值(即 1 250 元)记入“持有至到期投资——成本”科目的借方，把实际支付的 1 000 元记入“银行存款”或“其他货币资金——存出投资款”等科目的贷方。两者的差额 250 元就是“持有至到期投资——利息调整”，要在以后每期逐渐摊销掉，即账面余额清为 0。

取得该债券时的会计分录如下：

借：持有至到期投资——成本	1 250	
贷：银行存款(或“其他货币资金——存出投资款”)		1 000
持有至到期投资——利息调整		250

在以后每期计算利息时，比如第一期利息，应该用“期初摊余成本(实际支付的 1 000 元)×实际利率(如 10%)=投资收益 100 元”，“实际利率”就是市场上真实的利率，这样计算得到的 100 元就是投资者真正应该获得的利息收益。而按“面值 1250×票面利率(如 6%)=75”，这得到的 75 元是当期实际收到的利息。这样两者有了 25 元的差额，就是当期应该摊销的利息调整。

第二期期初的摊余成本(剩余本金)是多少呢?

在第一期收到了 75 元利息，而实际应该获得 100 元，说明还有 25 元没收回，则可以理解成又借给对方 25 元，于是现在借出的本金就是原来的 1 000 元加上 25 元=1 025 元了，这就是“摊余成本”的本质。

持有至到期投资的利息调整采用实际利率法摊销，对于投资者而言，债券未来现金流量的现值即期初摊余成本；对于债券发行方而言，期初摊余成本意味着自己实际承担着多少债务。对于双方来说，实际利率和票面利率不一致时，表面上的现金流入或流出，即根据面值乘以票面利率计算的应收利息或应付利息，本身并不是双方实际得到的收益或承担的费用，而实际利率法摊销正好解决了这个问题。

4)采用实际利率法以摊余成本对有关金融资产或金融负债后续计量的一般步骤

(1)计算出实际利率，即某项金融资产(或负债)的未来现金流量现值等于当前账面价值的折现率。

(2)计算各期摊余成本、实际利息、本期摊销额，以表格形式列示。

(3)根据上述计算得出的数据，进行相应会计处理。

3. 金融资产后续计量举例

例 4-4-2 以公允价值计量且其变动计入当期损益的金融资产的后续计量。

A 公司于 2017 年 4 月 1 日购入 B 公司股票 10 万股，做交易性金融资产核算，每股买价为 20 元，另支付交易费用 3 万元，B 公司已于 3 月 15 日宣告分红，每股红利为 0.2 元，于 4 月 7 日发放。6 月 30 日，每股市价为 23 元。9 月 3 日，B 公司再次宣告分红，每股红利为 1 元，9 月 25 日发放。12 月 31 日，每股市价为 15 元。2018 年 2 月 9 日，A 公司抛售所持股份，每股售价为 14 元，交易费用为 1 万元。

①4 月 1 日会计分录:

入账成本=(20 元−0.2 元)×10 万股=198 万元

借：交易性金融资产——成本	198
应收股利	2

投资收益　　3
贷：银行存款　　203

②4 月 7 日收到分红时：

借：银行存款　　2
贷：应收股利　　2

③6 月 30 日会计分录：

借：交易性金融资产——公允价值变动　　32
贷：公允价值变动损益　　32

④9 月 3 日宣告分红时：

借：应收股利　　10
贷：投资收益　　10

⑤9 月 25 日收到股利时：

借：银行存款　　10
贷：应收股利　　10

⑥12 月 31 日会计分录：

借：公允价值变动损益　　80
贷：交易性金融资产——公允价值变动　　80

⑦2017 年 2 月 9 日会计分录：

借：银行存款　　139
投资收益　　11
贷：交易性金融资产　　150

借：投资收益　　48
贷：公允价值变动损益　　48

合并分录：

借：银行存款　　139
投资收益　　59
贷：交易性金融资产　　150
公允价值变动损益　　48

例 4-5-2　以公允价值计量且其变动计入当期损益的金融资产的后续计量。

A 公司于 2017 年 3 月 1 日购入 B 公司债券做交易性金融资产核算，债券面值为 100 万元，票面利率为 6%，每年 2 月 1 日、8 月 1 日各付息一次，B 公司本应于 2 月 1 日结付的利息因资金紧张延至 3 月 6 日才兑付。债券买价为 109 万元，含交易费用 1 万元。6 月 30 日，债券市价为 115 万元。8 月 1 日如期收到利息。年末债券公允价值为 122 万元，2018 年 1 月 20 日，M 公司处置债券，售价为 138 万元，交易费用为 1.5 万元。

①2017 年 3 月 1 日购入债券时会计分录：

借：交易性金融资产——成本　　105
应收利息　　3
投资收益　　1

贷：银行存款　　109

②6 月 30 日会计分录：

借：交易性金融资产——公允价值变动　　10

　　贷：公允价值变动损益　　10

③8 月 1 日会计分录：

借：银行存款　　3

　　贷：投资收益　　3

④2017 年年末会计分录：

借：交易性金融资产——公允价值变动　　7

　　贷：公允价值变动损益　　7

⑤2018 年 1 月 20 日会计分录：

借：银行存款　　136.5

　　贷：交易性金融资产　　122

　　　　投资收益　　14.5

借：公允价值变动损益　　17

　　贷：投资收益　　17

合并分录：

借：银行存款　　136.5

　　公允价值变动损益　　17

　　贷：交易性金融资产　　122

　　　　投资收益　　31.5

例 4-8　持有至到期投资之后续计量举例。

ABC 公司于 20×8 年 1 月 1 日购入中原公司发行的 2 年期债券，支付价款 41 486 万元，债券面值为 40 000 万元，每半年付息一次，到期还本。合同约定债券发行方中原公司在遇到特定情况下可以将债券赎回，且不需要为赎回支付额外款项。甲公司在购买时预计发行方不会提前赎回，并将其划分为持有至到期投资。该债券票面利率为 8%，实际利率为 6%，采用实际利率法摊销，则甲公司持有至到期投资的摊余成本计算如下：

利息调整分摊表

单位：万元

日期	期初摊余成本 (*a*)	实际利息 (*b*)	现金流入 (*c*)	期末摊余成本 (*d=a+b–c*)	摊销的利息调整 (*e=c–b*)
20×8.6.30	41 486	1 244.58	1 600	41 130.58	355.42
20×8.12.31	41 130.58	1 233.92	1 600	40 764.50	366.08
20×9.6.30	40 764.50	1 222.93	1 600	40 387.43	377.07
20×9.12.31	40 387.43	1 212.57	41 600	0	387.43

(1) 20×8 年 1 月 1 日：

借：持有至到期投资——成本　　40 000

　　持有至到期投资——利息调整　　1 486

　　贷：银行存款　　41 486

(2)20×8年6月30日：

借：应收利息　　1 600(40 000×8%/2)

　贷：投资收益　　1 244.58(41486×6%/2)

　持有至到期投资——利息调整　　355.42

借：银行存款　　1 600

　贷：应收利息　　1 600

此时持有至到期投资的摊余成本=41 486+1 244.58−1 600=41 130.58(万元)

(3)20×8年12月31日：

借：应收利息　　1 600(40 000×8%/2)

　贷：投资收益　　1 233.92(4 1130.58×6%/2)

　　持有至到期投资——利息调整　　366.08

借：银行存款　　1 600

　贷：应收利息　　1 600

此时持有至到期投资的摊余成本=41 130.58+1 233.92−1 600=40 764.50(万元)

(4)20×9年6月30日：

借：应收利息　　1 600(40 000×8%/2)

　贷：投资收益　　1 222.93(40 764.50×6%/2)

　　持有至到期投资——利息调整　　377.07

借：银行存款　　1 600

　贷：应收利息　　1 600

此时持有至到期投资的摊余成本=40 764.50+1 222.93−1 600=40 387.43(万元)

(5)20×9年12月31日：

借：应收利息　　1 600(40 000×8%/2)

　贷：投资收益　　1 212.57(倒挤)

　　持有至到期投资——利息调整387.43(1 486−355.42−366.08−377.07)

借：银行存款　　1 600

　贷：应收利息　　1 600

借：银行存款　　40 000

　贷：持有至到期投资——成本　　40 000

题目中“支付价款 41 486 万元”这个金额是怎么确定下来的？它实际上就是未来现金流量折现计算的结果，本题的未来现金流量是每半年收到的利息 40 000×8%×1/2=1 600 万元，以及最后一期收到的本金40 000万元，将这些现金流量折现：1 600/(1+3%)+1 600/(1+3%)^2+1 600/(1+3%)^3+1 600/(1+3%)^4+40 000/(1+3%)^4=41 486.84(万元)，即支付的价款 41 486元，需要注意的是由于是每半年付息一次，而题目中给出的利率在没有特别说明的情况下是年利率，所以折现的期数为 4 期，利率为半年的利率 3%。实际利率法的摊销实际上是折现的反向处理。

例 4-9　可供出售金融资产之后续计量举例。

2016年1月1日，A公司从证券市场上购入B公司于2015年1月1日发行的5年期债券，划分为可供出售金融资产，面值为 2 000 万元，票面年利率为 5%，实际利率为 4%，每年 1 月 5 日支付上年度的利息，到期日一次归还本金和最后一次利息。实际支付价款为 2 172.60 万元，假定按年计提利息。

2016 年 12 月 31 日，该债券的公允价值为 2 040 万元。

2017 年 12 月 31 日，该债券的预计未来现金流量现值为 2 000 万元并将继续下降。

2018 年 12 月 31 日，该债券的公允价值回升至 2 015 万元。

2019 年 1 月 20 日，A 公司将该债券全部出售，收到款项 1 990 万元存入银行。

则 A 公司从 2016 年 1 月 1 日至 2019 年 1 月 20 日上述有关业务的会计分录如下:

(1) 2016 年 1 月 1 日

借：可供出售金融资产——成本	2 000	
应收利息	100 (2 000×5%)	
可供出售金融资产——利息调整	72.60	
贷：银行存款		2 172.6

(2) 2016 年 1 月 5 日

借：银行存款	100	
贷：应收利息		100

(3) 2016 年 12 月 31 日

应确认的投资收益=期初摊余成本×实际利率=(2 000+72.60)×4%=82.9(万元)

借：应收利息	100	
贷：投资收益		82.9
可供出售金融资产——利息调整		17.1

可供出售金融资产账面价值=2 000+72.60−17.1=2 055.5(万元)，公允价值为 2 040 万元，应确认的公允价值变动带来的损失=2 055.5−2 040=15.5(万元)

借：其他综合收益	15.5	
贷：可供出售金融资产——公允价值变动		15.5

(4) 2017 年 1 月 5 日

借：银行存款	100	
贷：应收利息		100

(5) 2017 年 12 月 31 日

应确认的投资收益=期初摊余成本×实际利率=(2 000+72.60−17.1)×4%=82.22(万元)，注意这里不考虑 2016 年年末的公允价值暂时性变动。

借：应收利息	100	
贷：投资收益		82.22
可供出售金融资产——利息调整		17.78

可供出售金融资产账面价值=2 040−17.78=2 022.22(万元)，公允价值为 2 000 万元，由于预计未来现金流量会持续下降，所以公允价值变动=2 022.22−2 000=22.22(万元)，并将原计入其他综合收益的累计损失转出:

借：资产减值损失	37.72	
贷：可供出售金融资产——公允价值变动		22.22

其他综合收益 15.5

(6)2018 年 1 月 5 日

借：银行存款　　100

　　贷：应收利息　　100

(7)2018 年 12 月 31 日

应确认的投资收益=期初摊余成本×实际利率=(2 000+72.60−17.1−17.78−37.72)×4%=2 000×4%=80(万元)

借：应收利息　　100

　　贷：投资收益　　80

可供出售金融资产——利息调整　　20

可供出售金融资产账面价值=2 000−20=1 980(万元)，公允价值为 2 015 万元，应该转回原确认的资产减值损失 2 015−1 980=30(万元)

借：可供出售金融资产——公允价值变动　　30

　　贷：资产减值损失　　30

(8)2019 年 1 月 5 日

借：银行存款　　100

　　贷：应收利息　　100

(9)2019 年 1 月 20 日

借：银行存款　　1 990

　　可供出售金融资产——公允价值变动　　7.72(15.5+22.22−30)

　　投资收益　　20

　　贷：可供出售金融资产——成本　　2 000

　　可供出售金融资产——利息调整　　17.72(72.6−17.1−17.78−20)

通过上面的例题，我们可以得出以下两个结论：第一，可供出售金融资产为债券时，计算摊余成本不考虑暂时性的公允价值变动，但要考虑发生的减值损失；第二，可供出售金融资产为债券时，计算公允价值变动额是用可供出售金融资产的账面价值和公允价值比较，而不是用摊余成本和公允价值比较。

因为可供出售金融资产比较特殊，一般情况下，金融资产的摊余成本可以理解成账面价值，只有可供出售金融资产例外。当可供出售金融资产为债券时(为股票时不存在摊余成本的问题)，如果期末公允价值发生了变动，不计提减值时，计算摊余成本时不考虑由于公允价值的暂时变动的影响；而当发生了减值、计提了资产减值损失时，对“可供出售金融资产——公允价值变动”的金额就应考虑在内，因为此时是相对较长时间内的减值问题，其对成本的影响应考虑在内，考虑的金额就是资产减值损失中核算的金额。

因此，当可供出售金融资产为债券时，同时存在计算公允价值变动和摊余成本，就要分清楚，当计算公允价值变动额时是用此时点上可供出售金融资产的公允价值与账面价值比较，而不是用公允价值和摊余成本比较；当计算摊余成本时，不考虑暂时性的公允价值变动，要考虑可供出售金融资产发生的减值损失，本例题 2018 年年底确认投资收益的分录中就是按照这个原则来计算的。

第三节　金融资产减值

一、金融资产减值损失的确认

企业应当在资产负债表日，对以公允价值计量且其变动计入当期损益的金融资产以外的金融资产(含单项金融资产或一组金融资产)的账面价值进行检查，有客观证据表明该金融资产发生减值的，应当确认减值损失，计提减值准备。

表明金融资产发生减值的客观证据，是指金融资产初始确认后实际发生的、对该金融资产的预计未来现金流量有影响，且企业能够对该影响进行可靠计量的事项。表明金融资产发生减值的客观证据主要包括下列各项：

(1) 发行方或债务人发生严重财务困难；

(2) 债务人违反了合同条款，如偿付利息或本金发生违约或逾期等；

(3) 债权人出于经济或法律等方面因素的考虑，对发生财务困难的债务人做出让步；

(4) 债务人很可能倒闭或进行其他财务重组；

(5) 因发行方发生重大财务困难，该金融资产无法在活跃市场继续交易；

(6) 无法辨认一组金融资产中的某项资产的现金流量是否已经减少，但根据公开的数据对其进行总体评价后发现，该组金融资产自初始确认以来的预计未来现金流量确已减少且可计量，如该组金融资产的债务人支付能力逐步恶化，或债务人所在国家或地区失业率提高、担保物在其所在地区的价格明显下降、所处行业不景气等；

(7) 发行方经营所处的技术、市场、经济或法律环境等发生重大不利变化，使权益工具投资人可能无法收回投资成本；

(8) 权益工具投资的公允价值发生严重或非暂时性下跌；

(9) 其他表明金融资产发生减值的客观证据。

在根据以上客观证据判断金融资产是否发生减值损失时，应注意以下几点：

(1) 这些客观证据相关的事项(也称“损失事项”)必须影响金融资产的预计未来现金流量，并且能够可靠地计量。对于预期未来事项可能导致的损失，无论其发生的可能性有多大，均不能作为减值损失予以确认。

(2) 企业通常难以找到某项单独的证据来认定金融资产是否已发生减值，因而应综合考虑相关证据的总体影响进行判断。

(3) 债务方或金融资产发行方信用等级下降本身不足以说明企业所持的金融资产发生了减值。但是，如果企业将债务人或金融资产发行方的信用等级下降因素，与可获得的其他客观的减值依据联系起来，往往能够对金融资产是否已发生减值做出判断。

(4) 对于可供出售权益工具投资，其公允价值低于其成本本身不足以说明可供出售权益工具投资已发生减值，而应当综合相关因素判断该投资公允价值下降是否是严重或非暂时性下跌的，同时，企业应当从持有可供出售权益工具投资的整个期间来判断。

如果权益工具投资在活跃市场上没有报价，从而不能根据其公允价值下降的严重程度或持续时间进行减值判断，应当综合考虑其他因素(如被投资单位经营所处的技术、市场、经济或法律环境等)是否发生重大不利变化。

对于以外币计价的权益工具投资，企业在判断其是否发生减值时，应当将该投资在初始确认时以记账本位币反映的成本，与资产负债表日以记账本位币反映的公允价值进行比较，同时考虑其他相关因素。

二、金融资产减值损失的计量

1. 持有至到期投资、贷款和应收款项减值损失的计量

(1)持有至到期投资、贷款和应收款项以摊余成本后续计量，其发生减值时，应将该金融资产的账面价值与预计未来现金流量现值之间的差额确认为减值损失，计入当期损益。

以摊余成本计量的金融资产的预计未来现金流量现值，应当按照该金融资产的原实际利率折现确定，并考虑相关担保物的价值(取得和出售该担保物发生的费用应当予以扣除)。原实际利率是初始确认该金融资产时计算确定的实际利率。对于浮动利率贷款、应收款项或持有至到期投资，在计算未来现金流量现值时可采用合同规定的现行实际利率作为折现率。即使合同条款因债务方或金融资产发生方由于发生财务困难而重新商定或修改，在确认减值损失时，仍用条款修改前所计算的该金融资产的原实际利率计算。

短期应收款项的预计未来现金流量与其现值相差很小的，在确定相关减值损失时，可不对其预计未来现金流量进行折现。

(2)对于存在大量性质类似且以摊余成本后续计量金融资产的企业，在考虑金融资产减值测试时，应当先将单项金额重大的金融资产区分开来，单独进行减值测试。如有客观证据表明其已发生减值，应当确认减值损失，计入当期损益。对单项金额不重大的金融资产，可以单独进行减值测试,也可以包括在具有类似信用风险特征的金融资产组合中进行减值测试。实务中，企业可以根据具体情况确定单项金额重大的标准。该项标准一经确定，应当一致运用，不得随意变更。

单独测试未发现减值的金融资产(包括单项金额重大和不重大的金融资产)，应当包括在具有类似信用风险特征的金融资产组合中再进行减值测试。已单项确认减值损失的金融资产，不应包括在具有类似信用风险特征的金融资产组合中进行减值测试。

企业对金融资产采用组合方式进行减值测试时，应当注意以下方面：

①应当将具有类似信用风险特征的金融资产组合在一起，例如可按资产类型、行业分布、区域分布、担保物类型、逾期状态等进行组合。

②对于已包括在某金融资产组合中的某项特定资产，一旦有客观证据表明其发生了减值，则应当将其从该组合中分出来，单独确认减值损失。

③在对某金融资产组合的未来现金流量进行预计时，应当以与其具有类似信用风险特征组合的历史损失率为基础。如企业缺乏这方面的数据或经验不足，则应当尽量采用具有可比性的其他资产组合的经验数据，并做必要调整。企业应当对预计资产组合未来现金流量的方法和假设进行定期检查，以最大限度地消除损失预计数和实际发生数之间的差异。

(3)对以摊余成本计量的金融资产确认减值损失后，如有客观证据表明该金融资产价值已恢复，且客观上与确认该损失后发生的事项有关(如债务人的信用评级已提高等)，原确认的减值损失应当予以转回，计入当期损益。但是，该转回后的账面价值不应超过假定不计提减值准备情况下该金融资产在转回日的摊余成本。

(4)外币金融资产发生减值的，预计未来现金流量现值应先按外币确定，在计量减值时再按资产负债表日即期汇率折合为记账本位币反映的金额。该项金额小于相关外币金额资产以记账本位币反映的账面价值的部分，确认为减值损失，计入当期损益。

例 4-10 X银行于 20×8 年向客户 Y 发放了一笔 3 年期贷款，划分为贷款和应收款项，且属金额重大者。20×9 年，客户 Y 由于存在严重财务困难，不能按期及时偿还 X 银行的贷款本金和利息。为此，提出与 X 银行调整贷款条款，以渡过财务难关。X 银行同意客户 Y 提出的要求。以下是五种可供选择的调整方案：(1)客户 Y 在贷款原到期日后 5 年内偿还贷款的全部本金，但不包括按原条款应计的利息；(2)在原到期日，客户 Y 偿还贷款的全部本金，但不包括按原条款应计的利息；(3)在原到期日，客户 Y 偿还贷款的全部本金，以及以低于原贷款应计的利息；(4)客户 Y 在原到期日后 5 年内偿还贷款的全部本金，以及原贷款期间应计的利息，但贷款展期期间不支付任何利息；(5)客户 Y 在原到期日后 5 年内偿还贷款的全部本金、原贷款期间和展期期间应计的利息。

上述方案(1)～(4)中，贷款未来现金流量现值一定小于当前账面价值，因此，X 银行采用方案(1)～(4)中的任何一种，都需要在调整贷款日确认和计量贷款减值损失。对于方案(5)，虽然客户 Y 偿付贷款本金和利息的时间发生变化，但 X 银行仍能收到延迟支付的利息所形成的利息，如果按贷款发放时确定的实际利率计算，贷款未来现金流入(本金和利息)现值将与当前账面价值相等。因此，不需要确认和计量贷款减值损失。

2. 可供出售金融资产减值损失的计量

可供出售金融资产发生减值时，即使该金融资产没有终止确认，原直接计入所有者权益中的因公允价值下降形成的累计损失应当予以转出，计入当期损益。该转出的累计损失，等于可供出售金融资产的初始取得成本扣除已收回本金和已摊余金额，当前公允价值和原已计入损益的减值损失后的余额。

对于已确认减值损失的可供出售债务工具，在随后的会计期间公允价值已上升且客观上与确认原减值损失确认后发生的事项有关的，原确认的减值损失应当予以转回，计入当期损益。

可供出售权益工具投资发生的减值损失，不得通过损益转回。但是，在活跃市场中没有报价且其公允价值不能可靠计量的权益工具投资，或与该权益工具挂钩并需通过交付该权益工具结算的衍生金融资产发生的减值损失，不得转回。

例 4-11 20×7 年 5 月 1 日，A 公司以每股 15 元/股(含已宣告发放但尚未领取的现金股利 0.2 元)的价格购入 B 公司发行的股票 20 000 股，占 B 公司有表决权股份的 5%，对 B 公司无重大影响，A 公司将该股票划分为可供出售金融资产。其他资料如下：20×7 年 5 月 10 日，A 公司收到 B 公司发放的上年现金股利 4 000 元。20×7 年 12 月 31 日，该股票的市场价格为 13 元/股，A 公司预计该股票的价格下跌是暂时的。20×8 年，B 公司因违反相关证券法规，受到证券监管部门查处。受此影响，B 公司股票的价格发生下降。至 20×8 年 12 月 31 日，该股票的市场价格下跌到 6 元/股。20×9 年，B 公司整改完成，加之市场宏观面好转，股票价格有所回升，至 12 月 31 日，该股票的市场价格上升到 10 元/股。假定 20×8 年和 20×9 年均未分派现金股利，不考虑其他因素的影响，A 公司有关账务处理如下：

(1)20×7 年 5 月 1 日购入股票：

借：可供出售金融资产——成本	296 000	
应收股利	4 000	
贷：银行存款		300 000

(2)20×7 年 5 月 10 日确认现金股利：

借：银行存款	4 000	
贷：应收股利		4 000

(3)20×7 年 12 月 31 日确认股票公允价值变动：

借：其他综合收益	36 000	
贷：可供出售金融资产——公允价值变动		36 000

(4)20×8 年 12 月 31 日，确认股票投资的减值损失：

借：资产减值损失	176 000	
贷：其他综合收益		36 000
可供出售金融资产——公允价值变动	140 000	

(5)20×9 年 12 月 31 日，确认股票价格上涨：

借：可供出售金融资产——公允价值变动	80 000	
贷：其他综合收益		80 000

第四节　金融负债确认与计量

一、金融负债概述

金融负债是指基于下列合同义务的负债：(1)向另一个企业交付现金或另一金融资产合同义务；(2)在潜在不利的条件下，与另一企业交换金融工具的合同义务。《国际会计准则》第 39 号在涉及金融负债的确认与计量时指出“初始确认当且仅当成为金融工具合同条款的一方时，企业应在其资产负债表上确认金融资产或金融负债。”

金融负债是指企业的下列负债：

(1)向其他单位交付现金或其他金融资产的合同义务；

(2)在潜在不利条件下，与其他单位交换金融资产或金融负债的合同义务；

(3)将来须用或可用企业自身权益工具进行结算的非衍生工具的合同义务，企业根据该合同将交付非固定数量的自身权益工具；

(4)将来须用或可用企业自身权益工具进行结算的衍生工具的合同义务，但企业以固定金额的现金或其他金融资产换取固定数量的自身权益工具的衍生工具合同义务除外。其中，企业自身权益工具不包括本身就是在将来收取或支付企业自身权益工具的合同。

二、金融负债的确认

1. 金融负债的初始确认

金融负债应当在初始确认时划分为下列两类：

(1) 以公允价值计量且其变动计入当期损益的金融负债，包括交易性金融负债和指定为以公允价值计量且其变动计入当期损益的金融负债。

(2) 其他金融负债。

金融负债满足下列条件之一的，应当划分为交易性金融负债：

(1) 承担该金融负债的目的，主要是为了近期内回购。

(2) 属于进行集中管理的可辨认金融工具组合的一部分，且有客观证据表明企业近期采用短期获利方式对该组合进行管理。

(3) 属于衍生工具。但是，被指定且为有效套期工具的衍生工具、属于财务担保合同的衍生工具、与在活跃市场中没有报价且其公允价值不能可靠计量的权益工具投资挂钩并须通过交付该权益工具结算的衍生工具除外。

除特殊规定外，只有符合下列条件之一的金融负债，才可以在初始确认时指定为以公允价值计量且其变动计入当期损益的金融负债：

(1) 该指定可以消除或明显减少由于该金融负债的计量基础不同所导致的相关利得或损失在确认或计量方面不一致的情况。

(2) 企业风险管理或投资策略的正式书面文件已载明，该金融负债组合或该金融资产和金融负债组合，以公允价值为基础进行管理、评价并向关键管理人员报告。

在活跃市场中没有报价、公允价值不能可靠计量的权益工具投资，不得指定为以公允价值计量且其变动计入当期损益的金融资产。

2. 金融负债的终止确认

金融负债终止确认，是指将金融负债从企业的账户和资产负债表内予以转销。金融工具确认和计量准则规定，金融负债的现时义务全部或部分已经解除的，才能终止确认该金融负债或其一部分。金融负债的现时义务的解除可能还会涉及其他复杂情形，企业应当注重分析交易的法律形式和经济实质。

(1) 企业将用于偿付金融负债的资产转入某个机构或设立信托，偿付债务的义务仍存在的，不应当终止确认该金融负债，也不能终止确认转出的资产。

(2) 企业（债务人）与债权人之间签订协议，以承担新金融负债方式替换现存金融负债，且新金融负债与现存金融负债的合同条款实质上不同的，应当终止确认现存金融负债，并同时确认新金融负债。“实质上不同”是指按照新的合同条款，金融负债未来现金流量现值与原金融负债的剩余期间现金流量现值之间的差异至少相差 10%。

(3) 企业回购金融负债一部分的，应当在回购日按照继续确认部分和终止确认部分的相对公允价值，将该金融负债整体的账面价值进行分配。分配给终止确认部分的账面价值与支付的对价（包括转出的非现金资产或承担的新金融负债）之间的差额，计入当期损益。

三、金融负债的计量

1. 金融负债的初始计量

企业初始确认金融负债时，应当按照公允价值计量。对于以公允价值计量且其变动计入当期损益的金融负债，相关交易费用应当直接计入当期损益；对于其他类别的金融负债，相关交易费用应当计入初始确认金额，构成实际利息组成部分。

2. 金融负债后续计量原则

企业应当按照以下原则对金融负债后续计量。

(1)以公允价值计量且其变动计入当期损益的金融负债，应当按照公允价值计量，且不扣除将来结清金融负债时可能发生的交易费用。

(2)不属于指定为以公允价值计量且其变动计入当期损益的金融负债的财务担保合同，应当在初始确认后按照下列两项金额之中的较高者进行后续计量：

①按照《企业会计准则第 13 号——或有事项》确定的金额。

②初始确认金额扣除按照《企业会计准则第 14 号——收入》的原则确定的累计摊销额后的余额。

(3)上述金融负债以外的金融负债，应当按摊余成本后续计量。

例 4-12 20×7 年 12 月，B 公司从银行贷款人民币 20 000 000 元，期限为 2 年，由 A 公司全额担保。A 公司收取担保费 200 000 元。截至 20×8 年 12 月 31 日，B 公司财务状况很好。但是截至 20×9 年 12 月 31 日，B 公司财务状况恶化，A 公司很可能承担担保 500 000 万元。A 公司(财务担保合同)金融的会计处理如下：

①20×7 年 12 月

借：银行存款	200 000	
贷：递延收益		200 000

②20×8 年 12 月 31 日(假定分两年确认)

借：递延收益	100 000	
贷：其他业务收入		100 000

20×8 年 12 月 31 日不确认预计负债。

③20×9 年 12 月 31 日确认预计负债

借：递延收益	100 000	
营业外支出	400 000	
贷：预计负债		500 000

20×9 年形成负债 500 000 元。

3. 金融负债后续计量的会计处理

对于按照公允价值进行后续计量的金融负债，其公允价值变动形成利得或损失，除与套期保值有关外，应当计入当期损益。

例 4-13 20×8 年 7 月 1 日，甲公司经批准在全国银行间债券市场公开发行 10 亿元人民币短期融资券，期限为 1 年，票面年利率为 5.58%，每张面值为 100 元，到期一次性还本付息。所募集资金主要用于公司购买生产经营所需的原材料及配套件等。公司将短期融资券指定为以公允价值计量且其变动计入当期损益的金融负债。假定不考虑发行短期融资券相关的交易费用。

20×8 年 12 月 31 日，该短期融资券市场价格为 120 元每张(不含利息)；20×9 年 3 月 31 日，该短期融资券市场价格为 110 元每张(不含利息)；20×9 年 6 月 30 日，该短期融资券到期兑付完成。

据此，甲公司账务处理如下(金额单位：万元)。

(1)20×8 年 7 月 1 日，发行短期融资券

借：银行存款	100 000	
贷：交易性金融负债——成本		100 000

(2)20×8 年 12 月 31 日，年末确认公允价值变动和利息费用

借：公允价值变动损益	20 000	
贷：交易性金融负债——公允价值变动		20 000
借：投资收益	2 790	
贷：应付利息		2 790

(3)20×9 年 3 月 31 日，季末确认公允价值变动和利息费用

借：交易性金融负债——公允价值变动	10 000	
贷：公允价值变动损益		10 000
借：投资收益	1 395	
贷：应付利息		1 395

(4)20×9 年 6 月 30 日，短期融资债券到期

借：投资收益	1 395	
贷：应付利息		1 395
借：交易性金融负债——成本	1 00 000	
——公允价值变动		10 000
应付利息	5 580	
贷：银行存款		105 580
投资收益		10 000

例 4-14 某公司发行公司债券为建造专用生产线筹集资金。有关资料如下：

(1)20×5 年 12 月 31 日，委托证券公司以 7 755 万元的价格发行 3 年期分期付息公司债券。该债券面值为 8 000 万元，票面年利率为 4.5%，实际年利率为 5.64%，每年付息一次，到期后按面值偿还。支付的发行费用与发行期间冻结资金产生的利息收入相等。

(2)生产线建造工程采用出包方式，于 20×6 年 1 月 1 日开始动工，发行债券所得款项当日全部支付给建造承包商，20×7 年 12 月 31 日所建造生产线达到预定可使用状态。

(3)假定各年度利息的实际支付日期均为下年度的 1 月 10 日；20×9 年 1 月 10 日支付 20×8 年度利息，一并偿付面值。

(4)所有款项均以银行存款支付。

据此，该公司计算得出该债券在各年末的摊余成本、应付利息金额、当年应予资本化或费用化的利息金额、利息调整的本年摊销和年末余额。有关结果如下(金额单位：万元)。

相关账务处理如下：

(1)20×5 年 12 月 31 日，发行债券

借：银行存款 7 755

应计债券——利息调整 245

贷：应付债券——面值 8 000

(2) 20×6 年 12 月 31 日，确认和结转利息

借：在建工程 437.38

贷：应付利息 360

应付债券——利息调整 77.38

借：应付利息 360

贷：银行存款 360

(3) 20×7 年 12 月 31 日，确认利息

借：在建工程 441.75

贷：应付利息 360

应付债券——利息调整 81.75

借：应付利息 360

贷：银行存款 360

借：固定资产 879.13

贷：在建工程 879.13

(4) 20×8 年 12 月 31 日，确认债券利息

借：财务费用 445.87

贷：应付利息 360

应付利息——利息调整 85.87

借：应付利息 360

贷：银行存款——利息调整 360

(5) 20×9 年 1 月 10 日，债券到期兑付

借：应付利息 360

应付债券——面值 8 000

贷：银行存款 8 360

第五节 金融负债与权益工具的区别

一、概述

企业应根据所发行金融工具的合同条款及其所反映的经济实质而非仅以法律形式，结合金融资产、金融负债和权益工具的定义，在初始确认时将该金融工具或其组成部分分类为金融资产、金融负债或权益工具，并进行相应的会计处理。通常情况下，企业比较容易分辨所发行金融工具是权益工具还是金融负债，但是也会遇到较为复杂的情况，比如企业发行的优先股、永续债(例如长期限含权中期根据)、认股权、可转换公司债券等金融工具。

金融负债，是指企业符合下列条件之一的负债：(1)向其他方交付现金或其他金融资产的

合同义务；(2)在潜在不利条件下，与其他方交换金融资产或金融负债的合同义务；(3)将来须用或可用企业自身权益工具进行结算的非衍生金融工具合同，且企业根据该合同将交付可变数量的自身权益工具；(4)将来须用或可用企业自身权益工具进行结算的衍生金融工具合同，该工具将通过或可通过以固定金额的现金或其他金融资产换取固定数量的企业自身权益工具以外的其他方式结算。

权益工具，是指能证明拥有某个企业在扣除所有负债后的资产中剩余权益的合同。同时满足下列条件的，发行方应当将发行的金融工具分类为权益工具：(1)该金融工具不包括交付现金或其他金融资产给其他方，或在潜在不利条件下与其他方交换金融资产或金融负债的合同义务；(2)将来须用或可用企业自身权益工具结算该金融工具的，如该金融工具为非衍生金融工具，不包括交付可变数量的自身权益工具进行结算的合同义务；如为衍生金融工具，企业只能通过以固定数量的自身权益工具交换固定金额的现金或其他金融资产结算该金融工具。

二、金融负债和权益工具的区分的一般原则

1. 通过交付现金、其他金融资产或交换金融资产或金融负债结算

如果企业不能无条件地避免以交付现金或其他金融资产来履行一项合同义务(即交付资产的义务存在可能)，则该合同义务符合金融负债的定义。有些金融工具虽然没有明确地包含交付现金或其他金融资产义务的条款和条件，但有可能通过其他条款和条件间接地形成合同义务。

如果发行的金融工具将以现金或其他金融资产结算，那么该工具导致企业承担了交付现金或其他金融资产的义务。如果该工具要求企业在潜在不利条件下通过交换金融资产或金融负债结算(例如，该工具包含发行方签出的以现金或其他金融资产结算的期权)，该工具同样导致企业承担了合同义务。在这种情况下，发行方对于发行的金融工具应当归类为金融负债。

2. 通过自身权益工具结算

如果发行的金融工具须用或可用企业自身权益工具结算，需要考虑用于结算该工具的企业自身权益工具，是作为现金或其他金融资产的替代品，还是为了使该工具持有人享有在发行方扣除所有负债后的资产中的剩余权益。如果是前者，则该工具是发行方的金融负债；如果是后者，则该工具是发行方的权益工具。

3. 对于将来须用或可用企业自身权益工具结算的金融工具的分类，应当区分是衍生金融工具还是非衍生金融工具

对于非衍生金融工具，如果发行方未来没有义务交付可变数量的自身权益工具进行结算，则该非衍生金融工具是权益工具；否则，该非衍生金融工具是金融负债。

对于衍生金融工具，如果发行方只能通过以固定数量的自身权益工具交换固定金额的现金或其他金融资产进行结算，则该衍生金融工具是权益工具；如果发行方以固定数量的自身权益工具交换可变金额的现金或其他金融资产，或以可变数量的自身权益工具交换固定金额的现金或其他金融资产，或在转换价格不固定的情况下以可变数量的自身权益工具交换可变金额的现金或其他金融资产，则该衍生金融工具应当确认为金融负债或金融资产。

例 4-15 强制赎回优先股。

公司 A 发行 5 年后按面值强制赎回的优先股，因其作为发行方，无法避免 10 年后的现金流出，从而存在支付现金偿还本金的合同义务。公司 A 应就其强制赎回优先股的合同义务确认一项金融负债。

例 4-16 带永续票息的优先股。

一项以面值人民币 1 亿元发行的优先股要求每年按 6%的股息率支付优先股股息。假设 6%是发行时此类工具的市场利率，则发行方承担了支付未来 6%股息的合同义务。股息付款额的净现值是人民币 1 亿元且反映了该工具的公允价值。该优先股应归类为金融负债。

例 4-17 股利制动机制。

公司 Y 发行了股利率为 6%的不可赎回累积优先股，公司 Y 可自行决定是否派发股利。公司 Y 的董事会在各期末可以决定是否支付以及支付多少优先股股利。

该金融工具的条款中包括一项股利制动机制，即如果公司 Y 不支付优先股股利，则其也不可支付任何普通股股利。因为优先股的股利分派完全取决于公司 Y 的决定，所以公司 Y 拥有无条件避免交付现金的权利。该优先股是权益。

例 4-18 股利推动机制。

公司 M 发行了股利率为 6%的非累积的优先股，公司 M 可自行决定是否派发股利。公司 M 的董事会在各期末可以决定是否支付以及支付多少优先股股利。

该金融工具的条款中包括一项股利推动机制，即如果公司 M 支付普通股股利，则其也必须支付优先股股利。普通股股利的分配取决于公司 M，因此其拥有无条件避免以现金支付优先股股利的权利。该优先股是权益。

例 4-19 一项贷款合同的合同主要条款。

1) 贷款金额：20 亿元。

2) 贷款期限：无固定期限，自 2016 年×月×日（“起息日”）至借款人宣布清算日或借款人(借取资金的一方)按本合同约定宣布贷款到期日。借款人有权在自放款日起 2 个月或者与贷款人(出借资金的一方)另行协商确定的其他期限以后的任何时间宣布全部或部分贷款到期，前提是借款人应提前 1 个月书面通知贷款人。

3) 利息支付：如借款人宣布分红后未按约定按期足额支付任何一期利息，除按本合同约定支付罚息外，贷款人也有权要求在当年结算日(自起息日起每满 12 个月之日)后 30 日内发出书面通知要求借款人立即清算。在此情形下，借款人即视为在贷款人书面通知中载明的日期宣布清算，贷款人向借款人提供的贷款本金和截至贷款人要求借款人清算日的利息在宣布清算日立即到期，借款人应立即清偿全部贷款本金及所有到期利息应支付的罚息(如有)。

4) 贷款利率：第 1 年为全部贷款本金的 10%，第 2 年贷款利率为 10%，计息基数为贷款本金余额，第 3 年贷款利率为 13%，计息基数为贷款本金余额，第 4 年及之后为委托贷款本金余额的 18%。如借款人在某一年宣布分红，则借款人必须支付该年的资金成本及以前年度递延的资金成本(如有)。

5) 利率调整方式：如果借款人在任何一年(假设为“A”年)均为宣布分红，则借款人当年应支付的利息递延至次年(即 A+1 年)支付，且 A 年的利率应在 A 年利率基础上上浮 50%;

如次年(即 A+1 年)借款人仍未宣布分红，则 A+1 年的利率在 A+1 年利率基础上上浮 50%，以此类推，但上浮后的利率以 18%/年为限，并且，当上述任何利息支付时相应的利息及因其产生的其他资金成本的计算(无论因递延或其他原因造成的)到其支付之日为止。如果借款人在某一年宣布分红，则必须支付该年利息及以前年度递延的利息(如有)。

6)开立监管账户：

(1)借款人应在贷款人开立监管账户(一)，并承诺监管账户(一)内的现金余额符合下述约定：

除非经贷款人另行书面同意，借款人应确保自起息日起的第 1 年内，在每个季度的期初日，监管账户(一)内的现金余额分别不低于人民币 24 000 万元，人民币 15 000 万元、人民币 10 000 万元和人民币 5 000 万元。

(2)借款人应在贷款人开立监管账户(二)，并承诺监管账户(二)内的现金余额符合下列约定：

①项目整体住宅销售面积(项目总体可售住宅面积约为 110 万平方米，如实际可售面积低于 110 万平方米，以下销售面积指标按比例进行调整)达到 33 万平方米时，已偿还的委托贷款本金与项目预售/销售回款监管账户余额合计不低于 4 亿元；

②项目整体住宅销售面积达到 55 万平方米时，已偿还的委托贷款本金与项目预售/销售回款监管账户余额不低于 10 亿元；

③项目整体住宅销售面积达到 77 万平方米时，已偿还的委托贷款本金与项目预售/销售回款监管账户余额合计不低于 16 亿元。

④项目整体住宅销售面积达到 88 万平方米时，已偿还的委托贷款本金与项目预售/销售回款监管账户余额合计不低于 20 亿元。

⑤自起息日起满 3.5 年时，借款人已经偿还的贷款本金以及在监管账户(二)资金余额合计应当不低于委托贷款本金的 20%；自起息日起满 4 年时，借款人已经偿还的贷款本金以及在监管账户(二)资金余额合计应当不低于委托贷款本金的 50%；自起息日起满 4.5 年时，借款人已经偿还的贷款本金以及在监管账户(二)资金余额合计应当不低于委托贷款本金的 80%；自起息日起满 5 年时，借款人已经偿还的贷款本金以及在监管账户(二)资金余额合计应当不低于委托贷款本息之和。

那么，借款人获得的 20 亿元资金应确认为负债还是权益？

本例中，由于借款合同并未规定还款期限，所以从合同条款上分析，借款人似乎并未承担一项还款的现实义务。但借款合同约定了监管账户条款(2)⑤，要求自起息日起 3.5 年时监管账户保持一定的余额，并逐年递增。该条款实际上就是变相要求借款人还款(如果不还款，监管账户获得的存款利息收入要大大低于 18%的利息成本，作为一个理性的经济人，肯定会选择还款，不会存在其他选择)，因此间接形成了一项还款的合同义务，应划分为负债。

例 4-20 A 公司于 20×7 年 2 月 1 日向 B 公司发行以自身普通股为标的的看涨期权。根据该期权合同，如果 B 公司行权(行权价为 102 元)，则 B 公司有权以 102 元/股的价格从 ABC 公司购入普通股 1000 股。

假定不考虑其他因素，判断 A 公司发行的看涨期权在下列三种结算条件下分别属于金融负债还是权益工具：(1)以现金净额结算；(2)以普通股净额结算；(3)以现金换普通股方式结算。

分析如下：

(1)期权将以现金净额结算，A公司发行的看涨期权为金融负债。A公司在潜在不利的情况下要交付一项资产(现金净额进行结算)，不属于权益工具，而是金融负债。

(2)期权以普通股净额结算，A公司发行的看涨期权为金融负债。A公司有义务向B公司交付非固定数量的自身权益工具进行结算，所以属于金融负债。

(3)期权以现金换普通股方式结算，A公司发行的看涨期权为权益工具。A公司以现金换普通股方式结算，若是B公司行权，则A公司将交付固定数量的普通股，同时从B公司收取固定金额的现金。看涨期权属于衍生金融工具，且将来要以固定数量的股票进行结算，因此属于权益工具。

三、或有结算条款和结算选择权

1. 或有结算条款

或有结算条款，指是否通过交付现金或其他金融资产进行结算，或者是否以其他导致该金融工具成为金融负债的方式结算，需要由发行方和持有方均不能控制的未来不确定事项(如股价指数、消费价格指数变动，利率或税法变动，发行方未来收入、净收益或债务权益比率等)的发生或不发生(或发行方和持有方均不能控制的未来不确定事项的结果)来确定的条款。除下列情况外，对于附有或有结算条款的金融工具，发行方应将其归类为金融负债：

(1)要求以现金、其他金融资产或以其他导致该工具成为金融负债的方式进行结算的或有结算条款几乎不具有可能性，即相关情形极端罕见、显著异常或几乎不可能发生。

(2)只有在发行方清算时，才需以现金、其他金融资产或以其他导致该工具成为金融负债的方式进行结算。

(3)按照本规定分类为权益工具的可回售工具。

2. 结算选择权

对于存在结算选择权的衍生金融工具(例如，合同规定发行方或持有方能选择以现金净额或以发行股份交换现金等方式进行结算的衍生金融工具)，发行方应当将其确认为金融资产或金融负债。如果合同条款中所有可能的结算方式均表明该衍生金融工具应当确认为权益工具的，则应当确认为权益工具。

四、可回售工具或仅在清算时才有义务按比例交付净资产的工具

1. 可回售工具

如果发行方发行的金融工具合同条款中约定，持有方有权将该工具回售给发行方以获取现金或其他金融资产，或者在未来某一不确定事项发生或者持有方死亡或退休时，自动回售给发行方的，则为可回售工具。在这种情况下，符合金融负债定义但同时具有下列特征的可回售金融工具，应当分类为权益工具：

(1)赋予持有方在企业清算时按比例份额获得该企业净资产的权利。企业净资产，是指扣

除所有优先于该工具对企业资产要求权之后的剩余资产。按比例份额是指清算时将企业的净资产分拆为金额相等的单位，并且将单位金额乘以持有方所持有的单位数量。

(2)该工具所属的类别次于其他所有工具类别。该工具在归属于该类别前无须转换为另一种工具，且在清算时对企业资产没有优先于其他工具的要求权。

(3)该类别的所有工具具有相同的特征(例如它们必须都具有可回售特征，并且用于计算回购或赎回价格的公式或其他方法都相同)。

(4)除了发行方应当以现金或其他金融资产回购或赎回该工具的合同义务外，该工具不满足金融负债定义中的任何其他特征。

(5)该工具在存续期内的预计现金流量总额，应当实质上基于该工具存续期内企业的损益、已确认净资产的变动、已确认和未确认净资产的公允价值变动(不包括该工具的任何影响)。

2. 仅在清算时才有义务按比例交付净资产的工具

某些金融工具的发行合同约定，发行方仅在清算时才有义务向另一方按比例交付其净资产，这种清算确定将会发生并且不受发行方的控制，或者发生与否取决于该工具的持有方。对于发行方仅在清算时才有义务向另一方按比例交付其净资产的金融工具，符合金融负债定义但同时具有下列特征的，应当分类为权益工具：

(1)赋予持有方在企业清算时按比例份额获得该企业净资产的权利。

(2)该工具所属的类别次于其他所有工具类别。该工具在归属于该类别前无须转换为另一种工具，且在清算时对企业资产没有优先于其他工具的要求权。

(3)在次于其他所有类别的工具类别中，发行方对该类别中所有工具都应当在清算时承担按比例份额交付其净资产的同等合同义务。

3. 对发行方发行在外的其他金融工具的要求

分类为权益的可回售工具，或发行方仅在清算时才有义务向另一方按比例交付其净资产的金融工具，除应具备上述特征外，其发行方应当没有同时具备下列特征的其他金融工具或合同：

(1)现金流量总额实质上基于企业的损益、已确认净资产的变动、已确认和未确认净资产的公允价值变动(不包括该工具或合同的任何影响)。

(2)实质上限制或固定了可回售工具或仅在清算时才有义务按比例交付净资产的工具的持有方所获得的剩余回报。

在运用上述条件时，对于发行方与上述可回售或仅在清算时才有义务向另一方按比例交付其净资产的工具持有方签订的非金融合同，如果其条款和条件与发行方和其他方之间可能订立的同等合同类似，不应考虑该非金融合同的影响。但是，如果不能做出此判断，则不得将该工具分类为权益工具。

五、金融负债和权益工具区分原则的运用

(1)根据金融负债和权益工具区分的原则，金融工具发行条款中的一些约定将影响发行方是否承担交付现金、其他金融资产或在潜在不利条件下交换金融资产或金融负债的义务。例如，发行条款规定强制付息，将导致发行方承担交付现金的义务，则该义务构成发行方的一项金融负债。

如果发行的金融工具合同条款中包含在一定条件下转换成发行方普通股的约定(例如可转换优先股中的转换条款),该条款将影响发行方是否没有交付可变数量自身权益工具的义务或者是否以固定数量的自身权益工具交换固定金额的现金或其他金融资产。

因此，企业发行各种金融工具，应当按照该金融工具的合同条款及所反映的经济实质而非仅以法律形式，运用金融负债和权益工具区分的原则，正确地确定该金融工具或其组成部分的会计分类，不得依据监管规定或工具名称进行会计处理。

(2)在合并财务报表中对金融工具(或其组成部分)进行分类时,企业应当考虑集团成员和金融工具的持有方之间达成的所有条款和条件。如果集团作为一个整体由于该工具而承担交付现金、其他金融资产或以其他导致该工具成为金融负债的方式进行结算的义务，则该工具应当分类为金融负债。

企业发行的可回售工具或仅在清算时才有义务按比例交付净资产的工具，如果满足本规定要求在其财务报表中分类为权益工具的，在其母公司的合并财务报表中对应的少数股东权益部分，应当分类为金融负债。

六、复合金融工具

企业应当对发行的非衍生金融工具进行评估,以确定所发行的工具是否为复合金融工具。企业所发行的非衍生金融工具可能同时包含金融负债成分和权益工具成分。

企业发行的非衍生金融工具同时包含金融负债成分和权益工具成分的，应于初始计量时先确定金融负债成分的公允价值(包括其中可能包含的非权益性嵌入衍生金融工具的公允价值)，再从复合金融工具公允价值中扣除负债成分的公允价值，作为权益工具成分的价值。

例 4-21 带息的永久性优先股。

记账本位币为人民币的A银行发行不可赎回的优先股。该优先股每年每股的固定累积强制股利为人民币1.5元。如果当年的收益不足以支付股利，则该股利将在未来的年度支付。A银行可以宣告额外的股利，但是必须在各类不同的股票间平均分配。

该优先股是同时包含负债和权益部分的复合金融工具。负债部分是发行方交付现金的合同义务(每年每股为人民币1.5元)，而权益部分则是持有方以额外股利的形式获得权益收益的权利(如果A银行宣告股利)。

负债的公允价值是按不含任意股利剩余权益的类似金融工具的市场利率折现后计算的永续支付的每年每股强制股利为人民币1.5元的现值。权益部分则按金融工具整体公允价值扣除单独确定为负债部分金额后的剩余金额计量。

七、重分类

由于发行的金融工具原合同条款约定的条件或事项随着时间的推移或经济环境的改变而发生变化，可能导致已发行金融工具重分类。

发行方原分类为权益工具的金融工具，自不再被分类为权益工具之日起，发行方应当将其重分类为金融负债，以重分类日该工具的公允价值计量，重分类日权益工具的账面价值和金融负债的公允价值之间的差额确认为权益。

发行方原分类为金融负债的金融工具，自不再被分类为金融负债之日起，发行方应当将其重分类为权益工具，以重分类日金融负债的账面价值计量。

例 4-22 记账本位币发生改变时的可转换债券。

以人民币为记账本位币的企业 B 发行以港币计价的可转换债券，债券持有人可以选择将债券转换为固定数量的企业 B 的普通股。由于其可转换特征不能通过以固定金额的记账本位币(人民币)换取固定数量的股票来结算，该可转换债券被整体确认为金融负债。

该债券发行一年后，企业 B 的记账本位币变为港币。在企业 B 的记账本位币转换的当日，可转换特征变为符合权益的定义，因为现在该转换选择权将通过以固定金额的记账本位币(港币)转换固定数量的股票的方式结算。在记账本位币转换的当日，将可转换特征的账面金额重分类为权益是合理的。剩余的金融负债是可转换债券的债务组成部分，即继续确认为金融负债的在债券存续期应支付的利息和到期(如果债券没有被转换)应支付的本金。

如果真实情况与上述的相反，即发行时企业 B 的记账本位币为港币，并且可转换债券作为复合工具予以确认，当企业 B 的记账本位币随后变为人民币时，在变更当日转换选择权将不符合权益工具的定义而应按其公允价值被重分类为金融负债。重分类当日转换选择权的公允价值与原来在权益中确认的金额之间的差异应在权益中确认。

八、投资方购入金融工具的分类

金融工具投资方(持有人)考虑持有的金融工具或其组成部分是权益工具还是债务工具投资时，应当遵循金融工具确认和计量准则以及本规定的相关要求，通常应当与发行方对金融工具的权益或负债属性的分类保持一致。例如，对于发行方归类为权益工具的非衍生金融工具，投资方通常应当将其归类为权益工具投资。

九、主要会计处理

1. 金融工具会计处理的基本原则

企业发行的金融工具应当按照金融工具准则和本规定进行初始确认和计量；其后，于每个资产负债表日计提利息或分派股利，按照相关具体企业会计准则进行处理，即企业应当以所发行金融工具的分类为基础(是属于金融负债还是权益工具)，确定该工具利息支出或股利分配等的会计处理。

(1)对于归类为权益工具的金融工具，无论其名称中是否包含“债”，其利息支出或股利分配都应当作为发行企业的利润分配，其回购、注销等作为权益的变动处理；

(2)对于归类为金融负债的金融工具，无论其名称中是否包含“股”，其利息支出或股利分配原则上都应按照借款费用进行处理，其回购或赎回产生的利得或损失等计入当期损益。

发行方发行金融工具的，其发生的手续费、佣金等交易费用，如分类为债务工具且以摊余成本计量的，应当计入所发行工具的初始计量金额；如分类为权益工具的，应当从权益中扣除。

2. 科目设置

金融工具发行方应根据所发行金融工具的类别，在不同的对应科目中予以核算：

(1)发行方对于归类为金融负债的金融工具在“应付债券”科目中核算，并在各类工具中按“面值”、“利息调整”、“应计利息”设置明细账；

(2)对于需要拆分且形成衍生金融负债或衍生金融资产的，应将拆分的衍生金融负债或衍生金融资产按照其公允价值在“衍生金融工具”科目中核算；

(3)对于发行的且嵌入了非紧密相关的衍生金融资产或衍生金融负债的金融工具，如果发行方选择将其整体指定为以公允价值计量且其变动计入当期损益的，则应将发行的金融工具的整体在“交易性金融负债”等科目中核算；

(4)企业应在所有者权益类科目中增设“其他权益工具”科目，核算其发行的除普通股以外的归类为权益工具的各种金融工具。

3. 主要账务处理

对于发行方而言，《金融负债与权益工具区分规定》就金融工具的账务处理提供了较为明确的指引。归类为债务工具并以摊余成本计量的金融工具，以及本身是衍生金融负债或衍生金融资产或者内嵌了衍生金融负债或衍生金融资产的金融工具，均应按照金融工具确认和计量准则中的规定进行账务处理。除此之外，《金融负债与权益工具区分规定》也涵盖了以下方面内容的具体账务处理。

(1)归类为权益工具的金融工具的初始确认

发行方发行的金融工具归类为权益工具的，应按实际收到的金额，

借：“银行存款”等科目

　　贷：“其他权益工具——优先股、永续债等”科目

分类为权益工具的金融工具，在存续期间分派股利(含分类为权益工具的工具所产生的利息，下同)的，作为利润分配处理。

(2)复合金融工具的初始确认

发行方发行的金融工具为复合金融工具的，应按实际收到的金额，确认金融负债的初始摊余成本，按实际收到的金额扣除负债成分的公允价值后的金额，贷记“其他权益工具——优先股、永续债等”科目。

发行复合金融工具发生的交易费用，应当在负债成分和权益成分之间按照各自占总发行价款的比例进行分摊。与多项交易相关的共同交易费用，应当在合理的基础上，采用与其他类似交易一致的方法，在各项交易之间进行分摊。

(3)金融负债与权益工具的重分类

原归类为权益工具的金融工具重分类为金融负债的，应当于重分类日，按该工具的账面价值，借记“其他权益工具——优先股、永续债等”科目，按该工具的公允价值确认金融负债的初始摊余成本，按该工具的公允价值与账面价值的差额，贷记或借记“资本公积——资本溢价(或股本溢价)”科目，如资本公积不够冲减的，依次冲减盈余公积和未分配利润。发行方以重分类日计算的实际利率作为应付债券后续计量利息调整等的基础。

原归类为金融负债的金融工具重分类为权益工具的，按金融负债的账面价值，借记/(贷记)该金融负债的各科目，贷记“其他权益工具——优先股、永续债等”科目。

(4)金融工具的赎回、注销

发行方按合同条款约定赎回所发行的除普通股以外的分类为权益工具的金融工具，按赎回价格计量。

借：“库存股——其他权益工具”科目

　　贷：“银行存款”等科目

发行方注销所购回的金融工具时：

借："其他权益工具"科目（按该工具对应的其他权益工具的账面价值）

　　贷："库存股——其他权益工具"科目（按该工具的赎回价格）

借/贷："资本公积——资本溢价（或股本溢价）"科目（按以上分录的差额）

如资本公积不够冲减的，依次冲减盈余公积和未分配利润。

发行方按合同条款约定赎回所发行的分类为金融负债的金融工具时：

借："应付债券"等科目（按该工具赎回日的账面价值）

　　贷："银行存款"等科目（按赎回价格）

借/贷："财务费用"科目（按以上分录的差额）

(5)转换为普通股

发行方按合同条款约定将发行的除普通股以外的金融工具转换为普通股的，

借："应付债券"、"其他权益工具"等科目（按该工具对应的金融负债或其他权益工具的账面价值）

　　贷："实收资本（或股本）"科目（按普通股的面值）

　　　　"资本公积——资本溢价（或股本溢价）"科目（按以上分录的差额）

如转股时金融工具的账面价值不足转换为1股普通股而以现金或其他金融资产支付的，还需按支付的现金或其他金融资产的金额，贷记"银行存款"等科目。

第六节　金融资产转移

金融资产转移，是指企业（转出方）将金融资产让与或交付给该金融资产发行方以外的另一方（转入方）。这里所指的金融资产既包括单项金融资产，也包括一组类似的金融资产；既包括单项金融资产（或一组类似金融资产）的一部分，也包括单项金融资产（或一组类似金融资产）整体。

一、金融资产转移的形式

1. 按照表现形式进行分类，企业金融资产转移包括下列两种情形

(1)将收取金融资产现金流量的权利转移给另一方。企业将收取金融资产现金流量的权利转移给另一方，表明该项金融资产发生了全部或部分转移。通常表现为金融资产的合法出售或者金融资产现金流量权利的合法转移。例如，我国实务中常见的票据背书转让、商业票据贴现等，均属于金融资产转移的情形。在这种情形下，转入方拥有了获取被转移金融资产所有未来现金流量的权利，转出方可视金融资产风险和报酬转移情况是否终止确认被转移金融资产。

(2)将金融资产转移给另一方，但保留收取金融资产现金流量的权利，并承担将收取的现金流量支付给最终收款方的义务。

这种金融资产转移的情形通常被称为"过手协议"，因为金融资产未来现金流量的最终收款方通常是独立于转入方和转出方的第三方，转出方扮演了现金流量最终收款人的代理人的角色。这种金融资产转移情形常见于资产证券化业务。例如，当商业银行转移住房抵押信贷的收益权时，银行可能负责收取所转移信贷的本金和利息并最终支付给收益权凭证的持有者，

同时相应地收取服务费。因此，从表现形式上不同于第一种金融资产转移的情形。根据金融资产转移准则规定，如果“过手协议”作为金融资产转移处理，必须同时符合下列三个条件：

①从该金融资产收到对等的现金流量时，才有义务将其支付给最终收款方。这一条件要求，当金融资产转出方从该金融资产收到对等的现金流量时有义务向最终收款方支付，表明转入方承担了延期收款的风险。收到对等的现金流量，通常指被转移资产未来的现金流量是转出方最终支付所需现金流量的唯一来源，其金额应当与最终支付的现金流量相等。转移协议中一般应该对此有合理的安排。有些情况下，转出方发生的短期垫付款项，如果有权全额收回该垫付款并按照市场利率计收利息的，视同满足这一条件。

②根据合同约定，不能出售该金融资产或作为担保物，但可以将其作为对最终收款方支付现金流量的保证。企业不能出售该项金融资产，也不能以该项金融资产作为质押品对外进行担保，意味着转出方不再拥有出售或处置被转移金融资产的权利。但是，由于企业负有向最终收款方支付该项金融资产所产生的现金流量的义务，该项金融资产可以作为企业如期支付现金流量的保证。

③有义务将收取的现金流量及时支付给最终收款方。企业无权将该现金流量进行再投资，但按照合同约定在相邻两次支付间隔期内将所收到的现金流量进行现金或现金等价物投资的除外。企业按照合同约定进行再投资的，应当将投资收益按照合同约定支付给最终收款方。这一条件不仅对转出方在收款日至向最终收款方支付日的较短期限内将收取现金流量再投资做出了限制，而且对转出方出于最终收款人利益而进行的再投资做出了严格的限定，即仅允许进行现金或现金等价物投资。而且不允许转出方在这些短期流动性强的投资中保留任何投资收益，所有的投资收益必须支付给最终收款方。

例 4-23 某商业银行有 6 000 万元住房抵押贷款，期限为 25 年，年利率为 4.9%。由于期限长、流动性差，为了提高资产流动性，有意将该贷款出售给某投资银行；但该投资银行也没有充足资金购买该贷款，于是就以该贷款作质押向公众发行债券；发行债券成功后，该投资银行筹集资金 6 000 万元，将该资金支付给该商业银行，购入贷款 6 000 万元，收回贷款本息的风险由该投资银行自行承担。

随后，该投资银行以购入的贷款应收取的贷款本息用于支付所发行债券应支付的本息。由于住房抵押贷款的客户众多，该投资银行收取贷款本息很不方便，于是委托该商业银行代其收取该住房抵押贷款的本息，该商业银行作为服务商将得到一定的手续费或佣金。该商业银行收取该住房抵押贷款的本息后，将其支付给该投资银行，由投资银行支付给债券持有人；或者是商业银行接受投资银行的委托，将该贷款本息直接支付给债券持有人。

通过上述做法，实现“金融资产证券化”，该商业银行盘活了资产，同时收取了服务费；该投资银行也通过购入金融资产、发行债券等业务取得收益；投资者也有了投资渠道。因此，金融资产证券化是金融企业比较常见的业务之一。

2. 按照转移的金融资产是整体还是部分，企业金融资产转移包括金融资产整体转移和部分转移

金融资产部分转移包括下列三种情形：

(1)将金融资产所产生现金流量中特定、可辨认部分转移，如企业将一组类似贷款的应收利息转移等。

(2)将金融资产所产生全部现金流量的一定比例转移，如企业将一组类似贷款的本金和应收利息合计的 90%转移等。

(3)将金融资产所产生现金流量中特定、可辨认部分的一定比例转移，如企业将一组类似贷款的应收利息的 90%转移等。金融资产转移的其他情形适用于金融资产整体转移。

企业(转出方)对金融资产转入方具有控制权的，除在该企业个别财务报表上应用金融资产转移准则进行处理外，还应按照《企业会计准则第 33 号——合并财务报表》的规定，将转入方纳入合并财务报表的范围。比如，在资产证券化实务中，企业通常设立特殊目的主体作为结构化融资的载体，从法律角度看，企业已把金融资产转移到特殊目的主体，两者之间实现了风险隔离。但是，会计处理时，如果企业能够控制该特殊目的主体，这些特殊目的主体则视同为子公司而应纳入企业合并财务报表的范围。

二、金融资产转移的确认

金融资产转移的核心问题是：要不要对金融资产做终止确认的处理，即要不要注销掉该资产。

1. 终止确认的金融资产转移

1)终止确认原则

企业已将金融资产所有权上几乎所有的风险和报酬转移给转入方的，应当终止确认该金融资产。

对一些复杂的金融资产转移，企业应当比较转移前后该金融资产未来现金流量净现值及时间分布的波动使其面临的风险。如果企业面临的风险因金融资产转移发生实质性改变，则表明企业已将金融资产所有权上几乎所有的风险和报酬转移给了转入方。

2)终止确认的情形

存在下列情形之一的，表明企业已将金融资产所有权上几乎所有的风险和报酬转移给转入方，应当终止确认所转移的金融资产：

(1)企业以不附追索权方式出售金融资产；

(2)企业将金融资产出售，同时与买入方签订协议，在约定期限结束时按当日该金融资产的公允价值回购；

(3)企业将金融资产出售，同时与买入方签订看跌期权合约(即买入方有权将该金融资产返售给企业)，但从合约条款判断，该看跌期权是一项重大价外期权(即期权合约的条款设计，使得金融资产的买方极小可能会到期行权)。此时，可以认定企业已经转移了该项金融资产所有权上几乎所有的风险和报酬，因此，应当终止确认该金融资产。

例 4-24 A 公司将其持有的 C 公司的股票 2 000 股出售给 B 公司，同时与 B 公司签订了未来一年后以 10 元/股回购的期权，若是预计一年后该股票的价值是 5 元/股，则对于 A 公司来说就是重大价外的看涨期权，到期不会行使该权利，所以 A 公司处置的金融资产应该终止确认。

承上例，若是 A 公司出售给 B 公司后，B 公司与 A 公司签订了一份未来一年后以 10 元/股出售给 A 公司的期权，假定未来一年后股票市价是 15 元/股，则对于 A 公司来说是重大价外的看跌期权，B公司到期肯定是不出售给A公司的，所以A公司处置的金融资产可以终止确认。

以上是对一个问题从两个角度做的分析，主要分析谁是期权的主动签订方。

对于其他一些复杂金融资产转移，其是否符合终止确认条件，应当比较转移前后该金融资产未来现金流量净现值及时间分布的波动使其面临的风险来判断。企业面临的风险因金融资产转移发生实质性改变的，表明该企业已将金融资产所有权上几乎所有的风险和报酬转移给了转入方，从而应终止确认金融资产。

企业需要通过计算判断是否已将金融资产所有权上几乎所有的风险和报酬转移给了转入方的，在计算金融资产未来现金流量净现值时，应当考虑所有合理、可能的现金流量波动，并采用适当的现行市场利率作为折现率。

2. 不终止确认的金融资产转移

(1)不终止确认原则

企业保留了金融资产所有权上几乎所有的风险和报酬的，不应当终止确认该金融资产。

企业面临的风险没有因金融资产转移发生实质性改变的，表明企业仍保留了金融资产所有权上几乎所有的风险和报酬，不应当终止确认该金融资产。

也就是说，若金融资产转移不能终止确认，则说明是一种融资行为，就要将收到的价款确认为负债。

(2)不终止确认的金融资产转移的情形

以下情形通常表明企业保留了金融资产所有权上几乎所有的风险和报酬，不应当终止确认相关金融资产：

①采用附追索权方式出售金融资产；

②企业将金融资产出售，同时与买入方签订协议，在约定期限结束时按固定价格或原售价加合理回报将该金融资产回购，如买断式回购、质押式回购交易卖出债券等；

③企业将金融资产出售，同时与买入方签订看跌期权合约(即买入方有权将该金融资产返售给企业)，但从合约条款判断，该看跌期权是一项重大价内期权(即期权合约的条款设计，使得金融资产的买方很可能会到期行权)；

④企业(银行)将信贷资产整体转移，同时保证对金融资产买方可能发生的信用损失进行全额补偿；

⑤企业将金融资产出售，同时与转入方达成一项总回报互换协议，该互换使市场风险又转回给了金融资产的出售方。

对于相对金融资产转移，应当像判断是否符合终止确认条件那样，通过分析计算来判断。如果分析计算表明，企业面临的风险没有因金融资产转移发生实质性改变，则表明该企业仍保留了金融资产所有权上几乎所有的风险和报酬，从而不应当终止确认该金融资产。

三、金融资产转移的计量

1. 满足终止确认条件的金融资产转移的计量

(1)金融资产整体转移满足终止条件时，相关金融资产转移损益应按如下公式计算：

因转移收到的对价+原直接计入所有者权益的公允价值变动累计利得(如为累计损失，应为减项)–所转移金融资产的账面价值=金融资产整体转移损益。

理解以上公式时，应注意下面两点：

第一，因金融资产转移获得了新金融资产或承担了新金融负债的，应当在转移日按照公允价值确认该金融资产或金融负债(包括看涨期权、看跌期权、担保负债、远期合同、互换等)，并将该项金融资产扣除金融负债后的净额作为上述对价的组成部分。

企业与金融资产转入方签订服务合同提供相关服务的(包括收取金融资产的现金流量,并将所收取的现金流量交付给指定的资金保管机构等),应当就该服务合同确认一项服务资产或服务负债。服务负债应当按照公允价值进行初始计量，并作为上述对价的组成部分。服务资产应当视同未终止确认金融资产的一部分，其金额应根据所转移金融资产整体的账面价值在终止确认和未终止确认部分之间按各自相对公允价值进行分摊而确定。实务中，服务合同所涉及的服务金额较小的，企业可以在收取服务费当期确认为收入，即因转移收到的对价=因转移交易收到的价款+新获得金融资产的公允价值+因转移获得服务资产的价值–新承担金融负债的公允价值–因转移承担的金融负债的公允价值。

第二，原直接计入其他综合收益的公允价值变动累计利得或损失，是指所转移金融资产(如可供出售金融资产)转移前公允价值变动直接计入所有者权益的累计额。

金融资产整体转移形成的损益=因转移收到的对价–所转移金融资产账面价值+(或–)原直接计入所有者权益的公允价值变动累计利得(或损失)。

例 4-25 20×7 年 1 月 1 日，甲公司将持有的乙公司发行的 10 年期公司债券出售给丙公司，经协商出售价格为 330 万元，20×6 年 12 月 31 日，该债券公允价值为 310 万元。该债券于 20×6 年 1 月 1 日发行，甲公司持有该债券时已将其分类为可供出售金融资产，面值为 300 万元，年利率为 6%(等于实际利率)，按年支付利息。

甲公司转让可供出售金融资产时：

借：银行存款	3 300 000	
贷：可供出售金融资产		3 100 000
投资收益		200 000

同时，将原计入所有者权益的公允价值变动利得或损失转出：

借：其他综合收益	100 000	
贷：投资收益		100 000

例 4-26 (承上例)甲公司将债券出售给丙公司时，同时签订了一项看涨期权合约，期权行权日为 20×7 年 12 月 31 日，行权价为 400 万元，期权的公允价值(时间价值)为 10 万元。假定预计行权日该债券的公允价值为 300 万元。其他条件不变。

本例中，由于期权的行权价(400 万元)大于行权日债券的公允价值(300 万元)，因此，该看涨期权属于重大价外期权，即甲公司在行权日不会重新购回该债券。所以，在转让日，可以判定债券所有权上的风险和报酬已经全部转移给丙公司，甲公司应当终止确认该债券。但同时，由于签订了看涨期权合约，获得了一项新的资产，应当按照在转让日的公允价值(10 万元)确认该期权。

甲公司出售该债券业务应做如下会计分录：

借：银行存款　　3 300 000
　　衍生金融工具——看涨期权　　100 000
　　贷：可供出售金融资产　　3 100 000
　　　　投资收益　　300 000
借：其他综合收益　　100 000
　　贷：投资收益　　100 000

(2) 金融资产部分转移满足终止确认条件的计量原则。

金融资产部分转移满足终止确认条件的，应当将所转移金融资产整体的账面价值，在终止确认部分和未终止确认部分(在此种情况下，所保留的服务资产应当视同未终止确认金融资产的一部分)之间，按照各自的相对公允价值进行分摊，并将终止确认部分的对价，与原直接计入其他综合收益的公允价值变动累计额中对应终止确认部分的金额(涉及转移的金融资产为可供出售金融资产的情形)之和，扣除终止确认部分的账面价值后的差额，确认为金融资产转移损益。

原直接计入其他综合收益的公允价值变动累计额中对应终止确认部分的金额，应当按照金融资产终止确认部分和未终止确认部分的相对公允价值，对该累计额进行分摊后确定。

在金融资产部分转移满足终止确认条件的情况下，企业在将所转移金融资产整体的账面价值按相对公允价值在终止确认部分和未终止确认部分之间进行分摊时，未终止确认部分的公允价值按照下列原则确定：

第一，企业出售过去未终止确认部分类似的金融资产，或发生过与未终止确认部分有关的其他市场交易的，应当按照最近实际交易价格确定。

第二，未终止确认部分在活跃市场上没有报价，且最近市场上也没有与其有关的实际交易价格的，应当按照所转移金融资产整体的公允价值扣除终止确认部分的对价后的余额确定。该金融资产整体的公允价值确实难以合理确定的，按照金融资产整体的账面价值扣除终止确认部分的对价后的余额确定。

例 4-27　20×8 年，甲公司发生的业务如下：

(1) 与 A 银行签订应收账款保理合同，同意将 20×8 年 6 月份发生的应收账款 1 000 万元转让给银行，取得借款 800 万元，该保理合同附有追索权，银行对到期无法收到的应收账款，附有向甲公司追索的权利；

(2) 与 B 银行签订应收账款保理合同，同意将 20×8 年 8 月份发生的应收账款 500 万元转让给银行，取得借款 400 万元，该保理合同规定，对到期无法收到的应收账款，银行只针对 300 万元附有向甲公司追索的权利，对剩余的 200 万元没有追索权。

分析：对于应收账款保理业务只有不附追索权的部分才可以终止确认，根据事项 (1) 和 (2) 只有 200 万元的应收账款是不附有追索权的，因此应该终止确认的金额为 200 万元。

2. 不满足终止确认条件的金融资产转移的计量

企业仍保留与所转移金融资产所有权上几乎所有的风险和报酬的，应当继续确认所转移金融资产整体，并将收到的对价确认为一项金融负债。

该金融资产与确认的相关金融负债不得相互抵销。在随后的会计期间，企业应当继续确认该金融资产产生的收入和该金融负债产生的费用。所转移的金融资产以摊余成本计量的，确认的相关负债不得指定为以公允价值计量且其变动计入当期损益的金融负债。

例 4-28 20×8 年 6 月 15 日，A 公司销售一批商品给 B 公司，开出的增值税专用发票上注明的销售价款为 200 万元，增值税销项税额为 34 万元，款项尚未收到。双方约定，B 公司应于 20×8 年 12 月 31 日付款。20×8 年 8 月 15 日，经与 X 银行协商后约定：A 公司将应收 B 公司的贷款出售给 X 银行，价款为 220 万元；在应收 B 公司贷款到期无法收回时，X 银行可以向 A 公司追偿。假定不考虑其他因素。

A 公司与应收债权出售有关的账务处理如下。

① 20×8 年 8 月 15 日出售应收债权：

借：银行存款　　220

　　贷：短期借款　　220

②20×8 年 12 月 31 日贷款到期，B 公司将贷款支付给 X 银行时，A 公司的账务处理如下：

借：财务费用　　14

　　贷：短期借款　　14

借：短期借款　　234

　　贷：应收账款　　234

③如果 20×8 年 12 月 31 日贷款到期，B 公司无法将贷款支付给 X 银行时，A 公司应偿还银行借款，A 公司的账务处理如下：

借：财务费用　　14

　　贷：短期借款　　14

借：短期借款　　234

　　贷：银行存款　　234

例 4-29 A 公司销售一批商品给 B 企业，货已发出，增值税专用发票上注明的商品价款为 200 000 元，增值税销项税额为 34 000 元。当日收到 B 企业签发的不带息商业承兑汇票一张，该票据的期限为 3 个月。相关销售商品收入符合收入确认条件。

A 公司的账务处理如下：

①销售实现时：

借：应收票据　　234 000

　　贷：主营业务收入　　200 000

　　　　应交税费——应交增值税(销项税额)　　34 000

②3 个月后，应收票据到期，A 公司收回款项 234 000 元，存入银行：

借：银行存款　　234 000

　　贷：应收票据　　234 000

③如果 A 公司在该票据到期前向银行贴现，且银行拥有追索权，则表明甲公司应收票据贴现不符合金融资产终止确认条件，应将贴现所得确认为一项金融负债(短期借款)。假定甲公司贴现获得现金净额 231 660 元，则甲公司有关账务处理如下：

借：银行存款　　231 660

　　短期借款——利息调整　　2 340

贷：短期借款——成本　　234 000

贴现息 2 340 元应在票据贴现期间采用实际利率法确认为利息费用。实务处理中，贴现息金额较小时，也可以直接计入财务费用。

例 4-30　20×8 年 6 月 1 日，A 公司将其持有的一笔国债出售给 B 公司，售价为 400 000 元，年利率为 3.5%。同时，A 公司与 B 公司签订了一项回购协议，3 个月后由 A 公司将该笔国债购回，回购价为 403 500 元。20×8 年 9 月 1 日，甲公司将该笔国债购回。假定该笔国债合同利率与实际利率差异较小。

甲公司应做如下会计处理：

①判断是否应终止确认：

由于此项出售属于附回购协议的金融资产出售，到期后 A 公司应将该笔国债购回，因此可以判断，该笔国债几乎所有的风险和报酬没有转移给 B 公司，A 公司不应终止确认该笔国债。

②20×8 年 6 月 1 日，A 公司出售该笔国债时：

借：银行存款　　400 000

　　贷：卖出回购金融资产款（负债类科目）　　400 000

③资产负债表日确认利息费用时：

20×8 年 8 月 30 日，A 公司应按实际利率计算确定卖出回购国债的利息费用，由于该笔国债合同利率与实际利率差异较小，A 公司可以以合同利率计算确定利息费用。

卖出回购国债的利息费用=400 000×3.5%×3/12=3500（元）

借：利息支出　　3 500

　　贷：应付利息　　3 500

④20×8 年 9 月 1 日，A 公司回购时：

借：卖出回购金融资产款　　400 000

　　应付利息　　3 500

　　贷：银行存款　　403 500

3. 继续涉入的情形

1）继续涉入的判断

企业既没有转移也没有保留金融资产所有权上几乎所有的风险和报酬的，应当分别按如下情况处理：

（1）放弃了对该金融资产控制的，应当终止确认该金融资产；

（2）未放弃对该金融资产控制的，应当按照其继续涉入所转移金融资产的程度确认有关金融资产，并相应确认有关金融负债。继续涉入所转移金融资产的程度，是指该金融资产价值变动使企业面临的风险水平。

【备注】 判断是否已放弃对所转移金融资产的控制，应当重点关注转入方出售该金融资产的实际能力。相关判断指标有以下三个。

①如果转入方能够单独将转入的金融资产整体出售给与其不存在关联方关系的第三方，且企业（转出方）没有额外条件对此项出售加以限制，说明转入方有出售该金融资产的实际能力，同时表明企业（转出方）已放弃对该金融资产的控制，从而应终止确认所转移的金融资产。

②转入方是否能够将转入的金融资产整体出售给与其不存在关联方关系的第三方，应当

关注该金融资产是否存在活跃市场。如果不存在活跃市场，即使合同约定转入方有权处置金融资产，也不表明转入方有“实际能力”。

③转入方是否能够单独出售所转入的金融资产且没有额外条件对此销售加以限制(是否可以自由地处置所转入金融资产)，主要关注是否存在与出售密切相关的约束性条款。比如，存在重大价内看涨期权时，表明转入方无出售此金融资产的实际能力。

2)继续涉入的计量

①企业既没有转移也没有保留金融资产所有权上几乎所有的风险和报酬，且未放弃对该金融资产控制的，应当按照其继续涉入所转移金融资产的程度，在充分反映保留的权利和承担的义务的基础上，确认有关金融资产，并相应地确认有关负债。

②通过对所转移金融资产提供财务担保方式继续涉入的，应当在转移日按照金融资产的账面价值和财务担保金额两者之中的较低者，确认继续涉入形成的资产，同时按照财务担保金额和财务担保合同的公允价值(提供担保的取费)之和确认继续涉入形成的负债。财务担保金额，是指企业所收到的对价中将被要求偿还的最高金额。

③在随后的会计期间，财务担保合同的初始确认应当在该财务担保合同期间内按照时间比例摊销，确认为各期收入。因担保形成的资产的账面价值，应当在资产负债日进行减值测试。

④企业应当对因继续涉入所转移金融资产形成的有关资产确认相关收入，对继续涉入形成的有关负债确认相关费用。继续涉入所形成的相关资产和负债不应当相互抵销。

⑤企业仅继续涉入所转移金融资产一部分的，应当将该部分金融资产视为一个整体，并在此基础上运用上述继续涉入会计处理原则。

例 4-31 A 公司为一家在深圳证券交易所挂牌交易的金融类上市公司。A 公司在 20×8 年度发生如下金融资产转移业务:

(1)20×8 年 1 月 10 日，A 公司与中国银行签订一笔贷款转让协议，由 A 公司将其本金为 2 000 万元、年利率为 9%、贷款期限为 11 年的组合贷款出售给中国银行，售价为 2 000 万元。双方约定，由 A 公司为该笔贷款提供担保，担保金额为 600 万元，实际贷款损失超过担保金额的部分由中国银行承担。在金融资产转移日，该笔贷款(包括担保)的公允价值为 2 000 万元，其中，担保的公允价值为 200 万元。A 公司没有保留对该笔贷款的管理服务权。

(2)20×8 年 3 月 10 日，A 公司将持有的 B 公司发行的 5 年期公司债券出售给 C 公司，同时签订了一项看涨期权合约，期权行权日为 20×8 年 12 月 31 日，行权价为 400 万元。A 公司支付期权费 10 万元。假定预计行权日该债券的公允价值为 500 万元。

(3)20×8 年 7 月 20 日，A 公司将某项账面余额为 2 500 万元的应收账款(已计提坏账准备 100 万元)转让给 X 投资银行，转让价格为当日公允价值 1 875 万元；同时与 X 投资银行签订了应收账款的回购协议，双方约定 3 个月后 A 公司有优先回购选择权，回购价为该应收账款的市场价格。同日，X 投资银行按协议支付了 1 875 万元。该应收账款 20×8 年 12 月 31 日的预计未来现金流量现值为 1 800 万元。

(4)20×8 年 8 月 1 日，A 公司将其持有的一笔国债出售给 Y 公司，售价为 400 万元，该债券年利率为 3.5%。同时，A 公司与 Y 公司签订了一项回购协议，协议规定 3 个月后由 A 公司将该笔国债购回，回购价为 404 万元。20×8 年 11 月 1 日，A 公司将该笔国债购回。假定该笔国债合同利率与实际利率差异较小。

分析如下：

(1) 不符合终止确认条件。

理由：A 公司由于既没有转移也没有保留该笔组合贷款所有权上几乎所有的风险和报酬，也未放弃对其控制，而且因为贷款没有活跃的市场，中国银行不具备出售该笔贷款的“实际能力”，导致 A 公司也未放弃对该笔贷款的控制，所以，应当按照继续涉入该笔贷款的程度确认有关资产和负债。

(2) 不符合终止确认条件。

理由：由于期权的行权价(400 万元)小于行权日债券的预计公允价值(500 万元)，因此，该看涨期权属于重大价内期权，即 A 公司在行权日将重新购回该债券。所以，在转让日，可以判定债券所有权上的风险和报酬尚未全部转移给 C 公司，A 公司不应当终止确认该债券。

(3) 符合终止确认条件。

理由：通过企业与购买方 X 银行之间签订的协议，企业按一定价格出售了一项金融资产，同时约定到期日企业再将该金融资产购回，回购价为到期日该金融资产的公允价值。在回购等待期内，该项金融资产如果发生减值，其减值损失由购买方承担；如果升值，其收益由购买方享有。企业在金融资产转移后只保留了优先按照公允价值回购该金融资产的权利，因此可以认定企业已经转移了该项金融资产所有权上几乎所有的风险和报酬。因此，应当终止确认该金融资产。

(4) 不符合终止确认条件。

理由：由于此项出售属于附回购协议的金融资产出售，到期后 A 公司应将该笔国债购回，回购价固定，因此可以判断，该笔国债所有权上几乎所有的风险和报酬没有转移给 Y 公司，A 公司不应终止确认该笔国债。

练习题四

1．黄河公司有关股票投资业务的资料如下。

(1)20×6 年 5 月 1 日，黄河公司从股票二级市场以 15 元/股(含已宣告但尚未领取的现金股利 0.2 元)的价格购入长江公司发行的股票 600 万股，划分为可供出售金融资产。

(2)20×6 年 5 月 10 日，黄河公司收到长江公司发放的上年现金股利。

(3)20×6 年 12 月 31 日，该股票的市场价格为 14 元/股。黄河公司预计该股票的价格下跌是暂时的。

(4)20×7 年 12 月 31 日，该股票的市场价格为 13 元/股。黄河公司预计该股票的价格下跌是暂时的。

(5)20×8 年，长江公司因违犯相关证券法规，受到证券监管部门查处。受此影响，长江公司股票的价格发生下跌。至 20×9 年 12 月 31 日，该股票的市场价格下跌到 6 元/股。

(6)20×9 年，长江公司整改完成，加之市场宏观面好转，股票价格有所回升，至 12 月 31 日，该股票的市场价格上升到 10 元/股。

要求：编制与上述业务相关的会计分录。

2．黄河公司 20×6 年至 20×7 年发生与金融资产有关的业务如下。

(1)20×6 年 1 月 1 日，黄河公司以 1 120 万元的价格购入甲公司于当日发行的 5 年期面值为 1 000 万元的公司债券，票面利率为 5%，每年年末付息，到期一次还本，另支付相关费用 6.68 万元。黄河公司将其划分为持有至到期投资核算。

(2)20×6 年 5 月 1 日，甲公司发行的该债券开始上市流通。

(3)20×6 年 12 月 31 日，黄河公司持有的该债券的公允价值为 1 200 万元。

(4)20×7 年，甲公司发生严重财务困难，虽仍可支付该债券当年的票面利息，但预计未来现金流量将受到严重影响，20×7 年年底，黄河公司经合理估计，预计该持有至到期投资的未来现金流量现值为 1 050 万元。

已知：[(*P*/*F*，2%，5)=0.905；(*P*/*F*，3%，5)=0.862；(*P*/*A*，2%，5)=4.713；(*P*/*A*，3%，5)=4.579]

(1)计算黄河公司取得该项债券投资的实际利率。

(2)计算 20×6 年 1 月 1 日黄河公司取得金融资产的入账价值，并编制有关分录。

(3)计算确定 20×6 年 12 月 31 日黄河公司该项持有至到期投资的摊余成本，并编制有关分录。

(4)编制 20×7 年 12 月 31 日黄河公司有关该项持有至到期投资的分录。

3．甲公司为国有大型钢铁企业。近年来，国内钢铁行业产能过剩，国际铁矿石价格居高不下，产品市场价格不断下跌，企业经济效益持续下滑。为了做好 2×14 年上半年的信息披露及其他财务工作，公司分管财务工作的副总经理主持召开财务工作会议，听取财务总监和财务经理工作汇报，并部署下半年的财务工作，会议内容如下：

(1)甲公司于 2×14 年 1 月 2 日与某金融资产管理公司签订协议，将其划分为次级类和损失类的委托贷款共 10 笔打包出售给该金融资产管理公司，该批贷款总金额为 1 000 万元，原已计提贷款损失准备 500 万元，双方协议转让价为 600 万元，转让后，甲公司不再保留任何权利和义务。2×14 年 2 月 20 日，甲公司收到款项。甲公司财务经理认为不应终止确认该金融资产，只需要在财务报表附注中做披露。

(2)甲公司于 2×13 年 9 月 1 日销售产品一批给戊公司，价款为 600 万元，增值税税额为 102 万元，双方约定戊公司于 2×14 年 6 月 30 日付款。2×14 年 4 月 1 日，甲公司由于急需周转资金，将应收戊公司的账款出售给中国工商银行，出售价款为 680 万元。甲公司与中国工商银行签订的协议中规定，在应收戊公司账款到期、戊公司不能按期偿还时，甲公司应负责偿还中国工商银行损失。甲公司已收到款项并存入银行。甲公司财务经理认为应终止确认该项应收账款，并将收到的价款 680 万元与其账面价值 702 万元之间的差额 22 万元计入当期损益。

(3)2×14 年 6 月 1 日，甲公司将持有的乙公司发行的 5 年期公司债券出售给丁公司，经协商，出售价格为 500 万元。同时签订了一项看涨期权合约，甲公司有权在 2×14 年 12 月 31 日(到期日)以 520 万元的价格回购该债券。甲公司判断，该期权是重大的价内期权(即到期极可能行权)。对于此项业务，甲公司财务经理认为债券所有权上的风险和报酬尚未转移给丁公司，甲公司不应当终止确认该债券。

(4)甲公司的股权激励制度已经获得股东大会的批准，需要明确相关的会计政策。甲公司财务总监认为，对于权益结算的股份支付，在等待期内的每个资产负债表日，应以可行权权益工具数量的最佳估计为基础，按照权益工具在资产负债表日的公允价值，将当期取得的服务计入相关资产成本或当期费用，同时计入负债。

(5)为充分利用期货市场管理产品价格风险，甲公司董事会已决定开展套期保值业务，副总经理在会议上强调开展套期保值业务应以效益最大化为目标，为应对当前产品市场价格不断下跌的不利形势，要求有关部门准确研判宏观经济形势，科学把握期货市场行情，利用期货市场开展套期保值业务，务求经济效益最大化。

要求：

(1) 逐项判断资料(1)～(3)项的会计处理是否正确，并说出理由；如不正确，请说明正确的会计处理。

(2) 逐项判断资料(4)～(5)项的处理是否存在不当之处，若存在不当之处，请指出并说明理由。

4. A公司(以下简称A公司)系国内一家上市公司，系B会计师事务所的常年审计客户。在对2×14年度财务报表审计前，A公司的财务总监给B会计师事务所的刘洪注册会计师发了电子邮件，沟通2×14年有关A公司金融资产的处理。

(1) 2×14年1月1日，A公司按面值购入长江公司发行的分期付息、到期还本债券100万张，该债券每张面值为100元，期限为5年，票面年利率为5%，利息于每年年末支付，购入时支付款项10 050万元(包括相关交易费用)。A公司管理层根据当前的资金状况将购入的长江公司债券分类为持有至到期投资。

2×14年12月，A公司预计2013年资金周转紧张，于2×14年12月25日将所持有长江公司债券的80%予以出售，出售所得价款扣除相关交易费用后的净额为7 950万元。出售该部分债券后，A公司预计未来有充裕的现金，对于剩余20%长江公司的债券有能力持有至到期，出售80%长江公司债券后，未对所持有的剩余20%的长江公司债券进行重分类。

(2) 2×14年11月1日，A公司购入黄河公司首次公开发行的5%有表决权股份，共计100万股，支付价款800万元。该股份的限售期为12个月(2×14年11月1日至2×15年10月30日)。除规定具有限售期的股份外，黄河公司其他流通股自首次公开发行之日起上市交易。A公司对黄河公司不具有控制、共同控制或重大影响。2×14年12月31日，黄河公司股票公允价值为10元/股。A公司将该投资计入长期股权投资核算，采用成本法计量。

(3) 2×14年1月1日，A公司自证券市场购入B公司于当日发行的到期一次还本付息的债券，该债券面值总额为120万元，票面年利率为5%，期限为5年。购入时，实际支付价款90万元，另外支付交易费用2万元。假定A公司计算确定的实际年利率为8%。A公司将该投资作为可供出售金融资产核算。2×14年年末，债券投资的公允价值下降为70万元，A公司预计该项债券投资的公允价值还会持续下跌。A公司于2×14年年末确认投资收益为7.36万元，资本公积为29.36万元。

(4) 2×14年4月10日，A公司销售一批商品给C公司，商品总价(含增值税)为585万元，已开具增值税专用发票，款项尚未收到。双方约定，C公司应于2×14年11月10日付款。2×14年9月20日，A公司与C公司协商后约定，将应收C公司的货款转让给C信托公司，价款为512万元，在C公司不能按期偿还货款时，C公司不能向A公司追偿。A公司根据以往经验，预计该商品将发生的销售退回金额为9.36万元，实际发生的销售退回由A公司承担。对于该应收账款的转让业务，A公司将收到的转让款项与所转让应收账款账面价值之间的差额73万元计入营业外支出。

要求：

根据上述资料，假定不考虑职业道德的有关规定，代刘洪注册会计师逐项判断A公司对上述金融资产的处理是否正确，并简要说明理由。

第五章

衍生金融工具

本章学习提示

学习内容：

本章的内容包括基本金融工具与衍生金融工具的界定、特点、作用等，几个主要的衍生金融工具的概述与会计核算以及套期保值会计的核算问题。

学习要点：

1. 衍生金融工具的界定；
2. 远期合约的界定与会计核算；
3. 期货合约的界定与会计核算；
4. 期权的界定与会计核算；
5. 套期保值会计。

第一节　衍生金融工具概述

金融工具是交易各方基于各自的预期所签订的按照其意愿来转移资金的合同，泛指可在金融市场进行交易的各种金融合同。金融工具可分为基本金融工具与衍生金融工具。

一、基本金融工具的定义

一般地说，在金融工具中有我们熟知的项目，如现金、应收款项和应付款项、债务证券（就发行者而言是应付债券）或债权证券（就持有者而言是债权投资）、权益证券（普通股和各类优先股票、按现行资产负债表结构都归入股东权益），它们早已是资产负债表的表内项目，符合财务会计概念框架给出的财务报表要素的定义，确认标准和计量基础，这已经形成一种普遍认同的传统。

二、衍生金融工具的定义及特点

1. 衍生金融工具的定义

衍生金融工具又称“金融衍生金融产品”，是与基础金融产品相对应的一个概念，包括具有下列特征的金融工具或其他合同：

(1)衍生金融工具的价值变动取决于标的物变量的变化。衍生金融工具派生于基础金融工具，其价值取决于基础金融工具利率、汇率、股票指数、费率指数、信用等级、信用指数等。

衍生金融工具的名义金额既指一定数量的货币金额，也可能指一定数量的股份，还可能指衍生金融工具合同所约定的一定数量的其他项目。当然，并不是所有的衍生金融工具的结算金额都需要通过名义金额确定，有些可以通过合同明确规定的结算条款确定。

(2)不要求初始净投资或只要求很少的初始净投资。有的衍生金融工具不要求初始净投资，通常指企业签订某项衍生金融工具合同时不需要支付现金或现金等价物，有的则只要求很少的初始净投资。与合同标的物金额相比，初始净投资额只占很小的比重。

(3)在未来某一日期结算。衍生金融工具属于“未来”交易，通常非即时结算。

一般为便于理解和分析，业界常常将衍生金融工具分为远期合约、期货合约、期权合约和互换合约，并视之为衍生金融工具的四种基本常态。基于这些基本形态可以组合出新的产品形态，如期货期权、远期互换、互换期货和互换期权等。

近几十年来，衍生金融工具市场的快速崛起成为市场经济史中最引人注目的事件之一。过去，通常把市场区分为商品(劳务)市场和金融市场，进而根据金融市场工具的期限特征把金融市场分为货币市场和资本市场。衍生金融产品的普及改变了整个市场结构：它们连接起传统的商品市场和金融市场，并深刻地改变了金融市场与商品市场的截然划分；衍生金融产品的期限可以从几天扩展至数十年，已经很难将其简单地归入货币市场或是资本市场；其杠杆交易特征撬动了巨大的交易量，它们无穷的派生能力使所有的现货交易都相形见绌；衍生金融工具最令人着迷的地方还在于其强大的构造特性，不但可以用衍生金融工具合成新的衍生金融产品，还可以复制出几乎所有的基础产品。

它们所具有的这种不可思议的能力已经改变了“基础产品决定衍生金融工具”的传统思维模式，使基础产品与衍生金融工具之间的关系成为不折不扣的“鸡与蛋孰先孰后”的不解之谜。

2007 年起源于美国的信贷危机波及全球金融市场，并进而将全球经济带入下降轨道。美联储估计原本规模约为 1 000 亿美元的美国次级贷款，何以最终波及大量金融机构，最终放大为一场“海啸”呢？很多人将其归咎于衍生金融工具的泛滥和难以估值、无法约束。早在 2002 年，巴菲特就在其致股东信中断言衍生金融工具是“魔鬼”、“定时炸弹”，甚至是“大规模杀伤武器”。

若论衍生金融工具功过，还是应坚持一分为二的辩证立场。衍生金融工具所具有的灵活方便、设计精巧、高效率等特征的确是风险管理和金融投资的利器，不能因为引致金融海啸就彻底否定它，对它的研究和运用都还需要进一步深化；同时，也必须看到，对微观个体分散风险有利的衍生金融工具，并没有从根本上消除金融风险的源头，反而可能引起风险总量的净增长，在特定条件下，就可能酝酿出巨大的金融灾难。因此，强化对金融衍生金融产品的政府监管、信息披露以及市场参与者的自律将是必要之举。

2. 衍生金融工具的特点

具体而言，衍生金融工具具有以下几个特点：

(1)零和博弈

这里指合约交易的双方盈亏完全负相关，并且净损益为零，因此为“零和博弈”。

(2)跨期性

衍生金融工具是交易双方通过对利率、汇率、股价等因素变动的趋势的预测，约定在未来某一时间按一定的条件进行交易或选择是否交易的合约。无论是哪一种衍生金融工具，都会影响交易者在未来一段时间内或未来某时间上的现金流，跨期交易的特点十分突出。这就要求交易的双方对利率、汇率、股价等价格因素的未来变动趋势做出判断，而判断的准确与否直接决定了交易者的交易盈亏。

(3)联动性

这里指衍生金融工具的价值与基础产品或基础变量紧密联系。通常，衍生金融工具与基础变量相联系的支付特征由衍生金融工具合约所规定，其联动关系既可以是简单的线性关系，也可以表达为非线性函数或者分段函数。

(4)不确定性或高风险性

衍生金融工具的交易后果取决于交易者对基础金融工具未来价格的预测和判断的准确程度。基础金融工具价格的变幻莫测决定了衍生金融工具交易盈亏的不稳定性，这是衍生金融工具具有高风险的重要诱因。

(5)高杠杆性

衍生金融产品的交易采用保证金(margin)制度，即交易所需的最低资金只需满足基础资产价值的某个百分比。保证金可以分为初始保证金(initial margin)和维持保证金(maintains margin)，并且在交易所交易时采取盯市(marking to market)制度，如果交易过程中的保证金比例低于维持保证金比例，那么将收到追加保证金通知(margin call)，如果投资者没有及时追加保证金，其将被强行平仓，由此可见，衍生金融工具交易具有高风险、高收益的特点。

(6)契约性

衍生金融工具交易是对基础金融工具在未来某种条件下的权利和义务的处理，从法律上理解是合同，是一种建立在高度发达的社会信用基础上的经济合同关系。

(7)交易对象的虚拟性

衍生金融工具交易的对象是对基础金融工具在未来各种条件下处置的权利和义务，如期权的买权或卖权、互换的债务交换义务等，构成所谓“产品”，表现出一定的虚拟性。

(8)交易目的的多重性

衍生金融工具交易通常有套期保值、投机、套利和资产负债管理这四大目的。其交易的主要目的并不在于所涉及的基础金融工具所有权的转移，而在于转移与该金融商品相关的价值变化的风险或通过风险投资获取经济利益。

三、衍生金融工具的作用及风险

1. 衍生金融工具的作用

(1)避险保值

这是衍生金融工具被金融企业界广泛应用的初衷所在。衍生金融工具有助于投资者或储蓄者认识、分离各种风险构成和正确定价，使他们能根据各种风险的大小和自己的偏好更有效地配置资金，有时甚至可以根据客户的特殊需要设计出特制的产品。衍生市场的风险转移机制主要通过套期保值交易发挥作用，通过风险承担者在两个市场的相反操作来锁定自己的利润。一般那些以适当的抵销性衍生金融工具交易活动来减少或消除某种基础金融或商品的风险，目的在于牺牲一些资金(因为衍生金融工具交易需要一定的费用)以减少或消除风险的个人或企业称为对冲保值者。此类主体的活动是金融衍生市场较为主要的部分，也充分体现了该市场用于进行财务风险管理的作用。

(2)投机

与避险保值正相反的是，投机的目的在于多承担一点风险去获得高额收益。投机者利用衍生金融工具市场中保值者的头寸并不恰好互相匹配对冲的机会，通过承担保值者转嫁出去的风险的方法，博取高额投机利润。还有一类主体是套利者，他们的目的与投机者差不多，但不同的是套利者寻找的是几乎无风险的获利机会。由于金融衍生市场交易机制和衍生金融工具本身的特征，尤其是杠杆性、虚拟性特征，使投机功能得以发挥。可是，如果投机活动过盛的话，也可能造成市场内不正常的价格震荡，但正是投机者的存在才使得对冲保值者意欲回避和分散的风险有了承担者，衍生金融工具市场才得以迅速完善和发展。

(3)价格发现

如果以上两点是金融衍生市场的内部性功效，那么价格发现则是金融衍生市场的外部性功效。在衍生金融工具的价格发现中，其中心环节是价格决定。这一环节通过供给和需求双方在公开喊价的交易所大厅(或电子交易屏幕)内达成，所形成的价格又可能因价格自相关产生新的价格信息来指导衍生金融工具的供给和需求，从而影响下一期的价格决定。因为该市场集中了各方面的市场参与者，带来了成千上万种基础资产的信息和市场预期，通过交易所内类似拍卖方式的公开竞价形成一种市场均衡价格，这种价格不仅有指示性功能，而且有助于金融产品价格的稳定。

(4)降低交易成本

由于衍生金融工具具有以上功能，从而进一步形成了降低社会交易成本的功效。市场参与者一方面可以利用衍生金融工具市场，减少以至消除最终产品市场上的价格风险；另一方面又可以根据衍生金融工具市场所揭示的价格趋势信息，制定经营策略，从而降低交易成本，增加经营的收益。同时，拥有不同目的从事交易的参与者可以在市场交易中满足自己的需求，最终形成双赢的局面。

2. 衍生金融工具的风险

(1)政策风险

政策的发展变化，包括国内政策的变化、国际间的政策变化等，都会给全球经济一体化下的相关产业发展或某些产品的价格带来影响，特别是国与国之间的政策变化对衍生金融工具的影响更是巨大的。

北京时间2003年3月20日上午10时35分，美国发动了对伊拉克的第二次战争。由于该战争初期出现了一边倒的局面，石油价格在小幅度上升之后，马上又调整了回来。但是一年后，随着战争预期的变化——从速决战变成了持久战，乐观的速决战的想法被对石油供应的担心所替代，于是在当年3月27日，国际原油期货首次超过了30美元每桶。而这以后的石油价格上涨速度更加明显：2004年达到了66.2美元；2007年(截至10月份)为72.5美元；2008年1月3日，国际原油期货价格盘中首次突破100美元；2008年7月11日，纽约市场油价突破149美元每桶，再次刷新历史最高纪录。

(2)法律风险

法律风险是指由于合约在法律上先天具有的缺陷或后期合约中的一方或多方无法履行，也会给相关方的利益带来影响。

法律风险主要有两个方面的原因：一是衍生金融工具合约文件有漏洞，如交易某一方或多方无法律授权或超越权限，或合约某些条款不符合某些法律规定，法院依据有关规定宣布衍生金融工具合约无效等；二是交易一方因破产等原因失去清偿或履约能力，或对破产方未清偿合约不能依法进行对冲平仓等，此类影响因素也是比较巨大的。

(3) 市场风险

市场风险是指市场中的某些金融产品价格发生变化，或交易双方都不能按照合同规定的时间，用符合公允价值的价格出售衍生金融工具而带来的影响。预测不当就会带来高吸低抛类型的投资损失，预测准确就会出现低吸高抛的盈利局面。可以通过预测价格在未来变动到某一价位的概率大小，来比较不同的价格下的影响度，这就是市场波动甚至于市场预期的波动，对于衍生金融工具的巨大影响。

市场风险是最普遍的风险，也是最直接的风险，对各种衍生金融工具都具有影响力。其内在原因与交易方式有关，即每种衍生金融工具交易均以相对应的基础金融产品价格变化预测为基础，当实际价格变动方向或幅度同交易方预测相比出现差异时，必然使影响力发生改变。

(4) 信用风险

信用风险是指如果交易中的一方不能履行合同中明确规定的责任和义务时，必然给另一方带来影响。对于信用影响来说，在场内进行交易的双方，由于交易所有关于履约、对冲一级保证制度的严格规定，信用影响相对来说稍小些，但不等于没有。而对于那些在场外交易市场中进行的衍生金融工具的交易，相对场内交易，信用影响就大些。信用风险从来源上来分又可以细分为对手带来的信用风险和发行者带来的信用风险。

(5) 流动风险

衍生金融工具的交易和普通的商品交易有一个共同的特性，就是需要买家和卖家同时存在，只有这样才可以保证交易物流动起来。

流动性越好的交易物越容易满足需要，售出交易物所用时间越短，越利于实现交易方的利益。如果购入的交易物流动性变差或无法流动，同时价格在不断地下降，那么需要销售的交易方就无法实现自己的销售目的，甚至于无法及时地止损，这就是流动给衍生金融工具的交易带来的风险。

四、衍生金融工具对传统会计的影响

衍生金融工具的出现对传统会计的会计要素定义及确认、计量和报告都产生了影响。

1. 对相关会计概念的影响

现有会计理论中将资产定义为“过去的交易、事项形成并由企业拥有或者控制的资源，该资源预期会给企业带来经济利益”；将负债定义为“过去的交易、事项形成的现时义务，履行该义务会导致经济利益流出企业”。这两个定义立足于“过去的交易或事项”，且该交易或事项的发生会带来未来经济利益的变化。在签订衍生金融工具合约后，确实会给企业带来一定的权利或义务，并在未来产生经济利益或资源的流入或流出。然而，这种权利或义务是否得到履行，在契约生效时并不能预料，因为它并非发生在过去，而是产自未来发生的交易或事项，同时金额又难以确定，所以衍生金融工具所带来的权利或义务不符合现行会计的确认标准，因而不应在确认范围之内。但是，在签订衍生金融工具合约时，作为一项经济业务，其会计确认是一个必须解决的问题。因此，要在资产负债表中反映衍生金融工具的有关情况，就必须对现行会计理论中的“资产”、“负债”等会计要素进行重新界定。传统的资产和负债定义的基础是稳定的、基于过去事项的会计环境。这种会计环境在世界经济发生重大变化，特别是衍生金融工具的出现和迅猛发展后已经发生了很大变化，“事后算账”的会计已不能满足现有的大量衍生金融工具普遍存在的需要。

2. 对会计确认的影响

传统会计在确认资产和负债等会计要素时，强调过去发生的交易事项，并以交易发生的时间为确认标准，即在交易发生时进行一次性确认。衍生金融工具却不是以交易发生的时间为确认标准，而是以合约的履行时间为确认标准。除了合同缔结时需要确认以外，还将存在着所谓“再确认”和“终止确认”的问题，这显然与传统会计相悖。

3. 对会计计量的影响

会计计量是在资产负债表或利润表中决定已确认报表项目的货币金额的过程。会计计量应真实地反映被计量对象的价值，以便满足相关信息使用者预测和决策的需要。在现有会计理论中，会计计量是建立在历史成本基础之上的，历史成本是资产实际发生的成本，反映了资产或负债交易时的历史记录，有客观性和可验证性。按照这一原则，进行会计计量时只能依据已经发生的成本，而不是可能发生的成本，同时各报表项目按历史成本入账后，一般不得随意调整账面价值，以保持信息的可比性。衍生金融工具的初始投资很少或者为零，在未来结算时，其签约时的初始净投资(历史成本)并不能反映它的价值和风险情况。由于其价格波动很大，历史成本难以追踪市场价值变动情况，因而历史成本的可靠性和相关性都受到了很大影响，用它来计量衍生金融工具是不适宜的。

4. 对会计报告的影响

会计披露的目的是，让报表使用者及时、正确地了解企业的财务状况、经营成果和现金流量有关方面的信息，以便于做出正确的预测和决策。但是，传统财务报告体系并不能完全满足充分披露衍生金融工具信息的需要，相关项目或游离于表外无法得以反映，或对必要的公允价值、风险等信息无法进行披露。但是，衍生金融工具所特有的衍生性和杠杆性使得企业有可能面临巨大的风险，造成巨额的损失。

五、衍生金融工具会计的特点及准则制定

1. 衍生金融工具会计的特点

衍生金融工具会计作为财务会计的一个领域，其特点可以从以下两个方面进行表述。

(1)较多地使用公允价值计量

在衍生金融工具中，使用频率最多的一种计量属性为公允价值的计量属性。对每一种衍生金融工具而言，如何确定其不同时点的公允价值、如何反映其公允价值的变化，是衍生金融工具核算的一个重要方面。正因如此，衍生金融工具较多地突破了以历史成本为主导的传统会计核算模式。

(2) 与其他会计分支的联动性

以远期外汇合约的会计处理为例，既要考虑其衍生金融工具会计的核算特征，又要体现外币会计的核算思想。初始确认时，按什么汇率进行折算，汇率的变化带来的损益如何在衍生金融工具中加以体现，都是衍生金融工具会计需要考虑的问题。

2. 国内外相关的会计准则制定情况

衍生金融工具会计问题引起了世界各国的重视，在各方的积极倡导和建议下，国际会计准则理事会(IASB)和美国财务会计准则委员会(FASB)在 2008 年联合启动“金融工具确认和计量”改进项目，旨在统一世界范围内金融工具会计处理理念和处理标准，共同推动金融工具会计准则的制定和发展，提高财务报告的质量。

从 2009 年 3 月开始，FASB 多次召开委员会会议，经过大量的研究，提交了多份研究报告。IASB 和 FASB 曾为金融工具提出了三种潜在的计量方法——摊余成本、公允价值以及另外一种新的计量方法。FASB 的工作人员曾经提出将“现值计量”作为“另外一种新计量方法”加以考虑。经过研究发现，现值的使用还存在诸多限制，因此，委员会最终将金融工具的计量属性确定为两种，即公允价值和摊余成本。同时认为，公允价值是金融工具最相关的计量属性，将公允价值作为金融工具的计量基础(默认计量属性)，资产负债表中(除长期负债自有负债以外)的所有金融工具都以公允价值计量。2009 年 7 月 15 日，FASB 召开委员会会议，经过对工作人员前期的研究成果进行讨论后形成决议：所有金融工具将在资产负债表中以公允价值计量，其公允价值变动计入净利润或者其他综合收益，对于少数长期自有债务视为一种例外情况，以摊余成本计量。由此，FASB 对金融工具采用了附有例外事项的全面公允价值计量模式。

IASB 在 2009 年 7 月的《金融工具：分类和计量(征求意见稿)》中，针对《国际会计准则第 39 号——金融工具：确认和计量》(IAS39) 中有关金融工具分类和规定过于复杂的现状，提出了金融工具两分类的新方案，并在此基础上修订了 IAS39 中关于分类和计量的有关要求；并于年月日发布了《国际财务报告准则第 9 号——金融工具》(IFRS39)。IFRS9 引入了有关金融资产两分类和计量的新要求，分类原则由原来的按照管理者持有金融工具的意图改为按照“商业模式”和“现金流量特征”，对于以收取合同现金流为目的，并且不准备提前收回的债务工具按摊余成本计量，其他金融工具按照公允价值计量。IFRS9 发布后，只有部分债务性金融工具可以采用摊余成本计量，其他全部金融工具将以公允价值计量，这无疑大大增加了金融工具公允价值计量的范围，也标志着 IASB 向金融工具全面公允价值计量的长期目标又迈进一步。

从我国的情况看，财政部 2006 年颁布了《企业会计准则》，实现了与国际会计准则趋同。与金融工具相关的会计准则包括《企业会计准则第 22 号——金融工具确认和计量》(CAS22)、《企业会计准则第 23 号——金融资产转移》(CAS23)、《企业会计准则第 24 号——套期保值》(CAS24)、《企业会计准则第 37 号——金融工具列报》(CAS37)。从内容上看，这些准则是参照《国际会计准则第 32 号——金融工具：列报与披露》(IAS32)、IAS39 和《国际财务报告准则第 7 号——披露》(IFRS7) 等相关内容制定的，而后者仍处于不断地演变与改进之中。

第二节 远期合约

一、远期合约的定义

远期合约是于20世纪80年代初兴起的一种保值工具，是交易双方约定在未来特定时间以特定价格买卖特定数量和质量的资产的协议。合约中要规定交易的标的物、有效期和交割时的执行价格等项内容。远期合约使资产的买卖双方能够消除未来资产交易的不确定性。

远期合约包括远期利率协议、远期外汇协议和远期股票合约，下面重点介绍远期利率协议和远期外汇协议。

二、远期合约的特点

具体而言，远期合约具有以下几个特点：

(1)远期合约是必须履行的协议，不像可选择不行使权利(即放弃交割)的期权，而且远期合约规定了将来交换的资产、交换的日期、交换的价格和数量，合约条款因合约双方的需要不同而不同。

(2)远期合约是现金交易，买方和卖方达成协议在未来的某一特定日期交割一定质量和数量的商品，价格可以预先确定或在交割时确定。

(3)远期合约是场外交易，如同即期交易一样，交易双方都存在风险。因此，远期合约通常不在交易所内交易。伦敦金属交易所中的标准金属合约是远期合约，它们在交易所大厅中交易。

(4)在远期合约签订之时，它没有价值，支付只在合约规定的未来某一日进行。在远期市场中经常用到两个术语：

①如果即期价格低于远期价格，市场状况被描述为正向市场或溢价。

②如果即期价格高于远期价格，市场状况被描述为反向市场或差价。

三、远期利率协议及其会计处理

1. 远期利率协议的交易机理

远期利率协议(Forward Rate Agreement，FRA)是指买卖双方同意从未来某一商定的时期开始，在某一特定时期内按协议利率借贷一笔数额确定、以具体货币表示的名义本金的协议。之所以称为“名义”，是因为在将来清算时往往不涉及本金的交易，而是由某一方支付利息差额。换言之，借贷双方不必交换本金，只是在结算日按照协议利率与参考利率之间的差额以及名义本金额，由交易一方付给另一方结算金额。远期利率是指现在约定的将来一定期限的利率，如1× 4远期利率，即表示1个月之后开始的期限为3个月的远期利率。

英国银行家协会(British Bankers' Association，BBA)于1985年颁布的远期利率标准化文件(British Bankers' Association London Interbank Forward Rate Agreements Recommended Terms and Conditions，也称为FRABBA)是业界常用的远期利率协议的参考范本。根据该文件，每笔FRA仅仅需要一个电传确认即可成交。该范本规定了合约中的重要术语。主要包括如下内容：

(1)名义本金额，是指借贷的名义金额。

(2)合同货币，是指合同标的货币币种。

(3)合同利率，是指缔约双方确定的借贷利率。

(4)参照利率，是指协议中指定的在确定日用以确定结算金额的某种市场利率，通常采用确定日的伦敦银行间拆借利率。

(5)结算金额，是指在结算日根据合同利率和参照利率的差额计算出来的、由某一缔约方向另一方交付的金额。

(6)交易日，是指合同生效的日期。一般地，交易日与起算日间隔两个交易日。

(7)结算日，是指名义借贷开始的日期，也是某一缔约方向另一方交付结算金额的日期。

(8)到期日，是指名义借贷到期的日期。

(9)合同期，是指结算日至到期日之间的天数。天数的计算规则通常预先在协议中予以约定。

(10)确定日，是指确定参照利率的日期。一般地，确定日与结算日间隔两个交易日。

令 $C=$ 合同利率，$S=$ 参照利率，$N=$ 合同标的金额，$d=$ 远期利率协议的合同期的计息天数，$D=$ 参考利率计息基准对应的年度计息天数。若 $S>C$，则卖方向买方支付；若 $S<C$，则买方向卖方支付。结算金融的一种常用计算公式如下：

$$N\times\frac{(S-C)\times d\div D}{1+S\times d\div D}$$

2. 远期利率协议的会计处理

企业采用“衍生金融工具”科目对远期利率协议进行账务处理时，需要把握以下四个要点：

(1)在交易日，不需要做账务处理。这是因为远期利率协议属于场外交易的合约，企业在签约时不发生交易代价。

(2)在结算日，需要做衍生金融工具的入账分录。按实际收到的结算金额，借记“银行存款”科目，贷记“衍生金融工具”科目。支付结算金额的情形，做相反的分录。

(3)在资产负债表日，应当按照公允价值计量远期利率协议，并将其公允价值变动所形成的利得或损失计入当期损益。若远期利率协议与企业的借款相关，则应按其公允价值变动，借记(或贷记)“衍生金融工具”科目，贷记(或借记)“财务费用”科目。若远期利率协议用于投机，则应按其公允价值变动，借记(或贷记)“衍生金融工具”科目，贷记(或借记)“公允价值变动损益”科目。

(4)远期利率协议到期时，应注销其账面价值，同时调整当期损益。

例 5-1 20×7 年 6 月 29 日，A 股份公司与某银行签订了一份“3×9”的、名义金额为 100 万元、合同利率为 4%的远期利率协议。交易日为 6 月 29 日，起算日是 7 月 1 日，结算日是 10 月 1 日，到期日是 20×8 年的 4 月 1 日，合同期是 6 个月。确定日与结算日间隔两日(即为 9 月 29 日)，确定日的参照利率为 6%(计息期按实际天数计，一年按 360 天计，关于计息天数的计算可以参考《课外阅读 3：利息天数的计算规则》)。按照前文所述的公式，A 公司在结算日收到的现金=[1 000 000×(6%–4%)×183/360] /(1+6% ×183/360)≈9 866(元)。也就是说，A 公司在合同到期时(即 20×6 年的 4 月 1 日)可得到的好处约为 10 167 元(1000 000×(6%–4%)×183/360)，那么，若其在结算日(20×7 年的 10 月 1 日)就取走该笔款项，则按照利率 6%计算，到期日的 10167 元就相当于结算日的 9 866 元(10 167/(1+6% ×183/360))。

假定 A 股份公司于 20×7 年 10 月 1 日借入一笔期限为 6 个月的流动资金贷款，利率为 6%。该公司的贷款及远期利率协议的会计处理的比较如下表所示，假定不满足套期会计的条件，计息基准为“实际天数/360”（计息期按实际天数计，一年按 360 天计）。

远期利率协议的会计处理

单位：万元

项目名称	业务分录	衍生金融工具
交易日（20×7 年 6 月 29 日）	无分录	无分录
结算日（20×7 年 10 月 1 日）	无分录	远期利率协议入账时 借：银行存款 9 866 贷：衍生金融工具□□远期利率协议 9 866
资产负债表日（20×7 年 12 月 31 日）	记载应付利息时 借：财务费用 15 333 贷：应付利息 15 333	记载衍生金融工具的公允价值变动时 借：衍生金融工具□□远期利率协议 4 886 贷：财务费用 4 866
到期日（20×8 年 4 月 1 日）	补记应付利息时 借：财务费用 15 167 贷：应付利息 15 167 支付 6 个月和利息时 借：应付利息 30 500 贷：银行存款 30 500	注销衍生金融工具时 借：衍生金融工具□□远期利率协议 4 980 贷：财务费用 4 980

注 1：参照利率 6%计算，自结算日（20×7 年 10 月 1 日）到资产负债表日（20×7 年 12 月 31 日）应负担的财务费用=1 000 000×6%×92/360）≈15 333（元）。在 20×7 年 12 月 31 日，计算远期利率协议自 20×8 年 1 月 1 日至 4 月 1 日所节省的财务费用的现值=[1 000 000×（6%–4%）×91/360] /（1+6%×91/360）≈4 980（元）。远期利率协议自结算日（20×7 年 10 月 1 日）到资产负债表日（20×7 年 12 月 31 日）已节省的财务费用=9 866–4 980=4 886（元）。

注 2：参照利率 6%计算，自 20×8 年 1 月 1 日到 4 月 1 日应负担的财务费用=1 000 000×6%× 91/360 ≈ 15 167（元）。自 20×7 年 10 月 1 日至 20×8 年 4 月 1 日的应付利息共计 30 500 元。

四、远期外汇协议及其会计处理

远期外汇协议又称期汇合同，是指缔约双方约定在将来某一时间、按约定的远期汇率买卖一定金额的某种外汇的合约。如果直接从现在起算，则称之为直接远期外汇协议；如果从未来的某个时点起算，则称之为远期外汇综合协议。

2005 年，中国外汇交易中心、全国银行间同业拆借中心发布人民币外汇远期交易主协议和交易规则，对全国银行间外汇远期交易进行了统一规范。

远期外汇协议的交易方式比远期利率协议略微复杂一些。例如，远期外汇协议有全额结算和差额结算之分，前者指在结算日根据约定的远期汇率全额交割本金的结算方式，后者指在结算日根据约定的远期汇率与参考价轧差交割本金的结算方式。

采取差额结算方式的远期外汇综合协议的交易过程和会计处理，均与远期利率协议相近，这里不再赘述。以下简要介绍对采取差额结算方式的直接远期外汇协议进行会计处理的操作要点：

（1）在交易日，不需要做账务处理。

（2）在交易日后的首个资产负债表日，应当将直接远期外汇协议按照公允价值做入账分录。该衍生金融工具形成资产的，按其公允价值借记“衍生金融工具”科目，贷记“公允价值变动损益”科目；衍生金融工具形成负债的，做相反的会计分录。

（3）在后续的资产负债表日，企业应当按照公允价计量其衍生金融工具，并将其公允价值变动所形成的利得或损失计入当期损益。当发生有利变动时，借记“衍生金融工具”科目，贷记“公允价值变动损益”科目；当发生不利变动时，做相反的会计分录。

(4)合同期满，收取对方给付的款项时，按实际收到的结算金额借记“银行存款”科目，贷记“衍生金融工具”科目；支付结算金额的情形，做相反的分录。

采取全额结算方式的情形，可比照上述规则予以处理。

例 5-2 A公司预期英镑将会走强，遂于20×7年10月2日与某银行签订了一个180天的购入100 000英镑的远期外汇协议。约定的汇率为1英镑= 9.1元人民币。汇率信息如下所示。

英镑即期汇率和远期汇率变动情况

项目名称	20×7年10月2日	20×7年12月31日	20×8年3月31日
即期汇率	1英镑=9.0元人民币	1英镑=9.3元人民币	1英镑=9.8元人民币
远期汇率	1英镑=9.1元人民币 (期限6个月的远期外汇协议)	1英镑=9.5元人民币 (期限3个月的远期外汇协议)	1英镑=9.8元人民币

假定采用3%的折现率，计息基准为“30/360”(即计息天数按照每月30天、每年360天计算)，会计处理情况如下。

(1)20×7年10月2日(交易日)，无会计分录。

(2)20×7年12月31日(资产负债表日)，采用公允价值会计规则记录公允价值变动损益。

借：衍生金融工具——远期外汇协议　　397 022

　　贷：公允价值变动损益　　397 022

上述数字是采用折现算法计算的，其逻辑如下：在20×7年12月31日，A公司预期当前已经实现的利率差(9.5–9.1)能够一直持续到合同终止，则其在合同终止时(即3月31日)预期可实现的盈利额为(9.5–9.1)×1 000 000(元)。但距合同到期还有三个月(计算时按每月30天匡算)，所以要把上述预期的盈利额折算为12月31的现值，即(9.5–9.1)×1 000 000÷(1+3%×90÷360)。这是美国证券市场上的公认会计原则的逻辑，我国的会计准则没有明确规定上述算法。

(3)20×8年3月31日，记录金融投机的利得。此时，远期外汇协议已经到期，A公司计算已经实现的盈利额 =(9.8–9.1)×1 000 000=700 000(元)。

此前已经记载公允价值变动损益397 022元，因此，需要补记公允价值变动损益302 978元。

借：衍生金融工具——远期外汇协议　　302 978

　　贷：公允价值变动损益　　302 978

(4)收回对方给付的款项时。

借：银行存款　　700 000

　　贷：衍生金融工具——远期外汇协议　　700 000

同时，结转此前记载的公允价值变动

借：公允价值变动损益　　700 000

　　贷：投资收益　　700 000

第三节 期货合约

一、期货合约概述

1. 期货的界定

期货合约是指买卖双方在有组织的交易所内，以公开竞价的方式达成协议，约定在未来某一特定时间交割标准数量的特定金融工具或商品的交易合同。期货合约与远期合约的区别如表 5-1 所示。

表 5-1 远期合约与期货合约的区别

区别	远期	期货
交易场所	在场外进行交易	交易所内交易，具有公开性
标准化程度	所有事项都要由交易双方一一协商确定，谈判复杂，但适应性强	标准化合约，除价格外，对合约的品种、规格、质量、交货地点、结算方式等内容都有统一规定
违约风险	无价格风险，它的风险来自信用风险	不存在信用风险，而只有价格变动的风险
价格确定方式	交易双方直接谈判确定	交易所中公开竞价决定
合约双方关系	违约风险主要取决对方的信用度，签约前必须对对方的实力和信誉做充分了解	期货合约的履约完全不取决于对方，而只取决于交易所或清算公司
结算方式	远期合约如要中途取消，必须双方同意，任何单方面意愿是无法取消合约的，其实物交割比例极高	期货合约具备对冲机制、履约回旋余地较大，实物交割比例极低，交易价格受最小价格变动单位限定和日交易振幅限定
保证金制度	不是标准化的，存在信用风险，保证金或称定金是否要付、付多少，也都由交易双方确定，无统一性	交易双方按规定比例交纳保证金

期货合约可以吸引套期保值者利用期货市场买卖合约，锁定成本，规避因现货市场的商品价格波动风险而可能造成损失。

例 5-3 20×7 年 7 月 19 日，螺纹现货价格为 4 880 元/吨，期货价格为 4 960 元/吨。某钢厂由于常年使用钢材期货进行套期保值来提前锁定利润，所以能提前半年对生产计划进行合理安排。由于担心下游需求减少而导致价格下跌，所以欲在期货市场上卖出保值来为其 20×8 年的 1 月份的 50 000 吨螺纹钢保值，于是在期货市场卖出螺纹期货合约 5 000 手(1 手 10 吨)。到了 9 月份，国内钢材价格暴跌，至 20×7 年 11 月 25 日，螺纹现货跌到了 4 210 元/吨，螺纹期货跌到了 4220 元/吨。由于钢厂对 20×8 年 1 月份的产量进行了足额套保，所以价格下跌令其期货账户获利颇丰，钢厂就有了足够的议价空间来销售现货。经研究决定，此钢厂以低于市场价 50 元的价位预售来年 1 月份的钢材。由于让利幅度巨大，尽管现货行情不景气，但是还是吸引来大批的订单，最终钢厂在短短两天内以 4160 元/吨将 50 000 吨螺纹全部售罄。此后，在期货市场上，以 4 220 元/吨对冲平仓，完成套期保值。

具体盈亏如下：钢厂的套期保值效果(不考虑手续费等交易成本)

盈亏变化：现货市场(4 160–4 880)×50 000=–36 000 000 元

期货市场(4 960–4 220)×50 000= 37 000 000 元

从盈亏情况来看，现货价格的下跌导致钢厂损失了 3 600 万元，但是由于其在期货市场上的保值成功，在期货市场上盈利了 3 700 万元，综合起来在螺纹价格下跌的不利局面下钢厂不仅成功规避了价格下跌的风险，而且额外盈利 100 万元。如果钢厂没有进行套期保值，则亏损为 3 600 万元。

利用期货合约进行套期保值，本身不能创造额外利润，它是将现有的利润或者低成本进行提前锁定，达到稳定经营的目的。

2. 期货的分类

期货可以大致分为两大类：商品期货与金融期货。商品期货中主要品种可以分为农产品期货、金属期货(包括基础金属与贵金属期货)、能源期货三大类；金融期货中主要品种可以分为外汇期货、利率期货(包括中长期债券期货和短期利率期货)和股指期货。

所谓利率期货是指以债券类证券为标的物的期货合约，它可以回避因银行利率波动所引起的证券价格变动的风险。利率期货的种类繁多，分类方法也有多种。通常，按照合约标的的期限，利率期货可分为短期利率期货和长期利率期货两大类。

所谓外汇期货，是指以汇率为标的物的期货合约，用来回避汇率风险。它是金融期货中最早出现的品种。目前，外汇期货交易的主要品种有：美元、英镑、德国马克、日元、瑞士法郎、加拿大元、澳大利亚元、法国法郎、荷兰盾等。从世界范围看，外汇期货的主要市场在美国。

所谓股指期货，是指以股票指数为标的物的期货。双方交易的是一定期限后的股票指数价格水平，通过现金结算差价来进行交割。

二、期货交易制度

期货交易是有一定基本制度的，这些制度的建立有助于市场经济体系的建立和完善资源配置，调节市场供求，减缓价格波动以及形成公正、公开的价格信号，回避因价格波动而带来的市场风险，降低流通费用，稳定产销关系，锁定生产成本，稳定企业经营利润等。

1. 保证金制度

在期货交易中，任何交易者必须按照其所买卖期货合约价值的一定比例(通常为 5%～10%)交纳资金，作为其履行期货合约的财力担保，然后才能参与期货合约的买卖，并视价格变动情况确定是否追加资金。这种制度就是保证金制度，所交的资金就是保证金。保证金制度既体现了期货交易特有的“杠杆效应”，同时也成为交易所控制期货交易风险的一种重要手段。

2. 每日结算制度

期货交易的结算是由交易所统一组织进行的。期货交易所实行每日无负债结算制度，又称“逐日盯市”，是指每日交易结束后，交易所按当日结算价结算所有合约的盈亏、交易保证金及手续费、税金等费用，对应收应付的款项同时划转，相应地增加或减少会员的结算准备金。期货交易的结算实行分级结算，即交易所对其会员进行结算，期货经纪公司对其客户进行结算。

3. 涨跌停板制度和熔断机制

涨跌停板制度又称每日价格最大波动限制，即指期货合约在一个交易日中的交易价格波动不得高于或低于规定的涨跌幅度，超过该涨跌幅度的报价将被视为无效，不能成交。沪深 300 指数期货合约的熔断幅度为上一交易日结算价的正负 6%。在开盘之后，当某一合约申报价触及上一交易日结算价的 6%或-6%时且持续 5 分钟时，该合约启动熔断机制。在启动熔断机制后的连续 5 分钟内，该合约买卖申报不得超过熔断价，但可以继续撮合成交。在启动熔断机制 5 分钟后，10%涨跌停板生效。每日收盘前 30 分钟内，不启动熔断机制。

4. 持仓限额制度

持仓限额制度是指期货交易所为了防范操纵市场价格的行为和防止期货市场风险过度集

中于少数投资者，对会员及客户的持仓数量进行限制的制度。超过限额，交易所可按规定强行平仓或提高保证金比例。

5. 大户报告制度

大户报告制度是指当会员或客户某品种持仓合约的投机头寸达到交易所对其规定的头寸持仓限量80%以上(含本数)时，会员或客户应向交易所报告其资金情况、头寸情况等，客户须通过经纪会员报告。大户报告制度是与持仓限额制度紧密相关的又一个防范大户操纵市场价格、控制市场风险的制度。

6. 实物交割制度

实物交割制度是指交易所制定的、当期货合约到期时，交易双方将期货合约所载商品的所有权按规定进行转移，了结未平仓合约的制度。

7. 强行平仓制度

强行平仓制度是指当会员或客户的交易保证金不足并未在规定的时间内补足，或者当会员或客户的持仓量超出规定的限额时，或者当会员或客户违规时，交易所为了防止风险进一步扩大，实行强行平仓的制度。简单地说，就是交易所对违规者的有关持仓实行平仓的一种强制措施。

三、期货交易的过程

参与期货交易前，投资者需要基于自己的交易经验、资产状况，妥当评估自己的风险承受能力，对交易标的物有足够的认识。总之，应当对交易风险有充分的了解，应当充分了解期货合约条款的约束力，制订合理的投资计划，采取严格的风险控制措施。

1. 开户

在我国期货交易所进行期货交易的，应当是期货交易所会员。期货交易所会员应当是中华人民共和国境内登记注册的企业法人或者其他经济组织。会员分为期货经纪公司会员(以下简称经纪会员)和非期货经纪公司会员。符合规定条件的境外机构，可以在期货交易所从事特定品种的期货交易。

期货公司接受客户委托为其进行期货交易，应当事先向客户出示风险说明书，经客户签字确认后，与客户签订书面合同。

投资者(包括单位投资者和个人投资者)必须事先在交易所认可的期货经纪公司会员处办理开户登记，然后才能通过该经纪公司进行期货交易。期货公司应当为每一个客户单独开立专门账户、设置交易编码，不得混码交易。经纪会员对其名下的期货交易先行承担全部责任，投资者对自己委托的期货交易负全部责任。

2. 选择期货合约

商品期货合约明确规定有合约交割月份，对每一种商品期货都规定有不同的合约月份，因商品而异，一般按商品收获季节、运输时期等确定。金属原料交割月份季节性不强，小麦等农副产品交割月份季节性则强。有些商品交易所允许买卖双方或任何一方在交割月份内任意一天交割。同一种商品期货合约可规定远近不一的交割月份，近期为一个月，远期最长可达两年之久。例如，马来西亚吉隆坡商品交易所的一份原棕油期货合约规定交货有12、1、2、3、4、5、7、9、11 等月份。每个月份的期货合约的期满日是该月的 15 日，如果 15 日不是交易日，则以 15 日以前的最后一个交易日为期满日。因此，同一种商品的期货合约由于交割月份不同，其价格也不一样。

3. 下达交易指令

期货交易所只接受会员单位代理客户发出的交易指令（又称委托单），交易所是所有买家的卖家、所有卖家的买家。

国外实践中，委托单有市价委托单、限价委托单、停止委托单或撤销委托单之分。

目前，国内期货交易所只有限价指令、撤销指令。

限价指令是指客户要求经纪人在特定的价格入市，但是要在客户制定的价格或者更有利的价格上达成交易。限价指令的下达，是由于客户不愿意承受比制定的价格更糟的价格，为此使用限价指令。限价指令上规定的价格是客户所愿意接受的价格底线。超出这个底线的价格，客户就认为不能接受。而经纪人在超出底线价格的水平上，也不能为客户达成交易。

限价指令分为买入和卖出两种。限价买入指令表明经纪人应该在限制的价格水平上或者在比这个价格更低的价格水平上买入合约。而限制价格卖出指令则表明经纪人应该在限制价格水平上或者在比这个价格更高的水平上卖出合约。如果市场价格没有达到客户要求的限制价格，经纪人不能执行该指令。但是，限制价格的下达往往很难把握。如果限制价格与市价比较接近，限制价格就失去了其本来的意义，客户难以获得明显的收益；限制价格定得与市价相隔太远，又会由于市价达不到限制价格而无法成交。

撤销指令又可分为直接撤销指令和撤销前一指令两种。直接撤销指令名副其实，它只负责撤销投资者已经发出的指令。例如，如果一个投资者已经发出了一个认购某种期货合约的指令，但随着市场行情的变动，他逐渐发现这种认购对他不利，他就可以通过向其经纪人发出撤销指令来取消这笔对他不利的期货交易。撤销前一指令又称撤销和替代指令，不仅可以撤销投资者已经发出的指令，而且还必须同时发出一个新的指令。这种指令一般只适用于那些期货专业人员。

4. 交易所撮合成交

撮合交易是指卖方在交易市场委托销售订单/销售应单、买方在交易市场委托购买订单/购买应单，交易市场按照价格优先、时间优先原则确定双方成交价格并生成电子交易合同，并按交易订单指定的交割仓库进行实物交割的交易方式。

撮合成交的前提是买入价必须大于或等于卖出价。当买入价等于卖出价时，成交价就是买入价或卖出价。例如，某一天，大豆的 2017 年 5 月合约，一位交易者准备以 2 188 元/吨的价格买进 50 手，另一位交易者想以 2 189 元/吨卖出 100 手，这两条指令输入交易系统后，由于卖价比买价高，所以无法成交。这两条指令就在行情显示器上显示出来，当 A 投资人看到行情时，认为 2 188 元/吨的价格太高了，卖出肯定能获利，立即填写指令单，以 2 188 元/吨的价格卖出 10 手。交易指令输入交易系统后，买卖价格一致，立即成交。这时，A 就会等待价格的进一步波动，当价格下跌时，A 就可以获利平仓。

但是，当买入价大于卖出价时，成交价应该如何确定?

计算机在撮合时实际上是依据前一笔成交价而定出最新成交价的。如果前一笔成交价低于或等于卖出价，则最新成交价就是卖出价；如果前一笔成交价高于或等于买入价，则最新成交价就是买入价；如果前一笔成交价在卖出价与买入价之间，则最新成交价就是前一笔的成交价。

5. 了结期货合约

了结未平仓合约的方法有对冲平仓、实物交割等方式。

(1)对冲平仓是指期货交易者买入或者卖出与其所持期货合约的品种、数量及交割月份相同但交易方向相反的期货合约，了结期货交易的行为，简单地说就是“原先买入就卖出，原先是卖出的就买入”。

(2)实物交割是指期货合约到期时，交易双方通过该期货合约所载商品所有权的转移，了结未平仓合约的过程。商品期货往往通过交易所指定的交割仓库完成实物交割过程，而金融期货大多实行现金交割来代替实物交割。实物交割要收取双方一定的交割费用。比如，股指期货交易就采用现金交割方式，在合约最后交易日收市后，交易所以交割结算价为基准，划付持仓双方的盈亏，了结所有未平仓合约。也就是说，在合约的到期日，卖方无须交付股票组合，买方也无须交付合约总价值，只是根据交割结算价计算双方的盈亏金额，通过增加盈利方和减少亏损方保证金账户资金的方式来了结交易。

四、期货合约的会计处理

这里以商品期货和金融期货中的股指期货为例介绍其会计处理。

1. 商品期货的会计处理

商品期货包括金属期货、农产品期货、能源期货等。商品期货是衍生金融工具中的一种。按照企业会计准则的规定，衍生金融工具不作为有效套期工具的，一般应按交易性金融资产或金融负债核算，其主要账务处理原则为：

(1)向证券期货经纪公司申请开立买卖账户，按存入的资金借记“其他货币资金”科目，贷记“银行存款”科目。

(2)企业取得衍生金融工具时，按其公允价值借记“衍生金融工具”科目，按发生的交易费用借记“投资收益”科目，按实际支付的金额贷记“其他货币资金”科目。

(3)资产负债表日，衍生金融工具的公允价值高于其账面余额的差额，借记“衍生金融工具”科目，贷记“公允价值变动损益”科目；公允价值低于其账面余额的差额，做相反的会计分录。

(4)衍生金融工具终止确认时，应比照“交易性金融资产”、“交易性金融负债”等科目的相关规定进行处理。

例 5-4 假设 20×8 年度 A 公司发生以下期货投资业务:

(1)11 月 1 日向证券期货经纪公司申请开立期货买卖账户，存入资金 20 万元;

(2)11 月 2 日买入大豆期货 20 手，10 吨/手，2 000 元/吨，交易保证金为合约价值的 10%，交易手续费为 4 元/手;

(3)11 月 30 日，期货合约结算价为 1970 元/吨;

(4)12 月 31 日，将上述大豆期货全部平仓，平仓成交价为 1 950 元/吨，交易手续费为 4 元/手。

A 公司的有关会计分录如下:

(1)11 月 1 日，向证券期货经纪公司申请开立期货买卖账户，存入资金 20 万元。

借：其他货币资金——存出投资款　　200 000

　　贷：银行存款　　200 000

(2)11 月 2 日，买入大豆期货 20 手，交纳交易保证金为 40 000 元(20×10×2 000×10%)，交易手续费为 80 元(20×4)。

借：衍生金融工具——大豆期货　　40 000

　　投资收益 80

　　贷：其他货币资金——存出投资款　　40 080

(3)11 月 30 日，大豆期货合约亏损 6 000 元[20×10×(2 000–1 970)]。

借：公允价值变动损益　　6 000

　　贷：衍生金融工具——大豆期货　　6 000

(4)12 月 31 日，大豆期货合约亏损 4 000 元[20×10×(1 970–1 950)]。

借：公允价值变动损益　　4 000

　　贷：衍生金融工具——大豆期货　　4 000

(5)12 月 31 日，将上述大豆期货全部平仓，并支付交易手续费 4 元/手。

借：其他货币资金——存出投资款　　30 000

　　贷：衍生金融工具——大豆期货　　30 000

借：投资收益　　80

　　贷：其他货币资金——存出投资款　　80

借：投资收益　　10 000

　　贷：公允价值变动损益　　10 000

例 5-5　20×8 年度 B 公司发生以下期货投资业务:

(1)11 月 1 日，向证券期货经纪公司申请开立期货买卖账户，存入资金 50 万元;

(2)11 月 2 日，卖出铜期货 10 手，20 吨/手，19 000 元/吨，交易保证金为合约价值的 10%，交易手续费为成交金额的 4‰;

(3)11 月 30 日，结算价为 18 800 元/吨;

(4)12 月 31 日，将上述铜期货全部平仓，平仓成交价为 18 500 元/吨，交易手续费为成交金额的 4%。

B 公司有关会计分录如下:

(1)11 月 1 日，向证券期货经纪公司申请开立期货买卖账户，存入资金 50 万元。

借：其他货币资金——存出投资款　　500 000

　　贷：银行存款　　500 000

(2)11 月 2 日，卖出铜期货 10 手，交纳交易保证金 380 000 元(10×20×19 000×10%)，交易手续费为 15 200 元(10×20×19 000×4%)。

借：衍生金融工具——铜期货　380 000
　投资收益　15 200
　贷：其他货币资金——存出投资款　395 200

(3) 11 月 30 日，铜期货合约盈利 40 000 元[10×20×(19 000–18 800)]。

借：衍生金融工具——铜期货　40 000
　贷：公允价值变动损益　40 000

(4) 12 月 31 日，铜期货合约盈利 60 000 元[10×20×(18 800–18 500)]。

借：衍生金融工具——铜期货　60 000
　贷：公允价值变动损益　60 000

(5) 12 月 31 日，将上述铜期货全部平仓，并按成交金额的 4%支付交易手续费 14 800 元(10×20×18 500×4%)。

借：其他货币资金——存出投资款　480 000
　贷：衍生金融工具——铜期货　480 000
借：投资收益　14 800
　贷：其他货币资金——存出投资款　14 800
借：公允价值变动损益　100 000
　贷：投资收益　100 000

2. 股指期货的会计处理

股指期货的会计处理原则如下：

(1) 初始确认(立仓)。企业买入或卖出股指期货合约，应按支付的保证金，借“衍生金融工具”科目；按发生的相关税费，借“投资收益”科目；按支付的款项，贷“银行存款”等科目。

(2) 后续确认(持仓)。在以后的资产负债表日：①买入股指期货合约的，如果股市上扬(指股指期货市价，下同)，应按持仓盈利，借“衍生金融工具”科目，贷“公允价值变动损益”科目；如果股市下跌，则应按持仓亏损做相反分录。如果因持仓亏损而按结算机构的通知追加保证金，则应借“衍生金融工具”科目，贷“银行存款”等科目。②卖出股指期货合约的，如果股市上扬，应按持仓亏损，借“公允价值变动损益”科目，贷“衍生金融工具”科目；按结算机构通知追加保证金时，借“衍生金融工具”科目，贷“银行存款”等科目。如果股市下跌，则应按持仓盈利，做相反分录。

(3) 终止确认(平仓)。股指期货以卖出或买入相同合约对冲平仓，或临期以现金交割平仓，除客户全部保证金余额不足以交付平仓亏损及相关税费，因此需要另外交付结算准备金(分录同交付保证金)的情况外，一般情况下，平仓时，客户都可以收回全部或部分保证金，平仓费用也可从应退保证金中扣除。因此：①确认平仓时，按实际收到的保证金，借“银行存款”等科目，按平仓前股指期货的账面余额，贷“衍生金融工具”科目，按其差额，贷(或借)“投资收益”科目。②同时，将原确认的持仓盈亏转入投资损益，借(或贷)“公允价值变动损益”科目，贷(或借)“投资收益”科目。

例 5-6　假定某企业预测近期股市会上扬，于是在 7 月 10 日购进沪深 300 股指期货合约 10 份，这时的沪深 300 指数为 3 200 点，合约乘数为 300 元每点，每份合约价值为

300×3 200=960 000 元。7 月底，沪深指数上涨为 3 250 点，8 月底，企业卖出合约时，沪深 300 指数为 3 350 点。初始保证金为合约价值的 10%。

(1) 买入股指期货，支付期货交易保证金时：

借：衍生金融工具——期货保证金　　960 000

　　贷：银行存款　　960 000

交易保证金=300×3 200×10%×10=960 000

(2) 7 月底，期货交易盈利额为 150 000 元[=300×(3 250−3 200)×10]。

借：衍生金融工具——期货保证金　　150 000

　　贷：公允价值变动损益　　150 000

(3) 8 月底，卖出期货时，盈利 300 000[=300×(3 350−3 250)×10]。

借：衍生金融工具——期货保证金　　300 000

　　贷：公允价值变动损益　　300 000

(4) 退出期货交易，收回结算款时：

借：银行存款　　1 410 000

　　贷：衍生金融工具——期货保证金　　1 410 000

借：公允价值变动损益　　450 000

　　贷：投资收益　　450 000

第四节　期权合约

一、期权概述

期权合约又称为选择权，是指买方向卖方支付期权费(指权利金)后拥有的在未来一段时间内(指美式期权)或未来某一特定日期(指欧式期权)以事先规定好的价格(指履约价格)向卖方购买或出售一定数量的特定标的物的权利，但不负有必须买进或卖出的义务(即期权买方拥有选择是否行使买入或卖出的权利，而期权卖方都必须无条件服从买方的选择并履行成交时的允诺)。

期权与期货的异同如表 5-2 所示。

表 5-2　期权与期货的异同

相同点	都是关于未来交易的一种事先约定	
区别	期货	期权
权利和义务	买卖双方具有合约规定的对等的权利和义务	买方有以合约规定的价格是否买入或卖出期货合约的权利，而卖方则有被动履约的义务，一旦买方提出执行，卖方则必须以履约的方式了结其期权合约
标的物	期货交易的标的物是商品或期货合约	期权交易的标的物则是一种商品或期货合约选择权的买卖权利
保证金	买卖双方均要交纳交易保证金，但买卖双方都不必向对方支付费用	买方支付权利金，但不交纳保证金；卖方收到权利金，但要交纳保证金
盈亏风险	随着期货价格的变化，买卖双方都面临着无限的盈与亏	买方潜在盈利是不确定的，但亏损却是有限的，最大风险是确定的；相反，卖方的收益是有限的，潜在的亏损却是不确定的
套期保值结果	由于期货和现货价格的运动方向会最终趋同，故套期保值能收到保护现货价格和边际利润的效果	对买方来说，即使放弃履约，也只损失保险费，对其购买资金实现保值；对卖方来说，要么按原价出售商品，要么得到保险费也同样实现保值

二、期权的分类

由于期权交易方式、方向、标的物等方面的不同，产生了众多的期权品种，对期权进行合理的分类，更有利于我们了解期权产品。

1. 按权利划分

按期权的权利划分，有看涨期权和看跌期权两种类型。

1) 看涨期权

看涨期权是指期权的买方向期权的卖方支付一定数额的权利金后，即拥有在期权合约的有效期内，按事先约定的价格向期权卖方买入一定数量的期权合约规定的特定商品的权利，但不负有必须买进的义务。而期权卖方有义务在期权规定的有效期内，应期权买方的要求，以期权合约事先规定的价格卖出期权合约规定的特定商品。

例如，甲将一份看涨期权卖给乙，期权标的物为股票，3 个月到期，执行价格为 100 元，3 个月后，市价上涨到 120 元，那么甲也要以 100 元卖股票给乙。再如，甲出售一份看涨期权给乙，该看涨期权价格为 2 元，1 年后到期，执行价格为 10 元，甲之所以会出售是因为它预期未来标的股票的价格不会上涨，这样，它就可以获得期权的出售价格。但是，如果 1 年后在到期日，股票价格涨了，变成每股市场价格为 15 元，此时，乙作为持有人有权利要求行权，由于甲承担履行期权的义务，所以他只好支付给乙 5 元的差额，乙的期权净收入为 5 元，而甲的期权净收入则为–5 元。

2) 看跌期权

看跌期权是指期权买方按事先约定的价格向期权卖方卖出一定数量的期权合约规定的特定商品的权利，但不负有必须卖出的义务。而期权卖方有义务在期权规定的有效期内，应期权买方的要求，以期权合约事先规定的价格买入期权合约规定的特定商品。

例如，某人认为某支股票价格会下跌，于是买入看跌期权，股票现价为 10 元，他找到期权公司，给期权公司 500 元，约定一个月后以 10 元价格卖出 1 000 股。如果一个月以后，股价下跌到 8 元，则他每股可得 2 元，期权公司应给他 2 000 元。如果一个月以后，股价上涨到 12 元，他不行权了，则付出的 500 元就打水漂了，期权公司赚了他 500 元。

通过上面的例子，可以得出以下结论：一是作为期权的买方(无论是看涨期权还是看跌期权)只有权利而无义务，他的风险是有限的(亏损最大值为权利金)，但在理论上获利是无限的；二是作为期权的卖方(无论是看涨期权还是看跌期权)只有义务而无权利，在理论上，他的风险是无限的，但收益是有限的(收益最大值为权利金)；三是期权的买方无须付出保证金，卖方则必须支付保证金以作为必须履行义务的财务担保。

2. 按交割时间划分

按期权的交割时间划分，有美式期权和欧式期权两种类型。美式期权是指在期权合约规定的有效期内任何时候都可以行使权利。欧式期权是指在期权合约规定的到期日方可行使权利，期权的买方在合约到期日之前不能行使权利，过了期限，合约则自动作废。中国新兴的外汇期权业务，类似于欧式期权，但又有所不同。

3. 按合约上的标的划分

按期权合约上的标的划分，有股票期权、股指期权、利率期权、商品期权以及外汇期权等种类。

三、期权的会计处理

期权的会计处理原则与期货类似，采用“衍生金融工具”科目对期权进行会计处理时，以期权合约的买方为例，主要包括以下几点：

(1) 在交易日，期权应当按照公允价值入账。企业按其支付的期权费(期权的公允价值)，借记“衍生金融工具”；按发生的交易费用，借记“投资收益”；按实际支付和金额，贷记“银行存款”。

(2) 在资产负债表日，企业应当按照公允价值计量其期权合约，并将其公允价值变动所形成的利得或损失计入当期损益。期权的公允价值高于其账面价值的差额，借记“衍生金融工具”，贷记“公允价值变动损益”；公允价值低于其账面价值的差额，做相反的会计分录。

(3) 行权时，按照取得的资产的公允价值，借记相应的资产类科目；按期权的账面价值，贷记“衍生金融工具”；按两者的差额(补付的价款)，贷记“银行存款”。同时，将该期权合约自取得以来的公允价值变动的净额转出，借记或贷记“公允价值变动损益”，贷记或借记“投资收益”。

期权到期放弃行权时，按期权的账面价值，借记“投资收益”，贷记“衍生金融工具”。同时，将该期权合约自取得以来的公允价值变动的净额转出，借记或贷记“公允价值变动损益”，贷记或借记“投资收益”。

例 5-7 A 公司出于投机的动机，于 20×8 年 12 月 1 日以 1 元/份的价格，购入 1 000 000 份某证券公司发行的基于 B 公司股票的存续期尚有 10 个月的看跌期权，行权价格为 8 元，结算方式为证券给付，行权期限为 20×9 年 8 月 1 日至 9 月 30 日。A 公司并未持有 B 公司的股票。

20×8 年 12 月 31 日，该看跌期权的市价为 1.5 元，B 公司的股票收盘价为 7 元。

20×9 年 5 月初，B 公司接连发布重大利好消息，股份逐步攀升，看跌期权应声下跌。

20×9 年 6 月 30 日，该看跌期权的市价为 0.6 元，B 公司的股票收盘价为 8.3 元。

20×9 年 9 月 30 日，看跌期权到期，B 公司的股票收盘价为 13 元，A 公司放弃行权。

A 公司的会计处理如下：

(1) 20×8 年 12 月 1 日，购入看跌期权时：

借：衍生金融工具——看跌期权　　1 000 000

　　贷：银行存款　　1 000 000

(2) 20×8 年 12 月 31 日(资产负债表日)，记录看跌期权公允价值变动形成的利得时：

借：衍生金融工具——看跌期权　　500 000

　　贷：公允价值变动损益　　500 000

(3) 20×9 年 6 月 30 日(资产负债表日)，记录看跌期权公允价值变动形成的利得时：

借：公允价值变动损益　　900 000

　　贷：衍生金融工具——看跌期权　　900 000

(4) 20×9 年 9 月 30 日，看跌期权到期放弃行权时：

借：投资收益	600 000	
贷：衍生金融工具——看跌期权		600 000

同时，将原记载的公允价值变动部分转出：

借：投资收益	400 000	
贷：公允价值变动损益		400 000

第五节 互　换

互换是一种约定两个或两个以上的当事人按照协议条件及在约定的时间内交换一系列现金流的衍生金融工具，而有关的回报则取决于所涉及的金融工具类型。例如，在涉及两种债券的交换的情况下，回报就是定期利息(或息票)与债券相关的款项。具体来说，双方同意交换对方的另一个现金流，这些现金流也被称为“腿”。互换协议规定支付现金流量的日期及其计算方法的金融交易。这种交易的渊源是背对背贷款。例如，一家法国公司向一家美国公司贷出一笔为期 5 年的法国法郎贷款，利率为 10%，而这家美国公司反过来又向这家法国公司贷出一笔等值的同样为期 5 年的美元贷款，利率为 8%。通过这一过程，这两家公司就交换了本金和利息支付，这就等于法国公司按固定汇率以一定量的法郎换取一定量的美元。从本质上来说，这是一种远期外汇交易。这种背对背贷款在 20 世纪 70 年代很盛行。1981 年，出现了货币互换，接着又出现了利息率互换及通货利息率相混合的互换。互换的种类包括以下几种。

(1) 利率互换：是指双方同意在未来的一定期限内根据同种货币的同样的名义本金交换现金流，其中一方的现金根据浮动利率计算，而另一方的现金流根据固定利率计算。

(2) 货币互换：是指将一种货币的本金和固定利息与另一货币的等价本金和固定利息进行交换。

(3) 商品互换：是一种特殊类型的金融交易，交易双方为了管理商品价格风险，同意交换与商品价格有关的现金流。它包括固定价格及浮动价格的商品价格互换和商品价格与利率的互换。

(4) 其他互换：股权互换、信用互换、气候互换和互换期权等。

鉴于我国的会计准则体系并未对互换合同的会计处理给出明确的确定，所以关于互换的会计处理，这里不再赘述。

第六节 套期保值

根据《企业会计准则第 24 号——套期保值》的规定，套期保值是指企业为规避外汇风险、利率风险、商品价格风险、股票价格风险、信用风险等，指定一项或一项以上套期工具，使套期工具的公允价值或现金流量变动，预期抵销被套期项目全部或部分公允价值或现金流量变动。

一、套期保值的作用

1. 有效地规避风险

有效地规避风险是套期保值的本质，也是套期保值最重要的功能，其他的作用都是在此基础上展开的。

2. 参与资源的配置

资源的配置是通过价格来调节的，即在市场条件下，价格是最重要的核心的资源配置调节手段。而套期保值就是对价格机制的锁定利用，有利于资源的配置。

3. 实现成本战略

成本的战略，实质上就是对成本的锁定。比如：某油脂加工企业，以大豆为生产材料，根据现货市场的变化规律，该企业预计未来大豆价格会大幅度上涨。为了规避未来现货市场可能发生的成本损失，该企业可以通过期货市场进行套期保值，将大豆成本予以锁定，实现成本战略。

4. 提升核心竞争力

因为套期保值给企业提供了锁定成本，降低风险的手段，所以套期保值是可以提升企业的核心竞争力的。

二、套期保值的原则

1. 种类相同或相关原则

在做套期保值交易时，所选择的期货品种必须与套期保值者将在现货市场中买进或卖出的现货商品或资产在种类上相同或有较强的相关性。

比如：油脂加工厂未来要购入大豆作为原材料，所以应以大豆期货进行套期保值，不能是铜期货，此即种类相同；假定期货市场没有大豆期货，只有豆粕期货，因大豆和豆粕之间联系密切，价格波动基本一致，此时可购买豆粕期货进行套期保值，此即种类相关。

2. 数量相等或相当原则

在做套期保值交易时，买卖期货合约的规模必须与套期保值者在现货市场上买卖的商品或资产的规模相等或相当。

3. 交易方向相反原则(核心原则)

在做套期保值交易时，套期保值者通常要同时或在相近时间内在现货市场上和期货市场上采取相反的买卖行动，即进行反向操作。

比如：油脂加工企业准备半年后在现货市场购入 100 吨大豆，则套期保值时应购入 10 手半年期大豆期货(10 吨/手)；半年后，在现货市场买入 100 吨大豆，在期货市场卖出 10 手期货合约进行平仓。在现货市场买入 100 吨大豆，在期货市场出售(对冲)10 手大豆期货，此即交易方向相反。

4. 月份相同或相近原则

在做套期保值交易时，所选用的期货合约的交割月份最好与交易将来在现货市场上实际买进或卖出现货商品的时间相同或相近。

上述四项原则是建立在完美假设基础上的风险对冲原则。为适应复杂多变的市场变化，除了“交易方向相反原则”之外 ，其他三项原则应根据实际进行适当调整，使套期保值操作更好地发挥防范企业经营风险的作用。此外，企业在具体实务处理中还应考虑风险可控和可对冲原则。风险可控是指企业的套期保值方案设计及操作管理，都应使保值行动处于明确的风险承受度以内，甚至要做到风险可测，并采取相应的防范措施。

三、套期保值的方式

1. 买入套期保值(多头套期保值或买期保值)

1)买入套期保值概述

指套期保值者为了规避价格上涨的风险，先在期货市场上买入与其将在现货市场上买入的现货商品或资产数量相等，交割日期相同或相近的以该商品或资产为标的的期货合约，当该套期保值在现货市场上买入现货商品或资产的同时，将原买进的期货合约对冲平仓，从而为其在现货市场上买进现货商品或资产的交易进行保值。

买入套期保值适用于准备在将来某一时间内购进某种商品或资产，防止实际买入现货商品或资产时价格上涨，使价格仍能维持在目前自己认可的水平的机构和个人。具体适用于：

(1)加工制造企业为了防止日后购进原材料时价格上涨的情况；

(2)供货方已经与需求方签订好现货供货合同，将来交货，但供货方此时尚未购进货源，防止日后购进货源价格上涨的情况；

(3)需求方由于资金不足、缺少外汇、仓库已满等情况不能立即买进现货，防止日后购入现货价格上涨的情况。

例 5-8 20×8 年 8 月 6 日，郑州螺纹价格为 5 320 元，期货价格为 5 600 元。某经销商认为由于夏季是建筑业淡季从而导致螺纹需求减少使价格下跌，8 月过后，螺纹价格将回升。经销商本想购买 5 000 吨，但由于资金周转不畅而无法提前大量购买，便利用期货的保证金制度(简单地说，只用交 10%的保证金即可购买 100%的货物)在期货市场上进行买入保值，买入 500 手期货合约(1 手=10 吨)。到了 9 月 25 日，假设分以下四种情况。

情况一：价格上涨，且期货价格涨幅大于现货(现货价格上涨 160 元，期货价格上涨 200 元)。

经销商套期保值效果一

	现货市场	期货市场
8 月 6 日	钢材销售价格为 5 320 元/吨	买入 500 手期货合约，价格为 5 600 元/吨
9 月 25 日	买入 5 000 吨钢材，价格为 5 480 元/吨	卖出 500 手期货合约平仓，价格为 5 800 元/吨
盈亏变化	(5 320–5 480)×5 000=–80 万元	(5 800–5 600) ×5 000=100 万元

9 月 25 日，经销商资金到位，以每吨 5 480 元购买钢材 5 000 吨。相比 8 月 6 日购买多支付 80 万元。但由于其在期货市场上进行了买入保值，盈利 100 万元，这样不仅抵销了多支付的 80 万元(也可以理解为将价格锁定在了 8 月 6 日的 5 320 元的水平上)，而且额外盈利 20 万元。

情况二：期货价格上涨幅度小于现货价格(现货涨价 160 元，期货涨价 100 元)。

经销商套期保值效果二

	现货市场	期货市场
8 月 6 日	钢材销售价格为 5 320 元/吨	买入 1 000 手期货合约，价格为 5 600 元/吨
9 月 25 日	买入 5 000 吨钢材，价格为 5 480 元/吨	卖出 1 000 手期货合约平仓，价格为 5 700 元/吨
盈亏变化	(5 320–5 480) ×5 000 = –80 万元	(5 700–5 600)×5 000=50 万元

同上，9 月 25 日，该经销商资金到位后，在现货市场上购买 5 000 吨钢材，同时在期货市场上卖出合约平仓。在现货市场亏损 80 万元，但在期货市场盈利 50 万元，抵销了大部分现货亏损。同样适当规避了价格风险。

情况三：期货价格与现货价格同幅度上涨

此种情况下，期货市场的盈利刚好抵销现货市场的亏损，即盈亏相抵。但对于所有现货商来说，都可以减少甚至免去提前囤积现货所带来的仓储等相关费用。

情况四：期货和现货价格同幅度下跌(同下跌 100 元)

经销商套期保值效果三

	现货市场	期货市场
8 月 6 日	钢材销售价格为 5 320 元/吨	买入 1 000 手期货合约，价格为 5 600 元/吨
9 月 25 日	买入 5 000 吨钢材，价格为 5 220 元/吨	卖出 1 000 手期货合约平仓，价格为 5 500 元/吨
盈亏变化	(5 320–5 220) ×5 000 = 50 万元	(5 500–5 600) ×5 000 = –50 万元

此种情况下，期货市场的亏损会冲减掉现货市场的盈利。

2) 买入套期保值的利弊分析

(1) 买入保值能够回避价格上涨带来的风险。在本例中，经销商通过买入保值，通过期货市场的盈利完全或者大部分规避了现货价格上涨的风险。

(2) 提高了资金的使用效率。由于期货是一种保证金交易，因此只用少量资金就可以控制大量货物，加快了资金的周转速度。如在本例中，经销商只用 5 600×5 000×10%=280 万元，其余 90%的资金在一个月内可加速周转，不仅降低了仓储费用，而且降低了资金占用成本。

(3) 对于需要库存的商品来说，节省了一些仓储费用、保险费用和损耗费。

(4) 能够促使现货合同早日签订。如在上例中，由于价格的上涨，即使经销商与厂家签订有远期合同，钢厂势必不会愿意按照 8 月的价格供货，造成违约风险甚至谈判破裂导致经销商无法拿到货。如果经销商做了买入保值，即使出现厂家违约的状况，经销商没有以约定低价拿到货，但其在期货市场上的盈利可以弥补现货的亏损。如果厂家履行合约，那么经销商就在期货市场上获得了额外的盈利。

2. 卖出套期保值(空头套期保值或卖期保值)

1) 卖出套期保值概述

卖出套期保值是指套期保值者为了规避价格下跌的风险，先在期货市场上卖出与其将在现货市场上卖出的现货商品或资产数量相等、交割日期相同或相近的以该商品或资产为标的期货合约，在该套期保值者在现货市场上卖出现货商品或资产的同时，将原卖出的期货合约对冲平仓，从而为其在现货市场上卖出现货商品或资产的交易进行保值。

适用于：

(1) 直接生产商品的厂家有库存商品尚未销售，防止日后出售时价格下跌的情况；

(2) 储运商、贸易商有库存现货尚未出售或已签订将来以特定价格买进某一种商品但尚未转售，防止日后出售时价格下跌的情况；

(3) 加工制造企业防止库存原材料价格下跌的情况。

例 5-9 20×8 年 7 月 22 日，郑州螺纹现货价格为 5 480 元，期货价格为 5 600 元。由于担心下游需求减少而导致价格下跌，某经销商欲在期货市场上卖出期货主力合约来为其 5 000 吨钢材保值，于是在期货市场卖出期货主力合约 1 000 手(1 手=5 吨)。此后，螺纹价格果然下跌，到 8 月 6 日为 5 320 元。期货价格下跌至 5 400 元/吨。此时，钢材经销商的 5 000 吨螺纹在市场上被买家买走，于是，经销商在期货市场上买入 1 000 手合约平仓，完成套期保值。假设分以下三种情况。

情况一：期货价格下跌大于现货价格下跌

经销商套期保值效果一

	现货市场	期货市场
7 月 22 日	螺纹价格为 5 480 元/吨	卖出期货合约 1 000 手，每吨 5 600 元/吨
8 月 6 日	卖出现货 5 000 吨，价格为 5 320 元/吨	买入 1 000 手合约平仓，价格为 5 400 元/吨
盈亏变化	(5 320–5 480) ×5 000=–80 万元	(5 600–5 400) ×5 000=100 万元

从盈亏情况来看，现货价格的下跌导致经销商损失了 80 万元，但是由于其在期货市场上的保值成功，在期货市场上盈利了 100 万元，综合起来，在螺纹价格下跌的不利局面下，经销商不仅成功地规避了价格下跌的风险，而且额外盈利 20 万元。

情况二：期货价格下跌小于现货价格下跌

条件同上，如果到 8 月 6 日，现货价格下跌到 5 320 元/吨，期货价格下跌仅 100 元，为 5 500 元/吨。

经销商套期保值效果二

	现货市场	期货市场
7 月 22 日	螺纹价格为 5 480 元/吨	卖出期货合约 1 000 手，每吨 5 600 元/吨
8 月 6 日	卖出现货 5 000 吨，价格为 5 320 万元/吨	买入 1 000 手合约平仓，价格为 5 500 元/吨
盈亏变化	(5 320–5 480) ×5 000=–80 万元	(5 600–5 500) ×5 000=50 万元

此时的盈亏状况为：现货市场上由于价格的不利变动使经销商损失 80 万元，但由于其在期货市场上进行套期保值，收益 50 万元，规避了现货市场上亏损的绝大部分。如果经销商没有进行套期保值，则亏损为 80 万元。

情况三：此时期货市场和现货市场价格下跌相同，同为 160 元/吨

经销商套期保值效果三

	现货市场	期货市场
8 月 6 日	钢材销售价格 5 480 元/吨	买入 1 000 手期货合约，价格为 5 600 元/吨
9 月 25 日	卖出现货 5 000 吨，价格为 5 320 万元/吨	卖出 1 000 手期货合约平仓，价格为 5 440 元/吨
盈亏变化	(5 320–5 480) ×5 000=–80 万元	(5 600–5 440) ×5 000 = 80 万元

此种情况下，期货市场的亏损会冲减掉现货市场的盈利。

2) 卖出套期保值的利弊分析

(1) 卖出保值能够回避未来价格下跌的风险。例如在上例中，钢厂成功地通过期货规避了未来价格下跌的风险。

(2) 经营企业通过卖出保值，可使保值企业按照原先的经营计划，强化管理、认真组织货源，顺利完成销售计划。

(3)有利于现货合约顺利签订。企业由于做了卖出保值，就不必担心对方要求以日后交货时的现货价为成交价。因为在价格下跌的趋势中，企业由于做了卖出保值，就可以用期货市场的盈利来弥补现货价格下跌造成的损失。反之，如果价格上涨，企业趁机在市场上卖了个好价钱，尽管期货市场上出现了亏损，但该企业还是实现了自己的销售计划。

四、套期保值的会计处理

根据《企业会计准则第 24 号——套期保值》的规定，套期保值会计方法是指在相同会计期间将套期工具和被套期项目公允价值变动的抵销结果计入当期损益的方法。准则基于独特的逻辑，将套期保值分为三类，即公允价值套期、现金流量套期和境外经营净投资套期。

1. 套期工具及被套期项目的认定

1)套期工具

套期工具，是指企业为进行套期而指定的、其公允价值或现金流量变动预期可抵销被套期项目的公允价值或现金流量变动的衍生金融工具；对外汇风险进行套期还可以将非衍生金融资产或非衍生金融负债作为套期工具。

对于套期工具，有以下几点需要注意：

(1)企业在确立套期关系时，应当对套期工具整体或其一定比例(不含套期工具剩余期限内的某一时段)进行指定，但下列情况除外：对于期权，企业可以将其内在价值和时间价值分开，只就内在价值变动将期权指定为套期工具；对于远期合同，企业可以将远期合同的利息和即期价格分开，只就即期价格变动将远期合同指定为套期工具。

一般情况下，衍生金融工具作为套期工具应当将衍生金融工具整体或其一定比例作为套期工具，不能将衍生金融工具的某个时间段指定为套期工具，而其他时间段不作为套期工具。但是，由于期权公允价值可以分拆为内在价值和时间价值，企业可以只就内在价值变动指定为套期工具。

期权公允价值计算公式如下：期权公允价值=内在价值+时间价值。其中，内在价值=股票市场价格–行权价格；只有市场价格高于行权价格才会行权，故内在价值≥0。

例如，甲公司发行认股权证，每份认股权证可在 2 年到期时以 5 元价格购买一股甲公司股票。假设到第一年年末，甲公司股票市价为 7 元，则内在价值=股票市价 7–行权价 5=2 元；因为还有 1 年时间才到期，甲公司股价很可能高于 7 元，市场参与者愿意付出 0.5 元，故时间价值为 0.5 元，则第一年年末该股票期权公允价值=内在价值 2+时间价值 0.5=2.5(元)。

(2)企业通常可将单项衍生金融工具指定为对一种风险进行套期，但同时满足下列条件的，也可以指定单项衍生金融工具对一种以上的风险进行套期：①可以清晰辨认各项被套期风险；②可以证明套期有效性；③可以确保该衍生金融工具与不同风险头寸之间存在具体指定关系。

例如，甲公司有美元浮动利率贷款，风险来自于汇率变动和利率变动，甲公司可以与中国银行进行外汇利率互换，该衍生金融工具就对两种风险进行了套期。

(3)企业可以将两项或两项以上衍生金融工具的组合或该组合的一定比例，或将衍生金融工具和非衍生金融工具的组合或该组合的一定比例指定为套期工具。

对于利率上下限期权或由一项发行的期权和一项购入的期权组成的期权，其实质相当于企业发行的一项期权(即企业收取了净期权费)，不能将其指定为套期工具。

注 1：利率上下限期权即购买者可以通过购买一个特定的商定利率的利率上限期权，同时又以较低商定利率卖出一个利率下限期权来缩小利率的波动范围。利率上下限期权的实质是借款人买进一个看涨期权，同时卖出一个看跌期权，目的是以收入的看跌期权的期权费抵销一部分付出的看涨期权的期权费，并且实现把所承受利率的波动限制在一定范围内。

注 2：利率上限期权，是指在银行同业市场上进行交易的利率期权，它通过在未来特定时间内给带有可变动利率或浮动利率的债务工具确定利率最高额以确定其利率成本的上限。借款人买入利率上限期权，可以取得利率上升时的保障，同时又能保留利率下降时的利益，可以在市场利率高于上限时享受固定利率，在市场利率低于上限时仍享受浮动利率。因此，利率上限期权是一种灵活的保值工具。

注 3：发行期权方(空头方)的目的是为了融资(取得资金)，不能作为套期工具；期权持有人可以将期权作为套期工具。

2)被套期项目

被套期项目，是指使企业面临公允价值或现金流量变动风险，且被指定为被套期对象的下列项目：①单项已确认资产、负债、确定承诺、很可能发生的预期交易，或境外经营净投资；②一组具有类似风险特征的已确认资产、负债、确定承诺、很可能发生的预期交易，或境外经营净投资；③分担同一被套期利率风险的金融资产或金融负债组合的一部分(仅适用于利率风险公允价值组合套期)。其中，确定承诺，是指在未来某特定日期或期间，以约定价格交换特定数量资源、具有法律约束力的协议；预期交易，是指尚未承诺但预期会发生的交易。

对于被套期项目，有以下几点需要注意：

(1)被套期风险是信用风险或外汇风险的，持有至到期投资可以指定为被套期项目。被套期风险是利率风险或提前还款风险的，持有至到期投资不能指定为被套期项目。

例如，购入美元债券作为持有至到期投资，如果债券发行人的财务状况恶化，该持有至到期投资将发生信用风险；由于汇率变动，将发生外汇风险。为了规避信用风险或外汇风险可以将持有至到期投资指定为被套期项目。

(2)企业集团内部交易形成的货币性项目的汇兑收益或损失，不能在合并财务报表中全额抵销的，该货币性项目的外汇风险可以在合并财务报表中指定为被套期项目。企业集团内部很可能发生的预期交易，按照进行此项交易的主体的记账本位币以外的货币标价(即按外币标价)，相关的外汇风险将影响合并利润或损失的，该外汇风险可以在合并财务报表中指定为被套期项目。

(3)对于与金融资产或金融负债现金流量或公允价值的一部分相关的风险，其套期有效性可以计量的，企业可以就该风险将金融资产或金融负债指定为被套期项目。

例如，贷款本金或利息现金流量的风险，其套期有效性是可以计量的，企业可以将贷款的本金或利息指定为被套期项目。

(4)在金融资产或金融负债组合的利率风险公允价值套期中，可以将某货币金额(如人民币、美元或欧元金额)的资产或负债指定为被套期项目。

例如，贷款组合的利率风险公允价值套期中，可以将人民币贷款或美元贷款等指定为被套期项目，因为它们具有同质性。

(5)企业可以将金融资产或金融负债现金流量的全部指定为被套期项目。金融资产或金融负债现金流量的一部分被指定为被套期项目的，被指定部分的现金流量应当少于该金融资产或金融负债现金流量总额。

例如，贷款现金流量包括本金和利息的现金流入，要么是将整个贷款的本息全部指定为被套期项目，要么只将贷款本金或利息指定为被套期项目。本金或利息作为被套期项目当然小于贷款本息的现金流量总额。

(6)非金融资产或非金融负债指定为被套期项目的，被套期风险应当是该非金融资产或非金融负债相关的全部风险或外汇风险。

例如，甲公司预期从乙公司购买一批轮胎。甲公司和乙公司的记账本位币分别为美元和人民币。由于轮胎是非金融项目，因此，甲公司只能将与轮胎有关的所有风险或其中的外汇风险指定为被套期风险。但是，甲公司不能将预期购买的轮胎所含橡胶的成本变动风险指定为被套期风险。

(7)对具有类似风险特征的资产或负债组合进行套期时，该组合中的各单项资产或单项负债应当同时承担被套期风险，且该组合内各单项资产或单项负债由被套期风险引起的公允价值变动，应当预期与该组合由被套期风险引起的公允价值整体变动基本成比例。

例如当被套期组合因被套期风险形成的公允价值变动为10%时，该组合中各单项金融资产或单项金融负债因被套期风险形成的公允价值变动应当限制在9%～11%之间较小的范围内。

2. 套期保值的确认和计量

1)套期保值会计方法运用条件

公允价值套期、现金流量套期或境外经营净投资套期，同时满足下列条件的，才能运用企业会计准则规定的套期保值会计方法进行处理。

(1)在套期开始时，企业对套期关系(即套期工具和被套期项目之间的关系)有正式指定，并准备了关于套期关系、风险管理目标和套期策略的正式书面文件。该文件至少载明了套期工具、被套期项目、被套期风险的性质以及套期有效性评价方法等内容。套期必须与具体可辨认并被指定的风险有关，且最终影响企业的损益。

(2)该套期预期高度有效，且符合企业最初为该套期关系所确定的风险管理策略。

(3)对预期交易的现金流量套期，预期交易应当很可能发生，且必须使企业面临最终将影响损益的现金流量变动风险。

(4)套期有效性能被可靠地计量。

(5)企业应当持续地对套期有效性进行评价，并确保该套期在套期关系被指定的会计期间内高度有效。

2)套期保值有效性评价

上述运用套期保值会计方法的条件之一是，该套期保值是高度有效的。只有符合下列全部条件时，才能将该套期保值认定为高度有效：

一是在套期开始及以后期间，该套期预期会高度有效地抵销套期指定期间被套期风险引起的公允价值或现金流量变动；

二是该套期的实际抵销结果在80%～125%的范围内。

例如甲企业套期的实际结果是，套期工具公允价值变动形成的损失为80万元，而被套期项目的公允价值变动形成的利得为 100 万元，两者相互抵销的程度可以计算如下：80/100=80%；或者，100/80=125%。

对套期保值有效性，企业至少应当在编制中期或年度财务报告时进行评价。

3) 套期保值有效性的评价方法

需要注意的是，套期保值有效性评价的方法应当与企业的风险管理策略相吻合。在套期保值开始时，企业应当在与风险管理有关的正式文件中对套期保值有效性评价方法加以详细说明。

常见的套期保值有效性评价方法有以下三种。

(1) 主要条款比较法

主要条款比较法，是通过比较套期工具和被套期项目的主要条款来确定套期保值是否有效的方法。主要条款包括名义金额或本金、到期期限、内含变量、定价日期、商品数量、货币单位等。所有主要条款均能准确匹配时，由被套期风险引起的套期工具和被套期项目的公允价值或现金流量变动可以相互抵销。

采用这种方法对套期保值有效性进行评价不需要计算,但只能用于套期保值预期性评价。

(2) 比率分析法

比率分析法，也称金额对冲法，是通过比较被套期风险引起的套期工具和被套期项目公允价值或现金流量变动的比例来确定套期是否有效的方法。运用此方法时，企业可以根据自身风险管理政策的特点进行选择，以累积变动数(即自套期开始以来的累积变动数)为基础比较，或以单个期间变动数为基础比较。应注意，以累积变动数和单个期间变动数分别作为比较基础，可能会得出不同结论。若以单个期间变动数为基础，则套期保值不是高度有效的；若以累积变动数为基础，则套期保值是高度有效的。

(3) 回归分析法

回归分析法，是在掌握一定量观察数据的基础上，利用数理统计方法建立自变量和因变量之间回归关系函数的一种统计学方法。运用此方法，需研究分析套期工具和被套期项目价值变动之间的相关性。相关性越高，套期保值越有效。

在回归模型中，自变量反映被套期项目公允价值变动或预计未来现金流量现值变动，因变量反映套期工具公允价值变动。

套期有效性评价方法的比较如表 5-3 所示。

表 5-3　套期有效性评价方法的比较

名称	定义	优点	缺点
主要条款比较法	比较套期工具和被套期项目的主要条款的匹配程度(如本金、到期期限、内含变量、定价日期、商品数量、货币单位等)，以确定套期是否有效的方法	无须计算，简单快捷，尤其适用于套期工具为远期合同和互换工具的情形，多用于预期	适用于预期有效性评价，不适用于回顾有效性评价。即使主要条款完全匹配，仍可能因为套期工具的流动性或交易对手的信用风险而出现无效
比率分析法(金额对冲法)	通过比较被套期风险引起的套期工具和被套期项目公允价值或现金流量变动金额，计算两者之间的比率，以确定套期是否有效的方法	在进行有效性评价的同时，也计量了套期无效部分，准备好会计处理所需数据，因此在三种方法中最为常用	较主要条款对比法复杂和烦琐(但比回归分析法简单实用)
回归分析法	统计学方法，是在掌握一定量观察数据基础上，利用数理统计方法建立自变量(被套期项目)和因变量(套期工具)之间回归关系函数，以确定套期是否有效的方法	在某些情况下，较比率分析法更易通过有效性评价	较上述方法复杂和烦琐

例 5-10 甲公司于 20×8 年 1 月 1 日预期将在 20×9 年 1 月 1 日对外出售一批商品。为了规避商品价格下降的风险，甲公司于 20×8 年 1 月 1 日与其他方签订了一份远期合同（套期工具），约定在 20×9 年 1 月 1 日以预期相同的价格（作为远期价格）卖出相同数量的商品。在合同签订日，该远期合同的公允价值为零。假定套期开始时，该现金流量套期高度有效。

甲公司每季采用比率分析法对套期有效性进行评价。

套期期间，套期工具的公允价值及其变动、被套期项目的预计未来现金流量现值及其变动如下面两个表所示。

以单个期间变动数为基础比较

单位：万元

项目	3 月 31 日	6 月 30 日	9 月 30 日	12 月 31 日
当季套期工具公允价值变动	(100)	(50)	110	140
当季被套期项目预计未来现金流量现值变动	90	70	(110)	(140)
当季套期有效程度	111%	71.4%	100%	100%
评价	80%～125%	非高度有效	80%～125%	

说明：以单季为基础比较，第 2 季度非高度有效；带“括号”的数据表明是净减少额。

以累积变动数为基础比较

单位：万元

项目	3 月 31 日	6 月 30 日	9 月 30 日	12 月 31 日
至本月止套期工具公允价值累积变动	(100)	(150)	(40)	100
至本月止被套期项目预计未来现金流量现值累积变动	90	160	50	(90)
至本月止累积套期有效程度	111%	93.8%	80%	111%
评价	80%～125%			

说明：以累积变动数为基础比较，第 2 季度高度有效。

3. 公允价值套期会计

公允价值套期是指对被套期项目的公允价值变动风险进行的套期，也就是说，企业所担心的是被套期项目的公允价值。

公允价值套期满足运用套期保值会计方法条件的，应当按照下列规定处理。

(1) 套期工具为衍生金融工具的，其公允价值变动形成的利得或损失应当计入当期损益；套期工具为非衍生金融工具的，其账面价值因汇率变动形成的利得或损失应当计入当期损益。

(2) 被套期项目因被套期风险形成的利得或损失应当计入当期损益，同时调整被套期项目的账面价值。被套期项目为按成本与可变现净值孰低进行后续计量的存货、按摊余成本进行后续计量的金融资产或可供出售金融资产的，也应当按此规定处理，即将存货等改按公允价值计量，并且把公允价值变动计入当期损益，以便和套期工具的利得或损失抵销。

(3) 如果出现以下情况之一，企业不应当再按照上述规定处理：

①套期工具已到期、被出售、合同终止或已行使。需要说明的是，套期工具展期或被另一项套期工具替换时，展期或替换是企业正式书面文件所载明的套期策略组成部分的，不作为已到期或合同终止处理。

②该套期不再满足套期保值准则所规定的运用套期保值会计方法的条件。

③企业撤销了对套期关系的指定。

例 5-11 20×8 年 1 月 1 日，甲公司持有库存商品 X 的账面成本为 100 万元，公允价值为 110 万元。如果现在出售，则可获利 10 万元；但现在未能出售，以后出售时，公允价值可能下降，从而失去该获利额。甲公司为规避该库存商品 X 公允价值变动风险，在期货市场上卖出与库存商品 X 在数量、质量上相同的期货，假设期货价格为 110 万元。甲公司将该期货合约(下称衍生金融工具 Y)指定为 20×8 年上半年库存商品 X 价格变化引起的公允价值变动风险的套期。

20×8 年 1 月 1 日，该衍生金融工具 Y 的公允价值为零，因为此时期货价格尚未变动。20×8 年 6 月 30 日，甲公司将库存商品 X 出售，公允价值(出售价格)为 107.5 万元(比原公允价值 110 万元减少了 2.5 万元，即库存商品 X 的公允价值下降了 2.5 万元)；同时甲公司将期货合约买入平仓，假设买入平仓期货价格为 107.75 万元，对比开新仓期货价格 110 万元，获得收益 2.25 万元(即衍生金融工具 Y 的公允价值上涨了 2.25 万元。甲公司采用比率分析法评价套期有效性，即通过比较衍生金融工具 Y 和库存商品 X 的公允价值变动评价套期有效性，假定甲公司预期该套期高度有效。

甲公司的账务处理如下：

①20×8 年 1 月 1 日

借：被套期项目——库存商品 X　　100

　　贷：库存商品——X　　100

②20×8 年 6 月 30 日

借：套期工具——衍生金融工具 Y　　2.25

　　贷：套期损益　　2.25(卖出 110–买入 107.75)

借：套期损益　　2.5(原公允价值 110–现公允价值 107.5)

　　贷：被套期项目——库存商品 X　　2.5

借：银行存款　　107.5

　　贷：主营业务收入　　107.5

借：主营业务成本　　97.5

　　贷：被套期项目——库存商品 X　　97.5

借：银行存款　　2.25

　　贷：套期工具——衍生金融工具 Y　　2.25

从以上情况可以看出，其“无效套期损益”为 0.25 万元，从而对甲公司当期利润总额的影响相差 0.25 万元(2.5–2.25)。此时，套期工具公允价值变动 2.25 万元与被套期项目公允价值变动 2.5 万元的比率为 90%(2.25/2.5×100%)，这一比率在 80%～125%之间，可以认定该套期是高度有效的。

应注意的是：在套期保值列报时，“套期工具”、“被套期项目”科目的期末借方余额应列示在资产负债表的“衍生金融资产”或“其他流动资产”项目中，贷方余额应列示在“衍生金融负债”或“其他流动负债”项目中；“套期损益”科目的发生额应列示在利润表的“公允价值变动收益”项目中。

4. 现金流量套期会计

现金流量套期满足运用套期保值会计方法条件的，应当按照下列规定处理。

（1）套期工具利得或损失中属于有效套期的部分，应当直接确认为所有者权益，并单列项目反映；之所以计入所有者权益（资本公积——其他资本公积），是因为在处置被套期项目时，才将资本公积转入当期损益，以实现对冲。该有效套期部分的金额，按照下列两项的绝对额中较低者确定：

①套期工具自套期开始的累计利得或损失；

②被套期项目自套期开始的预计未来现金流量现值的累计变动额。

例如，甲公司预期1年后购入铜材料10吨，被套期项目为预期购入的铜材料。购入原材料将导致现金流出，材料价格波动将引起现金流量风险，可以计算出被套期项目自套期开始的预计未来现金流量现值的累计变动额，将其与套期工具自套期开始的累计利得或损失对比，较低者作为有效套期部分。

（2）套期工具利得或损失中属于无效套期的部分（即扣除直接确认为所有者权益后的其他利得或损失），应当计入当期损益。因为无效套期不存在对冲，所以直接计入当期损益。

（3）在风险管理策略的正式书面文件中，载明了在评价套期有效性时将排除套期工具的某部分利得或损失或相关现金流量影响的，被排除的该部分利得或损失的处理，应当考虑相对应金融工具的类别因素（如交易类、可供出售类等），适用《企业会计准则第22号——金融工具确认和计量》。

例如，期权的公允价值为内在价值和时间价值之和，只将内在价值指定为套期工具，评价套期有效性时排除了时间价值，则时间价值的处理应该按照金融工具的类别分别计入当期损益（交易类）或资本公积（可供出售类）。

（4）关于现金流量套期会计，还有以下几点需要注意：

①对确定承诺的外汇风险进行的套期，企业可以作为现金流量套期或公允价值套期处理。

②被套期项目为预期交易，且该预期交易使企业随后确认一项金融资产或一项金融负债的，原直接确认为所有者权益的相关利得或损失，应当在该金融资产或金融负债影响企业损益的相同期间转出，计入当期损益。但是，企业预期原直接在所有者权益中确认的净损失全部或部分在未来会计期间不能弥补时，应当将不能弥补的部分转出，计入当期损益。

③被套期项目为预期交易，且该预期交易使企业随后确认一项非金融资产或一项非金融负债的，企业可以选择下列方法处理：

原直接在所有者权益中确认的相关利得或损失，应当在该非金融资产或非金融负债影响企业损益的相同期间转出，计入当期损益。但是，企业预期原直接在所有者权益中确认的净损失全部或部分在未来会计期间不能弥补时，应当将不能弥补的部分转出，计入当期损益。

将原直接在所有者权益中确认的相关利得或损失转出，计入该非金融资产或非金融负债的初始确认金额。

非金融资产或非金融负债的预期交易形成了一项确定承诺时，该确定承诺满足运用企业会计准则规定的套期保值会计方法条件的，也应当选择上述两种方法之一处理。

企业选择了上述两种处理方法之一作为会计政策后，应当一致地运用于相关的所有预期交易套期，不得随意变更。

④如果出现以下情况之一，企业不应当再按现金流量套期相关的上述会计规定处理：套期工具已到期、被出售、合同终止或已行使；该套期不再满足运用企业会计准则规定的套期保值会计方法的条件；预期交易预计不会发生；企业撤销了对套期关系的指定。

例 5-12 某大型粮油综合企业集团于20×7年3月至4月间在东北产区收购了5万吨玉米。为规避玉米价格下跌风险，避免现货损失，该企业进入期货市场进行库存卖出套期保值操作。4月28日，企业以2 300元/吨价位卖出C905合约5 000手，手续费为6元/吨，利息为110元/吨。当时，现货价格为2 020元/吨，现货尚未签订销售合同。后来，受金融危机影响，期货和现货价格果然下跌，至8月17日，期货价格下跌至1 960元/吨，而现货价格下跌至1 850元/吨；此时，该企业的现货销售完毕，同时在期货市场平仓出场。仓储费为16元/吨，利息为30元/吨。期货市场的盈利不但弥补现货市场的损失，而且还有盈余。

分析：(1)该套期保值业务是现金流量套期，因为建立套期关系时现货尚未签订销售合同，是未来很可能预期会发生的交易。

(2)通过对比分析可以看到，如果该企业不进行套期保值，那么现货购销价格亏损为216元/吨，5万吨总计亏损1 080万元；由于企业进行了套期保值，最终反而实现盈利224–216=8元/吨，5万吨总计盈利40万元，列表如下所示。

现货市场与期货市场比较

现货市场		期货市场	
价格损失	2 020–1 850=170元	价格盈利	2 300–1 960=340元
利息支付	30元	利息支付	110元
仓储费	16元	手续费	6元
现货亏损	170+30+16=216元	期货盈利	340–110–6=224元

例 5-13 甲公司于20×8年11月1日与境外乙公司签订合同，约定于20×9年1月30日以5 000美元/吨的价格购入100吨橄榄油，合同总价款为50万美元。合同签订日，美元与人民币的市场汇率为1美元=6.5元人民币，甲公司担心3个月后人民币贬值为1美元=7元人民币，则橄榄油进货成本将增加25万元人民币[50万美元×(7–6.5)]。甲公司为规避购入橄榄油成本的外汇风险，于当日与某金融机构签订了一份3个月到期的远期外汇合同，从金融企业买入50万美元，约定汇率为1美元=6.5元人民币。

20×9年1月30日，甲公司以净额方式结算该远期外汇合同，并购入橄榄油。20×9年3月1日，甲公司将橄榄油出售，取得价款450万元人民币。

假定：

(1)20×8年12月31日，1个月期美元对人民币远期汇率为1美元=6.48元人民币，人民币的市场利率为6%；

(2)20×9年1月30日，美元对人民币即期汇率为1美元=6.45元人民币；

(3)该套期符合运用套期会计的条件；

(4)不考虑增值税等相关税费。

根据套期保值准则，对外汇确定承诺的套期既可以划分为公允价值套期，也可以划分为现金流量套期，本例中甲公司将上述套期划分为现金流量套期。

有关会计处理如下(金额单位：万元人民币)：

(1)20×8年11月1日

因套期保值现金流量没有变化，不做账务处理，将套期保值进行表外登记。

(2)20×8年12月31日，反映套期工具利得或损失远期外汇合同的公允价值=50 万美元×(6.48–6.5) /(1+6%×1/12)=–1 /(1+6%×1/12)=–0.995(万元人民币)

借：其他综合收益(套期工具价值变动) 0.995

贷：套期工具——远期外汇合同 0.995

注：20×8 年年末，1 个月期美元对人民币远期汇率为 1 美元=6.48 元人民币，而甲公司应按 1 美元=6.5 元人民币结算，多支付了 1 万元人民币；考虑货币时间价值折现后金额为 0.995 万元人民币。此处“套期工具”贷方余额相当于其他应付款。

(3) 20×9 年 1 月 30 日

反映套期工具利得或损失和结算套期工具：

远期外汇合同的公允价值=(6.45–6.5)×50 万美元=–2.5(万元人民币)

借：其他综合收益(套期工具价值变动) 1.505

贷：套期工具——远期外汇合同(2.5–0.995) 1.505

借：套期工具——远期外汇合同 2.5

贷：银行存款 2.5

反映购入存货：

借：库存商品——橄榄油 322.5

贷：银行存款——美元户(50 万美元×6.45) 322.5

甲公司将套期工具于套期期间形成的公允价值变动累计额(净损失)暂记在所有者权益中，在处置橄榄油影响企业损益的期间转出，计入当期损益。如果该净损失在未来会计期间不能弥补时，将全部转出，计入当期损益。

(4) 20×9 年 3 月 1 日

假设甲公司于 20×9 年 3 月 1 日将橄榄油出售，取得价款 450 万元人民币，账务处理如下：

借：银行存款 450

贷：主营业务收入 450

借：主营业务成本 325

贷：库存商品——橄榄油 322.5

其他综合收益(套期工具价值变动) 2.5

通过上述套期保值，主营业务成本为 325 万元人民币(50 万美元×6.5)，相当于将汇率锁定在 1 美元=6.5 元人民币的水平时的购进成本。

5. 对境外经营净投资的套期的会计

对境外经营净投资的套期，应当按照类似于现金流量套期会计的规定处理：

(1) 套期工具形成的利得或损失中属于有效套期的部分，应当直接确认为所有者权益，并单列项目反映。处置境外经营时，上述在所有者权益中单列项目反映的套期工具利得或损失应当转出，计入当期损益。

(2) 套期工具形成的利得或损失中属于无效套期的部分，应当计入当期损益。

注意：对境外经营净投资的套期实际上就是对未来现金流入的套期。在套期期间，对境外投资按照长期股权投资采用成本法核算，不能按照公允价值计量，不能按照公允价值套期进行处理。

练习题五

ABC公司为境内商品生产企业，采用人民币作为记账本位币。20×6年2月1日，该公司与某境外公司签订了一项设备购买合同(确定承诺)，设备价格为100万美元，交货日期为2013年5月1日。

20×6年2月1日，经ABC公司董事会决定，签订了一项购买81.21万欧元的远期合同。根据该合同，ABC公司将于20×6年5月1日支付人民币683万元购入81.21万欧元，汇率为1欧元=8.410 4人民币元。

ABC 公司将该远期合同指定为对由于人民币对美元汇率变动可能引起的确定承诺公允价值变动风险的套期工具，且通过比较远期合同公允价值总体变动和确定承诺公允价值变动评价套期有效性。假定最近3个月人民币元对欧元、人民币元对美元的汇率变动之间具有高度相关性。20×6年5月1日，ABC公司履行确定承诺并以净额结算了远期合同。

与该套期有关的远期汇率资料如表所示。

日期	欧元/人民币的远期汇率	美元/人民币的远期汇率
20×6年2月1日	1欧元=8.4104人民币元	1美元=6.8280人民币元
20×6年3月31日	1欧元=8.4060人民币元	1美元=6.8270人民币元
20×6年5月1日	1欧元=8.3950人民币元	1美元=6.8260人民币元

假定不考虑与购买设备有关的税费因素、设备运输和安装费用等。

要求：

(1)指出上述套期关系中的被套期项目，并简要说明理由。

(2)指出上述套期关系中的套期工具，并简要说明理由。

(3)指出上述套期保值可以指定的类型，并简要说明理由。

(4)分析、判断该套期是否高度有效。

(5)简要评价该套期的效果。

项目	2月1日	3月31日	5月1日
A.远期合同			
5月1日结算的欧元/人民币元的远期汇率	8.4104	8.4060	8.3950
金额单位：万欧元	81.21	81.21	81.21
远期价格(81.21万欧元折算成人民币万元)	683	682.65	681.76
合同价格(人民币万元)	(683)	(683)	(683)
以上两项的差额(人民币万元)	0	(0.35)	(1.24)
公允价值(以上差额的现值，假定折现率为6%)	0	(0.35)	(1.24)
本期公允价值变动		(0.35)	(0.89)
B.确定承诺			
5月1日结算用的美元/人民币元远期汇率	6.828 0	6.827 0	6.826 0
金额单位：万美元	100	100	100
远期价格(100万美元折算成人民币万元)	(682.80)	(682.70)	(682.60)
初始远期价格(人民币万元)	682.80	682.80	682.80
以上两项的差额(人民币万元)	0	0.10	0.20
公允价值(上述差额的现值，假定折现率为6%)	0	0.10	0.20
本期公允价值变动		0.10	0.10
C.无效套期部分(以欧元标价的远期合同和以美元标价的确定承诺两者公允价值变动之间的差额)		0.25	0.79

课外阅读 1

国内四大期货交易所简介

1. 郑州商品交易所

郑州商品交易所(以下简称郑商所)是经国务院批准成立的我国首家期货市场试点单位。郑商所隶属中国证券监督管理委员会管理。其前身是在1990年10月12日成立的郑州粮食批发市场，当时是国务院确定的第一家期货市场试点单位。1993年5月28日，郑商所正式推出期货交易。

郑商所实行会员制。会员大会是郑商所权力机构，由全体会员组成。理事会是会员大会常设机构，下设战略发展、品种、监察、交易、交割、会员资格审查、调解、财务、技术、结算10个专门委员会。截至2016年年底，郑商所共有会员196家，分布在全国26个省(市)、自治区。其中，期货公司会员有155家，占会员总数的79%；非期货公司会员有41家，占会员总数的21%。

郑商所目前上市交易期货品种有普通小麦、优质强筋小麦、早籼稻、晚籼稻、粳稻、棉花、油菜籽、菜籽油、菜籽粕、白糖、动力煤、甲醇、精对苯二甲酸(PTA)、玻璃、硅铁和锰硅。基本形成的综合性品种体系覆盖农业、能源、化工、建材和冶金等国民经济重要领域。

2. 大连商品交易所

大连商品交易所(简称大商所)成立于1993年2月28日，并于同年11月18日正式开业，是经国务院批准并由中国证监会监督管理的四家期货交易所之一，也是中国东北地区唯一一家期货交易所。经中国证监会批准，目前上市交易的有玉米、 玉米淀粉、黄大豆1号、黄大豆2号、豆粕、豆油、棕榈油、鸡蛋、纤维板、胶合板、线型低密度聚乙烯、聚氯乙烯、聚丙烯、焦炭、焦煤和铁矿石共计16个期货品种。

成立20多年以来，大商所规范运营、稳步发展，已经成为我国重要的期货交易中心。截至2016年年末，大商所共有会员165家，指定交割库210个(按品种统计)，2016年期货成交量和成交额分别达15.37亿手和61.41万亿元(成交量、额均为单边统计)。2015年根据美国期货业协会(FIA)公布的全球主要衍生品交易所成交量排名，大商所在全球排名第8位。

3. 上海期货交易所

上海期货交易所是在中国证监会集中统一监督管理下，以基础金属、贵金属、能源、化工等大宗商品为主的期货市场，其前身是上海市在期货市场试点建设时期开办的金属、石油、农资、粮油、建材、化工这6家期货交易所。1994年、1995年规范整顿时，保留金属、粮油两家交易所，另外四家交易所合并组成商品交易所。1998年、1999年规范整顿时，金属、商品、粮油三家交易所合并组建上海期货交易所。上海期货交易所现有会员200多家(其中期货公司会员占近77%)，在全国各地开通远程交易终端1 400多个。

上海期货交易所目前挂牌交易黄金、白银、铜、铝、锌、铅、螺纹钢、线材、燃料油、天然橡胶、石油沥青、热轧卷板、镍、锡14种期货合约。

以上三家商品期货交易所采用计算机系统撮合交易，通过卫星信息系统向国内外发布即时行情，在全国主要城市开通有异地远程交易终端。

4. 中国金融期货交易所

1992年，我国开办了国债期货交易。后来，由于投机严重、风险控制滞后，1995年5

月 17 日，经国务院同意，国债期货市场暂停交易。

2006 年 2 月，经国务院同意，中国证监会批准成立中国金融期货交易所筹备组，由上海期货交易所、上海证券交易所、深圳证券交易所、大连商品交易所、郑州商品交易所 5 家股东分别出资 1 亿元人民币共同发起设立中国金融期货交易所，9 月 8 日在上海期货大厦内挂牌，成为继上海期货交易所、大连商品交易所、郑州商品交易所之后的中国内地的第四家期货交易所，也是中国内地成立的首家金融衍生品交易所。

目前，中国金融期货交易所提供的交易品种有沪深 300 指数期货、5 年期国债期货等。

中国金融期货交易所是中国内地首家金融衍生品交易所、首家公司制交易所。它采用电子化交易方式，不设交易大厅和出市代表。金融期货产品的交易均通过交易所计算机系统进行竞价，由交易系统按照价格优先、时间优先的原则自动撮合成交。

课外阅读 2

利息天数的计算规则

1. 中国人民银行规定的人民币存贷款利息计算规则

《中国人民银行关于人民币存贷款计结息问题的通知》(银发[2005]129 号)规定了存贷款利率的换算和计息公式。

(1)人民币业务的利率换算公式为:

日利率(‱)=年利率(%)÷360

月利率(‰)=年利率(%)÷12

(2)银行可采用积数计息法和逐笔计息法计算利息。

①积数计息法按实际天数每日累计账户余额，以累计积数乘以日利率计算利息。计息公式为:

利息=累计计息积数×日利率

其中，累计计息积数=每日余额合计数。

②逐笔计息法按预先确定的计息公式逐笔计算利息。

计息期为整年(月)的，计息公式为：利息=本金×年(月)数×年(月)利率。

计息期有整年(月)又有零头天数的，计息公式为：利息=本金×年(月)数×年(月)利率+本金×零头天数×日利率。

同时，银行可选择将计息期全部化为实际天数计算利息，即每年为 365 天(闰年为 366 天)，每月为当月公历实际天数，计息公式为:

利息=本金×实际天数×日利率

2. 金融衍生金融产品交易中的计息基准

金融实践中存有多种约定计息基准(又称天数计算惯例)。例如，中国银行间市场交易商协会公布的《中国银行间市场利率衍生金融产品交易定义文件(2012 年版)》就应计利息的计息基准给出了如下常用规则:

(1)实际天数/实际天数”(简写为 A/A)，指该计息期实际天数除以 365 的商(或者如果该计息期的任何部分属于闰年，则应为以下二者之和：①计息期属于闰年那部分的实际天数除以 366 的商；②计算期属于非闰年的那部分的实际天数除以 365 的商）；

（2）“实际天数/365”（简写为 A/365），指该计息期实际天数除以 365 的商，若该计息期包含 2 月 29 日，计算该日利息；

（3）“实际天数/实际天数（债券）”（简写为 A/A-Bond），指计息期实际天数，除以当前付息周期实际天数与年付息次数的乘积；其中，当前付息周期实际天数指下一个付息日与上一个付息日之间的实际天数，算头不算尾，含闰年的 2 月 29 日。

（4）“实际天数/365（固定）”（简写为 A/365F），指该计息期实际天数除以 365 的商，若该计息期包含 2 月 29 日，不计算该日利息；

（5）“实际天数/360”（简写为 A/360），指该计息期实际天数除以 360 的商；

（6）“30/360”，指该计息期天数除以 360 的商。计息期天数的计算根据一年 12 个月，每个月 30 天的原则计算，但下述两种情况应按以下指定的天数计算当月天数：①若计息期第一天不是 30 日或 31 日，但最后一天为 31 日时，计息期最后一天所在月份应为 31 天；②若计息期最后一天是 2 月的最后一天，则 2 月计息天数应为当月。

说明：上文中 A 表示 Actual，F 表示 Fixed。

第六章

股权激励

本章学习提示

学习内容：

本章系统地阐述了股权激励的含义、特征、股权激励方式、股权激励政策的拟定、审批和实施以及股份支付的分类及相应的会计处理。

学习要点：

1. 股权激励方式；
2. 股权激励政策的拟定、审批和实施；
3. 以权益结算的股份支付的会计处理，包括：等待期内各期费用的计算、资本公积的余额推算及行权时资本公积的计算；
4. 以现金结算的股份支付的会计处理，包括：等待期内各期费用的计算、应付职工薪酬的余额推算及可行权日后负债公允价值波动的会计处理；
5. 集团股份支付的会计处理。

第一节　股权激励概述

股权激励主要是指上市公司以本公司股票为标的，对其董事、高级管理人员以及其他员工进行的长期性激励。其中，高级管理人员是指对公司决策、经营、管理负有领导职责的人员，包括经理、副经理、财务负责人(或其他履行上述职责的人员)、董事会秘书和公司章程规定的其他人员。

相对于以“工资-奖金-福利”为基本特征的传统薪酬激励体系而言，股权激励使企业与员工之间建立起了一种更加牢固、更加紧密的战略发展关系。目前，基本工资和年度奖金已不能充分调动公司高级管理人员的积极性，尤其是对长期激励很难奏效。而股权激励作为一种长期激励方式，是通过让经营者或公司员工获得公司股权的形式，或给予其享有相应经济收益的权利，使他们能够以股东的身份参与企业决策、分享利润、承担风险，从而勤勉尽责地为公司的长期发展服务。

一、股权激励方式

1. 股票期权(Stock Option)

股票期权也称认股权证，实际上是一种看涨期权。它是指公司授予激励对象的一种权利，激励对象可以在规定的时间内(行权期)以事先确定的价格(行权价)购买一定数量的本公司流通股票(行权)。股票期权只是一种权利，而非义务，持有者在股票价格低于“行权价”时可以放弃这种权利，因而对股票期权持有者没有风险。股票期权的行权也有时间和数量限制，且需激励对象自己为行权支出现金。

实施股票期权的假定前提是，公司股票的内在价值在证券市场能够得到真实的反映。由于在有效市场中股票价格是公司长期盈利能力的反映，而股票期权至少要在一年以后才能实现，所以被授予者为了使股票升值而获得价差收入，会尽力保持公司业绩的长期稳定增长，使公司股票的价值不断上升，这样就使股票期权具有了长期激励的功能。同时，股票期权还要求公司必须是公众上市公司，有合理合法的、可资实施股票期权的股票来源。

股票期权模式目前在美国最流行，运作方法也最规范。随着20世纪90年代美国股市出现牛市，股票期权给高级管理人员带来了丰厚的收益。股票期权在国际上也是一种最为经典、使用最为广泛的股权激励模式。全球500家大型公司企业中已有89%对高层管理者实施了股票期权。

2. **虚拟股票**(Phantom Stock)

虚拟股票是指公司授予激励对象一种虚拟的股票，激励对象可以依据被授予“虚拟股票”的数量参与公司的分红并享受股价升值收益，但没有所有权，没有表决权，不能转让和出售，在离开企业时自动失效。其好处是不会影响公司的总资本和所有权结构，但缺点是兑现激励时现金支出压力较大，特别是在公司股票升值幅度较大时。

虚拟股票和股票期权有一些类似的特性和操作方法，但虚拟股票并不是实质性的股票认购权，它实际上是将奖金延期支付，其资金来源于企业的奖励基金。与股票期权相比，虚拟股票的激励作用受证券市场的有效性影响要小，因为当证券市场失效时(如遇到熊市)，只要公司有好的收益，被授予者仍然可以通过分红分享到好处。

3. **股票增值权**(Stock Appreciation Rights，SAR)

股票增值权是指公司授予激励对象的一种权利，激励对象可以在规定时间内获得规定数量及一定比例的股票股价上升所带来的收益，但不拥有这些股票的所有权，自然也不拥有表决权、配股权。激励对象不用为行权付出现金，行权后获得现金或等值的公司股票。它与虚拟股票相类似，不同之处在于拥有股票增值权者不参与公司的分红。它的设计原理与股票期权也很近似，但差别在于：在行权时，经营者并不像期权形式在行权时要购入股票，而是直接对股票的升值部分要求兑现。另外，股票期权的利益来源是证券市场，而股票增值权的利益来源则是公司。实施股票增值权的企业需要为股票增值权计划设立专门的基金。股票增值权的激励效果也受资本市场有效性的影响。

按照合同的具体规定，股票增值权的实现可以是全额兑现，也可以是部分兑现。另外，股票增值权的实施可以是用现金实施，也可以折合成股票来加以实施，还可以是现金和股票形式的组合。

4. **限制性股票**(Restricted Stock)

限制性股票是指事先授予激励对象一定数量的公司股票，但对股票的来源、抛售等有一些特殊限制，激励对象只有在规定的服务期限以后并完成特定业绩目标（如扭亏为盈）时，才可抛售限制性股票并从中获益，否则公司有权将免费赠与的限制性股票收回或以激励对象购买时的价格回购限制性股票。也就是说，公司将一定数量的限制性股票无偿赠与或以较低价格售与公司高级管理人员，但对其出售这种股票的权利进行限制。公司采用限制性股票的目的是激励高级管理人员将更多的时间精力投入到某个或某些长期战略目标中。

5. 业绩股票（Performance Stock）

业绩股票是根据激励对象是否完成并达到了公司事先规定的业绩指标，由公司授予其一定数量的股票或提取一定的奖励基金购买公司股票，主要用于激励经营者和工作业绩有明确的数量指标的具体业务的负责人。业绩股票是我国上市公司中应用较为广泛的一种激励模式。

与限制性股票不同的是，业绩股票的兑现不完全以（或基本不以）服务期作为限制条件，被授予者能否真实得到被授予的绩效股票主要取决于其业绩指标的完成情况，在有的计划中绩效股票兑现的速度还与业绩指标完成的具体情况直接挂钩：达到规定的指标才能得到相应的股票；业绩指标完成情况越好，则业绩股票兑现速度越快。

二、实施股权激励的条件

公司实施股权激励应当符合一定条件。我国证券监管部门、国有资产管理部门、财政部门等对一般上市公司、国有控股境内和境外上市公司实行股权激励计划的条件做出了相应规定。

《上市公司股权激励管理办法》规定，一般上市公司存在下列情形之一的，不得实行股权激励计划：最近一个会计年度财务会计报告被注册会计师出具否定意见或者无法表示意见的审计报告；最近一年内因重大违法违规行为被中国证监会予以行政处罚；中国证监会认定的其他情形。

除上述规定外，国有控股境内、境外上市公司实行股权激励计划还应当符合《国有控股上市公司（境内）实施股权激励试行办法》、《国有控股上市公司（境外）实施股权激励试行办法》以及《关于规范国有控股上市公司实施股权激励制度有关问题的通知》等的相应规定，这些规定涉及公司治理结构、发展战略、绩效考核体系、基础管理制度等方面。

第二节　股权激励计划的拟订、审批和实施

一、股权激励计划的拟订

拟订股权激励计划是公司实施股权激励的基础。相关计划通常包括：

(1) 股权激励计划的目的；

(2) 激励对象的确定依据和范围；

(3) 股权激励计划拟授予的权益数量、所涉及的标的股票种类、来源、占上市公司股本总额的百分比；若分次实施的，每次拟授予的权益数量、所涉及的标的股票种类、来源、占上市公司股本总额的百分比；

(4) 股权激励的分配情况；

(5)股权激励计划的有效期、授权日、可行权日、标的股票的禁售期；

(6)限制性股票的授予价格或授予价格的确定方法，股票期权的行权价格及其确定方法；

(7)激励对象的获授条件和行权条件；

(8)股权激励计划的调整方法和程序；

(9)公司授予权益及激励对象行权的程序；

(10)公司与激励对象各自的权利和义务；

(11)公司发生控制权变更、合并、分立，以及激励对象发生职务变更、离职和死亡等重要事项的处理；

(12)股权激励计划的变更、终止；

(13)其他主要事项。

实务中，企业应当遵循我国证券监管部门、国有资产管理部门、财政部门等的具体规定。以下择其主要内容予以归纳说明。

1. 激励对象的确定

1)确定依据

确定激励对象的依据，主要包括三方面：一是法律等依据，即按《公司法》、《证券法》、国家有关部门发布的与股权激励相关的规范性文件以及公司本身章程；二是职务依据，即按当事人在公司任职情况、对公司经营业绩贡献大小以及公司实际情况等；三是考核依据，即必须经公司相关的业绩考核办法考核合格。

2)激励对象的范围

根据证券监管部门的规定，股权激励计划的激励对象可以包括上市公司的董事、高级管理人员、核心技术(业务)人员，以及公司认为应当激励的其他员工。但不包括独立董事(因为独立董事职责在于监督管理层的规范经营，故不应成为激励对象)和监事(为确保上市公司监事独立性)。

除以上要求外，下列人员不得成为激励对象：

(1)最近3年内被证券交易所公开谴责或宣布为不适当人选的；

(2)最近3年内因重大违法违规行为被中国证监会予以行政处罚的；

(3)具有《中华人民共和国公司法》规定的不得担任公司董事、高级管理人员情形的。

2. 标的股票来源和数量

1)标的股票的来源

(1)一般上市公司主要采用两种方式解决，即向激励对象发行股份和回购公司自己的股份。向激励对象发行股份，是指公司以定向发行新股的方式，以期权约定的价格向激励对象发行股票。公司法规定：公司不得收购本公司股份。但是，“将股份奖励给本公司职工”的，可以回购股份，应当经股东大会决议，并不得超过本公司已发行股份总额的5%。

(2)对于国有控股上市公司，实施股权激励计划所需标的股票来源，可以根据本公司实际情况，通过向激励对象发行股份、回购本公司股份及法律、行政法规允许的其他方式确定，不得由单一国有股股东支付或擅自无偿量化国有股权。

注：股权激励不能由国资委一人“埋单”。举例而言，如果政府或国有企业(单位)持有

国有控股上市公司 60%的股份，在支付用于股权激励的股票时，就只能支付相对应的 60%；其余 40%的激励股票来源，应由其他持股 40%的股东支付。

2) 标的股票数量

股权激励标的股票的数量是股权激励计划中特别需要均衡考虑的因素。如数量过多，对股本影响过大，还可能导致股东权益摊薄；如数量过少，可能难以起到激励作用。

(1) 对于一般上市公司,全部有效的股权激励计划所涉及的标的股权总量累计不得超过股本总额的 10%。其中个人获授部分不得超过股本总额的 1%，超过 1%的需要获得股东大会的特别批准。

(2) 对于国有控股上市公司在股权激励计划有效期内授予的股权总量,除应遵循一般上市公司的规定外，还应注意首次股权授予数量等方面的限制。国有控股上市公司首次授权授予数量应控制在上市公司发行总股本的 1%以内。国有控股境外上市公司在股权激励计划有效期内任何 12 个月期间授予任一人员的股权(包括已行使和未行使的股权)超过上市公司发行总股本的 1%的，上市公司不得再授予其股权。

对于国有控股境内上市公司的高管人员，股权授予的具体数量应从严把握。在股权激励计划有效期内，实施股权激励的高管人员预期中长期激励收入应控制在薪酬总水平的 30%以内。对于国有控股境外上市公司这个限制比例为 40%。

3. 激励计划的时间要素

激励计划的时间要素包括有效期、授权日、可行权日、标的股票的禁售期等。

1) 股权激励计划的有效期

(1) 对于国有控股上市公司，股权激励计划有效期自股东大会通过之日起计算，期限一般不超过 10 年。

(2) 在股权激励计划有效期内，应当采取分次实施的方式，每期股权授予方案的间隔期应在一个完整的会计年度以上，国有控股境外上市公司原则上每两年授予一次。

2) 股票期权行权时间限制

采用股票期权激励方式的，应当设置行权限制和行权有效期，并按设定的时间表分批行权：

(1) 行权限制期为股权自授予日(授权日)至股权生效日(可行权日)止的期限。行权限制期原则上不得少于 2 年，在限制期内不可以行权。

(2) 行权有效期为股权生效日至股权失效日止的期限，由上市公司根据实际情况确定，但不得低于 3 年。在行权有效期内原则上采取匀速分批行权办法。超过行权有效期的，其权利自动失效，并不可追溯行权。

注：

① 授权日是指上市公司向激励对象授予股票期权的日期,通常在股权激励计划报中国证监会备案且无异议、公司股东大会审议批准后 30 日内由董事会确定。如果为国有控股境外上市公司，还要求报国务院国资委审核批准。

授权日应为交易日，且不能是以下日期：定期报告公布前 30 日；重大交易或重大事项决定过程中至该事项公告后 2 个交易日；其他可能影响股价的重大事件发生之日起至该事项公告后 2 个交易日。

② 可行权日是指激励对象可以开始行权的日期。可行权日应是交易日。激励对象应当在

上市公司定期报告公布后第 2 个交易日至下一次定期报告公布前 10 个交易日内行权，但不得在下列期间内行权：重大交易或重大事项决定过程中至该事项公告后 2 个交易日；其他可能影响股价的重大事件发生之日起至该事项公告后 2 个交易日。

其中，行权是指激励对象根据股票期权激励计划，在规定的期间内以预先确定的价格和条件购买上市公司股份的行为。

3）限制性股票的禁售和转让时间限制

在股权激励计划有效期内，每期授予的限制性股票的禁售期不得少于 2 年。禁售期满，根据股权激励计划和业绩目标完成情况确定激励对象可解锁（转让、出售）的股票数量。解锁期不得少于 3 年，在解锁期内原则上采取匀速解锁办法。对股权激励对象转让、出售其通过股权激励计划所得股权的，应当符合国家有关法律、行政法规等相关规定。比如，高管人员在离职后半年内不得转让其所持有的本公司股份。

限制性股票与股票期权时间要素比较如表 6-1 所示。

表 6-1　限制性股票与股票期权时间要素比较

限制性股票	禁售期：授予日与解锁期开始日之间的间隔（相当于会计上的等待期），禁售期不得少于 2 年 解锁日期：解锁期开始日至失效日。解锁期不得少于 3 年，在解锁期内，原则上均匀解锁
股票期权	行权限制期：股权授予日至可行权日之间的间隔（相当于会计上的等待期），不得少于 2 年 行权有效期：可行权日至失效日之间的间隔，一般不得少于 3 年

4. 股权授予价格的确定

上市公司在授予激励对象股票期权时，应当根据公平市场价原则确定授予价格（即行权价格）或其确定方法。

授予价格不应低于下列价格较高者：

（1）股权激励计划草案摘要公布前一个交易日的公司标的股票收盘价；

（2）股权激励计划草案摘要公布前 30 个交易日内的公司标的股票平均收盘价。

注：国有控股上市公司首次公开发行股票时拟实施的股权激励计划，其股权的授予价格在上市公司首次公开发行上市满 30 个交易日以后，依据此原则规定的市场价格确定。

5. 激励计划的调整程序

1）股票期权数量的调整方法

若在行权前公司有资本公积金转增股份、派送股票红利、股票拆细或缩股等事项，则应对股票期权数量进行相应的调整。调整方法如下。

（1）资本公积金转增股份、派送股票红利、股票拆细

$$Q=Q_0\times(1+n)$$

式中，Q_0 为调整前的股票期权数量；n 为每股的资本公积金转增股本、派送股票红利、股票拆细的比率（即经转增、送股或拆细后增加的股票数量/原有数量）；Q 为调整后的股票期权数量。

（2）缩股：$Q=Q_0\times n$

式中，Q_0 为调整前的股票期权数量；n 为缩股比例（即 1 股股票缩为 n 股股票）；Q 为调整后的股票期权数量。

(3) 配股和增发：$Q=Q_0\times(1+n)$

其中，Q_0 为调整前的股票期权数量；n 为增发或配股的比率(即配股或增发的股数与配股或增发前公司总股数的比)；Q 为调整后的股票期权数量。

2) 行权价格的调整

若在行权前公司有派息、资本公积金转增股份、派送股票红利、股票拆细或缩股等事项，则应对行权价格进行相应的调整。

调整的基本原理：股数增加——价格降低；股数减少——价格提高。

比如，

(1) 资本公积金转增股份、派送股票红利、股票拆细：$P=P_0\div(1+n)$。

(2) 缩股：$P=P_0\div n$。

(3) 派息：$P=P_0-V$。

其中，P_0 为调整前的行权价格；V 为每股的派息额；n 为每股的资本公积金转增股数、派送股票红利、股票拆细的比率或缩股比例；P 为调整后的行权价格。

3) 股票期权激励计划调整的程序

通常情况下，上市公司股东大会授权董事会根据上述列明的原因调整股票期权数量、行权价格，或者根据有关原因调整激励对象。董事会做出调整后，要及时公告并通知激励对象。

在其他情况下，董事会根据情况变化对股权激励计划中的股票期权数量、行权价格或其他条款进行调整的，应报经股东大会审议批准。

6. 其他事项

1) 公司发生实际控制权变更、合并、分立

(1) 公司因任何原因导致其实际控制人发生变化，激励对象获授的股票期权继续有效；

(2) 公司合并时，激励计划继续实施，股票期权数量和行权价格根据公司合并时股票的转换比例调整，标的股票变更为合并后公司的股票；

(3) 公司分立时，激励计划继续实施，标的股票变更为分立后公司的股票，股票期权数量按原有标的股票数量占公司股票总数的比例确定，行权价格调整为：

$$\text{新行权价格}=\text{原行权价格}\times(\text{新公司股价}\div\text{原公司股价})$$

2) 激励对象发生职务变更、离职或死亡

(1) 激励对象职务发生变更，且已经从公司或公司的子公司离职，与公司或公司子公司彻底解除劳动合同的，经公司董事会批准，可以取消激励对象尚未行权的股票期权或者将该名激励对象已获授权尚未行权的期权转授予其他激励对象(如转授予期权的激励对象为公司董事或高级管理人员，则由董事会做出决议后由股东大会审议批准)。

激励对象职务发生变更，但仍为公司的董事(独立董事除外)、高级管理人员或核心经营管理、业务人员，或者被公司委派到公司的子公司任职，原则上对已获授的股票期权不做变更，但是董事会可以根据实际情况对激励对象已获授权尚未行权的期权进行调整。

但是，激励对象因不能胜任工作岗位、考核不合格、触犯法律、违反职业道德、泄露公司商业机密、失职或渎职等行为严重损害公司利益或声誉而导致的职务变更，经公司董事会批准，可以取消激励对象尚未行权的股票期权或者将该名激励对象已获授权尚未行权的期权

转授予其他激励对象(如转授予期权的激励对象为公司董事或高级管理人员,则由董事会做出决议后由股东大会审议批准)。

激励对象成为独立董事或其他不能持有公司股票或股票期权的人员的，经公司董事会批准，可以取消激励对象尚未行权的股票期权或者将该名激励对象已获授权尚未行权的期权转授予其他激励对象(如转授予期权的激励对象为公司董事或高级管理人员,则由董事会做出决议后由股东大会审议批准)。

(2)激励对象因触犯法律、违反职业道德、泄露公司机密、失职或渎职等行为严重损害公司利益或声誉而被公司解聘的，经公司董事会批准，可以取消激励对象尚未行权的股票期权或者将该名激励对象已获授权尚未行权的期权转授予其他激励对象(如转授予期权的激励对象为公司董事、监事或高级管理人员，则由董事会做出决议后由股东大会审议批准)。如果董事会决定取消其尚未行权的股票期权，则该部分期权自激励对象离职之日起无效。

(3)激励对象因工伤而导致丧失劳动能力的，对其所获授的股票期权不做变更，仍可按规定行权。

4)激励对象死亡的，自其死亡之日起，所有未行权的股票期权即被取消。但激励对象因工死亡的，公司应当根据激励对象被取消的股票期权价值对激励对象进行合理补偿，并根据法律由其继承人继承。

二、股权激励计划的申报和批准

按照公司法人治理结构要求，上市公司的股权激励计划草案由董事会下设的薪酬和考核委员会拟定，之后提交董事会和股东大会审议批准。

对于国有控股上市公司，还有几点需要注意：

(1)上市公司国有控股股东在上市公司董事会审议其股权激励计划之前,应与国有资产监管机构进行沟通协调，并应于上市公司股东大会审议股权激励计划之前，将上市公司董事会审议通过的股权激励计划及相应的管理考核办法等材料报履行国有资产监管机构审核(控股股东为集团公司的由集团公司申报)，经审核同意后提请股东大会审议。

(2)国有控股股东应将上市公司按股权激励计划实施的分期股权激励方案,事前报履行国有资产出资人职责的机构或部门备案。

(3)国有控股股东在下列情况下应重新履行申报审核程序：

① 上市公司终止股权激励计划并实施新计划或变更股权激励计划相关事项的；

② 上市公司因发行新股、转增股本、合并、分立、回购等原因导致总股本发生变动或其他原因需要调整股权激励对象范围、授予数量等股权激励计划主要内容的。

三、股权激励计划的实施

业绩考核评价是实施股权激励的基础。

1. 完善绩效考核评价体系

第一，上市公司授予激励对象股权时的业绩目标水平，应不低于公司近 3 年平均业绩水平及同行业平均业绩水平。

第二，上市公司激励对象行使权利时的业绩目标水平，应结合上市公司所处行业的周期性，在授予时的业绩水平的基础上有所提高，并不得低于公司同行业平均业绩水平。凡低于同行业平均业绩水平以下的不得行权。

2. 合理控制激励收益水平

第一，对股权激励收益在计划期初核定收益水平以内且达到考核标准的，可按计划予以行权。

第二，对行权有效期内股票价格偏高，致使股票期权（或股票增值权）的实际行权收益超出计划核定的预期收益水平的上市公司，根据业绩考核指标完成情况和股票价格增长情况合理控制股权激励实际收益水平。

即在行权有效期内，激励对象股权激励收益占本期股票期权（或股票增值权）授予时薪酬总水平（含股权激励收益，下同）的最高比重，境内上市公司及境外H股公司原则上不得超过40%，境外红筹公司原则上不得超过50%。

注意：国有控股境内为30%；境外为40%

股权激励实际收益超出上述比重的，尚未行权的股票期权（或股票增值权）不再行使。

3. 进一步强化股权激励计划的管理，科学规范实施股权激励

四、股权激励计划的终止

股权激励计划由股东大会审议批准后，应当依法组织实施，但遇到某些情况时，则予以终止。股权激励计划的终止，应当由股东大会审议批准。

1. 上市公司

通常情况下，上市公司发生以下情形之一时，应当终止实施股权激励计划，激励对象根据股权激励计划已获授予但尚未行使的期权应当终止行使并被注销，未获准行权的期权作废：

(1)最近一个会计年度财务报告被注册会计师出具否定意见或者无法表示意见的审计报告；

(2)最近一年内因重大违法违规行为被中国证监会予以行政处罚；

(3)公司经营亏损导致无限制停牌、取消上市资格、破产或解散；

(4)公司回购注册股份，不满足上市条件，公司下市；

(5)中国证监会认定的其他情形。

2. 激励对象

在股票期限激励计划实施过程中，激励对象出现如下情形之一的，其已获授但尚未行使的期权也应当终止行使：

(1)最近三年内被证券交易所公开谴责或宣布为不适当人选的；

(2)最近三年内因重大违法违规行为被中国证监会予以行政处罚的；

(3)按公司法规定，不得担任公司董事、高级管理人员情形的。

3. 国有控股上市公司

发生以下情形之一时，国有控股股东可以依法行使股东权利，要求其中止实施股权激励

计划，且自发生之日起一年内不得向激励对象授予新的股权，激励对象也不得根据股权激励计划行使权利或获得收益：

(1)企业年度绩效考核达不到股权激励计划规定的绩效考核标准；

(2)国有资产监督管理机构或部门、监事会或审计部门对上市公司业绩或年度财务会计报告提出重大异议；

(3)发生重大违规行为，受到证券监管及其他有关部门处罚。

激励对象有以下情形之一的，上市公司国有控股股东应依法提出终止授予新的股权并取消其行权资格：违反国家有关法律法规、上市公司章程规定的；任职期间，由于受贿索贿、贪污盗窃、泄露上市公司经营和技术秘密、实施关联交易损害上市公司利益、声誉和对上市公司形象有重大负面影响等违法违纪行为，给上市公司造成损失的。

例 6-1(案例分析题) 甲公司是一家于 2011 年 7 月在中小企业版上市的民营企业，主要从事大卖场、综合超市及百货的连锁经营，截至 2011 年 12 月 31 日，总股本为 10 688 万股。2012 年 6 月 23 日，甲公司公告了《关于公司首期股票期权激励计划(草案)的议案》，股权激励计划的主要内容如下：

(1)股票来源为公司向激励对象定向发行股票。

(2)激励对象包括董事、高级管理人员、公司及子公司核心管理人员、公司及子公司骨干人员共 678 人。激励对象不包括独立董事和监事。激励对象的职务级别为门店经理助理级(含)以上。

(3)激励额度方面，授予激励对象 660 万份股票期权，每份股票期权拥有在激励计划有效期内的可行权日以行权价格和行权条件购买 1 股公司股票的权利；涉及的标的股票数量为 660 万股，占激励计划公告日公司股本总额 10 688 万股的 6.175%。

(4)行权价格方面，本次授予的 660 万份股票期权的行权价格为 25.35 元，该行权价格的确定依据为下列价格中较高者：①公告前一个交易日的公司标的股票收盘价；②公告前 30 个交易日内的公司标的股票平均收盘价。行权安排方面，方案有效期为自股票期权授权日起 5 年零 6 个月。

(5)行权条件方面，方案要求，激励计划的行权日所在的会计年度中，对公司财务业绩指标进行考核，以达到公司财务业绩考核目标作为激励对象当年年度的行权条件。财务业绩考核的指标包括符合主营业务收入增长率、复合净利润增长率。以 2011 年经审计的主营业务收入为固定基数，公司 2014 年度、2015 年度、2016 年度经审计主营业务收入较 2011 年度的年复合增长率达到或超过 31.6%；以 2011 年经审计的净利润为固定基数，公司 2014 年度、2015 年度、2016 年度经审计净利润较 2011 年度的年复合增长率达到或超过 28%。甲公司的 2011 年年度营业收入较 2010 年增长 38.77%，经调查的净利润增长率为 42.94%。

激励对象可在股票期权自授予日起 30 个月后，在本计划规定的可行权日按获授的股票期权总量的 30%、30%、40%分三期行权。

在行权条件方面，特别增加了《惩罚条款》：2012 年至 2016 年五个会计年度期间，不管是否为行权期，每一年度均将按与行权业绩指标相同的指标对激励对象中的高级管理人员及公司副总监或区域总经理以上级别(含)的管理人员进行考核，如指标未能实现，则在该年度年报公告后的连续 12 月内，激励对象的薪酬将按如下标准进行扣减：①总经理的薪酬减按

70%领取；②其他高级管理人员及公司副总监或区域总经理以上级别（含）的核心管理人员的薪酬减按 80%领取；③上述人员在薪酬扣减期间不得参与任何形式的加薪，不得获取任何形式的额外补贴，且扣减的薪酬不在后续年度中予以补偿。

(6) 资金来源方面，激励对象行使股票期权的资金全部以自筹方式解决。公司承诺不为激励对象依本激励计划行使股票期权提供贷款以及其他任何方式的财务资助，包括为其贷款提供担保。

分析如下：

(1) 以战略为导向，尊重行业内企业成长的规律。迅速发展门店是零售连锁企业普遍的成长方式，也是甲公司必选的战略。而迅速发展门店的一个重要前提是有合格的门店经理，门店经理等中层骨干是企业重要的战略资源。因此，在甲公司的股权激励方案中，激励对象覆盖了广泛的中层干部，以服务其公司发展战略。本方案激励对象共有 678 人，包括董事、高级管理人员、公司及子公司核心管理人员、公司及子公司骨干人员，级别为门店经理助理（含）以上。授予股票期权为 660 万份，占公司总股本的 6.175%。这样的激励覆盖力度有利于充分激发中层管理人员的积极性和主动性，同时有利于对优秀人才的吸引。因此，方案处于培养、储备人才方面的考虑，有利于公司充分发挥股权激励的长期激励效果，以有效的人才激励战略服务于公司的区域扩张战略。

(2) 业绩考核指标的设定既有挑战性又不脱离实际。甲公司作为 2011 年 7 月才上市的公司，要得到资本市场的认可绝非易事，其业绩考核指标的设定必须体现挑战性，只有这样才能给资本市场释放明确信号，即公司对自身未来发展有信心，从而受到投资者的青睐，同时也要确保方案的有效实施，不脱离实际。本方案中，业绩考核指标包括符合主营业务收入增长率、符合净利润增长率。以 2011 年经审计的主营业务收入为固定基数，公司 2014 年度、2015 年度、2016 年度经审计主营业务收入较 2011 年度的年复合增长率达到或超过 31.6%；以 2011 年经审计的净利润为固定基数，公司 2014 年度、2015 年度、2016 年度经审计净利润较 2011 年度的年复合增长率达到或超过 28%。可以看出，这两大考核指标无论是和已公布股权激励方案的上市公司业绩指标相比，还是和同行业的企业相比，都是很有挑战性的。同时，2011 年公司营业收入较 2010 年增长 38.77%，经调查的净利润增长率为 42.94%，而这一业绩的取得，还是在 2011 年这样一个全球经济普遍低迷的背景下取得的。因此，可以说，这一考核指标在富有挑战性的同时，通过努力是完全可以实现的，充分体现了公司追求区域快速扩张的战略以及对未来发展的信心，既具挑战性，又具有实现可操作性，具有很好的目标指向作用。

(3)《惩罚条款》开启股权激励方案的先河。甲公司的股权激励方案中的一大亮点是设立了《惩罚条款》，这在所有公告股权激励草案的 A 股上市公司中还是第一例。惩罚对象为区域总经理及以上级别的公司高管，使得方案在激励高管人员的同时，最大限度地督促高管人员为公司的未来发展出谋划策。

第三节　股份支付的会计处理

一、股份支付概述

1. 股份支付的概念

会计准则所称的“股份支付”，是以“股份为基础的支付”的简称，是指企业为获取职工和其他方提供服务而授予权益工具或者承担以权益工具为基础确定的负债的交易。其中，“权益工具”，是指股票以及股票性质的证券。

2. 股份支付的特征

(1)股份支付是企业与职工或其他方之间发生的交易。

企业与股东之间、合并方与被合并方之间的股份支付不属此列。

(2)股份支付是以获取职工或其他方服务为目的的交易。

(3)股份支付交易的对价或其定价与企业自身权益工具未来的价值密切相关。

二、股份支付的四个时间点

股份支付的四个时间点如图 6-1 所示。

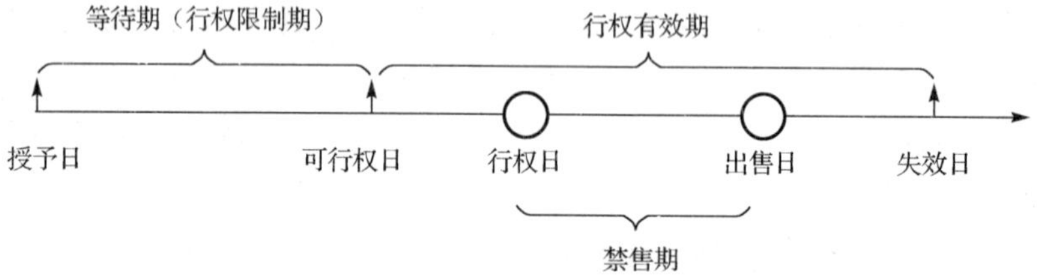

图 6-1　股份支付的四个时间点

1. 授予日

授予日是指股份支付协议获得批准的日期。其中，“获得批准”是指企业与职工或其他方就股份支付的协议条款和条件已达成一致，该协议获得股东大会或类似机构的批准。这里的“达成一致”是指在双方对该计划或协议内容充分形成一致理解的基础上，均接受其条款和条件。如果按照相关法规的规定，在提交股东大会或类似机构之前存在必要程序或要求，则应履行该程序或满足该要求。

2. 可行权日

可行权日是指可行权条件得到满足、职工或其他方具有从企业取得权益工具或现金权利的日期。有的股份支付协议是一次性可行权，有的则是分批可行权。只有已经可行权的股票期权，才是职工真正拥有的“财产”，才能去择机行权。从授予日至可行权日的时段，是可行权条件得到满足的期间，因此称为“等待期”，又称“行权限制期”。

3. 行权日

行权日是指职工和其他方行使权利、获取现金或权益工具的日期。例如，持有股票期权的职工行使了以特定价格购买一定数量本公司股票的权利，该日期即为行权日。行权是按期权的约定价格实际购买股票,一般是在可行权日之后到期权到期日之前的可选择时段内行权。

4. 出售日

出售日是指股票的持有人将行使期权所取得的期权股票出售的日期。按照我国法规规定，用于期权激励的股份支付协议，应在行权日与出售日之间设立禁售期，其中国有控股上市公司的禁售期不得少于两年。

三、可行权条件的种类、处理

股份支付中通常涉及可行权条件，具体包括服务期限条件和业绩条件。在满足这些条件之前，职工无法获得股份。

1. 服务期限条件

该条件是指职工或其他方完成规定服务期限才可行权的条件。

2. 业绩条件

业绩条件是指企业达到特定业绩目标的条件，具体包括市场条件和非市场条件。

1) 市场条件

市场条件是指行权价格、可行权条件以及行权可能性与权益工具的市场价格相关的业绩条件，如股份支付协议中关于股价至少上升至何种水平才能使职工相应地获得多少股份的规定。

企业在确定权益工具在授予日的公允价值时，应考虑市场条件的影响，而不考虑非市场条件的影响；市场条件是否得到满足，不影响企业对预计可行权情况的估计。

如果最终未满足市场条件，首先不能行权，其次对已经认定的费用、成本不做冲转。

2) 非市场条件

非市场条件是指除市场条件之外的其他业绩条件，如股份支付协议中关于达到最低盈利目标或销售目标才可行权的规定。企业在确定权益工具在授予日的公允价值时，不考虑非市场条件的影响；非市场条件是否得到满足，影响企业对预计可行权情况的估计。

对于可行权条件为业绩条件的股份支付，在确定权益工具的公允价值时，应考虑市场条件的影响，只要职工满足了其他所有非市场条件，企业就应当确认已取得的服务。

如果最终未满足非市场条件，首先不能行权，其次对已经认定的费用、成本应做冲转。

例 6-2 20×8 年 1 月，为奖励并激励高管，上市公司 ABC 公司与其管理层成员签署股份支付协议，规定如果管理层成员在其后 5 年内都在公司中任职服务，并且公司股价每年均提高 8%以上，管理层成员即可以低于市价的价格购买一定数量的本公司股票。

同时作为协议的补充，公司把全体管理层成员的年薪提高了 100 000 元，但公司将这部分年薪按月存入公司专门建立的内部基金，5 年后，管理层成员可用属于其个人的部分抵减未来行权时支付的购买股票款项。如果管理层成员决定退出这项基金，可随时全额提取。

分析：如果不同时满足服务 3 年和公司股价年增长 10%以上的要求，管理层成员就无权行使其股票期权，因此两者都属于可行权条件，其中服务满 3 年是一项服务期限条件，10%的股价增长要求是一项市场业绩条件。

四、股份支付的确认和计量原则

按照股份支付的方式和工具类型，主要可划分为两大类，即以权益结算的股份支付和以现金结算的股份支付，以权益结算的股份支付指企业为获取服务而以股份或其他权益工具作为对价进行结算的交易，常采用限制性股票或股票期权的方式；以现金结算的股份支付指企业为获取服务而承担的以股份或其他权益工具为基础计算的交付现金或其他资产的义务的交易，常采用现金股票增值权或模拟股票方式。

1. 以权益结算的股份支付的确认和计量原则

1) 换取职工服务的股份支付的确认和计量原则

对于换取职工服务的股份支付,企业应当以股份支付所授予的权益工具的公允价值计量。企业应在等待期内的每个资产负债表日，以对可行权权益工具数量的最佳估计为基础，按照权益工具在授予日的公允价值，将当期取得的服务计入相关资产成本或当期费用，同时计入资本公积中的其他资本公积。

对于授予后立即可行权的换取职工提供服务的权益结算的股份支付(例如授予限制性股票的股份支付),应在授予日按照权益工具的公允价值,将取得的服务计入相关资产成本或当期费用，同时计入资本公积中的股本溢价。

2) 换取其他方服务的股份支付的确认和计量原则

对于换取其他方服务的股份支付，企业应当以股份支付所换取的服务的公允价值计量。企业应当按照其他方服务在取得日的公允价值，将取得的服务计入相关资产成本或费用。

如果其他方服务的公允价值不能被可靠计量，但权益工具的公允价值能够被可靠计量，企业应当按照权益工具在服务取得日的公允价值，将取得的服务计入相关资产成本或费用。

2. 权益工具公允价值的取得

股份支付中权益工具的公允价值的确定，应当以市场价格为基础。一些股份和股票期权并没有一个活跃的交易市场，在这种情况下，应当考虑估值技术。通常情况下，企业应当按照《企业会计准则第 22 号——金融工具确认和计量》的有关规定确定权益工具的公允价值，并根据股份支付协议的条款的条件进行调整。

1) 股份

对于授予职工的股份，企业应按照其股份的市场价格计量。如果其股份未公开交易，则应考虑其条款和条件估计其市场价格。例如，如果股份支付协议规定了期权股票的禁售期，则会对可行权日后市场参与者愿意为该股票支付的价格产生影响，并进而影响该股票期权的公允价值。

2) 期权

对于授予职工的股票期权，因为常常无法获得其市场价格，企业应当根据用于股份支付的期权的条款和条件,采用期权定价模型估计其公允价值。常用的模型有布莱克-斯科尔斯模型、二项式模型和蒙特卡罗模型。在这些模型中，企业应当考虑股份在授予日的公允价值、无风险利率、预计股利、股价预计波动率、标的股份的现行价格、期权有效期等参数。

3. 以现金结算的股份支付的确认和计量原则

企业应当在等待期内的每个资产负债表日，以对可行权情况的最佳估计为基础，按照企业承担负债的公允价值，将当期取得的服务计入相关资产成本或当期费用，同时计入负债，并在结算前的每个资产负债表日和结算日对负债的公允价值重新计量，将其变动计入损益。

对于授予后立即可行权的现金计算的股份支付(例如授予虚拟股票或业绩股票的股份支付)，企业应当在授予日按照企业承担负债的公允价值计入相关资产成本或费用，同时计入负债，并在结算前的每个资产负债表日和结算日对负债的公允价值重新计量，将其变动计入损益。

例 6-3 甲股份有限公司(以下简称甲公司)有关股份支付的资料如下。

(1)2016 年 11 月 20 日，甲公司股东大会批准了一项股份支付协议。该协议规定，2017 年 1 月 1 日，甲公司授予 200 名中层以上管理人员每人具有 100 份现金股票增值权，这些人员从 2017 年 1 月 1 日起必须在该公司连续服务 3 年，即可从 2019 年 12 月 31 日起根据股价的增长幅度获得现金，该增值权需在 2021 年 12 月 31 日之前行使完毕。甲公司估计，该增值权在负债结算之前的每一个资产负债表日以及结算日的公允价值和可行权后的每份增值权现金支出额如下：

单位：元

年份	公允价值	支付现金
2017	10	
2018	15	
2019	18	12
2020	21	20
2021	—	25

(2)第一年有 20 名管理人员离开公司，甲公司估计以后 2 年中还将有 15 名管理人员离开公司；第二年又有 10 名管理人员离开公司，甲公司估计 3 年内离开公司的管理人员总数占原中层管理人员总数的 20%；第三年又有 15 名管理人员离开公司。

(3)假定第三年年末(2019 年 12 月 31 日)，有 70 人行使股票增值权取得了现金；第四年年末(2020 年 12 月 31 日)，有 50 人行使了股票增值权；第五年年末(2021 年 12 月 31 日)，剩余 35 人全部行使了股票增值权。

分析如下：

(1)2017 年年底应确认的应付职工薪酬=(200−20−15)×100×10×1/3=55 000(元)

计算预计可行权人数时应用总人数减去已经离职人数再减去预计将要离职人数进行确定；现金结算的股份支付应以负债在每个资产负债表日的公允价值为基础确定；等待期为 3 年，因此 2017 年对应的时间权数就是 1/3。

(2)2018 年年底应确认的应付职工薪酬=200×(1−20%)×100×15×2/3−55 000=105 000(元)。

(3)2019 年支付的现金金额=70×100×12=84 000(元)，2019 年应确认的应付职工薪酬=(200−45−70)×100×18−(200−200×20%)×100×15×2/3+84 000=77 000(元)。

(4)2020 年支付的现金金额=50×100×20=100 000(元)，2020 年应确认的应付职工薪酬(同时调整公允价值变动损益，不影响管理费用)=35×21×100−(200−45−70)×100×18+100 000=20 500(元)。

(5)2021 年支付的现金金额=35×100×25=87 500(元)，2021 年应确认的应付职工薪酬(同时调整公允价值变动损益)=0−35×21×100+87 500=14 000(元)。

例 6-4 A 公司是一家在上交所上市的高科技公司，总股数为 8 000 万股。该公司从事网络通信产品研究、设计、生产、销售及服务等。由于 A 公司决策层善于把握市场机会，通过强化研发适时推出适应市场需求的新产品，因此，A 公司近年来实现了快速增长，最近几年的平均销售增长率接近 50%，净资产收益率也达到 20%左右。但由于高速增长带来的资金压力，A 公司目前面临着因奖金水平过低而导致的优秀人才流失的困扰。

为实现公司的长期战略规划，并解决目前所遇到的问题，A公司于2×13年12月决定实施股权激励制度。主要内容如下。

(1)激励对象：高级管理人员5人和技术骨干15人，共计20人。

(2)激励方式：股票期权。2×14年共授予上述人员100万份股票期权，规定这些人员必须从2×14年1月1日起在A公司连续服务3年，服务期满时才能以5元/股的价格购买规定数量的A公司股票。

该股票期权在授予日(2×14年1月1日)的公允价值为8元/份，2×14年年末的公允价值为10元/份。2×14年没有人员离开公司，估计2×15年下半年离开的高级管理人员为1人，离开的技术骨干为2人，所对应的股票期权为10万份。

假定不考虑其他因素，相关分析如下：

(1)A公司在此种情况下采用股票期权激励方式是适当的。因为A公司快速发展，资金压力会比较大，采用股票期权方式，一方面可以避免A公司因股权激励产生现金流出；另一方面，在激励对象行权时，A公司还会产生现金流入。

(2)股票期权激励方式在会计核算中属于权益结算的股份支付。

2×14年的会计处理：将取得职工提供的服务计入成本费用，同时确认所有者权益(资本公积——其他资本公积)。其金额为240万元。计算过程如下：

$$(100-10)\times 8\times 1/3=240\text{(万元)}$$

(3)假设2×15年，A公司被甲公司以换股方式吸收合并，换股比例为1股A公司股票换取0.5股甲公司股票。合并后，股权激励计划继续实施，股票期权数量和行权价格根据A公司合并时股票的转换比例调整，标的股票变更为合并后甲公司的股票。

调整后的数量：100×0.5=50(万份)

调整后的行权价格：5/0.5=10(元/股)

(4)假设2×15年6月10日，A公司实施了权益分派，向全体股东每10股转增2股，并每10股派息0.5元，则调整后的股票期权数量=100×(1+20%)=120(万份)，调整后的行权价格=(5−0.05)/1.2=4.125(元/股)

五、股份支付的会计处理

股份支付的会计处理必须以完整、有效的股份支付协议为基础。

1. 授予日

除了立即可行权的股份支付外，无论是以权益结算的股份支付还是以现金结算的股份支付，企业在授予日均不做会计处理。

2. 等待期内每个资产负债表日

(1)企业应当在等待期内的每个资产负债表日，将取得职工或其他方提供的服务计入成本费用，同时确认所有者权益或负债。对于附有市场条件的股份支付，只要职工满足了其他所有非市场条件，企业就应当确认已取得的服务。

(2)在等待期内，业绩条件为非市场条件的，如果后续信息表明需要调整对可行权情况的估计的，应对前期估计进行修改。

(3) 在等待期内的每个资产负债表日，企业应将取得的职工提供的服务计入成本费用，计入成本费用的金额应当按照权益工具的公允价值计量。

(4) 对于权益结算的涉及职工的股份支付，应当按照授予日权益工具的公允价值计入成本费用和资本公积(其他资本公积)，不确认其后续公允价值变动。

(5) 对于现金结算的涉及职工的股份支付，应当按照每个资产负债表日权益工具的公允价值重新计量，确定成本费用和应付职工薪酬。

(6) 对于授予的存在活跃市场的期权等权益工具，应当按照活跃市场中的报价确定其公允价值。对于授予的不存在活跃市场的期权等权益工具，应当采用期权定价模型等估值技术确定其公允价值。

(7) 在等待期内的每个资产负债表日，企业应当根据最新取得的可行权职工人数变动等后续信息做出最佳估计，修正预计可行权的权益工具数量。在可行权日，最终预计可行权权益工具的数量应当与实际可行权工具的数量一致。

(8) 根据上述权益工具的公允价值和预计可行权的权益工具数量，计算截至当期累计应确认的成本费用金额，再减去前期累计已确认金额，作为当期应确认的成本费用金额。

3. 可行权日之后

(1) 对于以权益结算的股份支付，在可行权日之后不再对已确认的成本费用和所有者权益总额进行调整。企业应在行权日根据行权情况，确认股本和股本溢价，同时结转等待期内确认的资本公积(其他资本公积)。

(2) 对于以现金结算的股份支付，企业在可行权日之后不再确认成本费用，负债(应付职工薪酬)公允价值的变动应当计入当期损益(公允价值变动损益)。

4. 回购股份进行职工期权激励

企业以回购股份形式奖励本企业职工的，属于以权益结算的股份支付。企业回购股份时，应按回购股份的全部支出作为库存股处理，同时进行备查登记。

按照《企业会计准则第 11 号——股份支付》对职工以权益结算的股份支付的规定，企业应当在等待期内的每个资产负债表日按照权益工具在授予日的公允价值，将取得的职工服务计入成本费用，同时增加资本公积(其他资本公积)。在职工行权购买本企业股份时，企业应转销交付职工的库存股成本和等待期内资本公积(其他资本公积)累计金额，同时，按照其差额调整资本公积(股本溢价)。

具体而言，股份支付的一般账务处理如下所示：

1) 授予日无账务处理

2) 等待期内的每个资产负债表日

根据推算的股份支付额做如下账务处理：

借：管理费用

　　贷：资本公积——其他资本公积(以权益结算的股份支付)

　　　　应付职工薪酬——股份支付(以现金结算的股份支付)

3) 可行权日之后

(1) 以权益结算的股份支付

①在行权前无须做会计处理

②行权时

借：银行存款（职工按承诺的价位交付的款项）

资本公积——其他资本公积（等待期内累计的资本公积）

贷：股本（面值）

资本公积——股本溢价（所授股权的公允价值——股本）

(2)以现金结算的股份支付

①未兑付前的公允价值变动时：

增值时：

借：公允价值变动损益

贷：应付职工薪酬——股份支付

贬值时：

借：应付职工薪酬——股份支付

贷：公允价值变动损益

②兑付时：

借：应付职工薪酬——股份支付

贷：银行存款

4)回购股份进行职工期权激励

(1)回购股份时：

借：库存股

贷：银行存款

(2)在等待期内的每个资产负债表日按照权益工具在授予日的公允价值，将取得的职工服务计入成本费用，同时增加资本公积（其他资本公积）。

借：管理费用

贷：资本公积——其他资本公积

(3)职工行权时：

借：银行存款（职工按承诺的价位交付的款项）

资本公积——其他资本公积（等待期内累计的资本公积）

贷：库存股

资本公积——股本溢价（倒挤差额）

例 6-5 20×5 年年初，A 公司为其 200 名中层以上职员每人授予 100 份现金股票增值权，这些职员从 20×5 年 1 月 1 日起在该公司连续服务 3 年，即可按照当时股价的增长幅度获得现金，该增值权应在 20×9 年 12 月 31 日之前行使。A 公司估计，该增值权在结算之前的每一个资产负债表日以及结算日的公允价值和可行权后的每份增值权现金支出额如下表所示。

单位：元

年份	公允价值	支付现金
20×5	14	
20×6	15	
20×7	18	16
20×8	21	20
20×9		25

第一年有20名职员离开A公司，A公司估计3年中还将有15名职员离开；第二年又有10名职员离开A公司，A公司估计还将有10名职员离开；第三年又有15名职员离开。第三年年末，有70人行使股票增值权取得了现金。第四年年末，有50人行使了股票增值权。第五年年末，剩余35人也行使了股票增值权。费用和负债计算过程如下表所示。

单位：元

年份	负债计算 (1)	支付现金计算 (2)	负债 (3)	支付现金 (4)	当期费用 (5)
20×5	(200−35)×100×14×1/3		77 000		77 000
20×6	(200−40)×100×15×2/3		160 000		83 000
20×7	(200−45−70)×100×18	70×100×16	153 000	112 000	105 000
20×8	(200−45−70−50)×100×21	50×100×20	73 500	100 000	20 500
20×9	0	35×100×25	0	87 500	14 000
总额				299 500	299 500

账务处理如下：

(1)20×5年12月31日：

借：管理费用　　77 000

　　贷：应付职工薪酬——股份支付　　77 000

(2)20×6年12月31日：

借：管理费用　　83 000

　　贷：应付职工薪酬——股份支付　　83 000

(3)20×7年12月31日：

借：管理费用　　105 000

　　贷：应付职工薪酬——股份支付　　105 000

借：应付职工薪酬——股份支付　　112 000

　　贷：银行存款　　112 000

(4)20×8年12月31日：

借：公允价值变动损益　　20 500

　　贷：应付职工薪酬——股份支付　　20 500

借：应付职工薪酬——股份支付　　100 000

　　贷：银行存款　　100 000

(5)20×9年12月31日：

借：公允价值变动损益　　14 000

　　贷：应付职工薪酬——股份支付　　14 000

借：应付职工薪酬——股份支付　　87 500

　　贷：银行存款　　87 500

例6-6　甲股份有限公司(以下简称“甲公司”)于20×3年开始对高管人员进行股权激励。具体情况如下：

(1)20×3年1月2日，甲公司与50名高管人员签订股权激励协议并经股东大会批准。

协议约定：甲公司向每名高管授予120 000份股票期权，每份期权在到期日可以8元/股的价格购买甲公司1股普通股。该股票期权自股权激励协议签订之日起3年内分3期平均行权，即该股份支付协议包括等待期分别为1年、2年和3年的3项股份支付安排。

20×3年年末，甲公司实现的净利润较上一年度增长8%(含8%)以上，在职的高管人员持有的股票期权中每人可行权40 000份；

20×4年年末，如果甲公司20×3年、20×4年连续两年实现的净利润增长达到8%(含8%)以上，在职的高管人员持有的股票期权中每人可行权40 000份；

20×5年年末，如果甲公司连续3年实现的净利润增长达到8%(含8%)以上，则高管人员持有的剩余股票期权可予行权。当日，甲公司估计授予高管人员的股票期权公允价值为5元/份。

(2)20×3年，甲公司实现净利润12 000万元，较20×2年增长9%，预计股份支付剩余等待期内净利润仍能够以同等速度增长。20×3年，甲公司普通股平均市场价格为12元/股。20×3年12月31日，甲公司的授予股票期权的公允价值为4.5元/份。20×3年，与甲公司签订了股权激励协议的高管人员没有离职，预计后续期间也不会离职。

(3)20×4年3月20日，甲公司50名高管人员将至20×3年年末到期可行权股票期权全部行权。20×4年，甲公司实现净利润13200万元，较20×3年增长10%。20×4年没有高管人员离职，预计后续期间也不会离职。20×4年12月31日，甲公司所授予股票期权的公允价值为3.5元/份。

其他有关资料：甲公司20×3年1月1日发行在外普通股为5000万股，假定各报告期未发生其他影响发行在外普通股股数变动的事项，且公司不存在除普通股外其他权益工具。不考虑相关税费及其他因素。

分析如下：

授予日：20×3年1月2日，因为企业与高管人员在当日签订了股权激励协议并经股东大会批准。

20×3年，企业应确认的成本费用=(50×40 000×5×1/1+50×40 000×5×1/2+50×40 000×5×1/3)/10 000= 1 833.33(万元)

相关会计分录如下：

借：管理费用　　　　1 833.33

　　贷：资本公积——其他资本公积　　　　1 833.33

20×4年，企业应确认的成本费用=(50×40 000×5×1/1+50×40 000×5×2/2+50×40 000×5×2/3)/10 000−1 833.33=833.34(万元)；

相关会计分录如下：

借：管理费用　　　　833.34

　　贷：资本公积——其他资本公积　　　　833.34

甲公司高管人员在20×4年就该股份支付行权的会计分录：

因职工行权增加的股本=50×40 000/10 000×1=200(万股)

形成的股本溢价=(50×40 000×5×1/1+50×40 000×8)/10 000−200 =2 400(万元)

借：银行存款　　　　1 600

　　资本公积——其他资本公积　　　　1 000

　　贷：股本　　　　200

　　　　资本公积——股本溢价　　　　2 400

例 6-7　20×6 年 12 月 20 日，经股东大会批准，甲公司向 100 名高管人员每人授予 2 万股普通股(每股面值为 1 元)。根据股份支付协议的规定，这些高管人员自 20×7 年 1 月 1 日起在公司连续服务满 3 年，即可于 20×9 年 12 月 31 日无偿获得授予的普通股。甲公司普通股在 20×6 年 12 月 20 日的市场价格为 12 元/股，20×6 年 12 月 31 日的市场价格为 15 元/股。20×7 年 2 月 8 日，甲公司从二级市场以 10 元/股的价格回购本公司普通股 200 万股，拟用于高管人员股权激励。在等待期内，甲公司没有高管人员离开公司。20×9 年 12 月 31 日，高管人员全部行权。当日，甲公司普通股市场价格为 13.5 元/股。

回购股票时的会计分录为：

借：库存股	2 000	
贷：银行存款		2 000

在等待期内的每个资产负债表日的分录为：

借：管理费用	800	
贷：资本公积——其他资本公积		800

职工行权时的分录为：

借：资本公积——其他资本公积	2 400	
贷：库存股		2 000
资本公积——股本溢价		400

六、企业集团内涉及不同企业的股份支付交易的会计处理

企业集团(由母公司和其全部子公司构成)内发生的股份支付，应当按照以下规则进行会计处理：

(1)结算企业以其本身权益工具结算的，应当将该股份支付交易作为以权益结算的股份支付进行会计处理，接受服务企业按权益结算股份支付处理。

结算企业是接受服务企业的投资者的，应当按照授予日权益工具的公允价值或应承担负债的公允价值确认为对接受服务企业的长期股权投资，同时确认资本公积(其他资本公积)或负债。

(2)接受服务企业没有结算义务或授予本企业职工的是其本身权益工具的，应当将该股份支付交易作为以权益结算的股份支付处理；接受服务企业具有结算义务且授予企业职工的是企业集团内其他企业权益工具的，应当将该股份支付交易作为以现金结算的股份支付处理。

例 6-8　甲为大型跨国企业集团，下有 A、B 等子公司。A 公司有 C、D 两个子公司。20×1 年度，集团内发生如下交易或事项：

(1)A 公司股东大会批准了一项股份支付协议。该协议规定，自 20×1 年 1 月 1 日起，C 公司的 100 名管理人员必须为 C 公司服务 3 年，才能在期满时以 5 元/股的价格购买 A 公司股票 1 000 股。A 公司股票期权在股份授予日的公允价值为 10 元，股票面值为 1 元。第 1 年有 2 名管理人员离开了 C 公司，预计 3 年中还将有 8 人离开。A 公司估计该股票期权在 20×1 年 12 月 31 日的公允价值为 9 元。

(2)A 公司股东大会批准了一项由其来进行结算的股份支付协议。该协议规定，自 20×1 年 1 月 1 日起，D 公司的 100 名销售人员必须为 D 公司服务 3 年，才能在期满时以 5 元/股的

价格购买D公司股票1 000股。D公司股票期权在股份授予日的公允价值为10元，D公司的股票面值为1元。第1年有2名销售人员离开了D公司，预计3年中还将有8人离开。A公司估计该股票期权在20×1年12月31日的公允价值为8元。

(3)B公司股东大会批准了一项股份支付协议。该协议规定，自20×1年1月1日起，B公司的100名销售人员必须为B公司服务3年，才能在期满时以5元/股的价格购买A公司股票1 000股。B公司股票期权在股份授予日的公允价值为10元，A公司的股票面值为1元。第1年有2名销售人员离开了B公司，预计3年中还将有8人离开。A公司估计该股票期权在20×1年12月31日的公允价值为11元。

分析如下：

(1)A公司对C公司的股权激励计划应作为以权益结算的股份支付处理。A公司为结算企业，以其自身股票结算，经济利益不会流出企业。由于该股权激励计划的实施，A公司20×1年度个别财务报表需要分别调增长期股权投资和资本公积项目 300 000[(100−2−8)×1 000×10×1/3]元。

A公司的会计处理为：

借：长期股权投资　　300 000

　　贷：资本公积——其他资本公积　　300 000

C公司对该股权激励计划应作为以权益结算的股份支付处理。理由：C公司为接受服务的企业，没有结算义务。由于该股权激励计划的实施，C公司20×1年度个别财务报表需要分别调增管理费用和资本公积项目300 000[(100−2−8)×1 000×10×1/3]元。

C公司的会计处理为：

借：管理费用　　300 000

　　贷：资本公积　　300 000

(2)A公司对D公司的股权激励计划应作为以现金结算的股份支付处理。理由：A公司授予的是以D公司股票为标的的期权，未来行权时，需要购入D公司股票再授予本企业职工或直接用现金净额结算。

由于该股权激励计划的实施，A公司20×1年度个别财务报表需要分别调增长期股权投资和应付职工薪酬项目240 000[(100−2−8)×1 000×8×1/3]元。

A公司的会计处理为：

借：长期股权投资　　240 000

　　贷：应付职工薪酬　　240 000

D公司对该股权激励计划应作为以权益结算的股份支付处理。理由：D公司为接受服务企业，没有结算义务。由于该股权激励计划的实施，D公司20×1年度个别财务报表需要分别调增销售费用和资本公积项目300 000[(100−2−8)×1 000×10×1/3]元。

D公司的会计处理为：

借：销售费用　　300 000

　　贷：资本公积　　300 000

(3)A公司对B公司的股权激励计划应以现金结算的股份支付处理，A公司不需要做会计处理。理由：B公司授予的是以A公司股票为标的的股票期权，未来行权时，需要购入A公司股票再授予本企业职工或直接用现金净额结算。由于该股权激励计划的实施，B公司

20×1 年度个别财务报表需要分别调增销售费用和应付职工薪酬项目 330 000[(100−2−8)×1 000×11×1/3]元。

B 公司的会计处理为:

借：销售费用　　330 000

　　贷：应付职工薪酬　　330 000

七、条款和条件的修改

1. 条款和条件的有利修改

1) 如果修改增加了所授予的权益工具公允价值，企业应按照权益工具公允价值的增加相应地确认取得服务的增加。权益工具公允价值的增加是指，修改前后的权益工具在修改日的公允价值之间的差额。

(1) 如果修改发生在等待期内，在确认修改日至修改后的可行权日之间取得服务的公允价值时，应当既包括在剩余原等待期内以原权益工具授予日公允价值为基础确定的服务金额，也包括权益工具公允价值的增加。

例 6-9　A 公司于 20×8 年 1 月 1 日向其 100 名管理人员每人授予 1 万股股票期权，行权条件：连续服务 3 年，即可以 10 元/股购买 1 万股 A 公司股票。该期权在授予日的公允价值为 30 元。

①20×8 年年末，有 10 名职员离开 A 公司，A 公司估计未来有 20 名职员离开。

借：管理费用　　[(100−10−20)×1×30×1/3] 700

　　贷：资本公积——其他资本公积　　700

②20×9 年年末，又有 10 名职员离开 A 公司，预计未来没有人员离开。假定 A 公司在 20×9 年 12 月 31 日将授予日的公允价值 30 元修改为 45 元。

借：管理费用　　1 700

　　贷：资本公积——其他资本公积　[(100−10−10)×1×45×2/3−700] 1 700

(2) 如果修改发生在可行权日之后，企业应当立即确认权益工具公允价值的增加。

2) 如果修改增加了所授予的权益工具的数量，企业应将增加的权益工具的公允价值相应地确认为取得服务的增加。

如果修改发生在等待期内，在确定修改日至增加的权益工具可行权日之间取得服务的公允价值时，应当既包括在剩余原等待期内以原权益工具授予日公允价值为基础确定的服务金额，也包括增加的权益工具的公允价值。

例 6-10　A 公司于 20×8 年 1 月 1 日向其 100 名管理人员每人授予 1 万股股票期权，行权条件：连续服务 3 年，即可以 10 元/股购买 1 万股 A 公司股票。该期权在授予日的公允价值为 30 元。

①20×8 年年末，有 10 名职员离开 A 公司，A 公司估计未来有 20 名职员离开。

借：管理费用　　[(100−10−20)×1×30×1/3] 700

　　贷：资本公积——其他资本公积　　700

②20×9 年年末，又有 10 名职员离开 A 公司，预计未来没有人员离开。假定 A 公司在

20×9 年 12 月 31 日将授予日的公允价值 30 元修改为 45 元，同时由原授予 1 万股股票期权修改为 2 万股。

借：管理费用　　　　　　　　　　[（100–10–10）×2×45×2/3–700］4 100

　　贷：资本公积——其他资本公积　　　　　　　　　　　　　　4 100

3）如果企业按照有利于职工的方式修改可行权条件，如缩短等待期、变更或取消业绩条件（非市场条件），企业在处理可行权条件时，应当考虑修改后的可行权条件。

例 6-11　A 公司在 20×8 年 1 月 1 日向其 100 名管理人员每人授予 1 万股股票期权，行权条件：连续服务 3 年，即可以 10 元/股购买 1 万股 A 公司股票。该期权在授予日的公允价值为 30 元。

①20×8 年年末，有 10 名职员离开 A 公司，A 公司估计未来有 20 名职员离开。

借：管理费用　　　　　　　　　　[（100–10–20）×1×30×1/3］700

　　贷：资本公积——其他资本公积　　　　　　　　　　　　　　700

②20×9 年年末，又有 10 名职员离开 A 公司，预计未来没有人员离开。假定 A 公司在 20×9 年 12 月 31 日将连续服务 3 年修改为 2 年，其他条件不变。

借：管理费用　　　　　　　　　　[（100–10–10）×1×30–700］1 700

　　贷：资本公积——其他资本公积　　　　　　　　　　　　　　1 700

2．条款和条件的不利修改

（1）如果修改降低了授予的权益工具公允价值，企业应当继续以权益工具在授予日的公允价值为基础，确认取得服务的金额，而不应考虑权益工具公允价值的降低。

例 6-12　A 公司于 20×8 年 1 月 1 日向其 100 名管理人员每人授予 1 万股股票期权，行权条件：连续服务 3 年，即可以 10 元/股购买 1 万股 A 公司股票。该期权在授予日的公允价值为 30 元。

①20×8 年年末，有 10 名职员离开 A 公司，A 公司估计未来有 20 名职员离开。

借：管理费用　　　　　　　　　　[（100–10–20）×1×30×1/3］700

　　贷：资本公积——其他资本公积　　　　　　　　　　　　　　700

②20×9 年年末，又有 10 名职员离开 A 公司，预计未来没有人员离开。假定 A 公司将授予日的公允价值 30 元修改为 21 元。

借：管理费用　　　　　　　　　　[（100–10–10）×1×30×2/3–700］900

　　贷：资本公积——其他资本公积　　　　　　　　　　　　　　900

（2）如果修改减少了授予的权益工具的数量，企业应当将减少部分作为已授予的权益工具的取消来进行处理。

例 6-13　A 公司于 20×8 年 1 月 1 日向其 100 名管理人员每人授予 1 万股股票期权，行权条件：连续服务 3 年，即可以 10 元/股购买 1 万股 A 公司股票。该期权在授予日的公允价值为 30 元。

①20×8 年年末，有 10 名职员离开 A 公司，A 公司估计未来有 20 名职员离开。

借：管理费用　　　　　　　　　　[（100–10–20）×1×30×1/3］700

贷：资本公积——其他资本公积　　　　　700

②20×9 年年末，又有 10 名职员离开 A 公司，预计未来没有人员离开。A 公司将原授予 1 万股股票期权修改为 0.5 万股。同时，以现金补偿尚未离职的管理人员 1 250 万元。

其中的 0.5 万股正常确认成本费用：

借：管理费用　　　　450 [(100−10−10)×0.5×30×2/3−350]

贷：资本公积——其他资本公积　　　　　450

减少的 0.5 万股作为加速可行权处理，确认剩余等待期内的全部费用：

借：管理费用　　　　[(100−10−10)×0.5×30−350] 850

贷：资本公积——其他资本公积　　　　　850

在取消时支付给职工的所有款项均应作为权益的回购处理，回购支付的金额高于该权益工具在回购日公允价值的部分，计入当期损益。

借：资本公积——其他资本公积　　　　(350+850) 1 200

管理费用　　　　50

贷：银行存款　　　　1 250

(3) 如果企业以不利于职工的方式修改了可行权条件，如延长等待期、增加或变更业绩条件(非市场条件)，企业在处理可行权条件时，不应考虑修改后的可行权条件。

3. 取消或结算

(1) 将取消或结算作为加速可行权处理，立即确认原本应在剩余等待期内确认的金额。

(2) 在取消或结算时支付给职工的所有款项均应作为权益的回购处理，回购支付的金额高于该权益工具在回购日公允价值的部分，计入当期损益。

练 习 题 六

1. 2×12 年 1 月 1 日，甲公司向其 32 名管理人员每人授予 15 万份股票期权。其行权条件为：

(1) 2×12 年年末，可行权条件为公司净利润增长率不低于 18%；2×13 年年末的可行权条件为 2×12 年—2×13 年两年净利润平均增长率不低于 15%；2×14 年年末的可行权条件为 2×12 年—2×14 年三年净利润平均增长率不低于 12%。

(2) 每份期权在授予日的公允价值为 6 元，行权价格为 3 元/股。

(3) 2×12 年年末，净利润增长率为 16%，甲公司预计 2×13 年有望达到可行权条件。同时，当年有 2 人离开，预计未来无人离开公司。2×13 年年末，净利润增长率为 12%，但甲公司预计 2×14 年有望达到可行权条件。2×13 年实际有 2 人离开，预计 2×14 年无人离开公司。2×14 年年末，净利润增长率为 10%，当年无人离开。

(4) 2×14 年年末，激励对象全部行权。

下列有关股份支付的会计处理中，正确的是(　　)。

A. 2×12 年 12 月 31 日确认管理费用 1440 万元

B. 2×13 年 12 月 31 日确认管理费用 330 万元

C. 2×14 年 12 月 31 日确认管理费用 840 万元

D．2×14 年 12 月 31 日行权计入资本公积——股本溢价的金额为 3360 万元

2．(案例分析题)：甲公司是一家高科技企业，于 2016 年年初实现境外上市。2016 年推出以下激励措施：

(1)2016 年 1 月 1 日，甲公司为其 100 名中层以上管理人员每人授予 100 份现金股票增值权，这些人员从 2016 年 1 月 1 日起必须在该公司连续服务 3 年，即可自 2018 年 12 月 31 日起根据股价的增长幅度获得现金，该增值权应在 2020 年 12 月 31 日之前行使完毕。甲公司估计，该增值权在负债结算之前的每一资产负债表日以及结算日的公允价值和可行权后的每份增值权现金支出额如下表所示。

单位：元

年份	公允价值	支付现金
2016 年	12	
2017 年	14	
2018 年	15	16
2019 年	20	18
2020 年		22

2016 年有 10 名管理人员离开甲公司，甲公司估计 3 年中还将有 8 名管理人员离开；2017 年又有 6 名管理人员离开，甲公司估计还将有 6 名管理人员离开；2018 年又有 4 名管理人员离开，有 40 人行使股票增值权取得了现金，2019 年有 30 人行使股票增值权取得了现金，2020 年有 10 人行使股票增值权取得了现金。

(2)2016 年 12 月 20 日，经股东大会批准，甲公司向 100 名高管人员每人授予 2 万股普通股(每股面值为 1 元)。根据股份支付协议的规定，这些高管人员自 2017 年 1 月 1 日起在公司连续服务满 3 年，即可于 2019 年 12 月 31 日无偿获得授予的普通股。甲公司普通股 2016 年 12 月 20 日的市场价格为 12 元/股，2016 年 12 月 31 日的市场价格为 15 元/股。

2017 年 2 月 8 日，甲公司从二级市场以 10 元//股的价格回购本公司普通股 200 万股，拟用于高管人员股权激励。

在等待期内，甲公司没有高管人员离开公司。2019 年 12 月 31 日，高管人员全部行权。当日，甲公司普通股市场价格为 13.5 元/股。

要求：

(1)分析、判断资料(1)是以权益结算的股份支付还是以现金结算的股份支付，简要说明理由。

(2)分析、判断资料(2)是以权益结算的股份支付还是以现金结算的股份支付，简要说明理由。

(3)根据资料(1)，甲公司在 2017 年确定相关的费用时，应采用哪天权益工具的公允价值？并简要说明理由。

(4)根据资料(1)，说明 2018 年和 2019 年的会计处理方法。

(5)根据资料(2)，甲公司在确定与上述股份支付相关的费用时，应采用哪天的权益工具公允价值？并简要说明理由。

(6)根据资料(2)，计算甲公司因高管人员行权增加的股本溢价金额是多少。

第七章

租赁

本章学习提示

学习内容：

本章对租赁的概念、租赁分类原则和具体标准、承租人融资租赁和经营租赁业务的会计处理、出租人融资租赁和经营租赁业务的会计处理、售后租回交易的会计处理做了较为系统的案例解析。

学习要点：

1. 融资租赁的界定标准；
2. 经营租赁中租赁双方损益额的计算；
3. 融资租入固定资产入账价值的确认；
4. 长期应付款入账价值的确认及未确认融资费用的分摊；
5. 融资租入固定资产折旧政策；
6. 融资租赁中出租方长期应收款的确认及未实现融资收益的分配；
7. 售后租回交易中未实现售后租回交易损益的分配原理。

第一节 租赁概述

一、租赁的概念及历史

租赁指在约定期间内，出租人将资产使用权让与承租人，以获取租金的协议。其主要特征是转移资产的使用权而不是所有权，并且这种转移是有偿的。

租赁是一种以一定费用借贷实物的经济行为，出租人将自己所拥有的某种物品交给承租人使用，承租人由此获得在一段时期内使用该物品的权利，但物品的所有权仍保留在出租人手中。承租人为其所获得的使用权需向出租人支付一定的费用(租金)。

中国的租赁历史悠久，起源可追溯到原始社会。当时，产品的剩余产生了产品的交换，而在很多场合下，人们需要频繁交换闲置物品，用后再归还，而不必让渡该物品给对方。这种仅仅涉及物品使用权的交换，是最原始形态的租赁。在中国历史上，文献记载的租赁可追溯到西周时期。《卫鼎(甲)铭》记载，邦君厉把周王赐给他的五田，出租了四田。这是把土地出租的例子。据历史学家们考证，涉及租赁叛乱的诉讼，在西周中期以后已不少见了。

从美国租赁历史来看，1952 年，世界上第一家专业租赁公司——美国租赁公司正式成立。其后，租赁范围逐步扩展到以企业生产、加工、包装、运输、管理所需的机器设备等动产领域。

租赁业已经成为一个充满生机和活力的产业。据美国租赁协会统计，美国 1989 年租赁契约金额为 1 224 亿美元，占当年全部资本投资的 33%，可见租赁业在资本投资中所占的重要地位。

现代租赁就是在企业需要机器设备时，由租赁公司直接购入该项设备之后再转租给企业，以“融物”代替“融资”，为企业开辟了一条获取机器设备的新途径，其主要理念源于“只有通过资产的使用——而不是拥有资产，才能形成利润”。

现代租赁涉及出租者(租赁机构)、承租者和厂商三方面的关系。租赁机构不是中间人，而是融资者。承租人需要某种物品(机器、设备等)，可以直接与租赁机构洽谈，也可先与厂商或经销商洽谈供货条件，然后再向租赁机构申请租赁预约，由租赁机构向厂商订货，并让其直接向承租者发货，承租者按合同规定支付租金，并取得租赁物品的使用权。由此可见，租赁实际是企业筹措设备投资的一种方式，即企业以直接租入设备的方式代替向银行借入设备贷款，以支付租金代替支付利息，以“融物”形式代替“融资”形式，并使“融资”与“融物”结合起来。这种有条件的让渡使用价值，实质上是一种信用活动。现代租赁是与现代经济管理相融合而形成的一种兼有融资、投资、销售和管理等多种功能的经济形式。

二、租赁的作用

1. 租赁对承租人的好处

租赁业务的蓬勃发展，说明了租赁比拥有某项财产更为有利。对承租人而言，租赁具有以下优点：

(1)租赁开辟了新的融资渠道，对广大中小企业而言具有特殊意义。承租人可以借助租赁保留银行贷款额度和紧缺的现金资源，增强企业营运资金的灵活运用能力。

(2)可以按固定利率进行全额融资。租赁不要求承租人立即支付现金，有助于缓解处于发展期的新企业资金紧张的问题；此外，租金固定，有助于防止资金成本的增加，避免通货膨胀风险；租金固定便于计算投资报酬率，有助于承租人快速完成投资决策。

(3)灵活性。租赁协议限制条款较少，租赁方式灵活。富有创造精神的出租人可以结合承租人的特殊需要签订租赁协议。例如，可以约定等到设备开始运转，具有生产能力之后才开始付支租金，而且还可以不要求以取得的新设备向主要贷款人作抵押，承租人可以避免再去签订成本昂贵的再贷款协议。

(4)有助于加速机器设备更新。对于设备更新快的企业而言，租赁为机器设备快速升级创造了便利条件。在多数情况下，承租人把残值风险转移给了出租人，减少了设备陈旧的风险。

(5)租赁资格审核程序简便，申请批准速度快，有助于承租人把握商机。

(6)有利于修饰财务报表。采用经营租赁时，租金作为营业费用处理，避免为购置设备而增加大笔负债，可以有效地防止资产负债率上升。

(7)不必增加资本去购置设备，有利于保持股权分布的稳定性。

2. 租赁对出租人的好处

(1)利息收入。租赁也是一种理财方式，通常情况下，租赁利息较银行贷款利息高。因此，租赁公司、金融机构发展租赁交易更具有吸引力。

(2)纳税利益。杠杆型租赁(Leverage Lease)是一种纳税导向型租赁(Tax Oriented Lease)。

例如，波音公司把一架飞机卖给一位富有的投资者，尽管该投资者不需要这架飞机，但他可以把这架飞机租给一家外国航空公司，该航空公司不能利用纳税利益，而该投资者则可以从中获得纳税利益。在这一交易中，波音公司销售了它的产品，投资者(出租人)获得了纳税利益，外国航空公司(承租人)则以一种较优惠的方式获得了它所需要的飞机。

(3)高残值。在租赁期满租赁财产返还给出租人的情况下，如果其实际价值远高于最初签订契约时的预计残值，则会给出租人带来大额利润。

3. 租赁对机器销售商的积极意义

(1)租赁公司负责解决承租人获取机器设备所需资金的问题，有利于机器销售商促销产品。

(2)租赁公司一次付现，能够加速机器销售商的资金周转；可以降低机器销售商的销售风险。

综上所述，租赁特别是融资租赁不仅为企业开辟了灵活机动的融资渠道，而且为开拓新型业务开辟了市场，同时还提高了金融市场效率，进而有利于整个国民经济的繁荣。

第二节　租赁的分类

承租人和出租人应当在租赁开始日将租赁分为融资租赁和经营租赁。融资租赁是指实质上转移与资产所有权有关的全部的风险和报酬的租赁。其所有权最终可能转移，也可能不转移。经营租赁是指除融资租赁外的其他租赁。

一、租赁的分类标准

满足下列标准之一的，应认定为融资租赁。

(1)在租赁期届满时，资产的所有权转移给承租人，即如果在租赁协议中已经约定，或者根据其他条件在租赁开始日就可以合理地判断，租赁期届满时，出租人会将资产的所有权转移给承租人，那么该项租赁应当认定为融资租赁。

(2)承租人有购买租赁资产的选择权，所订立的购价预计远低于行使选择权时租赁资产的公允价值(通俗地讲，就是“跳楼价”或对应英文中的 bargain)，因而在租赁开始日就可合理地确定承租人将会行使这种选择权(即使自己不用，也可以购买后出售以赚取价差)。这里的“远低于”指“小于等于 25%”。

(3)租赁期占租赁资产使用寿命的大部分。这里的“大部分”通常是指在租赁期占租赁开始日租赁资产尚可使用寿命的 75%以上(含 75%，下同)。

需要注意的是，这条标准强调的是租赁期占租赁资产使用寿命的比例，而非租赁期占该项资产全部可使用年限的比例。如果租赁资产是旧资产，在租赁前已使用年限超过资产自全新时起算可使用年限的 75%以上时，则这条判断标准不适用，不能使用这条标准确定租赁的分类。

(4)就承租人而言，租赁开始日最低租赁付款额的现值几乎相当于租赁开始日租赁资产公允价值；就出租人而言，租赁开始日最低租赁收款额的现值几乎相当于租赁开始日租赁资产公允价值。这里的“几乎相当于”通常在 90%(含 90%)以上。

(5)租赁资产性质特殊，如果不做较大改造，只有承租人才能使用。

融资租赁是在 20 世纪 50 年代产生于美国的一种新型交易方式，由于它适应了现代经济发展的要求，所以在20世纪60年代—70年代迅速在全世界发展起来，已成为当今企业更新设备的主要融资手段之一。自20世纪80年代初被引入我国后，经过20多年的发展，融资租赁业务已开始进入快速发展阶段。

作为与银行、证券、保险、信托并列的五大金融业务形式之一，融资租赁已成为西方发达国家在债权融资的资金市场上，仅次于银行贷款的第二大融资方式，占全球设备投资的30%左右。目前，融资租赁在我国起步虽晚，但发展迅速。

凡是不满足以上5个条件的租赁均界定为经营租赁。经营租赁也称为营业租赁，它是解决企业对资产短期、临时或季节性需要的租赁。出租人不仅提供资产的使用权，也提供维修保险等服务。租赁合同比较灵活，在合理的限制条件下，可以解除租约。通常情况下，在经营租赁中，租赁资产的所有权不转移，租赁期届满时，承租人有退租或续租的选择权，而不存在优惠购买选择权。对承租人而言，经营租赁只是满足其资产的临时需要，但可以使企业免于因短期需要而花费大量资金购入固定资产。

二、融资租赁的四种功能

1. 融资功能

融资租赁从其本质上看是以融通资金为目的的，它是为解决企业资金不足的问题而产生的。需要添置设备的企业只需付少量资金就能使用所需设备进行生产，相当于为企业提供了一笔中长期贷款。

2. 促销功能

融资租赁可以用“以租代销”的形式，为生产企业提供金融服务。一可避免生产企业存货太多，导致流通环节的不畅通，有利于社会总资金的加速周转和国家整体效益的提高；二可扩大产品销路，加强产品在国内外市场上的竞争能力。

3. 投资功能

租赁业务也是一种投资行为。租赁公司对租赁项目具有选择权，可以挑选一些风险较小、收益较高以及国家产业倾斜的项目给予资金支持。同时，一些拥有闲散资金、闲散设备的企业也可以通过融资租赁使其资产增值。而融资租赁作为一种投资手段，使资金既有专用性，又改善了企业的资产质量，使中小企业实现技术、设备的更新、改造。

4. 资产管理功能

融资租赁将资金运动与实物运动联系起来。因为租赁物的所有权在租赁公司，所以租赁公司有责任对租赁资产进行管理、监督，控制资产流向。随着融资租赁业务的不断发展，还可利用设备生产者为设备的承租方提供维修、保养和产品升级换代等特别服务，使其经常能使用先进的设备，降低使用成本和设备淘汰的风险，尤其是对于售价高、技术性强、无形损耗快或利用率不高的设备有较大好处。

正因为上述四种功能，融资租赁将工业、贸易、金融紧密地结合起来，沟通了这三个市场，引导了资本的有序流动。既为企业以较少的投入而迅速获得设备的使用权提供了便利，又为银行及其他资金提供了一条安全的放款渠道。

2015年8月26日，国务院总理李克强主持召开国务院常务会议，确定加快融资租赁和金融租赁行业发展的措施，更好地服务实体经济。该会议指出，加快发展融资租赁和金融租赁是深化金融改革的重要举措，有利于缓解融资难、融资贵，拉动企业设备投资，带动产业升级。该会议确定：

一是厉行简政放权，对融资租赁公司设立子公司不设最低注册资本限制。对船舶、农机、医疗器械、飞机等设备融资租赁简化相关登记许可或进出口手续。在经营资质认定上同等对待租赁方式购入和自行购买的设备。

二是突出结构调整，加快发展高端核心装备进口、清洁能源、社会民生等领域的租赁业务，支持设立面向小微企业、“三农”的租赁公司。鼓励通过租赁推动装备走出去和国际产能合作。

三是创新业务模式，用好“互联网+”，坚持融资与融物结合，建立租赁物与二手设备流通市场，发展售后回租业务。

四是加大政策支持，鼓励各地通过奖励、风险补偿等方式，引导融资租赁和金融租赁更好地服务实体经济。同时，有关部门要协调配合，加强风险管理。

融资租赁是新的金融模式，融资公司和承租人所承担的风险都相对比较低。

三、融资租赁与分期付款的区别

(1)分期付款是一种买卖交易，买者不仅获得了所交易物品的使用权，而且获得了物品的所有权。而融资租赁则是一种租赁行为，尽管承租人实际上承担了由租赁物引起的成本与风险，但从法律上讲，租赁物所有权在名义上仍归出租人所有。

(2)融资租赁和分期付款在会计处理上也有所不同。融资租赁中的租赁物所有权属出租人所有，租赁物作为长期应收款；承租方计入固定资产，进行计提折旧。分期付款购买的物品归买主所有，因而列入买方的资产负债表并由买方负责摊提折旧。

(3)上面两条导致两者在税务待遇上也有区别。融资租赁中的出租人可将摊提的折旧从应计收入中扣除，而承租人则可将摊提的折旧费从应纳税收入中扣除，在分期付款交易中则是买方可将摊提的折旧费从应纳税收入中扣除，买者还能将所花费的利息成本从应纳税收入中扣除。此外，购买某些固定资产在某些西方国家中还能享受投资免税优惠。

(4)在期限上，分期付款的付款期限往往低于交易物品的经济寿命期限，而融资租赁的租赁期限则往往和租赁物品的经济寿命相当。因此，同样的物品采用融资租赁方式比采用分期付款方式所获得的信贷期限要长。

(5)分期付款不是全额信贷，买方通常要即期支付贷款的一部分；而融资租赁则是一种全额信贷，它对租赁物价款的全部甚至运输、保险、安装等附加费用都提供资金融通。虽然融资租赁通常也要在租赁开始时支付一定的保证金，但这笔费用一般比分期付款交易所需的即期付款额要少得多(例如在进出口贸易中买方至少需现款支付15%的货款)。因此，同样一件物品，采用融资租赁方式提供的信贷总额一般比分期付款交易方式所能够提供的要大。

(6)融资租赁与分期付款交易在付款时间上也有差别。后者一般在每期期末，通常在分期付款之前还有一宽限期，融资租赁一般没有宽限期，租赁开始后就需支付租金。因此，租金支付通常在每期期初。

(7) 融资租赁期满时，租赁物通常留有残值，承租人一般不能对租赁物任意处理，需办理交换手续或购买等手续。而分期付款交易的买者在规定的分期付款后即拥有了所交易物品，可任意处理之。

(8) 融资租赁的对象一般是寿命较长、价值较高的物品，如机械设备等。

四、与融资租赁相关的概念界定

(1) 租赁期，是指租赁协议规定的不可撤销的租赁期间。如果承租人有权选择续租该资产，并且在租赁开始日就可以合理确定承租人将会行使这种选择权，不论是否再支付租金，续租期也包括在租赁期之内。租赁合同签订后一般不可撤销，但下列情况除外：①经出租人同意而撤销；②因承租人与原出租人就同一资产或同类资产签订了新的租赁合同而撤销；③因承租人支付一笔足够大的额外款项而撤销；④因发生某些很少会出现的或有事项而撤销。

(2) 租赁开始日，是指租赁协议日与租赁各方就主要条款做出承诺日中的较早者。在租赁开始日，承租人和出租人应当将租赁认定为融资租赁或经营租赁，并确定在租赁期开始日应确认的金额。

(3) 租赁期开始日，是指承租人有权行使其使用租赁资产权利的日期，表明租赁行为的开始。在租赁期开始日，承租人应当对租入资产、最低租赁付款额和未确认融资费用进行初始确认；出租人应当对应收融资租赁款、未担保余值和未实现融资收益进行初始确认。

(4) 担保余值

就承租人而言，是指由承租人或与其有关的第三方（比如其母公司）担保的资产余值；就出租人而言，是指就承租人而言的担保余值加上与承租人和出租人均无关、但在财务上有能力担保的第三方担保的资产余值。其中，资产余值是指在租赁开始日估计的租赁期届满时租赁资产的公允价值。为了促使承租人谨慎地使用租赁资产，尽量减少出租人自身的风险和损失，租赁协议有时要求承租人或与其有关的第三方对租赁资产的余值进行担保，此时的担保余值是针对承租人而言的。除此之外，担保人还可能是独立于承租人和出租人的第三方，如担保公司，此时的担保余值是针对出租人而言的。

(5) 未担保余值，是指租赁资产余值中扣除就出租人而言的担保余值以后的资产余值。对出租人而言，如果租赁资产余值中包含未担保余值，则表明这部分余值的风险和报酬并没有转移，其风险应由出租人承担。因此，未担保余值不能作为应收融资租赁款的一部分。

融资租赁合同中存在典型的信息不对称现象。通常，出租人会要求承租人担保一定的资产余值，以避免后者过度使用或者不爱护该项资产。承租人在合同谈判中往往会倾向于担保一个较低的价值，而出租人则会默认承租人的要求，因为出租人可借机要求承租人多付租赁费，同时，出租人拥有信息优势，知道该项设备一旦到期归还，其价值一定会超出承租人担保的价值。这笔超过担保金额的价值，就是“未担保余值”。

例 7-1 某租赁公司将一台大型生产设备以融资租赁方式租赁给 B 企业。租赁开始日估计的租赁期届满时租赁资产的公允价值，即资产余值为 1 870 万元，双方合同中规定，B 企业担保的资产余值为 370 万元，B 企业的子公司担保的资产余值为 300 万元，另外担保公司担保金额为 300 万元，则租赁期开始日该租赁公司记录的未担保余值为（　　）。

A. 1 500 万元　B. 1 200 万元　C. 1 870 万元　D. 900 万元

答案：D　未担保余值=1 870−370−300−300=900（万元）

(6)最低租赁付款额，是指在租赁期内，承租人应支付或可能被要求支付的款项(不包括或有租金和履约成本)，加上由承租人或与其有关的第三方担保的资产余值，但是出租人支付但可退还的税金不包括在内。

承租人有购买租赁资产选择权，所订立的购买价款预计将远低于行使选择权时租赁资产的公允价值，因而在租赁开始日就可以合理确定承租人将会行使这种选择权的，购买价款应当计入最低租赁付款额。

最低租赁付款额的内容如下：

①租金；

②承租人或与其有关的第三方担保的余值；

③承租人到期行使优惠购买权时支付的款项。

注意：上述第②、③项内容通常不会在一个租赁合同中出现。因为第②项内容意味着要返还租赁资产，那么就不存在优惠购买权；第③项内容意味着要留购租赁资产，则一般在租赁合同中不需考虑担保余值的问题。

综上所述，如果租赁合同没有规定优惠购买选择权，最低租赁付款额=租金+承租人或与其有关的第三方的担保额+租赁期届满时，承租人未能续租或展期而造成的任何应由承租人支付的款项；如果租赁合同规定了优惠购买选择权，最低租赁付款额=租金+承租人行使优惠购买权而支付的任何款项。

(7)或有租金，是指金额不固定、以时间长短以外的其他因素(如销售量、使用量、物价指数等)为依据计算的租金。

针对承租方来讲，如果该或有租金与销售百分比等挂钩，则计入销售费用；而若与物价指数挂钩，则计入财务费用。

(8)履约成本，是指租赁期内为租赁资产支付的各种使用费用，如技术咨询和服务费、人员培训费、维修费、保险费等。承租方应当在履约成本实际发生时直接计入当期损益。

(9)最低租赁收款额，是指最低租赁付款额加上独立于承租人和出租人的第三方对出租人担保的资产余值。

最低租赁收款额=最低租赁付款额+独立的第三方担保的余值

(10)租赁内含利率，是指在租赁开始日，由出租人计算的、使最低租赁收款额的现值与未担保余值的现值之和等于租赁资产公允价值和出租人的初始直接费用之和的折现率。租赁内含利率的计算公式为：

最低租赁收款额现值+未担保余值现值=租赁资产公允价值+初始直接费用

(11)初始直接费用，是指承租人和出租人在租赁谈判和签订租赁合同过程中发生的、可直接归属于某租赁项目的费用，主要包括印花税、佣金、律师费、差旅费、谈判费等。

例 7-2　下列各项中，可能属于融资租赁中承租人最低租赁付款额的有(　　)。

A. 每期支付的租金

B. 承租方担保的资产余值

C. 与承租人有关的第三方担保的资产余值

D. 承租人行使优惠购买选择权而支付的款项

E. 履约成本

答案：ABCD

例 7-3 甲企业采用融资租赁方式租入设备一台。租赁合同主要内容：(1)该设备租赁期为 5 年，每年支付租金 5 万元；(2)或有租金为 4 万元；(3)履约成本为 3 万元；(4)与承租人有关的第三方担保的资产余值为 2 万元。甲企业该设备的最低租赁付款额为（　　）。

A. 25 万元　　B. 27 万元　　C. 32 万元　　D. 34 万元

答案：B，甲企业该设备的最低租赁付款额=租金+与承租人有关的担保余值=5×5+2=27(万元)。

例 7-4 租赁公司将一台大型设备以融资租赁方式租赁给 B 企业。双方签订合同，该设备租赁期为 4 年，租赁期届满，B 企业将设备归还给 A 公司。每 6 个月月末支付租金 525 万元，B 企业担保的资产余值为 300 万元，B 企业的母公司担保的资产余值为 450 万元，另外担保公司担保金额为 450 万元，未担保余值为 150 万元，则最低租赁收款额为（　　）。

A. 5 400 万元　　B. 4 960 万元　　C. 4 210 万元　　D. 5 560 万元

答案：A，最低租赁收款额=最低租赁付款额+无关第三方对出租人担保的资产余值=(525×8+300+450)+450=5 400(万元)。

例 7-5 ABC 租赁公司将一台大型设备以融资租赁方式租赁给 N 企业。双方签订合同，该设备租赁期为 4 年，租赁期届满，N 企业将设备归还给 ABC 公司。每年年末支付租金 50 万元，租期届满时设备的公允价值预计为 60 万元，其中 N 企业担保的资产余值为 30 万元，N 企业的母公司担保的资产余值为 10 万元，另外担保公司担保金额为 6 万元，未担保余值为 14 万元，初始直接费用 3 万元，则最低租赁收款额为（　　）。

A. 246 万元　　B. 240 万元　　C. 236 万元　　D. 200 万元

答案：A，最低租赁收款额=最低租赁付款额+无关第三方对出租人担保的资产余值=(50×4+30+10)+6=246(万元)。

注：初始直接费与最低租赁收款额无关。

第三节　承租人的会计处理

一、融资租赁承租人的会计处理原则

根据《企业会计准则第 21 号——租赁》的解释，融资租赁是指实质上转移了与资产所有权有关的全部风险和报酬的租赁。所有权有可能转移，也有可能不转移。

1. 租赁资产负债的记录

在融资租赁下，承租人可将租入的资产记录为自己的资产，同时将未来的定期付款义务确定为负债。在租赁开始日，承租人通常应当将租赁资产公允价值和最低租赁付款额的现值两者中较低者作为租入资产的入账价值。这一原则表明，租赁资产原则上是按公允价值入账，

但租赁资产的入账价值不能超过租赁资产最低租赁付款额现值；同时，将最低租赁付款额作为长期应付款的入账价值，并将两者之间的差额记录为未确认融资费用。

承租人在计算最低租赁付款额的现值时，如果知道出租人的租赁内含利率，应当采用出租人的内含利率作为折现率；否则，应当采用租赁合同中规定的利率作为折现率。如果出租人的租赁内含利率和租赁合同中规定的利率都无法得到，应当采用同期银行贷款利率作为折现率。

之所以要求承租人也使用出租人使用的租赁内含利率为首选的折现率来计算最低租赁付款额的现值，主要原因是：

(1) 出租人使用的租赁内含利率比银行贷款利率更具有客观性。

(2) 如果银行贷款利率高于租赁内含利率，使用了较高的银行贷款利率，则折现系数就变小，所计算出来的最低租赁付款额现值就小，那么就有可能在租赁开始日，使得最低租赁付款额现值不能达到几乎相当于租赁开始日租赁资产的公允价值，其结果就有可能使本应作为融资租赁的业务划分为经营租赁业务，从而导致资产负债表表外融资，脱离资产负债表的披露，歪曲一系列财务比率，虚化承租人的偿债能力。

(3) 如何银行贷款利率低于租赁内含利率，使用了较低的银行贷款利率，则折现系数偏大，所计算出来的最低租赁付款额现值偏大，有可能高于租赁资产的公允价值，而资产的不能按照超过其公允价值的数额来记录。

2. 初始直接费用的会计处理

承租人发生的初始直接费用，在满足资本化的条件下，应当计入资产的账面价值。其账务处理为：借记“在建工程、固定资产”等科目，贷记“银行存款”等科目。

3. 未确认融资费用的分摊

在融资租赁下，承租人向出租人支付的租金中，包含了本金和利息两部分。承租人支付租金时，一方面应减少长期应付款，另一方面应同时将未确认的融资租赁费用按一定的方法确认为当期融资费用，在先付租金(即每期起初等额支付租金)的情况下，租赁期第一期支付的租金不含利息，只需减少长期应付款，不必确认当期融资费用。

在分摊未确认融资费用时，按照准则的规定，承租人应当采用实际利率法。在采用实际利率法时，根据租赁开始日租赁资产和负债的入账价值基础不同，融资费用分摊率的选择也不同。未确认融资费用的分摊具体分为以下几种情况：

(1) 以出租人的租赁内含利率为折现率将最低租赁付款额折现，且以该现值作为租赁资产入账价值的，应当将租赁内含利率作为未确认融资费用的分摊率。

(2) 以合同规定利率为折现率将最低租赁付款额折现，且以该现值作为租赁资产入账价值的，应当将合同规定利率作为未确认融资费用的分摊率。

(3) 以银行同期贷款利率为折现率将最低租赁付款额折现，且以该现值作为租赁资产入账价值的，应当将银行同期贷款利率作为未确认融资费用的分摊率。

(4) 以租赁资产公允价值为入账价值的，应当重新计算分摊率。该分摊率是使最低租赁付款额的现值等于租赁资产公允价值的折现率。

存在优惠购买选择权的，在租赁期届满时，未确认融资费用应全部摊销完毕，并且租赁负债也应当减少至优惠购买金额。在承租人或与其有关的第三方对租赁资产提供了担保或由于在租赁期届满时没有续租而支付违约金的情况下，未确认融资费用应当全部摊销完毕，并且，租赁负债应减少至担保余值或该日应支付的违约金。

承租人对每期应支付的租金，应按支付的租金金额，借记“长期应付款——应付融资租赁款”科目，贷记“银行存款”科目，如果支付的租金中包含有履约成本，应同时借记“制造费用”、“管理费用”等科目。同时，根据当期应确认的融资费用金额，借记“财务费用”科目，贷记“未确认融资费用”科目。

4. 租赁资产折旧的计提

承租人应对融资租入固定资产计提折旧，主要应解决以下两个问题。

(1)折旧政策

计提租赁资产折旧时，承租人应与自有资产计提折旧方法相一致。如果承租人或与其有关的第三方对租赁资产提供了担保，则应计折旧总额为租赁开始日固定资产的入账价值扣除担保余值后的余额。如果承租人或与其有关的第三方未对租赁资产余值提供担保，则应计折旧总额为租赁开始日固定资产的入账价值。

(2)折旧期间

确定租赁资产的折旧期间时，应根据租赁合同规定。如果能够合理确定租赁期满时承租人将会取得租赁资产所有权，即可认定承租人拥有该项资产的全部尚可使用年限，因此应以租赁开始日租赁资产的尚可使用年限作为折旧期间。也就是说，如果租赁符合在租赁期届满时租赁资产的所有权转移给承租人，或者承租人有购买租赁资产的选择权这两个标准，应以租赁资产的经济寿命作为折旧年限，因为承租人将最终拥有此项租赁资产。

如果无法合理确定租赁期满时承租人是否能够取得租赁资产所有权，则应以租赁期与租赁资产尚可使用年限两者中较短者作为折旧期间。也就是说，如果租赁不符合上述两个标准，但却符合租赁期限占租赁资产尚可使用年限的大部分，或租赁开始日最低租赁付款额现值几乎相当于租赁开始日租赁资产的公允价值两条标准，就应采用较低的折旧年限，因为承租人拥有租赁资产全部使用年限的可能性比较小。

5. 履约成本的会计处理

通常直接计入当期损益，借记“制造费用、管理费用”等科目，贷记“银行存款”等到科目。

6. 或有租金的会计处理

由于或有租金的金额不确定，无法采用系统合理的方法对其进行分摊，因此在实际发生时，借记“销售费用”等科目，贷记“银行存款”等科目。

7. 租赁期满时的会计处理

租赁期满时，承租人通常对租赁资产的处理有三种情况：

(1)返还租赁资产。租赁期届满，承租人向出租人返还租赁资产时，通常借记“长期应付款——应付融资租赁款”、“累计折旧”科目，贷记“固定资产——融资租入固定资产”科目。

(2) 优惠续租租赁资产。如果承租人行使优惠续租选择权，则应视同该项租赁一直存在而做出相应的会计处理。如果期满没有根据合同续租，根据租赁合同要向出租人支付违约金时，借记“营业外支出”科目，贷记“银行存款”等科目。

(3) 留购租赁资产。在承租人享有优惠购买选择权时，支付购价时，借记“长期应付款——应付融资租赁款”，贷记“银行存款”等科目；同时，将固定资产从“融资租入固定资产”明细科目转入有关其他明细科日。

8. 相关信息的会计披露

承租人应当在财务报告中披露与融资租赁有关的事项，主要有：

(1) 每类租入资产在资产负债表日的账面原值、累计折旧及账面净值。

(2) 资产负债表日后连续三个会计年度每年将支付的最低付款额,以及以后年度内将支付的最低付款总额。

(3) 未确认融资费用的余额，即未确认融资费用的总额减去已确认融资费用部分后的余额。

(4) 分摊未确认融资费用所采用的方法，如实际利率法。

例 7-6 2016 年 12 月 1 日，A 公司与 B 公司签订了一份租赁合同。合同主要条款如下。

(1) 租赁标的物：某服装生产线。

(2) 租赁期：2016 年 12 月 31 日—2019 年 12 月 31 日，共 3 年。

(3) 租金支付方式：每期支付租金 270 000 元。首期租金于 2016 年 12 月 31 日支付，2018 年、2019 年租金皆于当年年初支付。

(4) 租赁期届满时，该服装生产线的估计余值为 117 000 元。其中由 A 公司担保的余值为 100 000 元；未担保余值为 17 000 元。

(5) 该生产线的保险、维护等费用由 A 公司自行承担，每年 10 000 元。

(6) 该生产线在 2016 年 12 月 31 日的公允价值为 850 000 元。

(7) 租赁合同规定的利率为 6%(年利率)。

(8) 该生产线估计使用年限为 6 年，采用直线法计提折旧。

(9) 2019 年 12 月 31 日，A 公司将该生产线交回 B 公司。

(10) A 公司按实际利率法摊销未确认融资费用(假定按年摊销)。

假设该生产线不需安装；(P/A，6%，2)=1.833，(P/F，6%，3)=0.84。

该租赁资产 2017 年应计提的折旧金额为(　　)。

A. 249 636.67 元　　B. 259 636.67 元　　C. 283 333.33 元　　D. 239 636.67 元

答案：A　最低租赁付款额的现值=270 000+270 000×1.833+100 000×0.84=848 910(元)，该资产最低租赁付款额的现值÷其公允价值>90%，所以此项租赁为融资租赁，且最低租赁付款额的现值＜该资产公允价值 850 000 元，所以固定资产以 848 910 元入账，每年计提的折旧额=(848 910−100 000)/3=249 636.67(元)。

二、融资租赁承租人的会计处理

1. 租赁期开始日的会计处理

租赁开始时，应以最低租赁付款额的折现值与原租赁资产的账面价值中的较低者作为入账价值，具体分录如下：

借：固定资产——融资租入固定资产
　　未确认融资费用
　　贷：长期应付款

初始直接费用在发生时直接计入租入固定资产的成本：

借：固定资产——融资租入固定资产
　　贷：银行存款

2. 每年分摊未确认融资费用的会计处理

借：财务费用
　　贷：未确认融资费用

3. 支付租金的会计处理

借：长期应付款
　　贷：银行存款

4. 或有租金的会计处理

借：销售费用(以销售百分比、使用量等为依据的)
　　财务费用(以物价指数为依据计算的)
　　贷：其他应付款或银行存款

5. 融资租入固定资产的折旧处理

融资租赁资产的折旧处理如表 7-1 所示。

表 7-1　融资租赁资产的折旧处理

<table>
<tr><td rowspan="4">租赁资产的折旧处理</td><td colspan="2">折旧政策</td><td colspan="2">折旧期间</td><td>会计分录</td></tr>
<tr><td colspan="2">视同自有固定资产来处理其折旧，需注意的是，应提折旧额的计算</td><td>如果能合理推断出租赁资产归承租人所有</td><td>如果无法合理推断出租赁资产归承租人所有</td><td rowspan="3">等同于自有固定资产</td></tr>
<tr><td>如果承租人或与其有关的第三方对租赁资产余值提供了担保</td><td>如果不存在承租人或与其有关的第三方对租赁资产余值的担保</td><td rowspan="2">按尚可使用期限来计提折旧</td><td rowspan="2">按租期与尚可使用期孰低原则来认定折旧期间</td></tr>
<tr><td>应提折旧额=固定资产的入账价值−担保余值+预计清理费用</td><td>应提折旧额=固定资产的入账价值−预计残值+预计清理费用</td></tr>
</table>

6. 租赁期届满时的会计处理

租赁期届满时的会计处理如表 7-2 所示。

表 7-2　租赁期届满时的会计处理

<table>
<tr><td colspan="2">(1)承租人返还租赁资产</td><td colspan="2">(2)承租人优惠续租租赁资产</td><td>(3)承租人留购租赁资产</td></tr>
<tr><td>存在承租人担保余值</td><td>借：长期应付款
　　累计折旧
　　贷：固定资产——融资租入固定资产</td><td>行使优惠续租权</td><td>视同该项租赁一直就存在一样作出相应的会计处理</td><td rowspan="2">借：长期应付款
　　——应付融资租赁款
　　贷：银行存款
同时：
借：固定资产——自有固定资产
　　贷：固定资产——融资租入固定资产</td></tr>
<tr><td>不存在承租人担保余值</td><td>借：累计折旧
　　营业外支出(如果尚存净残值时，属于报废)
　　贷：固定资产——融资租入固定资产</td><td>未续租</td><td>返还资产时的处理同(1)</td></tr>
</table>

7. 履约成本的会计处理

借：制造费用

　　管理费用

　　贷：银行存款

例 7-7 A 公司与 B 公司签订了设备租赁协议，双方约定，自 2016 年 12 月 31 日起，A 公司租赁某设备 8 年，每年年末支付租金 30 万元，该设备出租时的公允价值和账面价值均为 190 万元。预计租期届满时资产余值为 40 万元，由 A 公司的母公司担保 25 万元，由担保公司担保 10 万元，合同约定的年利率为 7%，A 公司采用实际利率法分摊租金费用。假定没有初始直接费用。A 公司采用直线法计提折旧，假定不考虑相关税费的影响。相关折现系数如下表所示。

P/A（8，7%）=5.971 299	P/F（8，7%）=0.582 009
P/A（8，8%）=5.746 639	P/F（8，8%）=0.540 269
P/A（8，9%）=5.534 819	P/F（8，9%）=0.501 866

（1）首先认定租赁的性质：

最低租赁付款额的折现值=30×5.971 299+25×0.582 009=179.138 97+14.550 225

=193.689 195>190

所以该租赁是融资租赁。

（2）A 公司分摊未确认融资费用的会计处理如下：

①首先计算内含利率。

设该利率为 r，则该利率应满足如下等式：

$$190=30\times P/A(8,\ r)+25\times P/F(8,\ r)$$

如果 r 为 8%，则带入前述的折现系数，最终结果=30×5.746 639+25×0.540 269=172.4+13.51= 185.91。

根据内插法做如下推导：

$$(r-7\%)/(8\%-7\%)=(190-193.69)/(185.91-193.69)$$

$$r\approx 7.47\%$$

②未确认融资费用的分摊

单位：万元

日期	①实际利息费用	②支付的租金	③归还的本金	④尚余的负债本金
	①=④×7.47%	②	③=②-①	期末④=期初④-③
2016.12.31				190
2017.12.31	14.193	30	15.807	174.193
2018.12.31	13.012 2	30	16.987 8	157.205 2
2019.12.31	11.743 2	30	18.256 8	138.948 4
2020.12.31	10.379 4	30	19.620 6	119.327 8
2021.12.31	8.913 8	30	21.086 2	98.241 6
2022.12.31	7.338 6	30	22.661 4	75.580 2
2023.12.31	5.645 8	30	24.354 2	51.226
2024.12.31	30-26.226=3.774	30	51.226-25=26.226	25

(3) A 公司对租入设备的折旧处理如下：

①A 公司应提折旧额=190--25=165（万元）；

②折旧期定为 8 年；

③每年折旧额=165÷8=20.625（万元）

④会计分录如下：

借：制造费用　　20.625

　　贷：累计折旧　　20.625

(4) A 公司在租期届满时返还设备时：

借：累计折旧　　165

　　长期应付款　　25

　　贷：固定资产——融资租入固定资产　　190

三、经营租赁承租人的会计处理

1. 经营租赁承租人的会计处理原则

(1) 对于经营性租入的资产，不作为企业自身资产，不列入企业资产账内，也不提折旧。

(2) 租金支出直接记入“管理费用”等账户。

(3) 租入固定资产的日常修理支出列为当期费用。

(4) 由承租人负担的租入固定资产改良支出应在租赁期内平均摊销，列入各期费用，租赁期在一年以内的记入“待摊费用”账户，租赁期超过一年的，记入“递延资产”或“长期待摊费用”。

2. 经营租赁承租人的会计处理程序

(1) 承租人预付租金时

借：长期待摊费用

　　贷：银行存款

(2) 每期认定租金费用或收益时

借：制造费用

　　管理费用

　　销售费用

　　贷：长期待摊费用

　　　　银行存款

(3) 初始直接费用的会计处理

借：管理费用

　　贷：银行存款

(4) 或有租金的会计处理

借：财务费用

　　贷：银行存款

例 7-8　20×7 年 1 月 1 日，A 公司向 B 公司租入一层写字楼，租期为 3 年。租赁合同规定，在租赁开始日(20×7 年 1 月 1 日)，A 公司向 B 公司一次性预付租金 150 000 元，第一年年末支付租金 150 000 元，第二年年末支付租金 200 000 元，第三年年末支付租金 250 000 元。三年的租金总额为 750 000 元。假定 A 公司和 B 公司均在年末确认租金费用和租金收入，并且不存在租金逾期支付的情况。

分析：此项租赁没有满足融资租赁的任何一条标准，应作为经营租赁处理。确认租金费用时，不能依据各期实际支付的租金的金额确定，而应采用直线法分摊确认各期的租金费用。此项租赁租金费用总额为 750 000 元，按直线法计算，每年应分摊的租金费用为 250 000 元。假定不考虑相关税费的影响，A 公司的账务处理如下：

20×7 年 1 月 1 日：

借：长期待摊费用	150 000	
贷：银行存款		150 000

20×7 年 12 月 31 日：

借：管理费用	250 000	
贷：长期待摊费用	100 000	
银行存款		150 000

20×8 年 12 月 31 日：

借：管理费用	250 000	
贷：长期待摊费用		50 000
银行存款		200 000

20×9 年 12 月 31 日：

借：管理费用	250 000	
贷：银行存款		250 000

第四节　出租人的会计处理

一、融资租赁出租人的会计处理

1. 融资租赁出租人的会计处理原则

1)租赁开始日的会计处理

出租人应将租赁开始日最低租赁收款额作为应收融资租赁款的入账价值，并同时将最低租赁收款额与担保余值之和与其现值的差额确认为未实现融资收益。

在租赁开始日，出租人应按最低租赁收款额，借记“应收融资租赁款”科目；按租赁资产的原账面价值，贷记“融资租赁资产”科目；按上述科目计算后的差额，贷记“未实现融资收益”科目。

2)初始直接费用的会计处理

出租人发生的初始直接费用，通常包括印花税、佣金、律师费、差旅费、谈判费等。由于在计算内含报酬率时已考虑了初始直接费用的因素，为了避免未实现融资收益高估，在对出租人融资租赁初始直接费用进行初始确认时，应对未实现融资收益进行调整，借记“未实现融资收益”科目，贷记“长期应收款”科目。

3)未实现融资收益的分配

出租人每期收到的租金包括本金和利息两部分。未实现融资收益应当在租赁期内各个期间进行分配，确认为各期的融资收入。分配时，出租人应当采用实际利率法计算当期应确认融资收入，在与实际利率法计算结果无重大变化的情况下，也可以采用直线法和年数总和法。

出租人每期收到的租金，借记“银行存款”科目，贷记“应收融资租赁款”科目。同时，每期确认融资租赁收入时，借记“未实现融资收益”科目，贷记“融资收入”科目。

4)未担保余值发生变动时的会计处理

由于未担保余值的金额决定了租赁内含利率的大小，从而决定着融资未实现收益的分配，因此，为了真实反映企业的资产和经营业绩，根据谨慎性原则的要求，在未担保余值发生减少和已确认损失的未担保余值得以恢复的情况下，都应重新计算租赁内含利率，以后各期根据修正后的投资净额和重新计算的租赁内含利率确定应确认的融资收入。未担保余值增加时，不做调整。其账务处理如下：

(1)期末，将出租人的未担保余值的预计可回收金额低于其账面价值的差额，借记“资产减值损失”科目，贷记“未担保余值减值准备”科目。同时，将未担保余值减少额与由此所产生的租赁投资净额的减少额的差额，借记“未实现融资收益”科目，贷记“资产减值损失”科目。

(2)如果已确认的未担保余值得以恢复，应在原已确认的损失金额内转回，借记“未担保余值减值准备”科目，贷记“资产减值损失”科目。同时，将未担保余值恢复额与由此所产生的租赁投资净额的增加额的差额，借记“资产减值损失”科目，贷记“未实现融资收益”科目。

5)或有租金的会计处理

或有租金应当在实际发生时确认为当期损益。借记“应收账款”、“银行存款”等科目，贷记“融资收入”科目。

6)租赁期满时的会计处理

1)租赁期满时，承租人将租赁资产交还出租人。这时有三种情况：

①存在担保余值，不存在未担保余值。出租人收到承租人交还的资产时，借记“融资租赁资产”科目，贷记“应收融资租赁款”科目。如果收回租赁资产的价值低于担保余值，则应向承租人收取价值损失补偿金，借记“其他应收款”科目，贷记“营业外收入”科目。

②存在担保余值，同时存在未担保余值。出租人收到承租人交还的资产时，借记“融资租赁资产”科目，贷记“应收融资租赁款”、“未担保余值”科目。如果收回租赁资产的价值扣除未担保余值后的余额低于担保余值，则应向承租人收取损失补偿金，借记“其他应收款”科目，贷记“营业外收入”科目。

③对资产余值全部未担保的。出租人收到承租人交还的资产时，借记“融资租赁资产”科目，贷记“未担保余值”科目。

(2)优惠续租租赁资产。

①如果承租人行使优惠续租选择权，则出租人应视同该项租赁一直存在而做出相应的账务处理，如继续分配未实现融资收益等。

②如果承租期届满时，承租人没有续租，根据租赁合同规定应向承租人收取违约金时，将其确认为营业外收入。同时，将收回的租赁资产按上述规定进行处理。

(3) 留购租赁资产。承租人行使了优惠购买选择权。出租人应该按照收到的承租人支付的购买资产的价款，借记“银行存款”等科目，贷记“应收融资租赁款”等科目。

7) 相关会计信息的披露

出租人应在财务报告中披露下列事项：

(1) 资产负债表日后连续三个会计年度每年度将收取的最低收款额，以及以后年度内将收取的最低收款总额。

(2) 未确认融资收益的余额，即未确认融资收益的总额减去已确认融资收益部分后的余额。

(3) 分配未确认融资收益所采用的方法，如实际利率法、直线法或年数总和法。

2. 融资租赁出租人的会计处理

1) 租赁期开始日的会计处理

借：长期应收款——应收融资租赁款（最低租赁收款额）
　　未担保余值
　　贷：融资租赁资产（原账面价值）
　　　　银行存款（初始直接费用）
　　　　未实现融资收益（倒挤认定，本质是待转的利息收益）
　　　　营业外收入（租出资产的公允价值大于账面价值的差额，反之借记“营业外支出”）

2) 未实现融资收益在实际利率法下的分摊

利率只能选择出租人的内含报酬率

借：未实现融资收益
　　贷：租赁收入

3) 每期收租金时：

借：银行存款
　　贷：长期应收款——应收融资租赁款

4) 或有租金的业务

借：应收账款或银行存款
　　贷：租赁收入——融资收入

5) 租赁期届满时

(1) 承租人返还租赁资产：存在担保余值、不存在未担保余值

借：融资租赁资产
　　贷：长期应收款——应收融资租赁款

如果收回的价值低于担保余值则应向承租人收取的损失补偿金：

借：其他应收款
　　贷：营业外收入

(2) 承租人返还租赁资产：担保余值、未担保余值同时存在

借：融资租赁资产
　　贷：长期应收款——应收融资租赁款
　　　　未担保余值
如果收回的价值扣除未担保余值后的余额低于担保余值则应向承租人收取的损失补偿金：
借：其他应收款
　　贷：营业外收入
(3)承租人返还租赁资产
存在未担保余值、不存在担保余值
借：融资租赁资产
　　贷：未担保余值
　　　　担保余值、未担保余值均不存在，无会计处理
(4)承租人优惠续租租赁资产
视同该项租赁一直存在做出相应的会计处理
(5)承租人留购租赁资产
借：银行存款
　　贷：长期应收款——应收融资租赁款
如果还存在未担保余值则还应：
借：营业外支出
　　贷：未担保余值

例 7-9 以例 7-7 资料为前提，站在出租方的角度进行会计处理。
(1)租赁期开始日 B 公司的会计处理
B 公司出租设备时：

借：长期应收款——应收融资租赁款	275	
未担保余值	5	
贷：融资租赁资产		190
未实现融资收益		90

(2)B 公司未实现融资收益的分摊处理
首先计算内含报酬率。
设内含报酬率为 r，则此利率应满足如下条件：

$$190+0(\text{初始直接费用})=30\times P/A(8,\ r)+40\times P/F(8,\ r)$$

如果 r 为 8%，则带入前述的折现系数，最终结果=30×5.746639+40×0.540269=172.4+21.61=194.01

如果 r 为 9%，则带入前述的折现系数，最终结果=30×5.534819+40×0.501866=166+20=186
根据内插法做如下推导：

$$(r-8\%)/(9\%-8\%)=(190-194.01)/(186-194.01)$$

$$r\approx 8.5\%$$

(3)判断租赁类型
如果 r 为 9%，则带入前述的折现系数，最终结果=30×5.534819+35×0.501866=166+17.56≈184 > 190×90%

当 r 为 8.5%时，此折现值会更大于 190×90%，所以该租赁应定性为融资租赁。

(4) 未实现融资收益的分摊

单位：万元

日期	①实际利息收益	②收到的租金	③归还的本金	④尚余的债权本金
	①=④×8.5%	②	③=②–①	期末④=期初④–③
2016.12.31				190
2017.12.31	16.15	30	13.85	176.15
2018.12.31	14.9728	30	15.0272	161.1228
2019.12.31	13.6954	30	16.3046	144.8182
2020.12.31	12.3095	30	17.6905	127.1277
2021.12.31	10.8059	30	19.1941	107.9336
2022.12.31	9.1744	30	20.8256	87.108
2023.12.31	7.4042	30	22.5958	64.5122
2024.12.31	30–24.5122=5.4878	30	64.5122–40=24.5122	40

(5) B 公司租期届满时

借：融资租赁资产　　40

　贷：未担保余值　　5

　　长期应收款——应收融资租赁款　　35

二、经营租赁出租人的会计处理

在经营租赁方式下，出租人应当按资产的性质，将作为经营租赁的资产包括在资产负债表中的相关项目内。

(1) 应在租赁期内各个期间按照直线法将经营租赁租金确认为当期损益；如果其他方法更为系统合理，也可以采用其他方法。出租人确认租金收入时，借记“银行存款”、“应收账款”等科目，贷记“租赁收入”、“其他业务收入”等科目。

(2) 出租人发生的初始直接费用，应当计入当期损益，借记“其他业务成本”等科目，贷记“银行存款”等科目。但是，对金额较大的初始直接费用应当资本化，并在整个经营租赁期内，按照与确认租金收入相同的基础，分期计入当期损益。

(3) 对于经营租赁资产中的固定资产，出租人应当采用类似资产的折旧政策计提折旧；对于其他经营租赁资产，应当采用系统合理的方法进行摊销，借记“其他业务成本”等科目，贷记“累计折旧”、“累计摊销”等科目。

(4) 或有租金应当在实际发生时计入当期损益，借记“银行存款”等科目，贷记“租赁收入”、“其他业务收入”科目。

例 7-10　以例 7-8 资料为前提，站在出租方的角度进行会计处理。

分析：确认租金收入时，不应按照各期实际收到的租金金额确定，而应采用直线法分摊确认各期的租金收入。此项租金收入总额为 750 000 元，按直线法计算，每年应分摊的租金收入为 250 000 元。B 公司的账务处理如下：

20×7 年 1 月 1 日：

借：银行存款　　150 000

　贷：应收账款　　150 000

20×7 年 12 月 31 日：

借：银行存款　　150 000

　　应收账款　　100 000

　　贷：租赁收入　　250 000

20×8 年 12 月 31 日：

借：银行存款　　200 000

　　应收账款　　50 000

　　贷：租赁收入　　250 000

20×9 年 12 月 31 日：

借：银行存款　　250 000

　　贷：租赁收入　　250 000

第五节　售后租回业务的会计处理

售后租回，是指卖主将一项资产卖给出租人，转移了资产的所有权，然后又将这同一资产租赁回来，从而获得资产使用权，此时的卖主既是销售者又是承租人。

按照租赁性质的不同，售后租回可以分为融资租赁和经营租赁。承租人和出租人应当根据前述的有关标准，将售后租回判别为融资租赁和经营租赁。

一、售后租回交易的会计处理原则：站在承租人角度

(1) 售后租回交易下的租赁开始日是指买主(出租人)向卖主(承租人)支付第一笔款项之日。

(2) 如果售后租回交易形成融资租赁，卖方(承租人)出售资产时，不确认收益，应予以递延，并按该项租赁资产的折旧进度进行分摊，作为折旧费用的调整。承租人对售后租回交易中售价与资产账面价值的差额应通过“递延收益——未实现售后租回损益”科目核算，分摊时，按既定比例减少未实现售后租回损益，同时相应增加或减少折旧费用。

(3) 如果售后租回交易形成经营租赁，应当视情况分别加以处理：

①有确凿证据表明售后租回交易是按照公允价值达成的，销售的商品按照售价确认收入，并按照账面价值结转成本。销售的固定资产按照售价和固定资产账面价值之间差额确认营业外支出。

②没有确凿证据表明售后租回交易是按照公允价值达成的：

售价低于公允价值的，应确认当期损益，如果损失将由低于市价的未来租赁付款额补偿的，应将其递延，并按租赁付款比例分摊于预计的资产使用期限内。

售价高于公允价值的，其高出公允价值的部分应予递延，并在预计的资产使用期限内摊销。售后租回资产公允价值与账面价值的差额确认为当期损益。

二、售后租回交易的具体会计处理：站在承租人角度

1. 出售资产

(1) 出售资产时

借：累计折旧

固定资产减值准备
固定资产清理
贷：固定资产

(2)收到出售资产价款时

借：银行存款
贷：固定资产清理
(贷或借)：递延收益——未实现售后租回损益

2. 租回资产

(1)租回资产形成一项融资租赁

①租回资产时：

借：固定资产——融资租入固定资产
未确认融资费用
贷：长期应付款——应付融资租赁款

②租回资产以后各期：

支付租金时：

借：长期应付款——应付融资租赁款
贷：银行存款

分摊未确认融资费用时：

借：财务费用
贷：未确认融资费用

计提折旧时：

借：管理费用或制造费用等
贷：累计折旧

分摊未实现售后租回损益时：

借(或贷)：递延收益——未实现售后租回损益
贷(或借)：管理费用或制造费用等

(2)租回资产形成一项经营租赁

①租回资产时——不用账务处理，只需做备查登记。

②租回资产以后各期

③支付租金时：

借：管理费用或制造费用等
贷：银行存款

④分摊未实现售后租回损益：

借(或贷)：递延收益——未实现售后租回损益
贷(或借)：管理费用或制造费用等

例 7-11 2016 年 12 月 31 日，甲公司将一台办公设备以公允价值为 130 万元的价格出售给乙租赁公司，该设备出售前的账面原值为 150 万元，已提折旧 30 万元(该设备预计使用寿命为 5 年，残值为 0，采用直线法计提折旧)。同时合同规定，甲公司自 2017 年 1 月 1 日起将设备租回，租期为 4 年，每年年末支付租金 40 万元，期满后该设备所有权归甲公司，折现率为 8%。假定不考虑相关税费的影响。

(1)2016 年 12 月 31 日，向乙公司出售该设备：

借：固定资产清理　　1 200 000

　　累计折旧　　300 000

　　贷：固定资产　　1 500 000

(2)收到设备款时：

借：银行存款　　1 300 000

　　贷：固定资产清理　　1 200 000

　　　　递延收益——未实现售后租回损益(融资租赁)　　100 000

(3)2017 年 1 月 1 日，向乙公司租回该设备，以租赁资产公允价值和最低租赁付款额现值较低者作为资产入账价值(最低租赁付款额现值=400 000×(P/A，8%，4)=400 000×3.312 1= 1 324 840 元＞1 300 000 元，使最低租赁付款额现值等于公允价值的分摊率为 8.86%，计算过程略)。

借：固定资产——融资租入固定资产　　1 300 000

　　未确认融资费用　　300 000

　　贷：长期应付款——应付融资租赁款　　1 600 000

(4)2017—2020 年，每年每月末按直线法分摊未实现售后租回损益(4 年内每月应摊销未实现售后租回损益金额为 100 000÷4÷12=2 083.33)。

借：递延收益——未实现售后租回损益(融资租赁)　　2 083.33

　　贷：管理费用　　2 083.33

(5)2017—2020 年，每年每月末按直线法计算折旧(1 300 000÷4÷12=27 083.33)

借：管理费用　　27 083.33

　　贷：累计折旧　　27 083.33

(6)2017—2020 年，每年年末支付租金。

借：长期应付款——应付融资租赁款　　400 000

　　贷：银行存款　　400 000

(7)2017 年年末按照融资费用分摊率 8.86%摊销未确认融资费用 115 180 元：

借：财务费用　　115 180

　　贷：未确认融资费用　　115 180

(8)期满后该设备所有权归甲公司。

借：固定资产——自有固定资产　　1 300 000

　　贷：固定资产——融资租入固定资产　　1 300 000

实际上，对于上述这个租回业务，我们从经济实质上来看，就是融资租赁公司给甲公司提供了一笔 130 万元、4 年期的贷款，等额还本付息，每年本息合计 40 万元。换句话说，4 年贷款，还本 130 万元，支付利息 30 万元。

三、出租人的会计处理

1. 在购入租赁资产时

借：融资租赁资产(融资租赁)或固定资产(经营租赁)

　　贷：银行存款

2. 出租的处理等同于普通租赁

阅读材料

租赁方式的选择：融资约束下的新玩法①

对于中国经济发展而言，融资约束问题已成为制约经济转型和升级的重要瓶颈之一。世界银行的报告表明：中国有75%的非金融类上市企业选择将融资约束列为企业发展的主要障碍，在80个被调查国家中比例最高。由国务院发展研究中心主持发布的《中国企业经营者问卷跟踪调查报告》也发现，中国企业普遍认为融资约束是其发展的主要制约因素。

当融资约束存在，而企业又需要进一步融资时，无疑给银行提供一组光鲜亮丽的财务比率更有利于企业取得融资，这些财务比率一般包括偿债能力比率(流动比率、速动比率等短期偿债能力比率和资产负债率、利息保障倍数等长期偿债能力比率)、营运能力比率和盈利能力比率(如净资产报酬率ROE和资产收益率ROA等)。企业如果想给银行一个好的印象，必须在这些比率上做足文章。如果企业自身能满足条件当然最好，但是在不满足条件时，企业往往会创造条件，在这些被创造出来的条件中，租赁方式的主观选择往往是易被忽视的一个环节。

一、两种不同租赁的界定

经营租赁是为了满足经营使用上的临时或季节性需要而发生的资产租赁。经营租赁是一种短期租赁形式，它是指出租人不仅要向承租人提供设备的使用权，还要向承租人提供设备的保养、保险、维修和其他专门性技术服务的一种租赁形式(融资租赁不需要提供这个服务)。

融资租赁(Financial Leasing)又称设备租赁(Equipment Leasing)或现代租赁(Modern Leasing)，是指实质上转移与资产所有权有关的全部或绝大部分风险和报酬的租赁。

经营租赁与融资租赁的重大区别在于报表披露的不同，如果一项租赁被界定为经营租赁，那么这项交易只影响利润表，也就是说，只在利润表中显示一项租金费用(或者计入管理费用，或者计入营业费用)，不影响资产负债表。但如果一项租赁被界定为融资租赁，按照会计的实质重于形式的原则，满足融资租赁条件的租赁承租企业将其视同一项自有资产管理，这项资产的价值计入资产负债表的资产方，以后支付的各期租赁费用作为一项长期负债反映在资产负债表中的负债方，同时在利润表中要反映利息费用和折旧费用。那么这里出现一个问题，即如果一项租赁从实质上看是融资租赁而企业通过重构合同条款将其表面上看是一项经营租赁，那么这种租赁显然不会影响资产负债表，而是游离于资产负债表外，是一项典型的资产负债表外融资。

二、租赁会计模式选择演示

下面将比较我们将一项租赁界定为经营租赁或融资租赁的效果，而且我们将研究重点放在不同租赁方式选择对资产负债表和利润表的影响上。

假设2015年1月1日，A公司租赁了一项资产且它没有其他的资产或负债；所租赁资产的经济寿命是5年，5年后预期的残值为0；公司在该资产的寿命期内对该资产采用直线法折

① 本部分的核心内容发表于《中国注册会计师》2016年5期(作者：崔文娟、张惠媛、陈淑媛)。

旧；租赁采取不可撤销的、固定 5 年期限的形式，每年年末支付最低租赁费用 2 505 元；租赁的年利率是 8%。

第一步，分析如果将其界定为融资租赁，在实际利率法下如何分摊利息费用(基础是我们要首先算出最低租赁付款额的现值之和，$P(8\%/5)=3.992$，则最低租赁付款额的现值之和为 $2\ 505\times3.992\approx10\ 002$ 元)，而长期应付款的报表体现也为 10 002 元(为长期应付款的账面值减去未确认融资费用的金额)。

每年最低租赁费用中的利息和本金成分如表 1 所示。

表 1　每年最低租赁费用中的利息和本金成分

单位：元

年份	年初负债金额	利息	本金	合计	年末余额
2015	10 002	800	1 705	2 505	8 297
2016	8 297	664	1 841	2 505	6 456
2017	6 456	516	1 989	2 505	4 467
2018	4 467	357	2 148	2 505	2 319
2019	2 319	186	2 319	2 505	0
合计		2 523	10 002	12 525	

不同的租赁核算方法对利润表的影响如表 2 所示。

表 2　不同的租赁核算方法对利润表的影响

单位：元

年份	经营租赁	融资租赁		
	租金费用	利息费用	折旧费用	费用合计
2015	2 505	800	2 000	2 800
2016	2 505	664	2 000	2 664
2017	2 505	516	2 000	2 517
2018	2 505	357	2 000	2 358
2019	2 505	186	2 000	2 186
合计	12 525	2 523	10 002	12 525

融资租赁对资产负债表的影响如表 3 所示。

表 3　融资租赁对资产负债表的影响

单位：元

月/日/年	现金	租赁的资产	租赁负债	权益
1/1/2015	0	10 002	10 002	0
12/31/2015	−2 505	8 001	8 297	−2 800
12/31/2016	−5 010	6 001	6 456	−5 465
12/31/2017	−7 515	4 001	4 467	−7 981
12/31/2018	−10 020	2 000	2 319	−10 339
12/31/2019	−12 525	0	0	−12 525

第二步，分析不同租赁方式的处理对利润表的影响。当我们把一项租赁界定为经营租赁时，最低租赁付款额只是表现为一系列的租金支付过程，也就是说每年年末支付租赁 2 505 元时直

接将租赁费用计入利润表的相关费用即可，对资产负债表无任何影响。但是，如果我们把一项租赁界定为融资租赁时，企业必须确定两项费用，即利息费用和折旧费用，表2体现了不同租赁方式下对利润表的影响。在整个5年时间中，两种租赁方式下界定的费用合计数是相同的，但是费用在各年的分布不同，经营租赁每年的租金费用相同，而融资租赁下每年的相关费用之和呈现前高后低的态势，这是因为每年的利息费用逐年降低。那么在租赁的前几年，融资租赁方式下利润表中的净利润比经营租赁方式下的净利润低，后几年反之。

第三步，分析不同租赁方式会计处理对资产负债表的影响。对于经营租赁，因为企业不需要确认相关的资产和负债，所以在租赁开始日(2015.1.1)，不需要在资产负债表上做任何披露。第一年年末(2015.12.31)，企业需要支付租赁费用2 505元，现金支出2 505元所以形成了现金流量的负值，所有者权益也出现–2 505元，因为租赁费用体现为所有者权益的减少。租赁期届满，租赁费用合计(体现为所有者权益负值)与现金流出量合计均为–12 525元。

而对于融资租赁方式(见表 3)，我们发现租赁期届满时的财务表现也与经营租赁完全相同，这一结果表明当将整个租期作为一个整体来看时，两种租赁方式的总体财务影响是一样的。但是，租赁期届满前的各年年末报表数字的差异却很大。特别是在租赁开始日，融资租赁方式下要确认10 002元的资产和负债(注：报表中长期应付款的金额需要减去未确认融资费用的金额，即长期应付款的现值，而不是长期应付款的终值12 525元)。在第一年年末，支付租赁费用为2 505元时现金流量为–2 505元(体现在现金流量表中)，这与经营租赁下对现金流量的影响相同，意味着两种租赁方式的会计核算对现金流量表的影响相同。在融资租赁方式下，除租赁开始日和租赁界满日外，每年的租赁资产与租赁负债金额都不同，因为租赁资产的金额随着折旧的计提而逐年降低，而租赁负债会随着一年内到期的长期应付款而逐年降低，权益的减少为折旧费用(假设全部计入费用)和利息费用之和。

综上所述，在经营租赁下，租赁资产和租赁负债是游离于资产负债表外的，所以如果一项租赁本质上应界定为融资租赁而企业通过设计租赁合同条款刻意地将其界定为经营租赁就是形成一项资产负债表表外融资项目，这样做会降低财务报表的有用性，那么企业这么做的意图又是为何？我们经过分析发现，当按融资租赁处理是恰当时，却按经营租赁处理会产生以下影响：

(1)经营租赁通过低估非流动负债(长期应付款)从而改善相关长期偿债能力比率，如负债与权益之比，而这些长期偿债能力比率会经常用在银行或信用评级机构的信用等级评价中。

(2)经营租赁通过低估资产(融资租赁固定资产)可以改善投资收益率，如总资产利润率，即在利润一定的情况下，将资产这个分母减少会使这一比率上升。

(3)经营租赁推迟确认费用总和，在租赁早期高估利润，但在租赁后期又低估利润。

(4)经营租赁通过无视租赁本金归还中当前到期部分(一年内到期的非流动负债)从而低估流动负债，这样会夸大流动比率和其他流动性指标。

(5)经营租赁把利息包含在租金中(一项经营费用)从而低估利息费用，夸大利息保障倍数等比率(利息保障倍数=息税前利润÷利息费用，一般而言，利息保障倍数大于1，一个大于1的分数当分子和分母都减少相同的数，结果将变大)。

三、租赁方式还原分析

因为租赁的不同分类对财务报表和财务比率有着较大的影响，所以一个分析师必须在财务分析前对财务报表做出相应的调整。许多分析师会将所有的经营租赁调整为融资租赁。另外一些分析师则有选择性地调整。我们建议当需要时对租赁进行重分类而且要避免不加鉴别的调整。也就是说，我们建议当出现承租人的分类与其租赁的经济实质不一致时进行重分类。

表 4 是 A 上市公司关于租赁的报表附注。

第一步，判定该公司对于租赁的分类是否恰当。为了做到这一点，我们必须估计 5 年单独披露后的剩余年限的长度，这一数字需要我们通过“2019 年以后”的数字估算，也就是将经营租赁 2019 年以后的最低租赁付款额 2621 除以 2019 年的最低租赁付款额 379，得到 6.9 年。将 6.9 年与前 5 年相加就是将近 12 年的租赁期，这一结果暗示我们需要将该公司的经营租赁重分类为融资租赁，因为一个长达 12 年的经营租赁期无论如何都是不容忽视的。注意，剩余租赁期估算出来后是比较明显的，那么我们就应该重分类租赁方式。

表 4　A 上市公司关于租赁的报表附注

单位：百万元

财年	融资租赁	经营租赁
2015 年	14	454
2016 年	3	424
2017 年	—	391
2018 年	—	385
2019 年	—	379
2019 年以后	—	2 621
合计	17	
减：应计利息	–1	
融资租赁义务的现值	16	

我们需要计算 A 公司经营租赁方式下各年最低租赁付款额的现值。在这一过程中，我们需要选用适当的折现率，这里我们选用该公司长期贷款利率(报表附注中已披露)，A 公司的信用评级为 BBB 级，对应的 10 年期长期贷款利率为 5.8%，我们将 5.8%作为折现率。2004—2009 年最低租赁付款额是分年度披露的，而 2009 年后是以一个总额披露，所以我们假设 2009 年后每年的最低租赁付款额与 2009 年相同，依据假设 2010—2015 年每年的最低租赁付款额为 379，最后一年为 2621–379×6=347。我们将各年的最低租赁付款额按照折现率 5.8%折现之和为 3322，这个数字是我们应该加到公司资产负债表中的负债数字(见表 5)。

表 5　确定预计经营租赁费用现值和租赁摊销

单位：百万元

年份	支付额	贴现因子	现值	利息	租赁义务	租赁余额
2004						3 322
2005	454	0.945 18	429	193	261	3 061
2006	424	0.893 36	379	178	246	2 815
2007	391	0.844 39	330	163	228	2 587
2008	385	0.798 10	307	150	235	2 352
2009	379	0.754 35	286	136	243	2 109
2010	379	0.712 99	270	122	257	1 853
2011	379	0.673 91	255	107	272	1 581
2012	379	0.636 96	241	92	287	1 294

续表

年份	支付额	贴现因子	现值	利息	租赁义务	租赁余额
2013	379	0.602 05	228	75	304	990
2014	379	0.569 04	216	57	322	668
2015	379	0.537 85	204	39	340	328
2016	347	0.508 36	176	19	328	0
合计	4 654		3 322			

第二步，估计资产负债表中新增的资产数额。一般而言，对于融资租赁界定的资产数额比相应的负债数字低，但是低多少很难确定，因为要考虑到租赁的长度、固定资产的经济使用寿命及承租人的折旧政策等。基于此，我们假定转换成融资租赁后新增的资产金额与负债金额相同，也就是说，对于2004年年末，我们假定转换租赁方式后的新增资产和新增负债为3 322。对于2005年，支付的最低租赁付款额中包括了利息193和一年内到期的非流动负债261。

第三步，确定转换租赁方式后利润表的变化。利润表中将出现两种费用，即折旧费用和利息费用。利息费用是用每年年初负债净额乘以利息率5.8%计算的，以2005年为例，2005年的利息金额为3 322×5.8%=193。折旧费用则用增加的资产总额3 322除以假定的资产使用年限(假设没有残值，公司采用直线法折旧)12年，即3 322÷12≈277，所以2005年由于租赁方式转换而产生的费用总额为470，比原先按照经营租赁披露的租赁费用454增加了税前费用16。

第四步，重述转换租赁方式后的资产负债表和利润表。利润表中经营性费用净减少177(减少租赁费用454，增加折旧费用277)；利息费用增加193；净利润减少10，即16×(1−0.35)。

对资产负债表的影响比较明显。资产总额和负债总额同时有了显著的增加，同时增加3 322。其中负债的增加为两部分，即长期应付款3 061和一年内到期的非流动负债(流动负债)261。

单位：百万元

利润表	转换前	转换后
销售收入	24 547	24 547
经营费用	23 243	23 066
息税前营业利润	1 304	1 481
利息费用(收入)	8	201
所得税	496	491
持续经营业务利润	800	790
停止经营部分	−95	−95
净利润	705	695

单位：百万元

资产负债表	转换前	转换后	资产负债表	转换前	转换后
流动资产	5 724	5 724	流动负债	4 501	4 762
固定资产	2 928	6 250	长期负债	729	3 790
			股东权益	3 422	3 422
资产总额	8 652	11 974	负债和权益合计	8 652	11 974

单位：百万元

财务比率	转换前	转换后
流动比率	1.27	1.20
权益负债率	1.53	2.50
长期负债/权益	0.21	1.11
权益净利润	20.60%	20.31%
ROA	8.15%	5.80%
利息保障倍数	163	7.38

第五步，分析转换前后的一些重要比率。流动比率转换后从 1.27 降为 1.20；权益负债率从 1.53 上升为 2.50，增加幅度达 65%，长期负债与权益比从 0.21 增加为 1.11。利息保障倍数从 163 降到 7.38；权益净利率(ROE)没有太大的变化，因为税后利润的变动幅度较小，只有 10。但是 ROA 的变动较大，由 8.15%降为 5.80%，因为资产总额增加。

可见，此公司刻意地安排这种租赁方式的转换的主要目的是，在优化偿债能力比率的同时使盈利能力比率有所提高，使信用评级从表面上看有所提高，达到进一步融资的目的。

案例分析

施乐公司利用租赁业务处理进行财务舞弊

根据 SEC 对施乐公司的舞弊指控和施乐公司重编财务报告的公告，施乐公司在 1997—2000 年进行财务舞弊所运用的手法包括以下几种。

一、提前确认复印机设备的销售收入

施乐公司有时也以全额现金的方式出售复印机等办公室设备，但多数情况是与客户签订租赁协议，客户按月支付设备、维护和融资费用。施乐公司把这些方法称为“捆绑租赁”，把按月支付的付款项称为“完全控制成本(TCO)”。

依照《财务会计准则第 13 号——租赁》(以下简称租赁准则)规定，符合销售型租赁条件的，出租方可在租赁协议生效时立即确认属于设备销售的收入，对于融资和设备维护收入，应当在租赁期限内分期确认。根据租赁准则的要求，施乐公司对于“捆绑租赁”，必须选择合理的标准，将租赁协议中的收入总额在设备销售收入、融资收入和维护收入之间分摊。在其他条件相同的情况下，分摊给融资收入和维护收入的金额越少，施乐公司可在租赁协议生效当期确认的设备销售收入就越多。

为了迎合华尔街的盈利预期，施乐公司从 1995 年后开始通过下列三种手法，人为地压低融资收入和维护收入，以尽可能多地提前确认设备销售收入。

1．武断确定融资权益回报率，人为压低融资收入，夸大复印机销售收入

早在 1995 年，施乐公司就在其销售型租赁业务中通过确定设备维护和设备融资的公允价值，并将租赁协议总价减去这两个租赁要素公允价值之间的差额，作为设备销售收入的公允价值。而根据公认会计准则的规定，设备销售收入的确认不应当采用“倒轧法”，而应当采用“直接法”，根据同类复印机设备的市价等因素确定复印机设备的公允价值，以此作为确认销售收入的基础。为了在采用“倒轧法”时低估融资收入，施乐公司的高管人员武断地确定“复印机设备融资业务的回报率不应超过 15%”，而不顾其子公司所处经营环境对租赁业

务回报率的影响。例如，施乐在南美的子公司因当地通货膨胀居高不下，租赁业务的回报率远高于15%，但施乐公司的高管人员对此置若罔闻。施乐公司辩解说，选择15%的回报率是因为接近一些上市公司全资拥有的财务公司的平均融资回报率。但是，这些财务公司的业务与施乐公司或复印机制造业完全无关。尽管这些财务公司报告的融资回报率为6%～22%，反映出了较宽的业绩幅度，但是施乐公司为达到其盈利目标，只是简单地选取一个接近平均数的比率。这种通过武断确定融资业务回报率并据以倒轧销售型租赁的设备收入的做法违反了公认会计准则的相关规定。

1995—2000年，在销售型租赁业务中，施乐公司一直没有改变按15%权益回报率确定融资收入的假设。但在1997—2000年期间，施乐公司持续低估其融资的公允价值，从而提高其对外报告的设备销售收入。它通过在新的区域推广其权益回报率的做法，定时对计算租赁利率所使用的因素和假设进行战略性调整，使其满足15%融资回报率的要求，以此达到低估融资收入的目的。例如，施乐公司用于对1998年的租赁款进行折现的利率被调低100个以上的基点，仅仅因为它假设在最短租期之后还会有一些收益。在其他期间，施乐公司通过采用或改变所使用的假设(如实际税率、负债对权益比率、管理成本分摊、时间性差异税收利益)，以确保融资回报率不超过15%。这些频繁变动的结果是，越来越多的收入被转移至设备销售上。例如，通过这种高层调整，一项48个月的租赁产生的15 000美元的销售收入(箱体收入)在1997年和2000年分别被高估了6%和13%。

1997—2000年，通过操纵融资业务的回报率，施乐公司在没有多销售一台复印机或其他产品的情况下，提前确认了22亿美元的设备销售收入和3.01亿美元的收益。这类操纵大多是以高层调整(Top-Side Adjustment)的形式进行的。不同的经营单位按照长期建立的程序将租赁的现金流量在箱体、维护和融资之间进行分配。在财务结果公布前，施乐公司的地区负责人使用总部提供的数据重新计算分配结果以确保融资回报率不超过15%，而不顾它本身的融资成本和管理成本或者客户租用复印机实际支付的利率水平是否高于15%。最初，15%融资回报率的规则仅限于在美国和巴西子公司采用，但随着盈利目标压力的增大和复印机销售竞争的加剧，这种操纵说法在1998年被扩展到欧洲子公司。

这种毫无根据的高层调整在1997—2000年变本加厉，导致施乐公司将越来越多的租赁款项提前确认为设备销售收入。但是，这种人为压低的融资回报率并没有得到其他客观证据和经济现实的支持。施乐公司的管理层和毕马威的注册会计师均未对这种高层调整进行测试，以判断预先设定的融资业务回报率是否符合实际情况。为了低估融资收入而采用的折扣率明显偏离于市场利率，如在美国租赁业务中，施乐公司确定的融资回报率甚至低于其增量借款利率，这是租赁准则明文禁止的。

通过武断设定15%融资回报率导致财务成果严重失真的情况在巴西表现得尤为明显。例如，1997—2000年，施乐在巴西的子公司假设向客户提供复印机融资的回报率为6%～8%，在1999年的某个期间甚至为零。而实际上，巴西子公司在1999年之前融入资金的利率一直超过25%。这种假设融资回报率大大低于借款利率的现象实在荒诞可笑，明显缺乏商业逻辑。即便按当地借款利率作为融资利率来估算，巴西子公司在1997—2000年报告的复印机销售收入也得调减7.57亿美元。

1997—2001年，施乐公司对外报告的设备融资平均毛利率为42.32%，但更正了上述会计操纵后，设备融资平均毛利率为59.28%。可见，通过武断确定15%的融资业务回报率，设备融资平均毛利率被人为地低估了 16.96%，使施乐公司将数亿美元应当分期确认的融资收入转移至可立即确认的复印机销售收入。

2. 以毛利规范化为借口，低估维护收入，高估复印机销售收入

自 20 世纪 90 年代开始，复印机市场的竞争日趋激烈，海外生产厂商尤其是日本佳能等竞争对手发展迅速，在彩色和数字复印技术上对施乐造成很大的冲击。随着价格竞争的升级，施乐复印机的毛利不断下降，在美国之外尤为如此，但复印机维护毛利却依然保持稳定。施乐不仅不正视复印机毛利下降的事实，反而采用所谓的"毛利规范化"(Margin Normalization)，在世界范围内对预期租赁收入重新划分，使其国外子公司报告的复印机销售毛利更接近美国公司的水平。这种"毛利规范化"的做法缺乏依据，不符合公认会计准则的相关规定。

与武断确定 15%融资回报率一样，毛利规范化也是由施乐公司在临近报告期采用高层调整实现的。复印机销售及其收入分配最初由具体经营单位记录，在记录时并没有采用毛利规范化的做法。然后，施乐公司的总部在编制合并报表时，根据设备维护和复印机箱体之间假定的毛利率对各经营单位上报的维护和箱体收入重新分摊，甚至对各经营单位财务报告中已经记录的收入按照这种方法进行追溯调整。在 1997 年使用采用这种手法时，管理层将维护收入调入箱体收入，以使两者的毛利相同。但在 1999 年年底时，由于施乐公司过于频繁的调整，致使维护与箱体之间的毛利出现了 17 个百分点的差异，而这种人为的调整并不能得到经济和商业环境相关变动的支持。毛利规范化的实质是，施乐公司对其欧洲、巴西、加拿大、墨西哥和阿根廷的捆绑式租赁业务的箱体和维护收入进行调整，以使其达到美国本土的水平，以达到提前确认复印机销售收入的目的。通过上述调整，施乐公司忽略了地区经济和商业因素的差异，通过低估设备维护收入，间接地为其复印机销售多"创造"了收入和利润，违背了公认会计准则的规定。

通过主观臆断并定期地改变分摊收入的计算公式，施乐公司得以将更多的维护收入转移至复印机销售收入，目的就是为了达到但不是大大超过华尔街的预测水平。在 1997—2000 年，通过毛利规范化转移至复印机销售收入的金额为 6.17 亿美元，形成的税前利润高达 3.58 亿美元。施乐公司重编财务报告后显示的设备维护毛利率均明显高于重编前的毛利率，施乐公司的收入操纵昭然若揭。

3. 利用租赁价格调增和展期，提前确认复印机销售收入

施乐公司还利用不符合公认会计准则的提升价格和延长租赁期限的方法加速复印机收入的确认。1997—1999 年第二季度，施乐公司提前确认了近 3 亿美元的复印机销售收入和 2 亿美元的税前利润，以便弥补实际业绩与期望业绩之间的缺口。将 1999 年度调入和调出的影响相互抵销后，这种操纵手法在 1997—2000 年对税前利润的净影响额为 5 800 万美元。

在某些地区，尤其是巴西，施乐公司单方面或经协商提高了复印机的租赁价格，并对现有租赁客户的租赁期限予以展期。包括第 13 号和第 27 号准则在内的公认会计准则均明确要求，与现有客户就租赁事项协商产生的追加收入应在租赁的剩余期限内进行确认。然而，施乐公司置公认会计准则于不顾，对于租赁提价及租赁展期所得的收入立即在当期全部予以确认。

施乐公司的高层很清楚地了解上述做法违反了公认会计准则的有关规定。1999 年年初，毕马威的注册会计师明确地告知施乐公司，其在租赁提价和租赁展期上的会计处理违背了公认会计准则的规定。施乐公司并未根据毕马威的建议进行更正，而仅仅是降低确认金额了事。

尽管毕马威提出异议，施乐公司还是分别在1999年的第一和第二季度确认了不符合公认会计准则规定的收入8 400万美元及4 700万美元。在这1.31亿美元中，施乐公司在1999年下半年冲回了8 900万美元，对1999年全年的影响额为4 200万美元。

二、夸大设备残值，虚增收益

根据租赁准则的要求，在租赁行为开始时，出租方必须对租赁设备的估计残值(即租赁结束时点的公允价值)加以记录。租赁准则后被第23号准则修正，规定在首次确定了估计残值后，禁止因任何原因在租赁期限内对其进行修改。

1997—1999年，施乐公司不顾上述准则的禁止性规定，将其在欧洲、巴西、美国、阿根廷及墨西哥所租赁复印机设备的净残值调高了9 500万美元。这些残值的调增(同时贷记“销售成本”)通常在报告期末做出，目的是为了用于达到或超过内外部的收入及收益预测值。在某些情况下，复印机设备的残值率竟然被修订至50%。1997—2000年，上述缺乏依据的残值修订事项使施乐公司报告期的税前利润虚增了4 300万美元。

尽管租赁准则禁止在租赁期限内修订残值，但施乐公司的财务部门还是在1996年制定了允许调增净残值的内部会计政策。当该会计政策在1996年提交给毕马威时，主审合伙人最初因为其违反了公认会计准则而持反对态度。在与施乐的高级财务主管们争论后，毕马威被迫在1997年度的审计时接受了这项政策。但在1998年，这种做法一直成为毕马威注册会计师的抨击对象。

三、构造“资产组合策略”交易，加速收入确认

1999年，施乐公司通过构造所谓的“资产租赁策略”(Portfolio Asset Strategy，PAS)交易，向投资者出售其租赁设备组合的收益流(Revenue Streams)，提前确认了4亿美元的销售收入和1.82亿美元的税前利润。尽管施乐公司在1999年之前就已经开始进行PAS交易，但1999年的PAS交易量突然比1998年增加了5倍。PAS交易在1999年的戏剧性变化在很大程度上源于施乐在巴西的子公司无法继续运用销售型租赁这一商业模式。1999年，巴西子公司将其传统的销售型租赁模式改变为一种以租赁合同为基础的商业模式。按照公认会计准则的规定，对租赁合同的收入不能立即全部确认，巴西子公司只好诉诸可立即确认收入的PAS交易，即巴西子公司将其拟租赁复印机设备的预期收益出售给投资者，以缓解销售收入和利润压力。

所有的PAS交易均对施乐公司拉近实际和期望业绩具有决定性作用，并且对1999年报告的业绩产生重大影响。毕马威的注册会计师也认为这些交易缺乏商业理由，纯粹是为了弥补业绩差距，他们还抱怨说，这些发生在季末的PAS交易产生了不必要的“时间压力”。

练 习 题 七

1.甲股份有限公司(以下简称甲公司)于2017年1月1日从乙租赁公司(以下简称乙公司)租入一台全新设备，用于行政管理。租赁合同的主要条款如下。

(1)租赁起租日：2017年1月1日。

(2)租赁期限：2017年1月1日至2018年12月31日。甲公司应在租赁期届满后将设备归还给乙公司。

(3)租金总额：240万元。

(4)租金支付方式：在起租日预付租金 160 万元，2017 年年末支付租金 40 万元，租赁期届满时支付租金 40 万元。

起租日，该设备在乙公司的账面价值为 1 000 万元，公允价值为 1 000 万元。该设备预计使用年限为 10 年。甲公司对于租赁业务所采用的会计政策是：对于融资租赁，采用实际利率法分摊未确认融资费用；对于经营租赁，采用直线法确认租金费用。

甲公司按期支付租金，并在每年年末确认与租金有关的费用。乙公司在每年年末确认与租金有关的收入。同期银行贷款年利率为 6%。假定不考虑在租赁过程中发生的其他相关税费。

要求：(1)判断此项租赁的类型，并简要说明理由。

(2)编制甲公司 2017 年与租金支付和确认租金费用有关的会计分录。

(3)编制乙公司 2017 年与租金收取和确认租金收入有关的会计分录。(答案中的金额单位用万元表示)

2. 出租人(A 公司)和承租人(B 公司)于 2017 年 1 月 1 日签订了一项租赁协议，该协议于同日生效。租赁协议的有关条款如下：

第一，租赁期限为 5 年，租赁资产的尚可使用年限为 6 年，无残值。

第二，租赁开始日，租入设备的公允价值为 102 000 元，租入设备的最低租赁付款额为 111 980 元，于每年年初等额支付租金。

第三，租赁期届满时，不转移租赁资产的所有权，设备归还出租人，租赁协议中未包含承租人的续租选择权。

第四，承租人的银行贷款利率为 7%，租赁协议披露的出租人预期的投资报酬率为 6%。

第五，承租人采用实际利率法分摊未确认融资费用。

第六，承租人对租赁资产采用与自有资产相同的折旧方法，即直线法。

要求：从承租人的角度对租赁的类别进行判断并做出相应的会计处理。

第八章

外币交易会计及外币报表折算

本章学习提示

学习内容：

本章的内容包括外币业务会计处理和外币报表折算。对于外币业务的会计处理，本章重点解析了外币兑换、外币购销、外币借款、接受外币资本投资及外币货币性项目期末汇兑损益的会计处理；对于外币报表折算，本章就我国外币会计报表的折算方法做了案例解析。

学习要点：

1. 记账本位币的选择；
2. 外币交易的处理原则；
3. 外币货币性项目期末汇兑损益的计算；
4. 我国外币报表折算模式。

第一节　外币业务概述

一、记账本位币

记账本位币是指日常登记账簿和编制财务会计报告时用以表示计量的货币。根据我国《企业会计准则第 19 号——外币折算》的规定，企业通常应选择人民币作为记账本位币。业务收支以人民币以外的货币为主的单位，可以选定其中一种货币作为记账本位币，但是编报的财务会计报告应当折算为人民币。

会计以货币作为主要的计量单位，但由于企业的经济活动往往涉及多种货币，这就要求会计核算选择某一种具体的货币来统一反映企业的财务状况、经营成果和现金流量情况。

根据我国《企业会计准则第 19 号——外币折算》的规定，企业选定记账本位币，应当考虑下列因素：(1)该货币主要影响商品和劳务的销售价格，通常以该货币进行商品和劳务的计价及结算；(2)该货币主要影响商品和劳务所需人工、材料和其他费用，通常以该货币进行上述费用的计价和结算；(3)融资活动获得的货币以及保存从经营活动中收取款项所使用的货币。

企业记账本位币一经确定，不得随意变更，除非企业经营所处的主要经济环境发生重大变化。

企业选定境外经营记账本位币(境外经营，通常是指企业在境外的子公司、合营企业、联营企业、分支机构。企业在境内的子公司、联营企业、合营企业、分支机构，采用不同于企业记账本位币的，也视同境外经营)时，除了考虑上述因素外，还应当考虑以下因素：

(1)境外经营对其所从事的活动是否拥有很强的自主性。如果境外经营所从事的活动是视同本企业经营活动的延伸，构成企业经营活动的组成部分，该境外经营应当选择与企业记账本位币相同的货币作为记账本位币；如果境外经营所从事的活动拥有极大的自主性，境外经营就不能选择与企业记账本位币相同的货币作为记账本位币。

(2)境外经营活动中与企业的交易是否在境外经营活动中占有较大比重。如果境外经营与企业的交易在境外经营活动中所占的比例较高，境外经营应当选择与企业记账本位币相同的货币作为记账本位币；反之，应选择其他货币。

(3)境外经营活动产生的现金流量是否直接影响企业的现金流量、是否可以随时汇回。如果境外经营活动产生的现金流量直接影响企业的现金流量，并可随时汇回，境外经营应当选择与企业记账本位币相同的货币作为记账本位币；反之，应选择其他货币。

(4)境外经营活动产生的现金流量是否足以偿还其现有债务和可预期的债务。如果境外经营活动产生的现金流量在企业不提供资金的情况下，难以偿还其现有债务和正常情况下可预期的债务，境外经营应当选择与企业记账本位币相同的货币作为记账本位币；反之，应选择其他货币。

记账本位币一经确定，就应当一贯地使用，不得随意变更。但如果出现一些特殊情况，企业也可以变更记账本位币。概括地说，企业变更记账本位币的原因主要有两种。

第一，由于当初对企业经营的特点缺乏正确的判断而错选了记账本位币，予以更正。

第二，企业根据当时企业经营的特点正确地选择了记账本位币，但由于企业的经营特点和经营环境发生了重大变化，这些变化明确表明原选择的记账本位币不再适用，而应以新的记账本位币取而代之。

变更记账本位币的原因不同，其会计处理就不一样。第一种原因导致的记账本位币变更，应视为一种会计差错的更正，对于会计差错的更正，企业应以新的记账本位币重述原来所编制的会计报表。第二种原因导致的记账本位币的变更，属于会计变更的一种特殊类型，它是因现在发生的交易或事件与以前发生的交易或事件有实质的不同而采用新的会计原则，这种变更不属于会计政策的变更，故它应采用未来适用法进行会计处理而不必以新的记账本位币重述以前年度编制的会计报表。

二、外币

金融学中的外币，指本国货币以外的其他国家或地区的货币，包括各种纸币和铸币等。广义的外币，指所有以外国货币表示的能用于国际结算的支付凭证。除了国外的纸币和铸币外，还包括企业所持有的外国的有价证券，如以外币表示的政府公债、国库券、公司债券、股票和股息等；也包括外币支付凭证，如以外币表示的票据、银行存款凭证、邮政储蓄凭证等，还包括其他外币资金，如各种外币汇款、进出口贸易的外币性货款等。其含义与外汇的静态含义一致。

会计学中的外币概念与金融学意义中的外币概念并不相同，指记账本位币以外的货币，企业以人民币作为记账本位币，那么各种外国货币均为外币，包括港澳台地区的货币；若企业以某种非人民币货币(如美元)作为记账本位币，则此外币以外的各种货币(包括人民币)均是外币。

三、汇率

1. 汇率的内涵

汇率(又称外汇利率、外汇汇率或外汇行市)是指一个国家的货币兑换其他国家的货币的比率，也可视为一个国家的货币对另一种货币的价值。汇率会因为利率、通货膨胀、国家政治和每个国家的经济等原因而变动。

2. 汇率的重要性

汇率之所以重要，首先是因为汇率将同一种商品的国内价格与国外价格联系起来。对于一个中国人，美国商品的人民币价格是由两个因素的相互作用决定的：(1)美国商品以美元计算的价格；(2)美元对人民币的汇率。

例如，假定 A 先生想要购买一台 IBM 计算机，如果该品牌的计算机在美国市场的售价为＄1 000，而汇率是＄1=¥6.60。A 先生需要支付¥6 600(¥6 600=＄1 000×6.60)。假定 A 先生由于财力不足而不得不推迟两个月购买，计算机的美元价格仍然是＄1 000，美元的汇率上升到＄1=¥7.00。A 先生必须支付更多的人民币(¥7 000=＄1 000×7.00)。

再如，美国消费者汤姆先生想购买一台格力空调，其标价为¥9 240，在汇率为＄1=¥6.60 时，美国消费者汤姆先生需要花费＄1 400(＄1 400=¥9 240÷6.60)；如果汇率上升到＄1=¥7.00，汤姆先生只需要花费＄1 320(＄1 320=¥9 240÷7.00)。

相反，美元汇率下跌将降低美国商品在中国的价格，同时提高中国商品在美国的价格。

如果美元对人民币的汇率从 1∶6.60 下降到 1∶6.00，A 先生购买上述一台 IBM 计算机只需花费¥6 000，而汤姆先生购买上述一台格力空调的支出却上升到＄1 540。

可见，在两国国内价格均保持不变的前提下：当一个国家的货币升值时，该国商品在国外就变得较为昂贵，而外国商品在该国则变得较为便宜；反之，当一国货币贬值时，该国商品在国外就变得较为便宜，而外国商品在该国则变得较为昂贵。

3. 汇率的标价

按照汇率是以本国货币还是以外国货币作为折算标准，汇率的标价方式区分为直接标价法和间接标价法两种。

直接标价法又称价格标价法或应付标价法，是将一定单位(1 个或 100、10 000 个单位)的外国货币表示为一定数额的本国货币，汇率是单位外国货币以本国货币表示的价格。汇率升高，外币升值(本币贬值)或外汇汇率上涨(本币汇率下跌)；汇率下跌，外币贬值(本币升值)或外汇汇率下跌(本币汇率上涨)。

间接标价法又称数量标价法或应收报价法，是将一定单位的本国货币表示为一定数额的外国货币，汇率是单位本国货币以外币表示的价格。汇率升高时，一个单位的本国货币可以兑换到比原来更多数额的外币，表明外币贬值(本币升值)或外汇汇率下跌(本币汇率上涨)。

目前，世界上大多数国家采用直接标价法，采用间接标价法的国家很少。历史上，只有英国的英镑一直使用间接标价法；美国的美元原来采用直接标价法，后来伴随着美元取代英镑成为国际结算的主要货币，纽约外汇市场从 1978 年 9 月 1 日开始改用间接标价法，但美元兑英镑的汇率仍采用直接标价法。欧元兑大多数货币采用间接标价法，对英镑采用直接标价法。我国人民币目前采用直接标价法。

4. 汇率的主要分类方式

外汇汇率的种类很多，有各种不同的划分方法，特别是在实际业务中，分类更加复杂，主要有以下几种分类。

(1)从汇率制定的角度，分为基本汇率和套算汇率

由于外国货币种类很多，一国在制定本国货币的对外汇率时，逐一地根据它们的实际价值进行对比来确定，既麻烦也没有必要。一般做法是，在众多的外国货币中选择一种货币作为关键货币，根据本国货币与这种关键货币的实际价值对比，制定出对它的汇率，称为“基本汇率”，而后其他各种外国货币与本币之间的汇率可以通过基本汇率和国际金融市场行情套算出来，这样得出的汇率就称为套算汇率或交叉汇率。

从基本汇率和套算汇率的分类可知，一国所制定的汇率是否合理在很大程度上取决于关键货币的选择合理与否。因此，各国政府对关键货币的选择都非常慎重。一般来说，遵循以下三条原则：①必须是该国国际收支中，尤其是国际贸易中使用最多的货币；②必须是在该国外汇储备中所占比重最大的货币；③必须是可自由兑换的、在国际上可以普遍接受的货币。由于美元在国际上的特殊地位，不少国家都把美元选择为关键货币，而把对美元的汇率作为基本汇率。

(2)从银行买卖外汇的角度，分为买入汇率、卖出汇率和中间汇率

买入汇率或买价是外汇银行从客户手中买进外汇时所采用的汇率。卖出汇率或卖价是外汇银行卖给客户外汇时所采用的汇率。

外汇银行作为从事货币、信用业务的中间商人，盈利主要体现在买入与卖出的差价上；换句话说，外汇卖出价高于买入价的部分是银行买卖外汇的毛收益，包括外汇买卖的手续费、保险费、利息和利润等。

外汇的买价、卖价尽管都是从外汇银行交易的角度说的，但标价方法不同，买价和卖价的位置也不同。在直接标价法下，汇率数值的大小与外汇价值的高低呈现正相关关系，因此，买价在前，卖价在后。例如在我国的外汇牌价中：1 USD= 6.4945～6.5205 RMB，“6.4945”代表我国银行买入外汇时采用的汇价，“6.5205”代表我国银行卖出美元外汇时所采用的汇价。相反，在间接标价法下，第一个数字表示卖价，第二个数字才是买价。

中间汇率是买入价和卖出价的算术平均数，即中间价=(买入价+卖出价）/ 2，报刊、电台、电视通常报告的是中间价，它常作为汇率分析的指标。

此外，银行在对外挂牌公布汇率时，还另注明外币现钞汇率，这主要是针对一些对外汇实行管制的国家。由于外币现钞在本国不能流通，需要把它们运至国外才能使用，在运输现钞过程中需要花费一定的保险费、运费，所以银行购买外币现钞的价格要略低于购买外汇票据的价格。而卖出外币现钞的价格一般和外汇卖出价相同。

(3)按国际货币制度的演变，分为固定汇率和浮动汇率

固定汇率是指一国货币同另一国货币的汇率保持基本固定，汇率的波动限制在一定幅度以内。固定汇率是在金本位制和布雷顿森林货币制度下各国货币汇率安排的主要形式。在金本位制下，货币的含金量是决定汇率的基础，黄金输送点是汇率波动的界限，在这种制度下，各国货币的汇率变动幅度很小，基本上是固定的，故称固定汇率；从第二次世界大战后到 20 世纪 70 年代初，在布雷顿森林货币制度下，因国际货币基金组织的成员国货币与美元挂钩，规定它的平价，外汇汇率的波动幅度也规定在一定的界限以内（上下 1%），因而也是一种固定汇率。

浮动汇率指一个国家不规定本国货币的固定比价，也没有任何汇率波动幅度的上下限，而是听任汇率随外汇市场的供求关系自由波动。浮动汇率是自 20 世纪 70 年代初布雷顿森林

货币制度崩溃以来各国汇率安排的主要形式，但是各国所实行的浮动汇率在具体内容上还是有区别的。

(4)按外汇交割期限不同，分为即期汇率和远期汇率

即期汇率是指买卖双方成交后，于当时或两个工作日之内进行外汇交割时所采用的汇率；而远期汇率是指买卖双方成交后，在约定的日期办理交割时采用的汇率。

第二节　外币交易的会计处理

对于发生的外币交易，应当将外币金额折算为记账本位币金额。外币交易应当在初始确认时，采用交易发生日的即期汇率将外币金额折算为记账本位币金额；也可以采用按照系统合理的方法确定的、与交易发生日即期汇率近似的汇率折算。企业通常应当采用即期汇率进行折算。汇率变动不大的，为简化核算，也可以采用即期汇率的近似汇率进行折算。

在资产负债表日，应当分别对外币货币性项目和外币非货币性项目进行处理：

货币性项目是企业持有的货币和将以固定或可确定金额的货币收取的资产或者偿付的负债。货币性项目可分为货币性资产和货币性负债。货币性资产包括现金、银行存款、应收账款、其他应收款、长期应收款等；货币性负债包括应付账款、其他应付款、短期借款、应付债券、长期借款和长期应付款等。

非货币性项目是货币性项目以外的项目，如预付账款、预收账款、存货、长期股权投资、交易性金融资产、固定资产、无形资产等。

(1)外币货币性项目，采用资产负债表日即期汇率折算。因资产负债表日即期汇率与初始确认时或者前一资产负债表日即期汇率不同而产生的汇兑差额，计入当期损益。结算外币货币性项目时，因汇率波动而形成的汇兑差额应当计入当期损益。

(2)以公允价值计量的外币非货币性项目，期末公允价值以外币反映的，采用公允价值确定当日的即期汇率折算，折算后的记账本位币金额与原记账本位币金额进行比较，其差额应作为公允价值变动损益(含汇率变动)，计入当期损益。

(3)以历史成本计量的外币非货币性项目，仍采用交易发生日的即期汇率折算，不改变其记账本位币金额。

(4)对于以成本与可变现净值孰低计量的存货，在以外币购入存货并且该存货在资产负债表日的可变现净值以外币反映的情况下，确定存货资产负债表日价值时应当考虑汇率变动的影响。

例 8-1　甲股份有限公司属于增值税一般纳税企业，选择确定的记账本位币为人民币，其外币交易采用交易日即期汇率折算。20×9 年 3 月 12 日，从美国乙公司购入某种工业原料 500 吨，每吨价格为 4 000 美元，当日的即期汇率为 1 美元=7.6 元人民币，进口关税为 1 520 000 元人民币，支付进口增值税 2 842 400 元人民币，货款尚未支付，进口关税及增值税由银行存款支付。

会计分录如下：

借：原材料	(500×4 000×7.6+1 520 000)	16 720 000
应交税费——应交增值税(进项税额)		2 842 400

贷：应付账款——乙公司(200 000 美元)　　15 200 000
银行存款　　4 362 400

例 8-2 甲股份有限公司的记账本位币为人民币，对外币交易采用交易日即期汇率折算。20×9 年 4 月 3 日，向乙公司出口销售商品 12 000 件，销售合同规定的销售价格为 250 美元/件，当日的即期汇率为 1 美元=7.65 元人民币。假设该企业适用“免、抵、退”的出口退税政策，货款尚未收到。

会计分录如下：

借：应收账款——乙公司　　(3 000 000 美元) 22 950 000
　贷：主营业务收入　　(12 000×250×7.65) 22 950 000

例 8-3 乙股份有限公司的记账本位币为人民币，对外币交易采用交易日即期汇率折算。20×9 年 3 月 3 日(2016 年 5 月 1 日以后)，从境外丙公司购入不需要安装的设备一台，设备价款为 250 000 美元，购入该设备当日的即期汇率为 1 美元=7.6 元人民币，款项尚未支付。

会计分录如下：

借：固定资产——机器设备　　(250 000×7.6) 1 900 000
　应交税费——应交增值税(进项税额)　　323 000
　贷：应付账款——丙公司(250 000 美元)　　1 900 000
　　银行存款　　323 000

此题是以人民币支付的增值税的，所以借贷方的外币账户不产生汇兑差额。

注：营改增后，原增值税一般纳税人购进服务、无形资产或者不动产，取得的增值税专用发票上注明的增值税额为进项税额，准予从销项税额中抵扣。

在 2016 年 5 月 1 日后取得并在会计制度上按固定资产核算的不动产或者在 2016 年 5 月 1 日后取得的不动产在建工程，其增值税率为 11%，其进项税额应自取得之日起分 2 年从销项税额中抵扣，第一年抵扣比例为 60%，第二年抵扣比例为 40%。融资租入的不动产以及在施工现场修建的临时建筑物、构筑物，其进项税额不适用上述分 2 年抵扣的规定。

企业收到投资者以外币投入的资本，无论是否有合同约定汇率，均不采用合同约定汇率和即期汇率的近似汇率折算，而是采用交易日即期汇率折算。这样，外币投入资本与相应的货币性项目的记账本位币金额相等，不产生外币资本折算差额。

例 8-4 甲公司的记账本位币为人民币，对外币交易采用交易日即期汇率折算。根据其与外商签订的投资合同，外商将分两次投入外币资本，投资合同约定的汇率是 1 美元=8.00 元人民币。20×9 年 7 月 1 日，甲公司第一次收到外商投入资本 300 000 美元，当日的即期汇率为 1 美元=7.8 元人民币；20×0 年 2 月 3 日，第二次收到外商投入资本 300 000 美元，当日的即期汇率为 1 美元=7.6 元人民币。

20×9 年 7 月 1 日，第一次收到外币资本时：

借：银行存款——美元　　(300 000×7.8) 2 340 000
　贷：股本　　2 340 000

20×0 年 2 月 3 日，第二次收到外币资本时：

借：银行存款——美元　　(300 000×7.6) 2 280 000

贷：股本　　　　2 280 000

投资合同约定的汇率是双方计算股权比例的汇率，但不是会计做账的汇率。

根据《关于外商投资的公司审批登记管理法律适用若干问题的执行意见》（工商外企字[2006]81号），外商投资公司的注册资本只能采用收到出资当日的即期汇率，不再使用合同汇率，也不使用与即期汇率近似的汇率。与其相对应的资产类科目也不使用与即期汇率近似的汇率，这样，外币投入资本不会产生汇兑差额，资产类科目在期末仍分别按货币性项目与非货币性项目进行处理。

虽然"股本（或实收资本）"账户的金额不能反映股权比例，但并不改变企业分配和清算的约定比例，这一约定比例通常已经包括在合同中。

例 8-5　乙公司的记账本位币是人民币。对外币交易采用交易日即期汇率折算。20×9年4月1日，乙公司从中国银行借入1 500 000港元，期限为6个月，借入的港元暂存银行。借入当日的即期汇率为1港元=1.10元人民币。

借：银行存款——港元　　　　(1 500 000×1.10) 1 650 000

　贷：短期借款——港币　　　　1 650 000

例 8-6　乙公司以人民币为记账本位币，对外币交易采用交易日即期汇率折算。20×9年6月1日，乙公司将50 000美元到银行兑换为人民币，银行当日的美元买入价为1美元=7.55元人民币，中间价为1美元=7.60元人民币。

本例中，乙公司与银行发生货币兑换，兑换所用汇率为银行的买入价或卖出价，而通常记账所用的即期汇率为中间价，由于汇率变动而产生的汇兑差额计入当期财务费用。有关会计分录如下：

借：银行存款——人民币　　　　(50 000×7.55) 377 500

　财务费用　　　　2 500

　贷：银行存款——美元　　　　(50 000 × 7.6) 380 000

例 8-7　甲公司以人民币为记账本位币，对外币交易采用交易日即期汇率折算。20×9年6月1日，甲公司因外币支付需要，从银行购入10 000欧元，银行当日的欧元卖出价为1欧元=11元人民币，当日的中间价为1欧元=10.7元人民币。

借：银行存款——欧元　　　　(10 000×10.7) 107 000

　财务费用　　　　3 000

　贷：银行存款——人民币　　　　(10 000×11) 110 000

例 8-8　甲公司以人民币作为记账本位币，其外币交易采用交易日即期汇率折算，按月计算汇兑损益。甲公司在银行开设有欧元账户。甲公司有关外币账户在20×9年5月31日的余额如下表所示。

相关货币性项目的金额

项目	外币账户余额（单位：欧元）	汇率	人民币账户余额（单位：元）
银行存款	800 000	9.55	7 640 000
应收账款	400 000	9.55	3 820 000
应付账款	200 000	9.55	1 910 000

甲公司于20×9年6月份发生的有关外币交易或事项如下：

(1)6月5日，以人民币向银行买入20万欧元。当日的即期汇率为1欧元=9.69元人民币，当日的银行卖出价为1欧元=9.75元人民币。

借：银行存款——××银行(欧元)　　193.8

　　财务费用——汇兑差额　　1.2

　　贷：银行存款——××银行(人民币)　　195

注：银行存款(欧元)：20×9.69=193.8万元

银行存款(人民币)：20×9.75=195万元

汇兑差额=195−193.8=1.2(万元)]

(2)6月12日，从国外购入一批原材料，总价款为40万欧元。该原材料已验收入库，货款尚未支付。当日的即期汇率为1欧元=9.64元人民币。另外，以银行存款支付该原材料的进口关税为64.4万元人民币，增值税为76.5万元人民币。

借：原材料——××材料　　450

　　应交税费——应交增值税(进项税额)　　76.5

　　贷：应付账款——××单位(欧元)　　385.6

　　　　银行存款——××银行(人民币)　　140.9

注：应付账款：40×9.64=385.6万元

原材料：40×9.64+64.4=450万元

(3)6月16日，出口销售一批商品，销售价款为60万欧元，货款尚未收到。当日的即期汇率为1欧元=9.41元人民币。假设不考虑相关税费。

借：应收账款——××单位(欧元)　　564.6(60×9.41=564.6万元)

　　贷：主营业务收入——出口××商品　　564.6

(4)6月25日，收到应收账款30万欧元，款项已存入银行。当日的即期汇率为1欧元=9.54元人民币。该应收账款是5月份出口销售发生的。

借：银行存款——××银行(欧元)　　286.2

　　财务费用——汇兑差额　　0.3

　　贷：应收账款——××单位(欧元)　　286.5

注：银行存款(欧元)：30×9.54=286.2万元

应收账款(欧元)：30×9.55=286.5万元

(5)6月30日，即期汇率为1欧元=9.64元人民币。

20×9年6月30日，计算期末产生的汇兑差额：

①银行存款欧元户余额=80+20+30=130(万欧元)

按当日的即期汇率折算为人民币金额=130×9.64=1 253.2(万元)

汇兑差额=1 253.2−(764+193.8+286.2)=9.2(万元)(汇兑收益)

②应收账款欧元户余额=40+60−30=70(万欧元)

按当日的即期汇率折算为人民币金额=70×9.64=674.8(万元)

汇兑差额=674.8−(382+564.6−286.5)=14.7(万元)(汇兑收益)

③应付账款欧元户余额=20+40=60(万欧元)

按当日的即期汇率折算为人民币金额=60×9.64=578.4(万元)

汇兑差额=578.4−(191+385.6)=1.8(万元)(汇兑损失)

④应计入当期损益的汇兑差额

汇兑收益=9.2+14.7−1.8=22.1(万元)

借：银行存款——××银行(万欧元)　　9.2
　　应收账款——××单位(万欧元)　　14.7
　　贷：应付账款——××单位(万欧元)　　1.8
　　　　财务费用——汇兑差额　　22.1

例 8-9　甲公司以人民币为记账本位币，发生外币交易时采用交易日的即期汇率折算。甲公司于 12 月 20 日进口一批原材料并验收入库，货款尚未支付；原材料成本为 80 万美元，当日的即期汇率为 1 美元=6.8 元人民币。12 月 31 日，美元户银行存款余额为 1 000 万美元，按年末汇率调整前的人民币账面余额为 7 020 万元，当日的即期汇率为 1 美元=6.5 元人民币。

上述交易或事项对甲公司 12 月份营业利润的影响金额为(　　)。

A. −220 万元　B. −496 万元　C. −520 万元　D. −544 万元

答案：B。对甲公司 12 月份营业利润的影响金额=(80×6.8−80×6.5)+(1 000×6.5−7 020)=−496(万元)。

例 8-10　A 公司以人民币为记账本位币。20×3 年 10 月 13 日以 5 万美元每件商品的价格从美国某供货商手中购入国际最新商品 40 件，并于当日以美元支付全部货款(假定 A 公司有美元存款)。20×3 年 12 月 31 日，已售出该批商品 24 件，国内市场仍无该商品供应，但该商品在国际市场的销售价格已降至 4.5 万美元每件。10 月 13 日的即期汇率为 1 美元=6.8 元人民币，12 月 31 日的即期汇率为 1 美元=6.85 元人民币。假定不考虑增值税等相关税费，A 公司在20×3年12月31日应计提的存货跌价准备为5×16×6.8−4.5×16×6.85=50.8(万元人民币)。

例 8-11　国内甲公司的记账本位币为人民币，采用交易发生日的即期汇率折算外币业务。2017 年 10 月 5 日以 4 美元/股的价格购入 B 公司 10 万股股票作为交易性金融资产，当日汇率为 1 美元=6.86 元人民币，款项已经支付；12 月 31 日，B 公司股票市价为 4.2 美元/股，当日汇率为 1 美元=6.84 元人民币。相关会计处理为：

10 月 5 日购入 B 公司股票

借：交易性金融资产——成本　　(10×4×6.86)274.4
　　贷：银行存款　　274.4

期末应计入当期损益的金额=10×4.2×6.84−274.4=12.88(万元)

借：交易性金融资产——公允价值变动　　12.88
　　贷：公允价值变动损益　　12.88

(对股票公允价值变动的影响和汇率变动的影响不做区分。)

第三节　外币报表折算

一、外币报表折算适用的范围

企业有时需要进行外币报表折算，这些事项主要包括：

(1)编制跨国公司的合并会计报表的需要。由于编制合并报表的主要目的是为了满足母公司股东和债权人等的需要，因而合并报表通常应以母公司报表所用货币来表述。

(2)母(总公司)公司为了考核、评价国外子公司(分支机构)的财务状况、经营成果以及现金流量情况，也需要将国外子公司用外币表述的报表转换为按母公司(总公司)所用货币表述的报表。

(3)在国外资本市场有证券上市交易的公司，必须按上市地区的货币对外报告，或有义务向其他国家的投资者和债权人报告财务信息。

如果外币报表折算的目的是为了编制合并报表，则应特别注意两点：

第一，在折算之前，应当统一母公司与国外子公司的会计报表决算日和会计期间，使子公司会计报表决算日和会计期间与母公司的会计报表决算日和会计期间保持一致。

两者不一致时，应当按照母公司本身的会计报表决算日和会计期间，对子公司会计报表进行调整，根据调整后的会计报表进行折算，或者要求国外子公司按照母公司的要求编报相同会计期间的会计报表 。

第二，母公司应当尽可能统一母公司与国外子公司所采用的会计政策和会计处理方法，使国外子公司所采用的会计政策和会计处理方法与母公司保持一致。

当国外子公司所采用的会计政策和会计处理方法与母公司不一致时，母公司应当按照本身规定的会计政策和会计处理方法对子公司的会计报表进行必要的调整，根据调整后的会计报表进行折算。

依据重要性原则，如果国外子公司所采用的会计政策和会计处理方法与母公司的要求差异不大，母公司也可直接根据该会计报表进行折算。

二、外币报表折算中需要解决的问题

外币报表折算问题作为财务会计的重要处理过程，其困难源于汇率的变动。如果汇率固定不变，则外币报表的折算就是轻而易举的事情。在浮动汇率制度下，由于汇率经常变动，外币报表的折算面临以下两个问题。

1. 折算汇率的选择

外币报表各个项目的折算，可供选择的汇率有以下三种：

(1)现行汇率；

(2)历史汇率；

(3)平均汇率。

外币报表折算首先要明确选择何种汇率进行折算。在实务中，进行报表折算时，并非对所有报表项目的折算均采用上述某种折算汇率，而往往是对不同的报表项目运用不同汇率折算。

2. 折算损益(折算差额)的处理

从理论上有以下四种观点：

(1)折算损益全部计入当期损益；

(2)折算损益全部递延；

(3)折算损失计入当期损益，折算利得递延；

(4)作为所有者权益的调整额。

下面对具体情况分别进行论述：

(1)折算损益全部计入当期损益：主张采用这种方法的人认为，利润可以定义为净资产的增加，因此，在进行外币报表折算时，如果某项资产或负债现在的折算价值不同于原先的折算价值，则其差额自然应计入当年的利润表。

(2)折算损益全部递延：也就是将折算损益按照人为的标准在若干个会计期间分摊。

(3)折算损失计入当期损益，折算利得递延：这是一种介于前两种方法之间的方法。采用这种方法主要是基于稳健性的考虑。

(4)作为所有者权益的调整额：也就是将折算损益列入资产负债表中的所有者权益部分，称为"折算调整额"。

三、外币报表折算的方法

1. 流动性与非流动性项目法

美国注册会计师协会的会计程序委员会在20世纪30年代末曾推荐使用流动性与非流动性项目法。采用这一折算方法时，应将资产负债表上的资产和负债项目划分为流动性项目与非流动性项目两大类，按各个项目的流动性与非流动性分别选用不同的汇率进行折算：流动性资产和负债项目的外币金额按编表日的现行汇率折算；非流动性资产和负债项目则按其原入账的历史汇率折算；所有者权益中的实收资本、资本公积、盈余公积等项目按照交易或事项发生日的历史汇率折算；如果将外币报表折算差额计入当期损益，则未分配利润项目根据资产负债表的平衡关系倒挤确定；如果将外币报表折算差额作为所有者权益下的单独项目递延处理，则未分配利润项目根据利润和所有者权益变动表中的年末未分配利润项目折算后的金额填列；对利润和利润分配各项目，除折旧费用和摊销费用按照相关资产入账时的历史汇率折算外，其他收入和费用各项目均按会计期内的平均汇率折算。

人们对流动性与非流动性项目法的看法基本一致，认为这一方法有着明显的缺陷，即它对流动性项目采用现行汇率折算，对非流动性项目采用历史汇率折算，这样的处理缺乏足够的理论支持；它对存货与现金、应收账款一样采用现行汇率折算，意味着存货与现金、应收账款一样承受汇率风险，这样未能反映出存货的实际情况；它对长期应收款、长期应付款、长期借款、应付债券等项目采用历史汇率折算，没有反映这些项目承受的汇率风险。此外，这种方法与外币交易会计处理方法未能协调一致。从世界范围来看，这种方法是一种逐步被淘汰的方法，目前只被少数国家采用。

2. 货币性与非货币性项目法

货币性与非货币项目法是由美国学者赫普华斯于 1956 年在改进流动性与非流动性项目法的基础上提出来的。采用这种方法应将资产负债表上的资产、负债项目划分为货币性项目与非货币性项目，分别采用不同汇率折算：货币性项目采用现行汇率折算，非货币性项目则采用交易或事项发生日的历史汇率折算，未分配利润项目则按照资产负债表的平衡关系倒挤确定；对于利润和利润分配项目以及折旧费用和摊销费用各项目按照相关资产入账时的历史汇率折算；对于销货成本项目则在对期初存货、期末存货、当期购货分别进行折算的基础上，按照“期初存货+当期购货–期末存货=当期销货”的等式来计算确定(其中，期初存货和期末存货按照各自的历史汇率折算，当期购货按照当期平均汇率折算)；对于其他收入、费用项目则按照会计期间内的平均汇率折算(从原则上说,也应是按照交易或事项发生日的汇率折算)；对于提取盈余公积、分配现金股利等利润分配项目按照发生日的汇率折算；对于年末未分配利润项目则按照资产负债表中未分配利润项目折算后的金额填列。

由于货币性项目或者是现在收到或支付的金额固定的现金，或者是将来收到或支付的金额固定的现金，因此它会直接受到汇率变动的影响，而且这种折算方法与外币交易会计处理方法是协调一致的。所以，这种方法的理论依据是比较充分且逻辑性较强的。但是，如果某些非货币性项目不是以历史成本计价,而是采用公允价值或重置成本等现行成本计量,按历史汇率对其折算,折算后的金额就会丧失其原有的计量属性，体现出同流动性与非流动性项目法一样的缺陷。

另外，如果设置于国外的子公司或分支机构独立性很强，很少使用母公司货币进行收付，那么按照货币性与非货币性项目法，将由于汇率变动导致的折算差额计入当期损益，会降低利润表反映利润的真实性。因此，这种方法的应用是有条件的，即它只适用于国外子公司或分支机构与国内母公司依赖性强、业务往来频繁，从而对母公司经营活动现金流量影响较大的情况，即通常所说的母公司经营活动在国外的延伸这种情况。

3. 时态法

时态法是由美国注册会计师协会的研究人员列奥纳德 · 洛伦森于 1972 年在其研究报告中提出的，并于 1975 年为财务会计准则委员会的第 8 号财务会计准则采用。它对货币性项目以及以现行成本计价的资产采用期末汇率，其他资产和负债项目按取得时的历史汇率折算，折算差额直接记入当期合并损益中。

时态法的理论基础是，应该在折算后的报表上保留子公司在其自己的资产负债表上对资产和负债所用的计价方法。主张该法的人认为，外币报表折算的过程实际上是将以外币表述的报表转换成另一种货币单位重新表述的过程。在这一过程中，只应改变计量单位，而不应改变其计量基础。为了保持各资产负债项目的计量基础，对各项目应分别按其计量所属日期的汇率进行折算。根据这一原则，以历史成本计价的项目适用历史汇率，以现行重置成本和可变现净值计价的项目适用期末汇率，以未来现金流量现值计价的项目适用期末汇率。

时态法最主要的优点是与编制合并会计报表的母公司理论相一致。在母公司理论下，母公司的股东关心的是那些能为母公司控制的国外子公司的资源在母公司国内效用的大小，而非在子公司所在国内效用的大小，故应以母公司的报告货币作为统一的计量单位对子公司的外币报表项目按其原有的计量属性进行等额表述，即采用时态法进行外币报表折算。

时态法在理论上的上述优点受到许多会计学家的青睐，被认为是为解决外币报表折算问题提供了正确的方法。但时态法在应用过程中却遭到了会计实务界的抵制，其最主要的原因是时态法下折算差额计入当期损益，使得跨国公司的合并利润更加多变，从而影响了跨国公司上市股票的价格。对于这一批评，部分学者认为，首先，将折算差额直接计入当期损益符合当今流行的“全面总括的收益观”，在理论上无懈可击；其次，时态法对跨国公司利润的负面影响是可以通过充分披露信息而消除。只要在合并利润表上分别列示折算差额和公司当期净利润即可。

4. 现行汇率法

按照现行汇率法，外币资产负债表中的所有资产、负债项目均按照资产负债表日的现行汇率折算；所有者权益中的未分配利润项目按照利润和利润分配表的年末未分配利润项目折算后的金额填列，其他项目如实收资本(股本)、资本公积、盈余公积等按照交易或事项发生日的历史汇率折算；因折算汇率不同而形成的外币报表折算差额作为一个单独项目列示于所有者权益中，并做递延处理；利润和利润分配各项目按照交易或事项发生日的汇率折算。根据这一方法的原则，为了简化核算，收入、费用类项目可以采用会计期间的平均汇率(简单平均汇率或加权平均汇率)折算。

现行汇率法的支持者们认为，现行汇率法具有简便易行、较易为报表使用者理解的优点，而且折算后的资产负债表各项目仍能保持原外币报表中各项目之间的比例关系，据此计算出来的多种财务比率也符合子公司的实际。

对现行汇率法最主要的指责是：首先，此法假设所有的资产、负债项目都暴露在汇率风险之下，且遭受汇率风险的程度相同，这显然与事实不符；其次，现行汇率法把子公司当成独立自主经营的海外实体，对子公司的资产和负债项目按子公司所在国的效用来计量，因而体现的是实体理论，与编制合并报表时广泛采用的母公司理论相违背。因此，如果以按现行汇率法折算的子公司报表为基础编制合并报表，就是两种不同的观念的拼凑，其结果没有任何意义。

不同方法下资产负债表项目的适用汇率如表 8-1 所示。

表 8-2　不同方法下资产负债表项目的适用汇率

资产负债表项目	流动性与非流动项目法	货币性与非货币项目法	时态法	现行汇率法
货币资金	C	C	C	C
应收账款	C	C	C	C
存货				
按成本	C	H	H	C
按市价	C	H	C	C
投资				
按成本	H	H	H	C
按市价	H	H	C	C
固定资产	H	H	H	C
其他资产	H	H	H	C
应付账款	C	C	C	C
长期借款	H	C	C	C
实收资本/股本	H	H	H	H
未分配利润	※	※	※	※

注：C 代表现行成本；H 代表历史成本。

四、我国外币报表折算方法

1. 我国企业对境外经营的财务报表进行折算时应当遵循的规定

(1)资产负债表中的资产和负债项目，采用资产负债表日的即期汇率折算；所有者权益项目除“未分配利润”项目外，其他项目采用发生时的即期汇率折算。

（2）利润表中的收入和费用项目，采用交易发生日的即期汇率折算；也可以采用按照系统合理的方法确定的、与交易发生日即期汇率近似的汇率折算。

按照上述折算产生的外币财务报表折算差额，在资产负债表中所有者权益项目下“其他综合收益”项目列示。比较财务报表的折算比照上述规定处理。

（3）折算流程如图 8-1 所示。

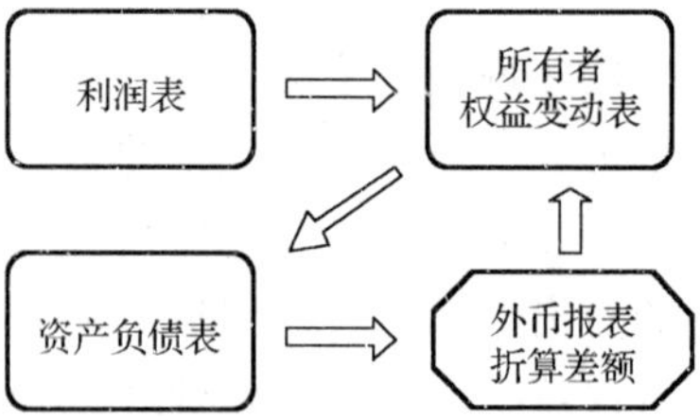

图 8-1　折算流程

2. 外币报表折算举例

例 8-12　国内甲公司的记账本位币为人民币，该公司在意大利有一子公司即乙公司，乙公司确定的记账本位币应为欧元。根据合同约定，甲公司拥有乙公司 70%的股权，并能够对乙公司的财务和经营政策施加控制。20×5 年 12 月 31 日，甲公司确认其在乙公司的投资应分享或分担的乙公司实现的净损益的份额时，需要先将乙公司的欧元财务报表折算为人民币表述。乙公司的有关资料如下：

20×5 年 12 月 31 日的汇率为 1 欧元=11 元人民币，20×5 年的平均汇率为 1 欧元=10 元人民币，实收资本、资本公积发生日的即期汇率为 1 欧元=8 元人民币，20×4 年 12 月 31 日的累计盈余公积为 140 万欧元，折算为人民币 1 190 万元，累计未分配利润为 100 万欧元，折算为人民币 900 万元，甲、乙两公司均在提取盈余公积。

利润表

编制单位：乙公司　　　　20×5 年

项目	期末数（万欧元）	折算汇率	折算为人民币金额（人民币万元）
一、营业收入	3 000	10	30 000
减：营业成本	1 800	10	18 000
管理费用	200	10	2 000
财务费用	100	10	1 000
二、营业利润	900	—	9 000
加：营业外收入	100	10	1 000
三、利润总额	1 000	—	10 000
减：所得税费用	300	10	3 000
四、净利润	700	—	7 000
五、每股收益	—	—	—
六、其他综合收益			
七、综合收益总额			

所有者权益变动表

编制单位：乙公司　　　　20×5 年

项目	实收资本			盈余公积			未分配利润		外币报表折算差额	所有者权益合计
	万欧元	折算汇率	人民币（万元）	万欧元	折算汇率	人民币（万元）	万欧元	人民币（万元）		人民币（万元）
一、本年年初余额	6 000	8	48 000	140		1 190	100	900		50 090
二、本年增减变动金额										

续表

项目	实收资本			盈余公积			未分配利润		外币报表折算差额	所有者权益合计
	万欧元	折算汇率	人民币（万元）	万欧元	折算汇率	人民币（万元）	万欧元	人民币（万元）		人民币（万元）
(一)净利润							700	7 000		7 000
(二)其他综合收益										19 250
其中：外币报表折算差额									19 250	19 250
(三)利润分配										
1. 提取盈余公积				160	10	1 600	−160	−1 600		
三、本年年末余额	6000	8	800	300		2 790	640	6 300	19 250	76 340

资产负债表

编制单位：乙公司　　　　　　　　20×5 年 12 月 31 日

资产	期末数（万欧元）	折算汇率	折算为人民币金额（万元）	负债和股东权益	期末数（万欧元）	折算汇率	折算为人民币金额（万元）
流动资产：				流动负债：			
银行存款	1 000	11	11 000	应付账款	360	11	3 960
应收账款	1 800	11	19 800	应付职工薪酬	800	11	8 800
存货	1 500	11	16 500				
流动资产合计	4 300		47 300	流动负债合计	1 160		12 760
非流动资产：				非流动负债：			
长期应付款	1 000	11	11 000	长期负债	1 200	11	13 200
固定资产	3 000	11	33 000	非流动负债合计	1 200		13 200
无形资产	1 000	11	11 000	负债合计	2 360		25 960
非流动资产合计	5 000		55 000	股东权益：			
				实收资本	6 000	8	480 00
				盈余公积	300		2 790
				未分配利润	640		6 300
				外币报表折算差额			19 250
				股东权益合计	6 940		76 340
资产总计	9 300	--	102 300	负债和股东权益总计	9 300		102 300

五、恶性通货膨胀条件下的财务报表折算

《国际会计准则第 29 号——恶性通货膨胀经济中的财务问题》对恶性通货膨胀经济中的财务报告的相关处理进行了规范。我国由于有政府的宏观调控，出现这种情况的可能性较小，因此新准则体系中没有专门的恶性通货膨胀会计处理，而仅在本准则中加入了有关内容。规定“在恶性通货膨胀条件下，企业首先对资产负债表项目运用一般物价指数予以重述，对利润表项目运用一般物价指数变动予以重述；然后再按照最近资产负债表的即期汇率进行折算。在境外经营不再处于恶性通货膨胀经济中时，停止重述；按照停止之日的价格水平重述的财务报表进行折算。”

恶性通货膨胀经济通常按照以下特征进行判断：

(1)最近 3 年累计通货膨胀率接近或超过 100 %；

(2)利率、工资和物价与物价指数挂钩；

(3)公众不是以当地货币而是以相对稳定的外币为单位作为衡量货币金额的基础；

(4)公众倾向于以非货币性资产或相对稳定的外币来保存自己的财富，持有的当地货币立即用于投资以保持购买力；

(5)即使信用期限很短，赊销、赊购交易仍按补偿信用期预计购买力损失的价格成交。

六、处置境外经营的处理

准则规定：“企业在处置境外经营时，应当将已列入资产负债表中所有者权益项目下的、与该境外经营相关的外币财务报表折算差额，自所有者权益项目转入处置当期损益；部分处置境外经营的，应当按处置的比例计算处置部分的外币财务报表折算差额，转入处置当期损益。”

若外币财务报表折算差额是贷方余额，则会增加处置当期利润；若是借方余额，则会减少处置当期利润。

练 习 题 八

1. ABC 公司于 20×4 年 6 月份发生的有关外币交易或事项如下：

(1)6 月 3 日，将 100 万美元兑换为人民币，兑换取得的人民币已存入银行。当日市场汇率为 1 美元=7.0 元人民币，当日银行买入价为 1 美元=6.9 元人民币。

(2)6 月 5 日以每台 1000 万美元的价格从美国某供货商手中购入国际最新型号 H 商品 12 台，尚未支付款项。当日市场汇率为 1 美元=6.8 元人民币。6 月 21 日已售出 H 商品 2 台，国内市场仍无 H 商品供应，但 H 商品在国际市场的价格已降至 950 万美元每台，假设不考虑增值税。

(3)6 月 10 日，从国外购入一批原材料，货款总额为 400 万美元。该原材料已验收入库，货款尚未支付。当日市场汇率为 1 美元=6.9 元人民币。另外，以银行存款支付该原材料的进口关税 500 万元人民币和增值税 537.2 万元人民币。

(4)6 月 14 日，出口销售一批商品，销售价款为 600 万美元，货款尚未收到。当日市场汇率为 1 美元=6.9 元人民币。假设不考虑相关税费。

(5)6 月 20 日，收到应收账款 300 万美元，款项已存入银行。当日市场汇率为 1 美元=6.8 元人民币。该应收账款系 2 月份出口销售发生的。

(6)6 月 25 日，以 10 美元/股的价格(不考虑相关税费)购入美国大华公司发行的股票 10 000 股作为交易性金融资产，当日市场汇率为 1 美元=6.8 元人民币。

(7)6 月 30 日，计提长期借款前半年发生的利息。该长期借款系 2014 年 1 月 1 日从中国银行借入，用于购买建造某生产线的专用设备，借入款项已于当日支付给该专用设备的外国供应商。该生产线的土建工程已于 2013 年 10 月开工。该外币借款金额为 1 000 万元，期限为 2 年，年利率为 4%，按半年计提借款利息，到期一次还本付息。该专用设备于 3 月 20 日验收合格并投入安装。至 2014 年 6 月 30 日，该生产线尚处于建造过程中，预计 2015 年 6 月完工。

(8)6 月 30 日，美国大华公司发行的股票市价为 11 美元。

(9)6 月 30 日，市场汇率为 1 美元=6.7 元人民币。

要求：

(1)编制 ABC 公司 6 月份与外币交易或事项相关的会计分录。

(2)填列 ABC 公司 20×4 年 6 月 30 日外币账户发生的汇兑差额(请将汇兑差额金额填入给定的表格中；汇兑收益以“+”表示，汇兑损失以“-”表示)，并编制与汇兑差额相关的会计分录。

外币账户	6 月 30 日汇兑差额(单位：万元人民币)
银行存款(美元户)	
应收账款(美元户)	
应付账款(美元户)	
长期借款(美元户)	

(3)计算交易性金融资产在 6 月 30 日应确认的公允价值变动损益并编制相关会计分录。

(4)经测试从美国购入的国际最新型号 H 商品发生减值，做出 6 月 30 日计提减值准备的分录。

2．某母公司的境外子公司 M 公司 20×7 年的外币报表需要进行折算，其在 20×7 年年末的资产负债表和 20×7 年的利润表如下所示：

M 公司外币会计报表有关数据

单位：万美元

1.资产负债表项目	
项目	金额
现金	500
存货	450
固定资产	1 100
累计折旧	210
流动负债	150
长期负债	161
实收资本	500
盈余公积	154
未分配利润	875
2.利润及利润分配表项目	
项目	金额
销售收入	3 138
销售成本	1 584
销售利润	1 554
期间费用	430
营业利润	1 124
营业外净损益	65
税前利润	1 189
所得税	392
净利润	797
年初未分配利润	497
提取盈余公积	80
应付股利	339
年末未分配利润	875

另外，母公司对 M 公司进行资本投资时的汇率为 $ 1=¥8.50；年初盈余公积折算后的数额为 584 万元；上年年末未分配利润折算后的数额为 4 456 万元；利润表和利润分配表中有关反映发生额的项目按平均汇率折算。汇率资料如下：

20×7 年 12 月 31 日　　$ 1=¥8.00

20×7 年度平均汇率　　$ 1=¥8.10

要求：请编制 M 公司折算后的会计报表。

第九章

物价变动会计

本章学习提示

学习内容：

通过本章的学习，要求了解物价变动会计的基本理论及主要模式，掌握货币性项目购买力损益的计算，掌握非货币性项目持有损益的计算方法，掌握一般物价水平会计和现行成本会计模式的原理、核算程序与方法，了解现行成本/稳值货币会计模式的核算程序等。

学习要点：

1. 物价变动的分类；
2. 通货膨胀对传统会计模式的影响；
3. 货币性项目的购买力损益；
4. 非货币性项目的持有损益；
5. 一般物价水平会计模式下重编报表的程序；
6. 现行成本会计模式下重编报表的程序；
7. 现行成本/稳值货币会计模式的核算程序。

第一节　物价变动会计概述

一、物价变动及其表现形式

1. 物价变动

物价反映商品和劳务价格在市场上的交换价值。当同一商品或劳务的价格不同于它们以前在同一市场上的价格，上涨或下跌时，为物价变动。物价有输入价格和输出价格两种。输入价格是为生产或销售目的而取得商品或劳务的价格。输出价格是作为产品销售的商品或劳务的价格。企业按某一输入价格购买一项商品，再按较高的输出价格售给客户，这种情况不能视为该项商品的价格发生了变动，只有同是输入价格或输出价格增高或降低，才算物价发生了变动。

在商品经济条件下，流通中的货币数量超过经济实际需要而引起的货币贬值和物价水平全面而持续的上涨称为通货膨胀。通俗地讲就是纸币的发行量超过流通中所需要的数量，从而引起纸币贬值，物价上涨。反之，通货紧缩是与通货膨胀相反的一种经济现象，是指在经济相对萎缩时期，物价总水平在较长时间内持续下降、货币不断升值的经济现象，其实质是社会总供给持续大于社会总需求。

这里的物价上涨（下跌）不是指一种或几种商品的物价上升（下跌），也不是指物价水平一时的上升（下跌），而是指物价水平在一定时期内持续普遍的上升过程，或者是货币价值在一定时期内持续的下降过程。可见，通货膨胀（紧缩）不是指这种或那种商品及劳务的价格上涨（下跌），而是指物价总水平的上升（下跌）。

会计上，我们将物价变动根据其发生的范围分为两种：一种是一般物价变动，即某一时期商品或劳务价格平均水平的变化；另一种是个别物价变动，即某一具体商品或劳务价格的变化。

2. 导致物价变动的因素

导致物价变动的因素很多，如科技水平、货币政策（包括通货紧缩政策与通货膨胀政策）、供求关系等。一般而言，劳动生产率变化是物价变动的主要原因，因为物价变动的实质是商品价值的变动，而商品价值量的大小是由社会必要劳动时间决定的。如果生产某种商品的劳动生产率普遍提高，即生产该商品的社会必要劳动时间普遍缩短，那么该商品包含的价值量相应减小，从而其价格就会降低，反之就会上涨。

科技革命是物价变动的推动力量，科技进步一方面使有关产品中凝结的人类复杂劳动增多，从而导致其价值增加，价格上涨；另一方面，使原有产品的经济效能相对降低，价值受贬，价格下跌。

货币政策变动是导致物价变动的又一重要原因。货币所表现的价值是商品的相对价值，商品的价格不变。但如果二者任何一方的价值单独发生变动，都会引起价格的涨跌。如果货币价值不变而商品价值提高，或者商品价值不变而货币价值降低，商品价格就会上涨。反之，如果货币价值不变而商品价值降低，或者商品价值不变而货币价值提高，商品价格就会下跌。

供求关系、竞争和垄断也是影响物价变动的原因。在市场经济条件下，商品价格在很大程度上受供求情况的影响，当商品供不应求时，价格就会上涨，反之价格就会下跌。一般情况下，竞争会引起资本在各生产部门之间的转移，促使商品的价格发生变动，通常表现为价格下跌而垄断引起商品价格的操纵；使物价发生变动，通常表现为价格上涨。

3. 物价指数

一般物价变动通常是通过物价指数衡量的。物价指数也称商品价格指数，是反映各个时期商品价格水准变动情况的指数。物价指数是一个与某一特定日期一定组合的商品或劳务有关的价格计量。当该商品或劳务的价格发生变化时，其价格指数也随之变化。

常用的价格指数有三种：消费价格指数（CPI）、生产者价格指数（PPI）、国内生产总值价格折算指数（GNP deflator）。

以 CPI 为例，其计算公式为：

CPI=（一组固定商品按当期价格计算的价值/一组固定商品按基期价格计算的价值）×100%

CPI 表示对普通家庭的支出来说，购买具有代表性的一组商品，在今天要比过去某一时间多花费多少。例如，若 2016 年某国普通家庭每个月购买一组商品的费用为 800 元，而 2018 年购买这一组商品的费用为 1 000 元，那么该国 2018 年的消费价格指数为（以 2016 年为基期）CPI=1 000/800×100%=125%，也就是说上涨了（125%−100%）=25%。

特定物价变动，是指不反映货币本身价值的变动，它只是某一商品交换价值的变化，反映的是某一商品、劳务价格的变化。例如，目前 1 吨钢筋的价格为 3 300 元。一年后升到 4 000 元，可以说钢筋的价格上升了 700 元，但这并不代表货币币值下降了，此时的一般物价指数有可能是下降了，也有可能是上升的，但上升幅度与钢筋的上升幅度不同。

二、物价变动对传统会计的影响

1. 物价变动对会计信息的影响

(1) 资产计价失真

在历史成本的计量基础下，不论物价如何变动，资产始终按取得或形成时的历史成本计价。资产负债表中列示的资产价值是它们历史成本计价，且资产负债表中列示的资产价值是它们历史成本的未摊销数。但在物价持续上涨的情况下，历史成本会低于编制会计报表时的资产的现行价格，从而使资产价值少计。

(2) 利润计量失真

在历史成本会计下，资产按历史成本计价，计提折旧时按历史成本计算，而收入却按交易时的现行价格计价。这样，利润是按现行价格计价的收入与按历史成本计价的费用成本相抵减的结果。在物价上涨时，较高的现行收入与较低的历史成本相配，产生的利润较高。而事实上，在这较高的利润中，有一部分是物价上涨的结果，而不是企业真正的盈利，企业利润数据失真。

(3) 信息的可理解性降低

在历史成本会计下,资产总额实际上是各个时点所取得资产的名义货币数额的简单相加。然而，在物价变动情况下，各个时点的货币购买力是不一样的。不同购买力的名义货币相加，得出的结果缺乏可理解性。

(4) 企业再生产能力下降

在物价持续上涨的情况下，企业资产计价日趋低估，利润日趋高估。企业按高估的利润上交所得税，再按高估的利润进行分配，把一部分投入资本作为利润分配给了投资者，实质为支付清算性股利，企业财务由此也日趋减弱，再生产能力不断下降。

2. 物价变动对传统会计理论的影响

首先，物价变动冲击了货币计量假设。货币计量的基础是假定用于经济事项的货币价值稳定不变，但并非绝对稳定不变，其波动幅度也不足以影响用它来计量会计事项的结果。在物价变动的情况下，各种原因引起的物价变动均会造成币值的不稳定，使相同的货币量在不同的时间代表不同的购买力，同时期的商品尽管在会计账簿、会计报表中有详细的反映，但却是一堆没有综合意义和可比价值的数据的罗列，丧失了会计信息应有的可比性和综合性。

其次，物价变动冲击了历史成本原则。物价变动使币值失去了稳定，因而使历史成本计价原则失去了客观性和可靠性，以此为基础计算出来的数据与实际大相径庭。物价变动使得现实的商品在不知不觉中自行改变了其本身所代表的价值，确切地讲是自行改变对应的货币量，但是，企业账面上的价值一直以历史成本加以反映，因而计算出来的财产转移价值不符合实际转入产品中的数额；结算出来的实存物品的价值与企业实存物品所代表的现行价值不符。

最后，物价变动冲击了费用与收入的配比原则。配比原则是为了按谁受益谁负担的精神准确地计算出各会计期间生产经营成果设定的一项原则。在物价变动的情况下，企业销售产品的收入是按现行市价计算的，而在计算与同期收入相关的费用时，大部分项目采用的是历史成本。现行销售收入与历史成本相配合确定的生产经营成果，显然是畸形的和不可靠的。

三、物价变动会计的产生与发展

物价变动已经成为世界各国经济发展中的问题，从第二次世界大战开始，通货膨胀对美国的经济发展造成了持续的、严重的破坏，由于经济发达国家物价普遍上涨和美元的急剧贬值，引起了会计界认真对待物价变动的问题。

利文斯顿在《会计学杂志》上发表的《财务报表应该反映货币价值的变化吗？》一文中首次提出有关物价变动会计的争论问题。美国学者斯威尼的《稳定币值会计》被认为是最早系统地阐述一般物价水平会计制度的经典著作，他首次提出在会计确认、计量与报告中要考虑到币值变动的影响。作者建议采用“等值美元”作为计量单位用于取代名义货币，调整历史成本会计报表中的数据，将购买力损益区分为已实现的和未实现的；斯威尼认为用于调整会计报表数据的会计期末货币购买力应该用生活费用指数来换算。此书对第二次世界大战后会计理论和实务的发展都产生了极其重要和深远的影响。美国著名会计学家佩顿和利特尔顿在《公司会计准则导论》一书中也提出了按货币购买力换算为“等值美元”，作为会计报表数据的补充。

斯特林从报表使用者决策的角度倡导采用现行成本会计。在其经典著作《企业会计收益理论》、《计量收益和财富相关标准的应用》中，对传统历史成本会计进行了尖锐的批评。他认为应以与决策者是否相关作为选择收益计量方法的判断标准，现时销售价格具有相关性、可靠性和可加性的优点，所以他认为与决策最为相关的价格是现时销售价格。

美国会计学家爱德华兹和贝尔在《企业收益计量及其理论》一书中提出了现行成本会计，并第一次对其做出了系统阐述。他们提出了建立一套完整的反映和消除物价变动会计影响程序的想法，并且认为因为估计的现行成本是实际现行成本的近似值，所以它要比原始成本优越，他们建议采用现行成本作为计量企业收益的基准，这是一种变异的重置成本会计计量方法。《企业收益计量及其理论》一书被公认为现行成本会计领域中最杰出的著作，对现行成本会计的发展产生了重大影响。

斯普罗斯和莫立茨作为美国注册公共会计师协会会计研究部的专家，撰写了《企业普遍适用的会计原则初探》，文中采用美国会计学会的观点，建议以现行重置成本作为资产的计价基准。他们认为“资产反映未来的经济利益，是企业所获得的权利，是本期或过去经济业务的成果”。

美国会计学会发表的《会计基础理论的研究报告》，要求企业会计报表既应反映历史成本也应反映现行成本。这份报告主张使用多种计量基础对资产计价，并得到了《特鲁布拉德委员会报告》的支持。在这以后，美国国会授权负责监督企业会计制度和执行情况的政府机构——美国证券交易管理委员会发布了《会计公告》，规定美国股票上市的大型企业必须向它报送现行成本会计补充报表。

英国发表的《通货膨胀会计——一项监督性建议》，其内容涉及了对股票上市交易的公司提供补充利润表的有关规定，并建议对历史成本下的利润数字进行三项调整。其中，折旧额（第一项）和销货成本（第二项）应根据历史成本会计数据与现行成本会计数据的差额进行调整。第三项是资本配搭调整，是以通货膨胀对利润的影响将随企业资本构成比例的不同为依据。资本配搭调整额是指折旧与销货成本调整额中应由负债提供者承担的部分。由于在通货膨胀下折旧和销货成本调整额将减少企业的利润，因此由负债提供者承担的这部分调整额应加回到利润中去，以正确反映通货膨胀下企业界的盈利水平。同时，英国会计准则委员会发布的《现行成本会计》提出现行成本会计的目标是维护企业的产权资本。

作为美国正式公布的物价变动会计制度，美国发布的《财务会计准则公报》要求企业编报现行成本会计补充报表的同时编报一般物价水平会计补充报表，目的是帮助会计报表的使用人在物价变动的情况下，使企业的会计信息更具真实性、相关性。从第二次世界大战开始，通货膨胀对美国的经济发展造成了持续的、严重的破坏，由于经济发达国家物价普遍上涨和美元的急剧贬值，引起了会计界认真对待物价变动的问题。

从物价变动理论的发展过程可以看出，国外对于物价变动的起步是比较早的，普遍建立了物价变动会计制度，已经有了比较健全的体系。普遍的做法是将传统的财务报表作为基本财务报表，把按现行成本调整的报表作为补充财务报表，使会计报表使用者全面掌握和了解企业受物价变动的影响。这说明西方国家对物价变动的研究已不再仅限于理论探讨，而是进入了实施的历史阶段。虽然许多国家都曾经实施过物价变动会计以减轻物价变动对会计信息质量的影响，但是由于实施的环境各异，因此没有统一的标准，产生的会计信息也就不具有可比性。随着国际经济交往的扩展和深化，客观上又要求各国在会计实务处理上尽量采用国际上通行的做法，建立标准化、具有可比性的国际会计标准。物价变动对会计信息质量的影响是客观存在的，想要完全消除是不现实的，但是国际会计准则委员会可以在协调方面做出努力，提高相应准则的通用性，以此减轻物价变动对会计信息质量的影响。

第二节　物价变动会计模式

一、物价变动会计模式概述

会计为核算监督会计对象，提供必要的会计信息，必然要使用一定的货币计价单位，依据一定的计价基准，运用一定的方法，采用一定的程序，并将它们科学地结合起来形成一种固定的程式，这种在会计核算中的固定程式称为会计模式。

会计模式由计量单位和计量属性组成。计量单位分为名义货币和稳值货币。计量属性分为历史成本和现行成本。将两种计量单位和两种计量属性相结合，就可以组成四种不同的会计模式。

模式 1：历史成本/名义货币模式，以历史成本为计量基础，以名义货币为计量单位，也就是传统会计模式。

模式 2：历史成本/稳值货币模式，以历史成本为计量基础，以稳值货币为计量单位，称为一般物价水平会计模式。

模式 3：现行成本/名义货币模式，以现行成本为计量基础，以名义货币为计量单位，称为现行成本会计模式。

模式 4：现行成本/稳值货币模式，以现行成本为计量基础，以稳值货币为计量单位，这种模式既改变计量基础，又改变计量单位，是一种最科学合理的物价变动会计模式，也是工作量最大的物价变动模式。

二、一般物价水平会计模式

一般物价水平会计主要是在报告期末依据一般物价指数和传统会计报表数据，重新编制一般物价水平会计报表。

1. 一般物价水平会计的基本程序

一般物价水平会计的基本程序主要包括划分货币性项目和非货币性项目、将非货币性项目的金额按一般物价指数加以调整，计算持有货币性项目所发生的购买力损益、编制一般物价水平会计报表。

1) 划分货币性项目和非货币性项目

编制一般物价水平的会计报表，首先必须将企业的会计要素划分为货币性项目和非货币性项目。这是因为在物价变动的情况下，货币性项目和非货币性项目的账面余额受货币购买力变化的影响不同，需要采取不同的会计处理方法。

所谓货币性项目，是指在一般物价水平变动的情况下，其余额保持为既定数量的货币单位，只是其实际购买力发生变动的资产、负债项目，具体包括货币性资产、货币性负债项目两类。货币性资产项目包括各项货币资金、应收账款、应收票据、收取固定利息或股利的短期或长期证券投资、按固定合同加工的存货等。货币性负债项目包括应付账款、应付票据、应付工资、应付股利、应付公司债券本息、短期借款或长期借款等。

货币性项目有两个特点：第一，其金额不因物价变动而变动，例如，某企业年初持有的现金为 10 000 元，年内未发生现金收支，则无论物价如何上涨，其年末持有的现金仍为 10 000 元；第二，货币性项目在物价变动时期会发生购买力损益。

通货膨胀时期，相同金额的货币性资产实际代表的商品或劳务数量减少了，从而产生货币购买力变动损失。与此相反，通货膨胀时期，货币性负债会产生货币购买力变动收益。不过，在通货紧缩时期，因货币购买力上升，持有货币性资产会产生收益，承担货币性负债则会产生损失。

所谓非货币性项目，是指其金额并非固定不变，而是随着物价变动发生变化的项目。当物价上涨时，非货币性项目的金额提高；当物价下跌时，非货币性项目的金额降低，例如存货、厂房、设备等固定资产以及所有者权益等。

非货币性项目有两个特点：

第一，在物价变动时期，其价值金额随物价变动而变动，因此应按一般物价变动的幅度加以调整。例如某企业起初持有存货 10 000 元，一般物价指数由年初的 100 上升为年末的 120，则年末存货金额应调整为 12 000 元。

第二，非货币性项目在物价变动时期并不发生购买力损益。这是因为非货币性项目的金额由于可以随物价变动而变化，所代表的购买力与币值的升降保持同步，因而不会发生货币购买力变动。这与货币性项目需要计算购买力损益的情况恰恰相反。

有时候，货币性项目与非货币性项目的划分也要视为具体情况而定，不能一概而论。例如预付账款，如果合同订明供货方提供固定数量而不是固定金额的商品，就不会受货币购买力变动的影响，应属于非货币性项目；如果合同明确供货方提供固定金额而不是固定数量的商品，这些商品的数量随物价的变动而变化，预付账款就会受到购买力变动的影响。这时，它就属于货币性项目。同样，预收账款也要根据供需双方合同的规定做出判断。

2)计算货币性项目的购买力损益

在物价变动的情况下，货币性项目的金额是固定不变的，但它们所代表的购买力则发生了变化。因此，在物价变动时期，企业持有货币性资产和负债项目必然发生损益，这种损益称为购买力损益。其计算方法为：

货币性项目购买力损益=报告期末按一般物价水平调整后的项目金额-货币性项目原始金额

在物价上涨时期，持有货币性资产会损失购买力，相应产生购买力损失；持有货币性项目负债则会增加购买力，相应产生购买力收益。两者相抵后的净额为货币性项目购买力损益净额，或叫净购买力损益。

在计算货币性项目的购买力损益时应注意以下两个问题。

(1)什么业务会引起货币性项目的变动?

只有那些既引起货币性项目变动又引起非货币性项目变动的业务会带来货币性项目的变化，如采购原材料，在存货这种非货币性项目增加的同时，货币资金这种货币性项目减少或者应付账款这种货币性负债增加，这种业务会带来货币性项目净额(货币性资产–货币性负债)的减少。

(2)用什么作为换算系数?

一般来讲，换算系数的分子为期末物价指数，不同之处在于换算系数的分母。期初货币性项目净额的换算系数分母为期初一般物价指数。对于在会计期内均匀发生的项目，如销售收入和销售成本，换算系数的分母为该期内平均物价指数；对于在会计期内某一时点发生的特定项目，如发行债券和支付股利等，换算系数的分母为该时点的一般物价指数。如果该时点的一般物价指数不易取得，则可采用接近该时点的一般物价指数。

货币性项目净额购买力损益计算表如表 9-1 所示。

表 9-1　货币性项目净额购买力损益计算表

项目	名义货币额	调整系数	不变币值货币金额
1. 货币性项目净额年初数	A	B	$A\times B=C$
2. 货币性项目净额年内变动数*	D	E	$D\times E=F$
3. 货币性项目净额年末数	G	1	G

货币性项目净额购买力损益=$C+F-G$。若$(C+F)>G$，其差额为购买力损失；若$(C+F)<G$，其差额为购买力利得。

*货币性项目净额年内变动数=货币性资产年内变动数–货币性负债年内变动数。

例 9-1　甲企业于 20×6 年 1 月 1 日(一般物价指数为 150)向乙企业借入 1 000 万元，20×6 年 12 月 31 日(一般物价指数为 165)归还了这笔款项，请计算甲企业的购买力损益。

年初数调整后的年末货币=1 000×(165÷150)=1 100(万元)

年末实际有的货币负债=1 000(万元)

购买力损益(收益)为=100(万元)

3）按一般物价水平指数调整非货币性项目金额

一般物价水平会计需要将以历史成本反映的非货币性项目金额按物价指数作为换算系数加以调整，借以反映价值变化情况。在调整过程中，最主要的问题是选用什么样的物价指数作为换算系数。物价指数可以有多种，如年初物价指数、年末物价指数、年度平均物价指数以及交易日物价指数等。选用不同的物价指数在调整会计指标中的工作繁简不同，调整的结果也不相同。为简化计算，实务中可取报告期末的一般物价指数与历史期交易发生时的年末或年平均一般物价指数之比作为换算系数。

计算公式为：

某项目按一般物价指数调整的金额=以历史成本为基础的金额×现行一般物价指数÷历史一般物价指数

具体非货币性项目的调整方法如下：

（1）固定资产项目

调整系数：本年末一般物价指数/固定资产取得时的物价指数。

（2）存货项目

存货主要来自外购，企业平时都有进货记录。但不同企业存货的流转及其计价方法有所不同，故对存货项目的调整应区分两种情况：一是存货的发出能逐项确认时，可较容易确定年末存货的取得时期及当时的一般物价指数，从而计算年末存货调整后的金额；二是存货的发出不能逐项辨认，只能依靠存货流转假设确定发出批次时，如果采用先进先出法，年末存货的取得日应为进货的最近月份。确定调整系数公式中分母的选用，应与存货流转假设的时间一致。如果存货的购入、耗用是在年内均衡地发生，为了简化核算，也可选用年平均物价指数进行调整。

（3）留存收益项目

根据资产负债表的有关项目金额“倒挤”。计算公式如下：

留存收益=（调整后的资产合计数–调整后的负债合计数）–调整后的股本等

（4）利润表中的有关项目

收入、除折旧费以外的费用，大多为年内均衡发生，可按本年平均物价指数作为计算调整系数的分母。折旧费的调整应与固定资产项目的调整相一致。按某项固定资产原价计提的折旧费，应以取得该项固定资产时的一般物价指数作为调整系数的分母，据此计算折旧费的调整金额。

（5）所有者权益变动项目中的利润分配项目

企业的利润分配一般在年末进行，有关利润分配项目的金额已按年末的货币价值反映，不需调整。如果有确凿证据表明存在非期末进行的利润分配时点的物价指数，则采用当日的物价指数作为换算系数的分母。

4）编制一般物价水平会计报表

2. 一般物价水平会计模式编制举例

例 9-2 ABC 公司成立于 2013 年 1 月，是一家主要经营微型汽车发动机的集团公司，其有一境外子公司——D 汽车发动机制造有限责任公司，该子公司主要为母公司制造、销售汽车发动机及其零部件。D 子公司 2016 年度历史成本的会计报表如表 1 和表 2 所示，相关年份的一般物价指数资料如表 3 所示，其他有关资料如下：公司全年购入的存货于年内陆续购入，按先进先出法核算存货发出成本；销售收入于年内陆续发生，全部为赊销；固定资产于2013年1月购买，年折旧率为10%，无残值；各项费用于年内陆续发生，并以现金支付；公司于2016年6月30日发行普通股，收到现金100 000元，其余的200 000元实收资本为创建时投资者投入；公司于6月30日宣布发放现金股利10 000元，宣布1个月后发放；年末提取盈余公积8 000元；公司决定以2016年12月31日的名义货币为等值货币，则换算系数以2016年12月31日的一般物价指数作为分子；期末存货以每年第四季度物价指数作为分母。

另外，经稳值货币调整后的年初盈余公积数为 66 667 元，调整后的年初未分配利润为80 667元。

表1　资产负债表（历史成本基础）

2016年12月31日　　单位：元

资产	期末数	负债及所有者权益	期末数
货币资金	103 000	应付账款	60 000
应收账款	124 000	应交所得税	3 000
存货	30 000	长期借款	100 000
固定资产	500 000	实收资本	300 000
减：累计折旧	200 000	盈余公积	58 000
固定资产净值	300 000	未分配利润	36 000
总计	557 000	总计	557 000

有关资产、负债项目的年初数（元）：

货币资金：12 000

应收账款：24 000

应付账款：15 000

应交税费：2 500

长期借款：100 000

存货：14 000

表2　利润表及相关利润分配项目（历史成本基础）

2016年度　　单位：元

项目	金额
营业收入	160 000
减：营业成本	80 000
营业费用	5 500
折旧费用	50 000
利润总额	24 500
减：所得税	3 000
加：期初未分配利润	32 500
减：提取盈余公积	8 000
应付股利	10 000
未分配利润	36 000

2016年前后，该子公司所在国物价波幅较大，母公司在编制合并报表时，为消除通货膨胀的影响，使会计报表具有可比性及真实性，公司财务部门决定对该公司的报表按不变币值货币单位进行调整，编制一般物价水平会计报表（为简便核算，本例不再另行编制所有者权益变动表，而是将利润分配项目放入利润表下端）。

表 3　相关物价指数表

日期	一般物价指数
2013 年 1 月 1 日	100
2016 年 1 月 1 日	120
2016 年 6 月 30 日	128
2016 年 12 月 31 日	160
2015 年第四季度	140
2016 年第四季度	150
2016 年度	136[(120+128+160)/3]

分析:

具体操作按以下程序进行:

(1)将传统会计报表项目划分为货币性项目和非货币性项目;

(2)按一般物价指数计算货币性项目净额的购买力损益;

(3)按一般物价指数调整会计报表项目;

(4)编制按一般物价指数反映的会计报表。

表 4　购买力损益计算表

单位：元

项目	名义货币额	调 整 系 数	不变币值货币额
货币性项目净额年初数	−81 500	160/120	−108 667
货币性项目净额年内变动数			
销售收入	+160 000	160/136	+188 235
发行股票	+100 000	160/128	+125 000
购货	−96 000	160/136	−112 941
营业费	−5 500	160/136	−6 471
所得税费	−3 000	160/136	−3 529
发放股利	−10 000	160/128	−12 500
小计	145 500		177 794
货币性项目净额年末数	64 000	160/160	64 000
购买力损益	−108 667+177 794−64 000=5 127		

表 5　资产负债表项目调整表

单位：元

项目	期末数		
	数额	换算系数	换算后
货币性资产:			
货币资金	103 000	1	103 000
应收账款	124 000	1	124 000
非货币性资产:			
存货	30 000	160/150	32 000
固定资产	500 000	160/100	800 000
减：累计折旧	200 000	160/100	320 000
固定资产净值	300 000	160/100	480 000
资产合计	557 000	—	739 000
货币性负债:			
应付账款	60 000	1	60 000
应交所得税	3 000	1	3 000
长期借款	100 000	1	100 000

续表

项目	期末数		
	数额	换算系数	换算后
所有者权益：			
实收资本	300000	—	445 000①
盈余公积	58000	—	74 667②
未分配利润	36000	—	56 333③

注：①200 000×160/100+100 000×160/128=445 000

②66 667+8 000=74 667

③与重编资产负债表的“未分配利润”数额相差 1，为四舍五入取整所致。未分配利润=资产合计–货币性负债–实收资本–盈余公积。

表 6　利润表及利润分配项目调整表

单位：元

项目	数额	换算系数	换算后
营业收入	160 000	160/136	188 235
营业成本			
期初存货	14 000	160/140	16 000
加：本期购货	96 000	160/136	112 941
减：期末存货	30 000	160/150	32 000
营业成本	80 000		96 941
营业费用	5 500	160/136	6 471
折旧费用	50 000	160/100	80 000
所得税费	3 000	160/136	3 529
提取盈余公积	8 000	160/160	8 000
应付股利	10 000	160/128	12 500

表 7　资产负债表(一般物价水平会计)

2016 年 12 月 31 日　　单位：元

资产	期末数	负债及所有者权益	期末数
货币资金	103 000	应付账款	60 000
应收账款	124 000	应交所得税	3 000
存货	32 000	长期借款	100 000
固定资产	800 000	实收资本	445 000
减：累计折旧	320 000	盈余公积	74 667
固定资产净值	480 000	未分配利润	56 333
总计	739 000	总计	739 000

表 8　利润表及利润项目(一般物价水平会计)

2016 年度　　单位：元

项目	金额
营业收入	188 235
减：营业成本	96 941
营业费用	6 471
折旧费用	80 000
利润总额	4 823
减：所得税	3 529
不包括一般购买损益的净利润	1 294
减：货币性项目净额购买力损失	5 127
不变币值净收益	–3 833
加：期初未分配利润	80 667
减：提取盈余公积	8 000
应付股利	12 500
未分配利润	56 334

3. 一般物价水平会计的评价

1) 一般物价水平会计的优点

(1) 简便易行。它不改变传统历史成本的程序和方法，仅通过一般物价指数对历史成本会计报表进行调整，方法简便，而且，物价指数可取自官方公布数字，简便易行。

(2) 增强了财务数据的可比性。对于特定企业来说，因其按照一般物价指数调整了会计报表的各项数据，因而统一了同期报表中不同的时点形成的数据的计量单位。如果将这种方法连续应用于相邻会计期，将会提高各期报表财务数据之间的可比性。如果相关企业都采用这一会计模式，则由于所采用的指数相同，将会增强企业之间财务信息的可比性。

(3) 易于监督。由于所有企业依据相同指数一般由政府公布进行调整，使调整后的财务报表具有客观性和可验证性，从而便于进行审计等监督。

2) 一般物价水平会计的缺点

(1) 不能确切反映企业真实的财务状况和经营成果。一般物价水平会计是按一般物价指数调整会计报表的数值的，没有考虑企业各类具体资产的实际变化。从实际情况看，一般物价指数变动与个别物价变动之间的差异可能很大。因此，对会计报表即使按一般物价指数做出了调整，仍无法实现确切反映企业的财务状况和经营成果。

(2) 易于造成误解。一般物价会计所揭示的购买力损益，只是一种计算上的差额，并不意味着企业的股东因此可以分享相应的股利，也不意味着企业可以因此而积累更多的盈余来扩大经营规模。如果企业承担着巨额负债，将会出现这样的情况：一方面，在历史成本模式下，将沉重的利息支出计入了历史成本经营费用；另一方面，在一般物价水平下，又会出现巨额的购买力利得，这很可能给人以错觉，导致决策失误。

三、现行成本会计模式

现行成本会计是指采用名义上的货币作为计量单位、以拥有的资产现行成本作为其计量的属性，对会计对象进行确认、计量和报告的程序和方法。

现行成本会计的着眼点是企业所持有特定资产的价格变动。各个企业所持有的资产各不相同，受到物价变动的影响也各异，除了罕见的巧合之外，按一般物价指数调整的资产价值很少会与资产的现行成本一致；由一般物价水准调整的会计报表所反映的财务状况和经营成果，难免会与事实有所出入。所以按照现行成本会计模式，企业所持有的资产应以它的现行成本计价，将营业收入与所耗生产要素的现行成本相比较来确定利润。

现行成本会计的理论依据是成本的实物补偿理论。这一理论认为，企业在经营活动中所获得的现行销售收入必须和为此所耗用生产要素的现行成本相配比，剩余的部分才是不影响原来生产规模而可供分配的真实利润。例如某企业期初存货 100 件，单位成本为 100 元，年末出售存货 100 件，销售单价为 120 元，补购存货 100 件，购入单价为 110 元，期末存货 100 件。按照成本的实物补偿观点，该企业本年度的销售利润为本期现行销售收入 12 000 元(100×120)减去本期现行销售成本 11 000 元(100×110)，等于 1 000 元(12 000−11 000)。

1. 现行成本会计基本程序

现行成本会计包括三个步骤：①确定各项目的现行成本；②确定非货币性项目的持产损益；③编制按现行成本计价的会计报表。

1）确定各项目的现行成本

现行成本指“在当前经济的背景下，购进和当下拥有的资产相近或者相类似的资产所要付出的全部金额或者生产出相同资产所要付出的代价。”确认其现阶段的成本，就是确认企业的资产价值及企业经营收益等，同时抵销因为个别物价的变动带来的冲击。所以，在获得了客观、真实的计价依据后就要进行科学的计算，算出资产的现行成本很有必要，并且应该利用好资产的市场价值，评估的重置价格，卖方企业的报价和资产再生产的成本等要素。

(1)货币性项目的现行成本

在实务中，一般认为企业货币性项目年初历史成本就是当时的现行成本，年末历史成本就是年末现行成本，因而不需要进行调整。

(2)非货币性项目的现行成本

对于资产负债表项目，主要是存货和固定资产两项。存货、固定资产等具有较为活跃或可靠的计算现行成本所需数据资料的支持，应按现行成本调整，具体而言：

(某项实物资产)现行成本表示的年初数=年初实物量×年末现行单位成本

(某项实物资产)现行成本表示的年末数=年末实物量×年末现行单位成本

“累计折旧”项目年初数的调整：

调整后的年初数=按现行成本表示的固定资产原值年初数÷预计使用年限×至年初累计已使用年限

“累计折旧”年末数的调整有以下三种方法。

方法一：调整后的年末数=按现行成本表示的固定资产原值年末数÷预计使用年限×至年末累计已使用年限。

方法二：调整后的年末数=调整后的年初数+按现行成本表示的固定资产原值(年末数+年初数)÷2÷预计使用年限=调整后的年初数+按现行成本表示的固定资产原值平均数÷预计使用年限。

方法三：调整后的年末数=调整后的年初数+按现行成本表示的固定资产原值年末数÷预计使用年限=调整后的年初数+按现行成本表示的固定资产原值年末数计提的本年折旧数。

无形资产的特殊性、不确定性及市场化程度不同等原因导致其现行成本确定较为困难，因此实务中通常不调整。我国现阶段尚未建立起完善的债务债权转移市场，确定负债的现值有较大难度，因此对负债项目一般也不做调整。

资产负债表留存收益项目的现行价值，可以根据上述项目调整后的结果进行轧算。

对于利润表项目，利润表项目的历史成本调整与否取决于各项目形成时的市场化状态。如果是市场直接交易的结果，其历史成本就代表了当时现行成本，所以无须调整；如果是企业内部事项的结果，则需要用现行成本进行调整。因此，除了销售成本、折旧费用外，其他收支项目都已经代表了该时期的现行成本，不需要进行调整。

根据现行成本会计的要求，存货的销售成本应根据销售存货时的重置成本计算。如果本期存货的购销频繁，为简化核算，期末计算销售成本时，一般直接以期末的重置成本为依据来确定，即现行成本表示的销售成本本年数=存货年末单位现行重置成本×当年销售量；固定资产按现行成本计价的本年折旧费用=现行成本表示的固定资产原值 [年初数+年末数] /2 ÷预计使用年限，虽然会增加费用，但收回的补偿资金较多，有利于实物的资本保全。

2) 确定非货币性项目的持产损益

持产损益是企业所持有的非货币性资产中现行成本和历史成本的差异。在现行成本会计中，应根据资产的现行成本对其价值基础进行调整，在调整的基础上确定资产的持产损益。现行成本净收益由两部分组成：营业的现行成本损益和持产损益。营业的现行成本损益等于本期现行收入减去为获取本期收入而耗用的人力、物力、财力的现行成本；持产损益则是在置存资产在物价变动条件下由于现行市场价格变动而给企业带来的损益。当持有资产的现行成本高于其历史成本时，便可产生持产利得；反之，则产生持产损失。持产损益分为已实现持产损益和未实现持产损益。已实现持产损益是已被销售或被耗用资产的现行成本与历史成本之差。未实现持产损益是企业期末按现行成本计算的仍持有的资产与历史成本之差。例如，企业期初购进商品 500 件，单位成本为 100 元。将其中 300 件出售，每件售价为 150 元，当时每件的重置成本为 140 元，期末每件重置成本为 180 元。持产利得=300×(140–100)+200×(180–100)=28 000 元，其中，已实现持产利得=300×(140–100)=12 000 元，未实现持产利得=200×(180–100)=16 000 元。现行成本会计利润=300×(150–140)=3 000 元。

在物价上涨的情况下，持产损益的计算主要是持产利得的计算。持产利得还可以划分为至报告期末累计持产利得和当期持产利得两大类。以存货和固定资产为例，两种分类方法组合的持产利得计算如下：

(1) 至报告期末累计持产利得的计算

存货项目累计已实现持产利得=∑(各年现行成本表示的销售成本–历史成本表示的销售成本)

存货项目累计未实现持产利得= 现行成本表示的存货年末数–历史成本表示的存货年末数

固定资产项目累计已实现持产利得=∑(各年现行成本计算的折旧费用–历史成本计算的折旧费用)

固定资产项目累计未实现持产利得= 现行成本表示的固定资产净值年末数–历史成本表示的固定资产净值年末数

(2) 当年持产利得的计算

存货项目当年已实现持产利得=当年现行成本表示的销售成本–历史成本表示的销售成本

存货项目当年未实现持产利得=(现行成本表示的存货年末数–历史成本表示的存货年末数)–(现行成本表示的存货年初数–历史成本表示的存货年初数)

固定资产项目当年已实现持产利得=当年现行成本计算的折旧费用–历史成本计算的折旧费用

固定资产项目当年未实现持产利得=(现行成本表示的固定资产净值年末数–历史成本表示的固定资产净值年末数)–(现行成本表示的固定资产净值年初数–历史成本表示的固定资产净值年初数)

(3) 持产损益在重编后的报表中的列示

有两种列示方法：一是将持产损益的累计数列入资产负债表中，作为留存收益项下的调整项目，而不列入利润表中；二是将持产损益的当年发生额列入重编的利润表中。

3) 编制按现行成本计价的会计报表

编制现行成本会计报表需要在前面的基础上进行，主要编制资产负债表、利润表。资产负债表中，除了非货币性项目用现行重置成本计价外，对其他所有非货币性项目均不需要调整。利润表利润分配项目，除销售成本、折旧费用外，其他收支项目的金额已经代表了该期末的现行成本，也无须调整，直接取自历史成本核算的金额。

2. 现行成本会计综合实例

例 9-3 ABC 股份公司成立于 2011 年年初，主营业务为柴油机制造。2016 年，国内物价波幅较大，并伴随着激烈的行业竞争，尤其表现在产品价格竞争上。针对这种情况，公司拟采取措施节能降耗，主要原材料及配套件实行招标采购，有效降低产品制造成本等。为适应公司内部管理的这种需求，需对公司资产按现行成本进行调整，重编本年度的资产负债表、利润及利润分配表。

2016 年度按历史成本编制的会计报表如下所示。其他有关资料为：存货，2016 年年初单位成本为 24 万元，年末单位成本为 30 万元；固定资产，现行重置成本为 4 500 万元，采用直线法折旧，累计折旧按现行成本表示的年末数按第二种方法调整；实物资产的持产损益按第二种方法列示。

资产负债表(历史成本基础)

2016 年 12 月 31 日　　　　单位：万元

资产	年初数	期末数	负债及所有者权益	年初数	期末数
货币资金	648	540	应付账款	1 080	900
应收账款	912	960	应付利润	120	180
存货	960	1 140	长期借款	1 320	1 320
固定资产	3 600	3 600	股本	1 800	1 800
减：累计折旧	1 200	1 440	留存收益	600	600
固定资产净值	2 400	2 160	总计	4 920	4 800
合计	4 920	4 800			

利润表及利润分配项目

2016 年度　　　　单位：万元

项目	金额
营业收入	3 360
减：营业成本	1 404
营业费用	1 248
折旧费用	240
营业外支出	120
利润总额	348
减：所得税	108
加：年初留存收益	600
减：提取盈余公积	60
应付股利	180
年末留存收益	600

分析:

根据资料，确认持产损益。

持产损益计算表

单位：万元

项目		金额
当年已实现持产利得	存货	1 404/24×30–1 404=351
	固定资产	(4 500+4 500)/2/15–240=60
	小计	411
当年未实现持产利得	存货	(1 140/24×30–1 140)–(960/24×30–960)=45
	固定资产	(4 500–4 500/15×6–2 160)–(4 500–4 500/15×5–2 400=–60
	小计	–15
合计		396

按现行成本编制的资产负债表及利润和利润分配表如下。

资产负债表(现行成本基础)

2016 年 12 月 31 日　　单位：万元

资产	年初数	期末数	负债及所有者权益	年初数	期末数
货币资金	648	540	应付账款	1 080	900
应收账款	912	960	应付利润	120	180
存货	1 200	1 425	长期借款	1 320	1 320
固定资产	4 500	4 500	股本	1 800	1 800
减：累计折旧	1 500	1 800	留存收益	1 440	1 425
固定资产净值	3 000	2 700	总计	5 760	5 625
合计	5 760	5 625			

利润表及利润项目

2016 年度　　单位：万元

项目	金额
营业收入	3 360
减：营业成本	1 755
营业费用	1 248
折旧费用	300
营业外支出	120
利润总额	–63
减：所得税	108
净利润	–171
加：年初留存收益	1 440
减：提取盈余公积	60
减：应付利润	180
加：当年已实现持产损益	411
加：当年未实现持产损益	–15
年末留存收益	1 425

3．现行成本会计的评价

1)现行成本会计的优点

(1)可以客观地评价企业管理人员的工作业绩。在现行成本会计下，将收益区分为营业收益和资产持产收益。营业收益的大小取决于经营管理水平，而资产持产收益的大小则取决于物价变动因素以及企业管理人员的应变能力。这种划分有助于对企业管理人员的成绩做出客观的评价。

(2)可以维护企业的产权资本和实际生产经营能力。现行成本会计以现行重置成本弥补生产经营中所消耗的材料物资和机器设备为前提，从而可以保证产权资本的收回以及重置已消耗的同类资产所需的资金，维护企业的实际生产经营能力。

(3)能够提供比较真实的经营收益。在现行成本会计下，资产以现行重置成本计价，从而解决了历史成本会计下由于资产购置年代不同而在计价上存在的较大差异的不合理现象。同时,收入的计算以现行收入与以现行成本为基础重新计算的资产实际付出和消耗额配比而得，从而避免了历史成本会计下产生的虚假利润。

2)现行成本会计的缺点

(1)资产的现行成本难以准确确定。严格地说，现行成本会计对资产收进、付出和储存的核算均应以现行成本为基础。但是，想准确地确定资产的现行成本往往需要大量的物价资料，由此可能导致大量的时间和花费，这对于大多数企业来说是困难的。如果采用直接估价或按物价部门公布的分类物价指数进行调整又势必加进主观意志,从而影响会计信息的可靠性。

(2)没有考虑一般物价水平的变化。在现行成本下，企业各期资产的现行成本或重置成本只是反映了资产在不同时期的现行价值，并没有考虑一般物价水平的变化。因此，在进行多期比较时，无法反映企业财务状况和经营成果的真实变动情况。另外，不计算一般物价水平变动造成的货币性项目购买力损益，未必能真正反映和消除物价变动对会计信息的影响。

(3)应用成本较高。在现行成本会计下，取得必要的物价变动资料必然要花费较多的人力和物力，增加企业的负担。另外，现行成本的变动可能导致投保额、所得税和财产税的变动，使审计的难度和成本加大，这些会给现行成本会计的实施带来很大难度。

四、现行成本/稳值货币会计模式

现行成本/稳值货币会计是以现行成本为计量基础，以不变币值货币为计量单位，从而全面反映和消除物价变动对会计信息的影响的一种会计程序和方法。现行成本等值货币会计是一般物价水平会计与现行成本会计相结合的产物，是物价变动会计发展到一定阶段的产物。

现行成本/稳值货币会计的特点是，不但确认企业货币性项目净额上的购买力损益，而且确认企业的持有货币性资产的现行成本变动额，但这种持有损益已不是最初在重编现行成本会计报表时计算的金额，而是剔除了一般物价水平变动影响之后的金额。在会计处理上，一般是日常的会计核算仍以历史成本反映，在会计期末时，以历史成本基础编制会计报表。在此基础上，再运用适合的一般物价指数，将现行成本会计报表中的财务数据换算为以现行成本/稳值货币会计为基础的财务数据，并确认购买力损益。

1. 现行成本/稳值货币会计的程序

现行成本/稳值货币会计的基本程序一般包括如下几个步骤：确定和反映企业各项资产的

现行成本、确认持产损益、按现行成本会计重编会计报表、确定货币性项目净额上的购买力损益、编制现行成本/稳值货币会计报表。

1) 确定和反映企业各项资产的现行成本

对企业收进、付出、消耗和结存的资产应按确定的现行成本予以反映。收进的资产应按市场现行重置价格或标准制造成本反映。

2) 确认持产损益

在根据市场价格变动调整企业资产账面价值的同时，应正确计算企业的持有资产损益，并进行账务处理。

3) 按现行成本重编会计报表

现行成本/稳值货币会计要求在传统财务会计设置的账簿之外，另行设置一套按现行成本会计核算的账簿。报告期末，根据现行成本会计账簿的期末余额和本期发生额，编制一套现行成本会计报表。

4) 确定货币性项目净额上的购买力损益

要反映一般物价水平变动的影响，需要根据企业持有的货币性资产、货币性负债与货币性所有者权益项目，计算货币性项目净额上的购买力损益。编制现行成本等值货币会计报表，反映货币性项目净额的购买力损益，必须根据已经编制完毕的现行成本会计报表。

5) 编制现行成本/稳值货币会计报表

将一般物价水平变动形成的购买力损益计入损益表内，最后又按一般物价指数将现行成本会计报表中的名义货币换算为等值货币。

在现行成本/稳值货币会计模式下，对企业的持产损益要进行相应的划分。

例 9-4 某企业期初购入 5 000 元存货，期末该存货的现行成本为 8 000 元；本期一般物价指数期末比期初上涨了 50%，则期末该存货的持产损益计算如下：

个别物价水平变动影响的存货现行成本增加额=8 000−5 000=3000 元

个别物价指数上涨率=3 000/5 000×100%=60%

现行成本增加额中一般物价指数水平变动的影响数=5 000×50%=2 500 元

个别物价水平变动影响超过一般物价水平变动影响的金额=3 000−2 500=500 元

2. 现行成本/稳值货币会计的评价

1) 现行成本/稳值货币会计的优点

(1) 可以全面、正确地反映和消除物价变动对传统财务会计的影响，提供更为有用的会计信息。这种模式反映了由于一般物价水平变动而引起的货币性项目净额上的购买力损益，以及个别物价变动引起的持产损益和一般物价水平变动后的持产损益，使得所提供的会计信息更为有用。

(2) 便于报表使用者对会计信息的理解和比较。该模式同时改变传统财务会计的计量单位和计量属性，以现行成本提供的财务数据反映了市场的现行价格，便于人们对企业财务状况和经营成果的理解。同时，所提供的会计信息以不变币值为计量单位，保持了货币计量单位的一致性，有利于所提供指标的相互比较，因而增强了会计信息的使用价值。

2)现行成本/稳值货币会计的缺点

(1)核算费用过高，可能在较大程度上背离重要性原则和成本效益原则。

(2)核算资料过于复杂，不易被广大会计报表使用者理解。了解现行成本等值货币会计所提供的核算资料一般需要掌握较丰富的经济和会计专业知识，而会计信息使用者范围很广，往往不掌握这些所需要的相应知识，因而编制会计报表的难度较大，使得现行成本等值货币会计难以在实际的经济活动中加以运用。

第三节　物价变动会计模式的国际比较

一、各国物价变动会计模式发展时间的比较

物价变动会计研究起步最早、也最为完善的国家是英国和美国。其中，美国早在 20 世纪 30 年代就开始提出并研究物价变动会计，因而美国对物价变动会计的研究居于领先地位。英语国家的第一份物价变动会计准则是由美国财务会计准则委员会(FASB)在 1979 年 10 月颁布的第 33 号公告《财务报告与物价变动》。

英国对物价变动会计的研究起步也较早，而受到重视是在英国的物价上涨率迅速上升的 20 世纪 60 年代以后。从 1971 年到 1974 年，英国会计准则委员会发布了一些有关物价变动的公告，会计机构在 1980 年 3 月颁布了《第 16 号会计实务准则公告——现行成本会计》。这一公告要求现行成本会计以个别物价变动为基础，并在主要的或补充的财务报表中揭示个别物价变动的影响。这一准则也适用于爱尔兰共和国，但对于一般物价变动资料则不做要求。

加拿大、澳大利亚和新西兰也追随美国和英国，先后颁布了更完善的准则。其中，加拿大特许会计师协会在 1982 年 4 月公布了正式的物价变动会计准则，澳大利亚政府设立的有关委员会也在 1982 年 10 月公布了有关现行成本会计的《建议准则》。新西兰和加拿大的准则要求使用现行成本会计资料，加拿大的准则还要求在现行成本范围内提供一份有限的一般物价水平资料。

相比之下，欧洲大陆的物价变动会计发展则较为缓慢，荷兰自 20 世纪 20 年代才开始使用现行重置成本会计制度，至今尚无有关物价变动会计体系的完整立法。德国政府禁止在正式资产负债表中重估资产的价值，所以，该政府也只建议企业自愿编制现行成本会计补充报表。

二、各国物价变动会计模式的会计目标的比较

美国第 33 号公告《财务报告与物价变动》是构成美国现行物价变动会计制度的一个主要文件。它制定的物价变动会计目标是，提供关于一般物价变动和个别物价变动影响的更好的信息，特别是提供更有用的数据，要求会计报表必须提供预测企业未来盈利能力、企业真实经营成果、企业实物资本或经营能力受到多大程度损失等方面的会计信息，以及货币性资产所带来的一般购买力损失的会计信息，帮助使用者评价未来的现金流量、企业经营业绩、物价变动对企业经营能力的影响。

英国《第 16 号会计实务准则公告——现行成本会计》是构成英国物价变动会计制度的一

个主要文件。它的会计目标是，为管理者、股东和其他利益集团提供比历史成本会计更有用的信息，特别是提供更有用的数据，以便于报表使用者了解企业的真实财务状况，并将其作为评价企业财务能力、投资回收、价格政策、成本控制、分配决策和比例结合结构的依据。它所维护的是企业股本产权部分的“净营业能力”，而不是“总营业能力”，这也是其与美国物价变动会计目标的重要区别。

加拿大制定物价变动会计准则的目标是，提供有关一般物价变动和个别物价变动影响的信息，特别是帮助使用者评价企业的经营能力、经营业绩、购买力保持和未来的前景。澳大利亚现行成本会计建议准则的会计目标是，向报表使用者提供与企业真实财务状况和经营成果相关的会计信息。新西兰物价变动会计目标实际上与英国相同。

三、各国物价变动会计模式的适用范围的比较

美国的物价变动会计模式适用于大型公开发行股票且以美元编制基本财务报表的公司。并且，该公司必须符合下列条件之一。

(1)存货与财产、厂房和设备总额扣减累计折旧额以后超过 1.25 亿美元。

(2)扣减累计折旧后的资产总额超过 10 亿美元。

英国的物价变动会计模式适用于在股票交易所上市的公司。在每一会计年度，这些公司被要求公布其现行成本会计报表，另外一些旨在提供真实、公允会计信息的其他实体也被要求公布其现行成本会计报表。

满足下列三条标准中的两条者，可以例外：

(1)年营业额不足 500 万英镑。

(2)资产负债表中资产总额不足 250 万英镑。

(3)雇员平均人数少于 250 人。

加拿大有关揭示物价变动的会计模式是美、英两国做法的混合物，受美国的影响更大，适用于债务或权益证券在公开市场上发行的企业。并且，该企业能满足下列条件之一：

(1)存货与财产、厂房与设备扣减累计折旧前总额达到或超过 5 000 万加元。

(2)总资产额扣减累计折旧额以后达到或超过 3.5 亿加元。

澳大利亚有关揭示物价变动的会计模式也是美、英两国做法的混合物，受英国的影响更大，适用于大型公开发行股票的私营企业和全部国有企业。新西兰的物价变动会计模式则适用于在新西兰股票交易所上市的持有证券的所有公司。

四、各国物价变动会计模式制度的比较

美国的物价变动准则中，资本保持了双重概念，即经营能力和财务能力。其结果是，要求既提供现行成本会计信息，也提供一般购买力信息。所使用的一般物价指数是美国劳工部按月公布的消费品物价指数，计列资产的现行成本可采用现行市场价格、估价或个别物价指数、自制成本的方法。反映价格变动的会计数据不必在资产负债表中表现出来，仅作为历史成本会计报表的补充报表。

英国的物价变动会计准则中，资本保持的概念是，以企业的净经营资产所反映的经营能力为基础，资产应按其对企业的价值表示，即净现行重置成本或可回收额。采用的会计制度只是现行成本会计，而不用一般物价水平会计。财务报表可以以补充报表的形式公布，也可

以作为主要报表公布。若以现行成本报告作为主要报表，则必须同时提供历史成本数据。英国的绝大多数公司均以补充报表形式公布现行成本会计数据。

加拿大与美国的准则一样，也是双重资本概念，但着重点在于企业的经营能力。在通常情况下，资产价值以现行成本或较低的可回收额表示，但在资产负债表中不必提供这一信息，应作为补充信息提供。尽管在后来的文件中对资本的概念做了规定，但新西兰的制度实际上还是与英国相同，以补充报表的形式公布。

五、我国推行物价变动会计的必要性

通货膨胀是一种引起物价上涨的货币现象，它的发生会使货币贬值。自 2009 年以来，我国逐渐出现了通货膨胀，一些商品价格迅速上涨，增加了通货膨胀压力，同时也增加了居民的生活压力，影响居民的正常生活。

随着全球经济发展区域化、一体化的发展趋势加强，国际贸易以及国际之间投资环境的和谐完善，造就了跨国公司发展条件优越，为此，国际间企业组织形式以及相关核算、纳税等业务甚至包括国家物价变动等方面都需要相关特殊财务会计程序与方式方法。物价变动属于世界市场中一种相对普遍的经济现象。在这个过程中，因为国家之间存在不同的经济发展阶段，物件变动的水平也不尽相同。物价发生变动因此存在差异性。我国进入世界贸易组织进一步促进了国际之间的市场经济交流。同时，这种环境对物价变动会计的要求相对也更高。

随着我国社会经济的全面发展，物价总水平表现出上扬趋势。相关数据信息显示，我国 CPI 始终处于高位。基于宏观经济角度分析，个体经济体 PCI 出现涨幅情况在 3%～5%时，即可以被认定为通货膨胀。当涨幅情况超过 5%时，则可认定经济体发生了十分严重的通货膨胀。结合上述经济规律，我们在分析本国经济体现状情况时可以将 5%CPI 作为警戒线，当期涨幅始终长期维持在 5%以上时，则可以表明我国正处在严重通货膨胀阶段。

我国政府针对市场经济行为始终保持维持稳定的措施，但是未来发展过程中仍然存在通货膨胀的可能。因此，要面对通货膨胀对我国社会经济造成的冲击，企业在进行会计工作管理过程中应不断做出调整，使企业财务会计工作能够有助于消除膨胀影响因素。只有这样才能够实现真正意义上的高质量会计信息建设。

我国于 2006 年 2 月 5 日发布的会计准则将“资产减值“作为一章,将原来散列在投资准则、固定资产准则、无形资产准则中的资产减值单列出来。但是，与之相对应的物价下降对会计的影响及其相应的会计处理在本次准则中尚未规范。相比于国际会计领域已经形成了物价变动会计处理惯例的情况下，我国关于物价变动会计的相关准则与法规还是明显滞后的，这也是我国会计准则与国际会计准则难以融合的重要原因之一。当前的经济发展局势和我国的现实国情，决定了我们应从长远的观点来认识物价变动会计的必要性。

练 习 题 九

1. WE 公司 2017 年度资产负债表、利润表资料见表 1、表 2；与货币性项目的变动有关的业务见表 3。

表 1 资产负债表

2017 年 12 月 31 日　　单位：元

资产	年初数	期末数	负债及所有者权益	年初数	期末数
货币性资产	10 000	14 300	货币性负债	4 100	9 400
存货	8 000	10 000	股本	40 000	40 000
固定资产	30 000	30 000	资本公积	2 900	2 900
减：累计折旧	1 000	2 000	留存收益	0	0
总计	47 000	52 300	总计	47 000	52 300

表 2 利润表

2017 年度　　单位：元

项目	金额
营业收入	20 000
减：营业成本	8 000
管理费用	4 100
折旧额	1 000
利润总额	6 900
减：所得税	2 100
净利润	4 800
加：年初留存收益	0
减：应付股利	4 800
年末留存收益	0

表 3 与货币性项目变动有关的业务明细表

单位：元

项目		货币性资产	货币性负债
年初数		10 000	4 100
年内变动数	销货	+20 000	0
	购货	−7 000	+3 000
	管理费等	−2 100	+2 000
	所得税	−1 800	+300
	分配股利	−4 800	0
	小计	+4 300	+5 300
年末数		14 300	9 400

(1) 以 2017 年年末物价指数确定的年末货币作为不变币值货币。

(2) 年初存货购于 2016 年年初；年末存货购于 2017 年年初。

(3) 年末固定资产购于 2016 年年初。

(4) 股本以及资本公积年初数均形成于 2016 年年初。

(5) 年初留存收益按年末物价指数调整为−885。

(6) 一般物价指数：2016 年年初为 100，年末为 110；2017 年年末为 165，年均为 137.5。

要求：重编一般物价水平会计报表。

2．ABC 公司 2017 年度按历史成本编制的资产负债表、利润表如表 4、表 5 所示。其他有关资料：存货，2017 年年初单位成本为 35 万元，2017 年年末单位成本为 40 万元；固定资产的现行重置成本为 2 000 万元，累计折旧年末现行成本按第二种方法计算。

表 4　资产负债表(历史成本基础)

2017 年 12 月 31 日　　　　单位：万元

资产	期初数	期末数	负债及所有者权益	期初数	期末数
货币资金	568	632	应付账款	420	1 090
应收账款	2 843	3 097	应付票据	220	260
存货	1 050	1 400	长期借款	588	428
固定资产	1 500	1 500	股本	2 960	2 960
减：累计折旧	600	700	资本公积	1 173	967
固定资产净值	900	800	留存收益	0	224
总计	5 361	5 929	总计	5 361	5 929

表 5　利润表(历史成本基础)

2017 年度　　　　单位：万元

项目	金额
营业收入	2 445
减：营业成本	1 225
营业费用	560
折旧费用	100
营业外支出	130
利润总额	430
减：所得税	146
加：年初留存收益	0
减：应付股利	60
年末留存收益	224

要求：重编现行成本/名义货币会计报表。

第十章

债务重组

本章学习提示

学习内容：

本章介绍了债务重组的界定、以低于债务额的现金抵债的会计处理、以非现金抵债的会计处理、以债转股抵债的会计处理、以修改偿债条件方式抵债的会计处理，以及以混合方式抵债的会计处理。

学习要点：

1. 债务重组的界定；
2. 非现金资产抵债方式下债务人转让非现金的损益计算及债务重组收益的计算；
3. 非现金资产抵债方式下债权人接受的非现金资产的入账成本计算及债务重组损失的计算；
4. 债转股方式下债务人重组收益的计算及“资本公积——股本溢价”的计算；
5. 修改债务条件方式下债务人重组收益及债权人重组损失的计算，尤其是存在或有条件的情况下债务重组损益的计算。

第一节　债务重组的界定及重组方式

一、债务重组的界定

债务重组是指在债务人发生财务困难的情况下，债权人按照其与债务人达成的协议或者法院的裁定做出让步的事项。债务重组涉及债权人与债务人。对债权人而言，为“债权重组”；对债务人而言，为“债务重组”。为便于表述，统称为“债务重组”。

“债务人发生财务困难”是指因债务人出现资金周转困难、经营陷入困境或者其他原因，导致其无法或者没有能力按原定条件偿还债务。“债权人做出让步”是指债权人同意发生财务困难的债务人现在或者将来以低于重组债务账面价值的金额或者价值偿还债务。债权人做出让步的情形包括债权人减免债务人部分债务本金或者利息、降低债务人应付债务的利率等。

债务重组强调了债务人处于财务困难的前提条件，并突出了债权人做出让步的实质，原因主要有以下几点：①债务人没有发生财务困难时发生的债务重组的会计核算，其实质属于捐赠，使用其他准则；②企业破产清算时发生的债务重组，属于非持续经营条件下的债务重组，非持续经营条件下的债务重组不属于债务重组准则涉及的范围，其会计处理由相关的会计规范予以规定。在企业进行公司制改造时，情况比较复杂，其债务重组无论是否属于持续经营，准则都不涉及。③债务人发生财务困难时所进行的债务重组，如债权人同意债务人用等值库存商品抵偿到期债务，但不调整偿还金额，实质上债权人并未做出让步，不属于债务重组准则规范的内容。

二、债务重组的方式

债务重组的方式主要包括以资产清偿债务、将债务转为资本、修改其他债务条件，以及以上三种方式的组合等。

“以资产清偿债务”是指债务人转让其资产给债权人以清偿债务的债务重组方式。债务人用于清偿债务的资产包括现金资产和非现金资产，主要有现金、存货、各种投资(包括股票投资、债券投资)、金融资产、固定资产、无形资产等。

“将债务转为资本”是指债务人将债务转为资本，同时债权人将债权转为股权的债务重组方式。债务转为资本时，对股份有限公司而言是将债务转为股本，对其他企业而言是将债务转为实收资本；其结果是，债务人因此而增加股本或实收资本，债权人因此而增加长期股权投资等。

“修改其他债务条件”是指不包括上述两种方式在内的修改其他债务条件进行的债务重组方式，如减少债务本金、减少或免去债务利息等。

“以上三种方式的组合”是指采用以上三种方式共同清偿债务的债务重组方式。其组合偿债方式可能是债务的一部分以资产清偿，一部分转为资本，另一部分则修改其他债务条件。

在债务重组中涉及的金融负债和金融资产只有在满足《企业会计准则第 22 号——金融工具确认和计量》所规定的金融负债和金融资产终止确认条件时，才能终止确认。

例 10-1 20×7 年 10 月 31 日，甲公司应付乙公司的款项 500 万元到期，因经营陷入困境，预计短期内无法偿还。当日，在甲公司就该债务与乙公司达成的下列偿债协议中，属于债务重组有(　　)。

A. 甲公司以公允价值为 450 万元的固定资产清偿

B. 甲公司以公允价值为 5 000 万元的长期股权投资清偿

C. 减免甲公司 270 万元债务，剩余部分由甲公司延期两年偿还

D. 减免甲公司 250 万元债务，剩余部分由甲公司现金偿还

上述选项中，ACD 属于债务重组准则中规定的债务重组，选项 B 由于债权人未做出让步，所以不属于准则中规定的债务重组。

三、债务重组日的确认

债务重组日即债务重组完成日，即债务人履行协议或法院裁定，将相关资产转让给债权人、将债务转为资本或修改后的偿债条件开始执行的日期。

一般在以下原则来判定债务重组日：

(1) 如果是以银行存款方式抵债的，以款项到账日为债务重组日；

(2) 如果是以存货方式抵债的，以存货的最终运抵日为债务重组日；

(3) 如果是以房产抵债的，通常以房产过户手续办妥日为债务重组日；

(4) 如果是以无形资产抵债的，通常以法律交接手续办妥日为债务重组日；

(5) 如果是以债转股方式抵债的，则以增资手续办妥日为债务重组日；

(6) 如果是以修改债务条件方式抵债的，则以新的偿债条件正式执行日为债务重组日。

(7) 如果是以混合清偿方式抵债的，以最终解除债务手续日为债务重组日。

例 10-2 甲企业欠乙企业货款 1 000 万元，到期日为 20×7 年 5 月 1 日。甲企业发生财务困难，经协商，乙企业同意甲企业以价值 900 万元的商品抵债，甲企业于 20×7 年 5 月 20 日将商品运抵乙企业并办理有关债务解除手续。在此项债务重组交易中，20×7 年 5 月 20 日为债务重组日。

如果甲企业是分批将商品运往乙企业，最后一批运抵的日期为 20×7 年 5 月 30 日，且在这一天办理有关债务解除手续，则债务重组日应为 20×7 年 5 月 30 日。

如果乙企业同意甲企业以一项工程总造价为 900 万元的在建工程偿债，但要求甲企业继续按计划完成在建工程，那么债务重组日应为该项工程完工并交付使用，且办理有关债务清偿手续的当日。

如果乙企业同意甲企业将所欠债务转为资本，甲企业于 20×7 年 5 月 25 日办妥增资批准手续，并向乙企业出具出资证明，则 20×7 年 5 月 25 日为债务重组日。

第二节　债务重组中债务人的会计处理

债务人应当将重组债务的账面价值超过清偿债务的现金、非现金资产的公允价值、所转让股份的公允价值或者重组后债务的账面价值之间的差额，在满足《企业会计准则第 22 号——金融工具确认和计量》所规定的金融负债终止确认条件时，将其终止确认，记入“营业外收入——债务重组利得”科目。

一、以资产清偿债务

1. 以现金资产清偿债务

以现金清偿债务的，债务人应当将重组债务的账面价值与实际支付现金之间的差额计入当期营业外收入。债务人的会计处理如下：

借：应付账款

　　贷：银行存款

　　　　营业外收入——债务重组收益

例 10-3-a A 公司于 20×7 年 1 月 1 日销售一批原材料给 B 公司，含税价格为 117 000 元。按合同规定，B 公司应于 20×7 年 3 月 1 日前支付货款。由于 B 公司发生财务困难，无法按合同规定的期限支付货款，经双方协商于 4 月 1 日进行债务重组。债务重组协议规定，B 公司同意减免 B 公司 15 000 元的债务，余额立即以现金偿付。B 公司于当日通过银行转账支付了剩余款项。B 公司的账务处理如下：

债务重组利得=应付账款的账面价值-支付的现金=117 000–102 000=15 000 元

借：应付账款	117 000	
贷：银行存款		102 000
营业外收入——债务重组收益		15 000

2. 以非现金资产清偿债务

以非现金资产清偿债务时，债务人的会计处理原则是，应当将重组债务的账面价值与转让的非现金资产公允价值之间的差额计入当期损益(营业外收入)。转让的非现金资产公允价值与其账面价值之间的差额计入当期损益。

1)抵债资产公允价值与账面价值的差额，应当对以下情况分别加以处理

(1)抵债资产为存货的，应当视同销售处理，按存货的公允价值确认商品销售收入，同时结转商品的销售成本，认定相关的税费；

(2)抵债资产为固定资产、无形资产的，其公允价值和账面价值的差额计入营业外收入或营业外支出；

(3)抵债资产为长期股权投资的，其公允价值和账面价值的差额计入投资收益。

2)具体会计处理

(1)如果所抵资产是存货

①借：应付账款(账面余额)

　　贷：主营业务收入或其他业务收入(商品的公允价值)

　　　　应交税费——应交增值税(销项税额)(商品的计税价值×17%)

　　　　营业外收入——债务重组收益(债务额——存货的公允价值——销项税额)

②借：主营业务成本或其他业务成本

　　贷：库存商品

③借：税金及附加

　　贷：应交税费——应交消费税

(2)如果所抵资产是固定资产

①借：固定资产清理

　　累计折旧

　　贷：固定资产

②借：固定资产减值准备

　　贷：固定资产清理

③借：应付账款(债务额)

　　贷：固定资产清理(固定资产的公允价值)

　　　　应交税费——应交增值税(销项税额)(转让固定资产时匹配的销项税)

　　　　营业外收入——债务重组收益(债务额——固定资产的公允价值

　　　　　　　　——固定资产匹配的销项税)

④认定固定资产的清理损益

当固定资产清理产生盈余时：

借：固定资产清理

　　贷：营业外收入——转让非流动资产净收益

当固定资产清理产生亏损时：

借：营业外支出——转让非流动资产净损失

　　贷：固定资产清理

(3) 如果所抵资产是无形资产

借：应付账款（债务额）

　　累计摊销

　　无形资产减值准备

　　营业外支出——转让非流动资产净损失（无形资产的公允价值

　　　　　　——无形资产的账面价值——相关费用）

　　贷：无形资产

　　　　应交税费——应交增值税

　　　　营业外收入——转让非流动资产净收益（无形资产的公允价值

　　　　　　　　——无形资产的账面价值——相关费用）

　　　　营业外收入——债务重组收益（债务额——无形资产的公允价值

　　　　　　　　——转让无形资产匹配的增值税）

注：2016 年 5 月 1 日营改增全面实施后，转让土地使用权适用的增值税税率为 11%，转让其他无形资产适用税率为 6%。

(4) 如果所抵资产是股票、债券等金融资产

以长期股权投资为例，应做如下会计处理：

借：应付账款（债务额）

　　长期股权投资减值准备

　　贷：长期股权投资

　　　　投资收益（长期股权投资的公允价值——长期股权投资的账面价值——相关税费）

　　　　营业外收入——债务重组收益（债务额——长期股权投资的公允价值）

(5) 如果抵债的是多项非货币性资产

只需将上述处理合并即可。

例 10-4-a　甲公司向乙公司购买了一批货物，价款为 450 000 元（包括应收取的增值税税额），按照购销合同约定，甲公司应于 20×7 年 11 月 5 日前支付该货款，但至 20×7 年 11 月 30 日，甲公司尚未支付。由于甲公司发生财务困难，短期内不能偿付到期债务，经双方协商，乙公司同意甲公司以其生产的产品抵债。该产品的公允价值为 360 000 元，实际成本为 315 000 元，适用的增值税税率为 17%，则债务人甲公司在重组日的会计处理为：

借：应付账款	450 000	
贷：主营业务收入		360 000
应交税费——应交增值税（销项税额）		61 200
营业外收入——债务重组收益		28 800
借：主营业务成本	31 500	
贷：库存商品		31 500

例 10-5-a　2017 年 2 月 1 日，乙公司销售一批商品给甲公司，形成应收款 250 万元。由于甲公司发生财务困难，不能按合同规定支付货款，于 2017 年 8 月 1 日，经与乙公司协商，乙公司同意甲公司以一台生产设备偿还债务。该设备的账面原价为 300 万元，已提折旧 140 万元，计提的减值准备为 15 万元，支付清理费用 1 万元。该设备公允价值为 200 万元，增值

税率为17%，甲公司支付补价6万元给乙公司。乙公司对该项债权未计提坏账准备。假定不考虑其他相关税费。

甲公司的账务处理为：

①借：固定资产清理　　145
　　累计折旧　　140
　　固定资产减值准备　　15
　　贷：固定资产　　300

②借：固定资产清理　　1
　　贷：银行存款　　1

③借：应付账款——乙公司　　250
　　贷：固定资产清理　　200
　　　　应交税费——应交增值税(销项税额)　　34
　　　　银行存款　　6
　　　　营业外收入——债务重组收益　　10

④借：固定资产清理　　54(200–145–1)
　　贷：营业外收入——固定资产处置损益　　54

例 10-6-a　乙公司于20×9年7月1日销售给甲公司一批产品，价款为500 000元，按购销合同约定，甲公司应于20×9年10月1日前支付贷款。至20×9年10月20日，甲公司尚未支付货款。由于甲公司发生财务困难，短期内无法清偿债务。经过协商，乙公司同意甲公司以其所持有的作为可供出售金额资产核算的某公司股票抵偿债务。记录该股票的“可供出售金融资产——成本”科目的余额为440 000元。“可供出售金融资产——公允价值变动”科目的余额为60 000元(借方)，已宣告但尚未领取的现金股利为6 000元，股票的公允价值为450 000元(含应收股利6 000元)。用于抵债的股票已于20×9年10月25日办理了相关转让手续。甲公司于债务重组日的会计处理为：

借：应付账款　　500 000
　　其他综合收益　　60 000
　　贷：可供出售金融资产——成本　　440 000
　　　　——公允价值变动　　60 000
　　　　应收股利　　6 000
　　　　营业外收入——债务重组利得　　50 000
　　　　投资收益　　4 000

其中，债务重组利得=500 000–450 000=50 000元；转让股票收益=450 000–440 000–6 00=4 000元。

例 10-7-a　2017年6月，甲公司销售一批商品给乙公司，开出的增值税专用发票上注明销售价款为750万元，增值税为127.5万元。乙公司由于发生严重财务困难，与甲公司达成债务重组协议：乙公司以某项商标权抵偿债务，商标权账面原价为800万元，已摊销400万元，公允价值为500万元，增值税税率为6%。当月办理完毕相关手续。乙公司于重组日的会计处理为：

借：应付账款　　877.5
　累计摊销　　400
　　贷：无形资产　　800
　　　应交税费——应交增值税(销项税额)　　30 (500×6%)
　　　营业外收入——处置非流动资产净收益　　377.5(750+127.5−500)
　　　营业外收入——债务重组利得　　70[500−(800−400)−30]

注：专利技术、非专利技术免征增值税，商标、著作权则需要按照 6%交纳增值税。土地使用权按照 11%交纳增值税。

二、债转股方式

将债务转为资本的,债务人应当将债权人放弃债权而享有股份的面值总额确认为股本(或者实收资本)，股份的公允价值总额与股本(或者实收资本)之间的差额确认为资本公积。重组债务的账面价值与股份的公允价值总额之间的差额计入当期损益(营业外收入)。

债务人的会计处理为：

借：应付账款
　　贷：股本或实收资本
　　　资本公积——股本溢价或资本溢价(按股票公允价减去股本额)
　　　营业外收入——债务重组收益(按抵债额减去股票公允价值)

例 10-8-a 2017 年 4 月 3 日，甲公司因购买材料而欠乙企业购货款及税款合计为 500 万元，由于甲公司无法偿付应付账款，2017 年 7 月 2 日经双方协商同意，甲公司以普通股偿还债务，假设普通股每股面值为 1 元，股票市价为 2.5 元/股，甲公司以 120 万股抵偿该项债务，假定无相关税费。2017 年 12 月 31 日办理完毕增资手续，乙企业对应收账款提取坏账准备 10 万元。假定乙企业将债权转为股权后，长期股权投资按照成本法核算。

甲公司 2017 年 12 月 31 日的账务处理为：

借：应付账款——乙企业　　500
　　贷：股本　　120
　　　资本公积——股本溢价　　180(=120×2.5−120)
　　　营业外收入——债务重组收益　　200

三、修改其他债务条件

债务人应当将修改其他债务条件后债务的公允价值作为重组后债务的入账价值。重组债务的账面价值与重组后债务的入账价值之间的差额，计入当期损益(营业外收入)。

修改后的债务条款如涉及或有应付金额，且该或有应付金额符合《企业会计准则第 13 号——或有事项》中有关预计负债确认条件的，债务人应当将该或有应付金额确认为预计负债。重组债务的账面价值，与重组后债务的入账价值和预计负债金额之和的差额，计入当期损益(营业外收入)。

或有应付金额，是指需要根据未来某种事项出现而发生的应付金额，而且该未来事项的出现具有不确定性。

1. 不存在或有条件情况下的会计处理

(1)当重组时：

借：应付账款(旧的)

　　贷：应付账款(新的=将来要偿还的本金)

　　　　营业外收入——债务重组收益

(2)以后按正常的抵债处理即可。

①每期支付利息时：

借：财务费用

　　贷：银行存款

②偿还本金时：

借：应付账款

　　贷：银行存款

2. 存在或有条件情况下的会计处理

(1)当重组时：

借：应付账款(旧的)

　　贷：应付账款(新的本金)

　　　　预计负债(或有支出)

　　　　营业外收入——债务重组收益

(2)当预计负债实现时：

借：预计负债

　　贷：应付账款

借：应付账款

　　贷：银行存款

(3)当预计负债未实现时：

借：预计负债

　　贷：营业外收入——债务重组收益

四、混合清偿的会计处理原则

债务重组以现金清偿债务、非现金资产清偿债务、债务转为资本、修改其他债务条件等方式的组合进行的，债务人应当依次以支付的现金、转让的非现金资产公允价值、债权人享有股份的公允价值冲减重组债务的账面价值，再按照修改其他债务条件的债务重组会计处理规定进行处理。

例 10-9-a　2017 年 3 月 8 日，A 公司持有 B 公司带息的应收票据面值 145.63 万元，票面利率为 6%，期限为 6 个月。由于 B 公司资金周转发生困难，于本年 9 月 8 日，经双方协商进行债务重组，协议如下：

(1)B 公司以一台设备以及将部分债务转为 5%的股权合计清偿债务 137.8 万元。该设备原价为 75 万元，已计提折旧 30 万元，公允价值为 40 万元，适用的增值税率为 17%；B 公司用于抵债的股权公允价值为 81 万元，形成实收资本 65 万元。

(2)将剩余债务的偿债时间延长至2017年12月31日，不考虑利息。

假定不考虑其他税费，则B公司的账务处理为：

借：固定资产清理　　45

　　累计折旧　　30

　　贷：固定资产　　75

借：应付账款　　150

　　贷：固定资产清理　　40

　　　　应交税费——应交增值税(销项税额)　　6.8

　　　　实收资本　　65

　　　　资本公积——资本溢价　　16

　　　　应付账款——债务重组　　12.2

　　　　营业外收入——债务重组收益　　10

借：营业外支出　　5

　　贷：固定资产清理　　5

第三节　债务重组中债权人的会计处理

债权人应当将重组债权的账面余额与受让资产的公允价值、所转股份的公允价值或者重组后债权的账面价值之间的差额，在满足《企业会计准则第22号——金融工具确认和计量》所规定的金融资产终止确认条件时，将其终止确认，记入“营业外支出——债务重组损失”等科目。重组债权已计提减值准备的，应当先将上述差额冲减已计提的减值准备，冲减后仍有损失的，记入“营业外支出——债务重组损失”科目；冲减后减值准备仍有余额的，应予转回并抵减当期资产减值损失。债权人收到存货、固定资产、无形资产、长期股权投资等非现金资产时，应当以其公允价值入账。

一、以资产清偿债务

1. 以现金资产清偿债务

以现金清偿债务的，债权人应当将重组债权的账面余额与收到的现金之间的差额，计入当期损益(营业外支出)；债权人已对债权计提减值准备的，应当先将该差额冲减减值准备，减值准备不足以冲减的部分，计入“营业外支出”；坏账准备的多提额抵减当期资产减值损失。

债权人的会计处理：

(1)当所收款额小于债权的账面价值时：

借：银行存款

　　坏账准备

　　营业外支出——债务重组损失

　　贷：应收账款

(2)当所收款额大于债权的账面价值但小于账面余额时：

借：银行存款（实收款额）

　　坏账准备（已提准备）

　　贷：应收账款（账面余额）

　　　　资产减值损失

例 10-3-b 此例情形同例 10-3-a，A 公司于 20×7 年 1 月 1 日销售一批原材料给 B 公司，含税价格为 117 000 元。按合同规定，B 公司应于 20×7 年 3 月 1 日前支付货款。由于 B 公司发生财务困难，无法按合同规定的期限支付货款，经双方协商于 4 月 1 日进行债务重组。债务重组协议规定，B 公司同意减免 B 公司 15 000 元的债务，余额立即以现金偿付。B 公司于当日通过银行转账支付了剩余款项，A 公司随即收到了该笔款项。A 公司已为该项应收债权计提了 10 000 元的坏账准备。A 公司的账务处理如下：

债务重组损失=应收账款的账面价值–已计提的坏账准备–收到的现金

=117 000–10 000–102 000=5 000 元

借：银行存款	102 000
坏账准备	10 000
营业外支出——债务重组损失	5 000
贷：应收账款	117 000

2．以非现金资产清偿债务

以非现金资产清偿债务的，债权人应当对受让的非现金资产按其公允价值入账，重组债权的账面余额与受让的非现金资产的公允价值之间的差额，在符合金融资产终止确认条件时，计入当期损益（营业外支出）；债权人已对债权计提减值准备的，应当先将该差额冲减减值准备，减值准备不足以冲减的部分，计入“营业外支出”；坏账准备的多提额抵减当期资产减值损失。

债权人的一般账务处理如下：

借：换入的非货币资产（按其公允价值入账）

　　应交税费——应交增值税（进项税额）

　　坏账准备

　　营业外支出——债务重组损失（当重组损失额大于已提减值准备时）

　　贷：应收账款（账面余额）

　　　　资产减值损失（当重组损失额小于已提减值准备时）

例 10-4-b 此例情形同 10-4-a：甲公司向乙公司购买了一批货物，价款为 450 000 元（包括应收取的增值税税额），按照购销合同约定，甲公司应于 20×7 年 11 月 5 日前支付该货款，但至 20×7 年 11 月 30 日，甲公司尚未支付。由于甲公司发生财务困难，短期内不能偿付到期债务，经双方协商，乙公司同意甲公司以其生产的产品抵债。该产品的公允价值为 360 000 元，实际成本为 315 000 元，适用的增值税税率为 17%，乙公司于 20×7 年 12 月 5 日收到甲公司抵债的产品并作为商品入库，乙公司为该批产品支付了途中保险费 8 000 元，乙公司对该项应收账款计提了 10 000 元的坏账准备。债权人乙公司在重组日的会计处理为：

借：库存商品	368 000

应交税费——应交增值税(进项税额)　　61 200
坏账准备　　10 000
营业外支出——债务重组损失　　18 800
贷：应收账款　　450 000
银行存款　　8 000

例 10-5-b 此例情形同例 10-5-a，2017 年 2 月 1 日，乙公司销售一批商品给甲公司，形成应收款 250 万元。由于甲公司发生财务困难，不能按合同规定支付货款，于 2017 年 8 月 1 日，经与乙公司协商，乙公司同意甲公司以一台生产设备偿还债务。该设备的账面原价为 300 万元，已提折旧 140 万元，计提的减值准备为 15 万元，支付清理费用 1 万元。该设备公允价值为 200 万元，增值税税率为 17%，甲公司支付补价 6 万元给乙公司。乙公司对该项债权未计提坏账准备。假定不考虑其他相关税费。

债权人乙公司的账务处理为：

借：固定资产　　200
应交税费——应交增值税(进项税额)　　34
银行存款　　6
营业外支出——债务重组损失　　10
贷：应收账款——甲公司　　250

例 10-6-b 此例情形同例 10-6-a，乙公司于 20×9 年 7 月 1 日销售给甲公司一批产品，价款为 500 000 元，按购销合同约定，甲公司应于 20×9 年 10 月 1 日前支付货款。至 20×9 年 10 月 20 日，甲公司尚未支付货款。由于甲公司发生财务困难，短期内无法清偿债务。经过协商，乙公司同意甲公司以其所持有的作为可供出售金额资产核算的某公司股票抵偿债务。记录该股票的“可供出售金融资产——成本”科目的余额为 440 000 元。“可供出售金融资产——公允价值变动”科目的余额为 60 000 元(借方)，已宣告但尚未领取的现金股利为 6 000 元，股票的公允价值为 450 000 元(含应收股利 6 000 元)。乙公司为该项应收账款提取了 25 000 元的坏账准备。用于抵债的股票已于 20×9 年 10 月 25 日办理了相关转让手续；乙公司将取得的股票作为可供出售金融资产核算。则乙公司于债务重组日的会计处理为：

借：可供出售金融资产　　444 000(450 000–6 000)
应收股利　　6 000
坏账准备　　25 000
营业外支出——债务重组损失　　25 000
贷：应收账款　　500 000

例 10-7-b 此例情形同例 10-7-a，2017 年 6 月，甲公司销售一批商品给乙公司，开出的增值税专用发票上注明销售价款为 750 万元，增值税为 127.5 万元。乙公司由于发生严重财务困难，与甲公司达成债务重组协议：乙公司以某项商标权抵偿债务，该商标权账面原价为 800 万元，已摊销 400 万元，公允价值为 500 万元，增值税税率为 6%。甲公司为该项应收账款计提了 90 万元的坏账准备。当月办理完毕相关手续。甲公司于重组日的会计处理为：

借：无形资产　　500
应交税费——应交增值税(进项税额)　　30 (500×6%)

坏账准备　　90
营业外支出——债务重组损失　　257.5
贷：应收账款　　877.5

二、债转股

将债务转为资本的，债权人应当将享有股份的公允价值确认为对债务人的投资，重组债权的账面余额与股份的公允价值之间的差额，比照以非现金资产清偿债务的债务重组会计处理规定进行处理。债权人已对债权计提减值准备的，应当先将该差额冲减减值准备，减值准备不足以冲减的部分，计入“营业外支出”；坏账准备的多提额抵减当期资产减值损失。

债权人的会计处理为：

借：长期股权投资或交易性金融资产(按其公允价值入账)
坏账准备
营业外支出——债务重组损失(当重组损失额大于已提减值准备时)
贷：应收账款(账面余额)
资产减值损失(当重组损失额小于已提减值准备时)

例 10-8-b　此例情形同例 10-8-a，2017 年 4 月 3 日，甲公司因购买材料而欠乙企业购货款及税款合计为 500 万元，由于甲公司无法偿付应付账款，2017 年 7 月 2 日经双方协商同意，甲公司以普通股偿还债务，假设普通股每股面值为 1 元，股票市价为 2.5 元/股，甲公司以 120 万股抵偿该项债务，假定无相关税费。2017 年 12 月 31 日办理完毕增资手续，乙企业对应收账款提取坏账准备 10 万元。假定乙企业将债权转为股权后，长期股权投资按照成本法核算。

债权人乙企业的账务处理为：

借：长期股权投资　　300
坏账准备　　10
营业外支出——债务重组损失　　190
贷：应收账款——甲公司　　500

三、修改其他债务条件

修改其他债务条件的，债权人应当将修改其他债务条件后的债权的公允价值作为重组后债权的账面价值，重组债权的账面余额与重组后债权的账面价值之间的差额，比照以现金清偿债务的债务重组会计处理规定进行处理。

修改后的债务条款中涉及或有应收金额的，债权人不应当确认或有应收金额，不得将其计入重组后债权的账面价值。

或有应收金额，是指需要根据未来某种事项出现而发生的应收金额，而且该未来事项的出现具有不确定性。

1. 不存在或有条件情况下债权人的会计处理

(1)重组当时：

借：应收账款(新的=将来要收回的本金)
营业外支出——债务重组损失(当重组损失额大于已提减值准备时)

坏账准备

贷：应收账款(旧的)

资产减值损失(当重组损失额小于已提减值准备时)

(2)将来按正常债权的收回处理即可。

①每期收到利息时：

借：银行存款

贷：财务费用

②收回本金时：

借：银行存款

贷：应收账款

2. 存在或有条件情况下债权人的会计处理

(1)重组当时：

借：应收账款(新的木金)

营业外支出——债务重组损失(当重组损失额大于已提减值准备时)

坏账准备

贷：应收账款(旧的)

资产减值损失(当重组损失额小于已提减值准备时)

(2)当或有收入实现时：

借：应收账款

贷：营业外支出——债务重组损失

借：银行存款

贷：应收账款

(3)当或有收入未实现时：

借：银行存款

贷：应收账款

案例

澳柯玛股份有限公司2012年4月的债务重组

2012年4月25日，中国农业银行青岛市北区第一支行(甲方)、本公司(乙方)及该贷款的担保方青岛澳柯玛集团总公司(丙方)三方共同签署了《中国农业银行贷款利息减免协议》。该协议的主要条款：

①甲方同意乙方所欠的下列贷款可以根据本协议减免所欠部分利息：贷款总金额为28 235万元，贷款结欠利息总计18 012.219 945万元(截至2011年12月31日)。

②甲、乙双方同意乙方在2013年1月6日前偿还贷款本金为28 235万元整，利息1 500万元整，具体还款期限、金额根据约定的还款计划执行。

③甲方同意在乙方履行上述还款义务后，免除乙方所欠剩余利息16 512.219 945万元(截至2011年12月31日)及至本息清偿日止新生利息。④如乙方未按照约定期限偿付贷款本金、利息及相关费用，甲方有权终(中)止本协议，对剩余贷款本金及利息进行追偿。

案例分析：澳柯玛的这项债务重组属于修改其他债务条件的债务重组，其特点是：在债务重组日，是否会免除利息取决于该公司在 2013 年 1 月 6 日能否履行偿还义务，如果不能偿还，则这项债务重组是不能带来债务重组收益的。另外，根据双方协议，免除的利息由两部分组成：一是已计提的利息 16 512.219 945 万元；二是至本息清偿日止新生利息，这部分金额不确定，取决于偿还本金的进度，所以在债务重组日，重组收益的金额不确定。

查阅澳柯玛公司财务报告，发现该公司 2012 年度确认了债务重组收益，确认的金额为本期偿还本金对应的减免利息 87 722 082.24 元。也就是说，公司的债务重组收益采用了分期确认的方法，2012 年确认一部分，2013 年确认一部分。笔者认为，这种做法是值得商榷的。在还没有完全偿还本息之前，按照谨慎性原则，2012 年不应该高估收益。另外，分期确认容易引起重组收益在不同会计期间的盈余操纵。根据澳柯玛的履行公告，该公司于 2013 年 1 月 6 日才履行完还款义务。所以应在这个时点确认重组收益，收益的金额等于上述两部分利息之和。

四、混合清偿的会计处理原则

债务重组采用以现金清偿债务、非现金资产清偿债务、债务转为资本、修改其他债务条件等方式的组合进行的，债权人应当依次以收到的现金、接受的非现金资产公允价值、债权人享有股份的公允价值冲减重组债权的账面余额，再按照修改其他债务条件的债务重组会计处理规定进行处理。

例 10-9-b　此例情形同例 10-9-a，2017 年 3 月 8 日，A 公司持有 B 公司带息的应收票据面值 145.63 万元，票面利率为 6%，期限为 6 个月。由于 B 公司资金周转发生困难，于当年 9 月 8 日，经与双方协商进行债务重组，协议如下：

(1)B 公司以一台设备以及将部分债务转为 5%的股权合计清偿债务 137.8 万元。该设备原价为 75 万元，已计提折旧 30 万元，公允价值为 40 万元，适用的增值税税率为 17%；B 公司用于抵债的股权公允价值为 81 万元，形成实收资本 65 万元。

(2)将剩余债务的偿债时间延长至 2017 年 12 月 31 日，不考虑利息。

假定不考虑其他税费，A 公司的账务处理如下：

①债权的账面价值=145.63×(1+6%÷2)=150(万元)；

②将来应收金额=150−137.8=12.2(万元)；

③固定资产入账价值金额为其公允价值 40 万元；

⑤长期股权投资入账价值金额为其公允价值 81 万元；

⑥有关会计分录如下：

2017 年 9 月 8 日：

借：固定资产	40
应交税费——应交增值税(进项税额)	6.8
期股权投资	81
应收账款——债务重组	12.2
营业外支出——债务重组损失	10(=150−40−6.8−81−12.2)
贷：应收账款	150

2017 年 12 月 31 日：

借：银行存款　　　　12.2

　　贷：应收账款　　　　12.2

阅读材料(一)

关联方间的债务重组

案例：东胜科技公司 2013 年 6 月的债务重组

2013 年 6 月 13 日，东胜科技公司及其子公司陕西东盛医药有限责任公司、安徽东盛制药有限公司分别与中国长城资产管理公司石家庄办事处签署了《债务减让协议》，根据该协议的约定，东胜科技公司及其子公司陕西东盛医药、安徽东盛向长城公司支付 15 456.46 万元后，长城公司将减免东胜科技公司利息债务 2 525.54 万元。

因中国长城资产管理公司于 2013 年 4 月持有了东胜科技公司流通股股份 1 220 000 股，占东胜科技公司总股本的 5%，目前为东胜科技公司第二大股东，其分支机构中国长城资产管理公司石家庄办事处属于《股票上市规则》规定的上市公司关联法人，故上述行为构成关联方交易。

本次交易所产生的收益对东胜科技公司当期利润不产生影响，但会增加东胜科技公司资本公积 2 525.54 万元，对东胜科技公司未来财务状况将带来积极影响。

案例分析：会计准则没有规范关联方之间重组业务的核算，但财政部《关于做好执行会计准则企业 2008 年年报工作的通知》中规定，“接受控股股东或控股股东的子公司直接或间接的捐赠，从经济实质上判断属于控股股东对企业的资本性投入，应作为权益性交易，相关利得计入所有者权益(资本公积)。”故东胜科技的做法符合要求。

案例：ST 西北轴承公司 2012 年 6 月的债务重组

ST 西北轴承公司与第二大股东中国长城资产管理公司就借款本金 2.37 亿元截至 2011 年 12 月 31 日的利息 7 277.10 万元进行债务重组，ST 西北轴承公司支付上述利息的 10%后，免除剩余的 90%利息。ST 西北轴承公司认为，本次债务重组属于市场化交易行为，并非股东的出资行为，故将此项债务重组利得 82 147 071.88 元计入了营业外收入。

此案例也属于关联方之间(与控股股东间)的债务重组，与上一个案例有些类似，但 ST 西北轴承公司判断此次债务重组具有商业实质，故将债务重组利得确认为当期损益而非计入资本公积，并由信永中和会计师事务所做了回复。通过查阅 ST 西北轴承公司 2012 年的年度报告，该公司当年的营业利润为−77 163 455.43 元，已连续两年亏损，通过重组，公司第三年实现了盈利，避免了退市预警。我们对此应持职业怀疑态度，该公司很可能具有盈余管理的动机。

关联方之间债务重组的处理，不论是与控股股东还是与非控股股东之间，都要判断该项交易的实质。实质上属于资本性投入的，不得确认收益。

阅读材料(二)

债务重组中债权人的转移

案例：东北电气公司 2013 年 11 月 4 日的债务重组

东北电气公司于 2001 年曾为原全资附属子公司沈阳金都饭店(简称“金都饭店”)向中国工商银行沈阳市银信支行借款 24 000 000 元提供担保，金都饭店因经营不善，逾期未能归还该笔贷款，东北电气公司为此承担连带保证责任，并已于 2007 年度预计负债 24 000 000 元(2007 年，东北电气公司出售金都饭店全部股权后不再将其纳入财务报表合并范围)。

2005 年 7 月 15 日，银信支行的上级主管部门中国工商银行辽宁省分行与中国长城资产管理公司沈阳办事处签订《债权转让协议》，将该笔债权转让给长城资产公司持有。2012 年 8 月 3 日，辽宁顺隆商贸有限公司通过公开拍卖方式获得该笔债权，长城资产管理公司与辽宁顺隆商贸有限公司于同日签订《债权转让协议》，债权人由此变更为顺隆商贸有限公司。东北电气公司与顺隆商贸有限公司签订《债务重组协议》，约定东北电气公司若在 2013 年 12 月 31 日之前偿还 18 500 000 元，其余本金、利息及罚息全部免除。形成债务重组收益，计入营业外收入 550 万元。

案例分析：本例中债权人的变更，先由银行转让给长城资产管理公司，再由长城资产管理公司转给了顺隆商贸有限公司。虽然东北电气公司声明本次重组属于非关联方的债务重组，但债务重组发生在 2013 年年底，且东北电气公司前三季度的净利润为–1 492 382.54 元，东北电气公司是否利用债务重组进行盈余管理值得怀疑。

练 习 题 十

A 股份有限公司(以下简称 A 公司)为增值税一般纳税人，适用的增值税税率为 17%。A 公司于 2017 年 6 月 30 日销售一批商品给甲公司，价款为 800 万元(含增值税)。2017 年 9 月 1 日，由于甲公司发生财务困难，A 公司与甲公司协议进行债务重组，相关债务重组资料如下：

(1) 甲公司以其拥有的一项固定资产抵偿债务的 50%，该固定资产的账面原值为 400 万元，已计提折旧 100 万元，该固定资产在债务重组日的公允价值为 350 万元。

(2) 甲公司以 100 万股普通股偿还剩余 50%的债务，普通股每股面值为 1 元，债务重组日的股票市价为 3.5 元/股。A 公司取得该项投资后将其作为可供出售金融资产核算，为取得该项投资，A 公司另支付手续费 2 万元。

(3) 其他资料：甲公司于 2017 年 10 月 15 日办理完毕固定资产转移手续以及股权增资手续。A 公司在债务重组前已确认坏账准备 50 万元。不考虑固定资产的增值税。

要求：

(1) 确定债务重组日，并简要说明理由；

(2) 计算 A 公司取得可供出售金融资产的初始入账金额并说明其后续计量原则；

(3) 计算 A 公司应确认的债务重组损失的金额并编制 A 公司债务重组日的会计分录；

(4) 计算甲公司应确认的债务重组利得的金额并编制甲公司债务重组日的会计分录。

附录A

练习题答案

第一章 所得税会计

1．(1)①固定资产：需要确认递延所得税资产；因为该固定资产的账面价值小于计税基础，形成可抵扣暂时性差异，需要确认递延所得税资产。

②无形资产：不需要确认递延所得税资产；因为该无形资产是由于开发支出形成的，其不属于企业合并，且初始确认时既不影响会计利润也不影响应纳税所得额，不需要确认递延所得税。

③可供出售金融资产：需要确认递延所得税负债；因为该资产的账面价值大于计税基础，且是由于公允价值变动造成的，形成应纳税暂时性差异，需要确认递延所得税。

④预计负债：需要确认递延所得税资产；因为该负债的账面价值大于计税基础，形成可抵扣暂时性差异。

⑤发生的广告费需要确认递延所得税资产；因为该广告费实际发生的金额为1500万元，其可以税前扣除的金额为1 000万元，税法规定允许未来税前扣除的金额为500万元，故形成可抵扣暂时性差异，需要确认递延所得税资产。

(2)可供出售金融资产的暂时性差异产生的所得税影响应该计入所有者权益。因为可供出售金融资产产生的暂时性差异是通过其他综合收益核算的，故其确认的递延所得税也应该对应其他综合收益科目，是影响所有者权益的。

(3)固定资产形成可抵扣暂时性差异期末余额=15 000–12 000=3 000(万元)；

递延所得税资产的期末余额=3 000×25%=750(万元)；

预计负债形成的递延所得税资产期末余额=600×25%=150(万元)；

广告费形成的递延所得税资产的本期发生额=500×25%=125(万元)；

因此递延所得税资产的本期发生额=(750+150)–100+125=925(万元)；

综上所述，甲公司20×4年度应确认的递延所得税费用=0–925=–925(万元)。

2．(1)首先判定暂时性差异

单位：万元

项目	年初口径			年末口径			差异类型	差异变动金额
	账面价值	计税基础	差异	账面价值	计税基础	差异		
库存商品	120	200	0	240	350	110	新增可抵扣暂时性差异	30
无形资产	40	81	1	30	72	42	新增可抵扣暂时性差异	1
交易性金融资产	110	80	30	0	0	0	转回应纳税暂时性差异	30
应收账款	40	50	10	28	30	2	转回可抵扣暂时性差异	8

(2)资产负债表债务法下所得税的核算过程

单位：万元

项目	计算过程	
税前会计利润	1 000	
暂时性差异	+	库存商品产生的新增可抵扣暂时性差异 30
	+	无形资产产生的新增可抵扣暂时性差异 1
	+	交易性金融资产产生的转回应纳税暂时性差异 30
	–	应收账款产生的转回可抵扣暂时性差异 8
应税所得	1053=1 000+30+1+30–8	
应交税费	263.25=1053×25%	
递延所得税资产	净新增可抵扣暂时性差异×税率	借记 5.75=(30+1–8)×25%
递延所得税负债	转回应纳税暂时性差异×税率	借记 7.5=30×25%
本期所得税费用	250=263.25–5.75–7.5	

(3)会计分录如下

借：所得税费用　　250

　　递延所得税资产　　5.75

　　递延所得税负债　　7.5

　　贷：应交税费——应交所得税　　263.25

3．(1)首先判定暂时性差异

单位：万元

项目	年初口径			年末口径			差异类型	差异变动金额
	账面价值	计税基础	差异	账面价值	计税基础	差异		
交易性金融资产	0	0	0	230	200	30	新增应纳税暂时性差异	30
固定资产	120	160	40	60	120	60	新增可抵扣暂时性差异	20
预计负债	5	0	5	5.5	0	5.5	新增可抵扣暂时性差异	0.5

(2)资产负债表债务法所得税的核算过程

单位：万元

项目	计算过程	
税前会计利润	100	
永久性差异	罚没支出	+10
	国债利息收入	–6
	无形资产研究费用的追加扣除额	–50
	无形资产开发费用的追加在当期产生的摊销额影响	–10
暂时性差异	交易性金融资产产生的新增应纳税暂时性差异	–30
	固定资产产生的新增可抵扣暂时性差异	+20
	预计负债产生的新增可抵扣暂时性差异	+0.5
应税所得	34.5	
应交税费	8.625	
递延所得税资产	新增可抵扣暂时性差异×税率	5.125
递延所得税负债	新增应纳税暂时性差异×税率	7.5
本期所得税费用	11	

(3)会计分录如下

借：所得税费用　　11

递延所得税资产　　　　　　　　　　　　　　　　5.125
贷：应交税费——应交所得税　　　　　　　　　　　　8.625
　　递延所得税负债　　　　　　　　　　　　　　　　7.5

第二章　企业合并

1．(1)甲公司购入A公司股份属于企业合并。

理由：收购完成后，甲公司在A公司董事会中拥有半数以上董事，A公司所有生产经营和财务管理重大决策须由半数以上董事表决通过，甲公司拥有实质控制权。

该收购属于同一控制下的企业合并。理由：甲公司及A公司在合并前后均受乙集团最终控制。

合并日为10月31日。

(2)甲公司在合并日应确定的长期股权投资金额为：

$$170\ 000\times 50\%=85\ 000\text{ 万元}$$

支付的价款100 000万元与长期股权投资金额85 000万元之间的差额为15 000万元，首先调整资本公积(资本溢价或股本溢价)，资本公积(资本溢价或股本溢价)的余额不足冲减的，应冲减留存收益。

甲公司支付的审计、法律服务、咨询等费用1 000万元，应于发生时费用化，计入当期损益(或：管理费用)。

(3)该项合并属于非同一控制下的企业合并。

理由：甲公司及B银行在合并前后不受同一方或相同的多方最终控制。

合并成本与确认的可辨认净资产公允价值份额之间的差额为：

$$160\ 000-190\ 000\times 90\%=-11\ 000\text{ 万元。}$$

该差额计入甲公司合并利润表当期损益[或：计入合并利润表当期的营业外收入]。

(4)该类合并属于混合合并。理由：参与合并的双方既非竞争对手又非现实中或潜在的客户或供应商。

合并后进行了战略整合、业务整合、制度整合、组织人事整合和企业文化整合。

(5)甲公司购入C公司20%的股份不构成企业合并。

理由：甲公司于6月30日取得C公司70%的有表决权股份，能够对C公司实施控制，构成企业合并，再次购入C公司20%的有表决权股份，属于从少数股东购买股份的业务。

甲公司购入C公司20%股份后，甲公司个别报表上的长期股权投资金额为：12 000+4 000=16 000万元。

在甲公司合并报表上应该列示的商誉金额为：12 000−15 000×70%=1 500万元。

(6)甲公司购入C公司20%股份支付的价款与其应享有C公司自购买日始持续计算的可辨认净资产公允价值份额之间的差额为：4 000−18 000×20%=400万元。

该差额在甲公司合并报表中应当调整资本公积，资本公积的余额不足冲减的，调整留存收益。

2．(1)①甲公司并购乙公司属于横向并购。

理由：生产同类产品或生产工艺相近的企业之间的并购属于横向并购。

②甲公司并购丙公司属于横向并购。

理由：生产同类产品或生产工艺相近的企业之间的并购属于横向并购。

③甲公司并购丁公司属于纵向并购。

理由：与企业的供应商或客户的合并属于纵向并购。

(2)①甲公司并购乙公司属于同一控制下的企业合并。

理由：参与合并的甲公司和乙公司在合并前及合并后均受 XYZ 集团公司的最终控制。

②甲公司并购丙公司属于非同一控制下的企业合并。

理由：参与合并的甲公司和丙公司在合并前不存在关联方关系。

③甲公司并购丁公司属于非同一控制下的企业合并。

理由：参与合并的甲公司和丁公司在合并前不存在关联方关系。

(3)①甲公司并购乙公司的合并日为 2015 年 6 月 30 日。

甲公司在合并日所取得的乙公司的资产和负债应当按照被合并方(乙公司)的原账面价值计量。

②甲公司并购丙公司的购买日为 2016 年 12 月 31 日。甲公司在购买日所取得的丙公司的资产和负债应当按照公允价值计量。

③甲公司并购丁公司的购买日为 2017 年 6 月 30 日。

甲公司在购买日所取得的丁公司的资产和负债应当按照公允价值计量。

(4)②甲公司并购乙公司不产生商誉。

甲公司支付的企业合并成本与取得的乙公司净资产账面价值份额之间的差额，应当冲减甲公司的资本公积(或调整甲公司的资本公积)。

②甲公司并购丙公司产生商誉：

$$商誉金额=4-3.5\times100\%=0.5(亿元)$$

③甲公司并购丁公司不产生商誉。

甲公司支付的企业合并成本与取得的丁公司可辨认净资产公允价值份额之间的差额，应当计入合并当期损益(或合并当期营业外收入)。

(5)①实现了组织人事整合。

②实现了战略整合和业务整合。

③实现了制度整合和企业文化整合。

第三章　合并会计报表

1. (1)20×8 年 1 月 2 日

抵销分录为：

借：股本	2 400
资本公积	3 200
盈余公积	1 000
未分配利润	1 600

贷：长期股权投资　　4 920
　　少数股东权益　　3 280

长期股权投资=8 200×60%=4 920（万元）

少数股东权益=8 200×40%=3 280（万元）

被合并方在合并前实现的留存收益中归属于合并方的部分，自合并方资本公积转入留存收益：

借：资本公积　　1 560
贷：盈余公积　　600
　　未分配利润　　960

盈余公积=1 000×60%=600（万元）

未分配利润=1 600×60%=960（万元）

(2)20×8 年 12 月 31 日

调整分录：

借：长期股权投资　　780
　　贷：投资收益　　660
　　　　资本公积　　120

投资收益=1 100×60%=660（万元）

资本公积=200×60%=120（万元）

抵销分录为：

借：股本　　2 400
　　资本公积　　(3 200+200) 3 400
　　盈余公积　　(1 000+110) 1 110
　　未分配利润　　(1 600+990) 2 590
　　贷：长期股权投资　　(4 920+780) 5 700
　　　　少数股东权益　　(3 280+520) 3 800

借：投资收益　　660
　　少数股东损益　　440
　　未分配利润——年初　　1 600
　　贷：未分配利润——提取盈余公积　　110
　　　　　　　　　——向股东分配利润　　0
　　　　　　　　　——年末　　2 590

(3)20×9 年 12 月 31 日

调整分录：

借：长期股权投资　　720
　　贷：投资收益　　540
　　　　资本公积　　180

投资收益=900×60%=540（万元）

资本公积=300×60%=180(万元)

借：长期股权投资 780

贷：未分配利润 660

资本公积 120

投资收益=1 100×60%=660(万元)

资本公积=200×60%=120(万元)

抵销分录为：

借：股本 2 400

资本公积 (3 200+200+300) 3 700

盈余公积 (1 000+110+90) 1 200

未分配利润 (1 600+990+810) 3 400

贷：长期股权投资 (4 920+780+720) 6 420

少数股东权益 (3 280+520+480) 4 280

借：投资收益 540

少数股东损益 360

未分配利润——年初 2 590

贷：未分配利润——提取盈余公积 90

——向股东分配利润 0

——年末 3 400

2. (1) 甲公司取得乙公司 70%股权的成本=1 400×15=21 000(万元)：

借：长期股权投资 21 000

管理费用 20

贷：股本 1 400

资本公积——股本溢价 19 300

银行存款 320

(2) 甲公司编制购买日合并财务报表应确认商誉=21 000–27 000×70%=2 100(万元)：

借：存货 600

固定资产 2 400

贷：资本公积 3 000

借：股本 6 000

资本公积 (5 000+3 000) 8 000

盈余公积 1 500

未分配利润 11 500

商誉 2 100

贷：长期股权投资 21 000

少数股东权益 8 100

(3) 甲公司 20×7 年 12 月 31 日的账务处理：

乙公司利润表中实现净利润 9 000 万元；

乙公司调整后净利润=9 000−（8 600−8 000）−[16 400−（80 000−66 000）]/ 10=8 160（万元）；
乙公司调整后年末未分配利润=11 500+8 160−900−4 000=14 760（万元）；
甲公司对乙公司投资收益=8 160×70%=5 712（万元）。

借：长期股权投资　5 712
　　贷：投资收益　5 712
借：长期股权投资　350
　　贷：其他综合收益　350
借：投资收益　2 800
　　贷：长期股权投资　2 800

（4）20×7 年 12 月 31 日合并报表抵销分录：

借：股本　6 000
　　资本公积　（5 000+3 000）8 000
　　其他综合收益　500
　　盈余公积　（1 500+900）2 400
　　未分配利润　（11 500+8 160−900−4 000）14 760
　　商誉　2 100
　　贷：长期股权投资　24 262
　　　　少数股东权益　9 498
借：投资收益　5 712
　　少数股东损益　2 448
　　未分配利润——年初　11 500
　　贷：未分配利润——提取盈余公积　900
　　　　　　　　　——向股东分配利润　4 000
　　　　　　　　　——年末　14 760

3.（2014 年中级会计职称考试题）（答案中的金额单位用万元表示）

（1）2013 年 1 月 1 日

借：长期股权投资　15 000
　　坏账准备　800
　　营业外支出——重组损失　200
　　贷：应收账款　16 000

（2）甲公司在 2013 年 1 月 1 日编制合并财务报表时应确认的商誉=15 000−20 000×70%=1 000（万元）。

（3）

①内部交易固定资产抵销

借：营业收入　3 000
　　贷：营业成本　2 400
　　　　固定资产——原价　600

②内部应收款项抵销

借：应付账款　3 000

贷：应收账款　　3 000

借：应收账款——坏账准备　　90

贷：资产减值损失　　90

③长期股权投资抵销

借：股本　　10 000

资本公积　　5 000

盈余公积　　2 000

未分配利润　　3 000

商誉　　1 000

贷：长期股权投资　　15 000

少数股权权益　　6 000(20 000×30%)

(4)甲公司出售乙公司的股份的净损益(投资收益)=15 320–15 000=320(万元)

2014 年 12 月 31 日

借：银行存款　　15 320

贷：长期股权投资　　15 000

投资收益　　320

(5)甲公司编制 2014 年 12 月 31 日合并资产负债表时，乙公司从处置日开始不再是母公司的子公司，不应继续将其纳入合并财务报表的合并范围，不调整合并资产负债表的期初数；甲公司编制 2014 年合并资产负债表时，需列示乙公司期初到处置日的资产、负债、所有者权益；编制 2014 年合并利润表时，需列示乙公司 2014 年的收入、费用、利润，其中利润列示 300 万元；编制 2014 年合并现金流量表中“处置子公司及其他营业单位收到现金”项目列示处置金额。

(6)

①

借：营业收入　　1 300

贷：营业成本　　1 300

借：营业成本　　60

贷：存货　　60[(130–100)×2]

②

借：投资收益　　500

贷：长期股权投资　　500

丙公司调整后的净利润=960–(130–100)×2=900(万元)

借：长期股权投资　　900

贷：投资收益　　900

③

借：股本　　150 000

资本公积　　60 000

盈余公积　　30 000

未分配利润　　40 400(40 000–500+900)

贷：长期股权投资　　280 400（280 000−500+900）

④

借：投资收益　　900

未分配利润——年初　　40 000

贷：未分配利润——年末　　40 400

对所有者的分配　　500

⑤甲公司与乙公司之间的调整抵销分录：

个别报表中确认投资收益=15320−15000=320（万元）

合并报表中确认投资收益=15320−（20000+300）×70%−1000=110（万元）

合并报表中应调减投资收益=320−110=210（万元）

比较好的调整分录是：

借：投资收益　　210（300×70%）

少数股东损益　　90

子公司费用

贷：子公司收入

4.（2016年中级会计职称考试题）

（1）合并财务报表中按照权益法调整，取得投资当年应确认的投资收益=6 000×80%=4 800（万元）；

借：长期股权投资　　4 800

贷：投资收益　　4 800

应确认的其他综合收益=400×80%=320（万元）；

借：长期股权投资　　320

贷：其他综合收益　　320

分配现金股利调整减少长期股权投资=3000×80%=2400（万元）。

借：投资收益　　2 400

贷：长期股权投资　　2 400

调整后长期股权投资的账面价值=18 400+4 800−2 400+320=21 120（万元）。

抵销长期股权投资和子公司所有者权益：

借：股本　　6 000

资本公积　　4 800

盈余公积　　1 800

未分配利润——年末　　13 400（11 000+6 000−600−3 000）

其他综合收益　　400

贷：长期股权投资　　21 120

少数股东权益　　5 280

借：投资收益　　4 800

少数股东损益　　1 200

未分配利润——年初　　11 000

贷：提取盈余公积　　600

对所有者(或股东)的分配 3 000
未分配利润——年末 13 400

(2)2014 年 12 月 31 日内部购销交易相关的抵销分录：

借：营业收入 2 000
　　贷：营业成本 2 000
借：营业成本 240
　　贷：存货 240
借：存货 200
　　贷：资产减值损失 200
借：应付账款 2 000
　　贷：应收账款 2 000
借：应收账款 100
　　贷：资产减值损失 100
借：营业外收入 700
　　贷：无形资产 700
借：无形资产 70(700/5×6/12)
　　贷：管理费用 70

(3)2015 年 12 月 31 日内部购销交易相关的抵销分录：

借：未分配利润——年初 240
　　贷：营业成本 240
借：存货 200
　　贷：未分配利润——年初 200
借：营业成本 200
　　贷：存货 200
借：应收账款 100
　　贷：未分配利润——年初 100
借：资产减值损失 100
　　贷：应收账款 100
借：未分配利润——年初 700
　　贷：无形资产 700
借：无形资产 70
　　贷：未分配利润——年初 70
借：无形资产 140(700/5)
　　贷：管理费用 140

第四章　金融资产与金融负债

1. (1)20×6 年 5 月 1 日购入股票

借：可供出售金融资产——成本 [600×(15−0.2)]8 880

应收股利　　(600×0.2) 120

贷：银行存款　　9 000

(2) 20×6年5月10日，黄河公司收到长江公司发放的上年现金股利：

借：银行存款　　120

贷：应收股利　　120

(3) 20×6年12月31日，该股票的市场价格为14元/股。黄河公司预计该股票的价格下跌是暂时的。

确认股票公允价值变动=600×14−8 880=−480（万元）

借：其他综合收益——可供出售金融资产公允价值变动　　480

贷：可供出售金融资产————公允价值变动　　480

(4) 20×7年12月31日，该股票的市场价格为13元/股。黄河公司预计该股票的价格下跌是暂时的。

确认股票公允价值变动=600×(13−14)=−600（万元）

借：其他综合收益——可供出售金融资产公允价值变动　　600

贷：可供出售金融资产——公允价值变动　　600

(5) 20×8年，长江公司因违犯相关证券法规，受到证券监管部门查处。受此影响，长江公司股票的价格发生下跌。至20×9年12月31日，该股票的市场价格下跌到6元/股。

确认股票投资的减值损失=(8 880−480−600)−600×6=4 200（万元）。

借：资产减值损失　　4 200

贷：可供出售金融资产——公允价值变动　　4 200

借：资产减值损失　　(480+600) 1 080

贷：其他综合收益——可供出售金融资产公允价值变动　　1 080

(6) 20×9年，长江公司整改完成，加之市场宏观面好转，股票价格有所回升，至12月31日，该股票的市场价格上升到10元/股。

确认股票价格上涨=600×10−(8 880−480−600−4 200)=2 400（万元）

借：可供出售金融资产——公允价值变动　　2 400

贷：其他综合收益——可供出售金融资产公允价值变动　　2 400

2. (1) 假设实际利率为 r，则 1 000×(P/F，r，5)+1 000×5%×(P/A，r，5)=1 126.68（万元）。

当 r=2%时，1 000×(P/F，2%，5)+1 000×5%×(P/A，2%，5)=1 140.65（万元）；

当 r=3%时，1 000×(P/F，3%，5)+1 000×5%×(P/A，3%，5)=1 090.95（万元）；

采用内插法，计算得出 r=2.28%。

(2) 20×6年1月1日，黄河公司取得金融资产的入账价值=1 120+6.68=1 126.68（万元）。

相关分录：

借：持有至到期投资——成本　　1 000

——利息调整　　126.68

贷：银行存款　　1 126.68

(3) 20×6年年底，该项持有至到期投资的摊余成本=1 126.68−(1 000×5%−1 126.68×2.28%)=1 102.37（万元）。

相关分录为：

借：应收利息　　50

　　贷：持有至到期投资——利息调整　　24.31

　　　　投资收益　　。25.69

借：银行存款　　50

　　贷：应收利息　　50

(4) 20×7 年 12 月 31 日，黄河公司应确认的投资收益=1 102.37×2.28%=25.13(万元)。

借：应收利息　　50

　　贷：持有至到期投资——利息调整　　24.87

　　　　投资收益　　25.13

借：银行存款　　50

　　贷：应收利息　　50

计提减值准备前，该项持有至到期投资的摊余成本=1 102.37−24.87=1 077.5(万元)。

20×7 年年末应计提的减值准备=1 077.5−1 050=27.5(万元)。

借：资产减值损失　　27.5

　　贷：持有至到期投资减值准备　　27.5

3. 资料(1)中，甲公司委托贷款出售的会计处理不正确。

理由：由于甲公司将贷款转让后不再保留任何权利和义务，因此，贷款所有权上的风险和报酬已经全部转移给某金融资产管理公司，甲公司应当终止确认该批贷款。

正确会计处理：甲公司应将所出售的委托贷款予以转销，结转计提的贷款损失准备，将收到的款项与委托贷款账面价值之间的差额计入当期损益。

资料(2)中，甲公司出售应收账款的会计处理不正确。

理由：根据协议，在所售应收债权到期无法收回时，甲公司应偿还中国工商银行损失，这表明与债权有关的风险和报酬并未转移。

正确的会计处理：甲公司应将所售应收债权取得的价款确认为短期借款，不应转销应收账款和确认金融资产转移损益。

资料(3)中，甲公司出售乙公司债券的会计处理正确。

理由：由于甲公司在出售乙公司债券的同时，与丁公司签订了看涨期权合约，且甲公司判断极可能行权，因此，与债券相关的风险和报酬并没有转移给丁公司，甲公司不应终止确认该债券。

资料(4)中存在的不当之处为：按照权益工具在资产负债表日的公允价值，将当期取得的服务计入相关资产成本或当期费用，同时计入负债。

理由：对于权益结算的股份支付，在等待期内的每个资产负债表日，应以可行权权益工具数量的最佳估计为基础，按照权益工具在授予日的公允价值，将当期取得的服务计入相关资产成本或当期费用，同时计入资本公积。

资料(5)中存在的不当之处为：开展套期保值业务应以效益最大化为目标。

理由：企业开展套期保值的目的应是利用期货市场规避现货价格风险，套期保值方案设计及操作管理要遵循风险可控原则。

4．(1)处理不正确。理由如下：

根据企业会计准则的规定，企业将尚未到期的持有至到期投资出售或重分类前的总额较大并且不属于其他例外情况时，应在处置或重分类后立即将其剩余的持有至到期投资重分类为可供出售金融资产。A 公司在处置长江公司部分债券后，应将其持有长江公司剩余债券重分类为可供出售金融资产。

(2)处理不正确。理由如下：

根据长期股权投资会计准则的规定，企业持有对被投资单位不具控制、共同控制或重大影响，并且在活跃市场中没有报价、公允价值不能可靠计量的权益性投资，应当作为长期股权投资。企业持有上市公司限售股权(不包括股权分置改革中取得的限售股权)如果对上市公司不具有控制、共同控制或重大影响的，应当按照金融工具确认和计量会计准则的规定，将该限售股权划分为可供出售金融资产或以公允价值计量且其变动计入当期损益的金融资产(或交易性金融资产)。2×14 年 12 月 31 日，根据该限售股权的划分种类确定公允价值变动的计量，如果划分为可供出售金融资产，期末公允价值变动 200 万元计入资本公积；如果划分为以公允价值计量且其变动计入当期损益的金融资产(或交易性金融资产)，期末公允价值变动 200 万元计入公允价值变动损益。

(3)处理不正确。理由如下：

可供出售金融资产期末公允价值下降，预计未来会发生持续下跌，根据该情况，判断该项债券发生减值，应对该项可供出售金融资产计提减值损失。对于该项债券，A 公司 2×14 年年末确认的投资收益=92×8%=7.36(万元)；2×14 年年末应确认的资产减值损失=92+92×8%−70=29.36(万元)。

(4)处理不正确。理由如下：

根据转让协议，当 C 公司不能偿还货款时，C 公司不能向 A 公司追索，说明 A 公司已将该应收账款所有权上几乎所有的风险和报酬转移了，应终止确认，对于按照协议约定预计将发生的销售退回 9.36 万元确认为其他应收款，同时对转让款项、确认的预计销售退回金额与所转让应收账款账面价值的差额 63.64 万元确认为营业外支出。

第五章　衍生金融工具

(1)上述套期关系中，被套期项目是购买设备的合同。

理由：在购买设备过程中，美元对人民币汇率的变动将引起购买设备公允价值(入账价值)的变动，为了规避公允价值变动风险，指定购买设备的合同为被套期项目。

(2)上述套期关系中，套期工具是欧元的外汇远期合同。

理由：套期工具是指企业为进行套期而指定的、其公允价值或现金流量变动预期可抵销被套期项目的公允价值或现金流量变动的衍生金融工具。购买欧元外汇远期合同，由于欧元对人民币汇率变动引起的公允价值变动预期可抵销在购买设备过程中美元对人民币汇率变动引起的公允价值变动。

(3)上述套期保值可以指定为公允价值套期。

理由：公允价值套期是指对已确认资产或负债、尚未确认的确定承诺公允价值变动进行的套期。

(4) ABC公司预期该套期高度有效。

理由：①20×6年2月1日，81.21万欧元与100万美元按20×6年5月1日的远期汇率换算，仅相差0.2万元(81.21×8.4104–100×6.8280=683–682.8=0.2)；②远期合同和确定承诺将在同一日期结算；③最近三个月，人民币元对欧元、人民币元对美元的汇率变动之间具有高度相关性。

(5) 简要评价

①远期合同和确定承诺的公允价值变动计算表如下：

	2月1日	3月31日	5月1日
A.远期合同			
5月1日结算的欧元/人民币元的远期汇率	8.4104	8.4060	8.3950
金额单位：万欧元	81.21	81.21	81.21
远期价格(81.21万欧元折算成人民币万元)	683	682.65	681.76
合同价格(人民币万元)	(683)	(683)	(683)
以上两项的差额(人民币万元)	0	(0.35)	(1.24)
公允价值(以上差额的现值，假定折现率为6%)	0	(0.35)	(1.24)
本期公允价值变动		(0.35)	(0.89)
B.确定承诺			
5月1日结算用的美元/人民币元远期汇率	6.8280	6.8270	6.8260
金额单位：万美元	100	100	100
远期价格(100万美元折算成人民币万元)	(682.80)	(682.70)	(682.60)
初始远期价格(人民币万元)	682.80	682.80	682.80
以上两项的差额(人民币万元)	0	0.10	0.20
公允价值(上述差额的现值，假定折现率为6%)	0	0.10	0.20
本期公允价值变动		0.10	0.10
C.无效套期部分(以欧元标价的远期合同和以美元标价的确定承诺两者公允价值变动之间的差额)		0.25	0.79

②账务处理如下(单位：人民币万元)：

20×6年2月1日：

无须进行账务处理，因为远期合同和确定承诺当日公允价值均为零。

20×6年3月31日：

借：被套期项目——确定承诺　　0.10

　　贷：套期损益　　0.10

借：套期损益　　0.35

　　贷：套期工具——远期合同　　0.35

20×6年5月1日

借：被套期项目——确定承诺　　0.10

　　贷：套期损益　　0.10

借：套期损益　　0.89

　　贷：套期工具——远期合同　　0.89

借：套期工具——远期合同　　1.24

　　贷：银行存款　　1.24

借：固定资产——设备　　682.80

　　贷：银行存款　　(100×6.826 0) 682.60

　　　　被套期项目——确定承诺　　0.20

简要评价：ABC 公司通过运用套期策略，使所购设备的成本锁定在将确定承诺的购买价格 100 万美元按 1 美元=6.828 0 元人民币进行折算确定的金额上，套期实现了预期目标，套期效果良好。

第六章　股权激励

1．正确答案：B C D

2×12 年，应确认的管理费用=(32−2)×15×6×1/2=1 350(万元)。

借：管理费用　　1 350

　　贷：资本公积——其他资本公积　　1 350

2×12 年年末，2×13 年年末，应确认的管理费用=(32−2−2)×15×6×2/3−1 350=330(万元)。

借：管理费用　　330

　　贷：资本公积——其他资本公积　　330

2×14 年年末，应确认的管理费用=(32−2−2)×15×6×3/3−1 350−330=840(万元)。

借：管理费用　　840

　　贷：资本公积——其他资本公积　　840

行权时，计入资本公积——股本溢价的金额=(32−2−2)×15×3+1 350+330+840−(32−2−2)×15×1=3 360(万元)。(32−2−2)×15×3 是行权时收到的价款，2 520 是股份支付等待期确认的资本公积——其他资本公积。(32−2−2)×15×1 是行权时的股本的金额，差额就是资本公积——股本溢价的金额。

借：银行存款　　1 260(32−2−2)×15×3

　　资本公积——其他资本公积　　2 520

　　贷：股本　　420(32−2−2)×15

　　　　资本公积——股本溢价　　3 360

2．(1)资料(1)属于以现金结算的股份支付。

理由：职工行权时可获得现金，说明是以现金进行结算的。

(2)资料(2)属于以权益结算的股份支付。

理由：高管人员行权时将获得公司的普通股股票，说明是以权益工具进行结算的。

(3)甲公司在 2017 年确定相关的费用时，应采用用 2017 年 12 月 31 日的公允价值。

理由：以现金结算的股份支付，应当按照每个资产负债表日权益工具的公允价值重新计量，确定成本费用。

(4)2018 年属于等待期，2019 年在可行权日之后。

对于现金结算的股份支付，在等待期内的每个资产负债表日，应按每个资产负债表日权益工具的公允价值重新计量，确定成本费用和应付职工薪酬。

在可行权日之后不再确认成本费用，负债(应付职工薪酬)公允价值的变动应当计入当期损益(公允价值变动损益)。

(5)应采用 2016 年 12 月 20 日的公允价值。

理由：在权益结算的股份支付中，权益工具的公允价值应该按照授予日的公允价值确定。

(6)甲公司因高管人员行权增加的股本溢价=100×2×12−200×10=400(万元)。

第七章 租　　赁

1．(1)此项租赁属于经营租赁。因为此项租赁未满足融资租赁的任何一项标准。

(2)甲公司有关会计分录：

①2017 年 1 月 1 日

借：长期待摊费用　　160

　　贷：银行存款　　160

②2017 年 12 月 31 日

借：管理费用　　(240÷2)120

　　贷：长期待摊费用　　80

　　　　银行存款　　40

(3)乙公司有关会计分录：

①2017 年 1 月 1 日

借：银行存款　　160

　　贷：预收账款　　160

②2017 年 12 月 31 日

借：银行存款　　40

　　预收账款　　80

　　贷：租赁收入　　(240÷2)120

2．(1)租赁类别的判断

该租赁归为融资租赁，因为：①租赁年限为 5 年，占租赁资产经济寿命 6 年的 75%以上；②租赁开始日最低租赁付款额的现值几乎相当于租赁开始日租赁资产的公允价值。最低租赁付款额总额为 111 980 元，年租赁付款额为 111 980÷5=22 396 元，最低租赁付款额的现值=22 396×(P_{5-1}，6%，+1)=22 396×4.4651=100 000 元，超过公允价值的 90%。

(2)租金计算表

按照实际利率法分摊未确认融资费用时，利息率采用租赁协议披露的出租人预期投资报酬率 6%。B 公司的租金计算表如下所示：

单位：元

年份	年租金	未确认融资费用	债务偿还额	未偿还债务	应付租赁款
	(1) 111 980÷5	(2) 上一期的(4)×6%	(3)=(1)−(2)	(4)=上一期的(4)−(3)	(5)=上一期的(5)−(1)
2017.1.1				100 000	111 980
2017.1.1	22 396	0	22 396	77 604	89 584
2018.1.1	22 396	4 656.24	17 739.76	59 864.24	67 188
2019.1.1	22 396	3 591.85	18 804.15	41 060.09	44 792
2020.1.1	22 396	2 463.61	19 932.39	21 127.70	22 396
2021.1.1	22 396	1 267.66	21 128.34	0	0
合计	111 980	11 980	100 000		

(3)会计分录

①2017 年 1 月 1 日，租赁开始日

借：固定资产——融资租入固定资产　　100 000
　　未确认融资费用　　1 980
　　贷：长期应付款——应付融资租赁款　　111 980

②2017 年 1 月 1 日，租赁开始日支付第一笔付款额

借：长期应付款——应付融资租赁款　　22 396
　　贷：银行存款　　22 396

③2018 年 1 月 1 日支付租金和分摊未确认融资费用

借：长期应付款——应付融资租赁款　　22 396
　　贷：银行存款　　22 396

借：财务费用　　4 656.24
　　贷：未确认融资费用　　4 656.24

④2019 年 1 月 1 日支付租金和分摊未确认融资费用

借：长期应付款——应付融资租赁款　　22 396
　　贷：银行存款　　22 396

借：财务费用　　3 591.85
　　贷：未确认融资费用　　3 591.85

⑤2020 年 1 月 1 日支付租金和分摊未确认融资费用

借：长期应付款——应付融资租赁款　　22 396
　　贷：银行存款　　22 396

借：财务费用　　2 463.21
　　贷：未确认融资费用　　2 463.21

⑥2021 年 1 月 1 日支付租金和分摊未确认融资费用

借：长期应付款——应付融资租赁款　　22 396
　　贷：银行存款　　22 396

借：财务费用　　1 267.66
　　贷：未确认融资费用　　1 267.66

⑦B 公司每年按折旧年限 5 年计提折旧

借：制造费用　　20 000
　　贷：累计折旧　　20 000

⑧租赁期满时，B 公司按租赁协议将设备归还 A 公司

借：累计折旧　　100 000
　　贷：固定资产——融资租入固定资产　　100 000

第八章　外币交易与外币报表折算

1．(1) 编制 ABC 公司 6 月份外币交易或事项相关的会计分录

①6 月 3 日

借：银行存款——人民币户　　690
　　财务费用——汇兑差额　　10

贷：银行存款——美元户 ($100×7) 700

②6月5日

借：库存商品 81 600

贷：应付账款——美元户 ($1 000×12×6.8) 81 600

③6月10日

借：原材料 3 260 (2 760+500)

应交税费——应交增值税(进项税额) 537.2

贷：应付账款——美元户 ($400×6.9) 2 760

银行存款——人民币户 1 037.2

④6月14日

借：应收账款——美元户 ($600×6.9) 4 140

贷：主营业务收入 4 140

⑤6月20日

借：银行存款——美元户 ($300×6.8) 2 040

贷：应收账款——美元户 ($300×6.8) 2 040

⑥6月25日

借：交易性金融资产——成本 68

贷：银行存款——美元户 ($10×1×6.8) 68

⑦6月30日

计提外币借款利息=1 000×4%×6 / 12=20万美元

借：在建工程 134

贷：长期借款(应付利息)——美元户 ($20×6.7) 134

(2)填表并编制会计分录

外币账户	6月30日汇兑差额(单位：万元人民币)
银行存款(美元户)	−239
应收账款(美元户)	−210
应付账款(美元户)	1 340
长期借款(美元户)	300

银行存款账户汇兑差额=(800−100+300−10)×6.7−(5 600−700+2 040−68)=−239万元(损失)

应收账款账户汇兑差额：(400+600−300)×6.7−(2 800+4 140−2 040)=−210万元(损失)

应付账款账户汇兑差额=(200+400+12 000)×6.7−(1 400+2 760+81 600)=−1 340万元(收益)

长期借款账户汇兑差额=1 000×6.7−7 000=−300万元(收益)

应付利息账户汇兑差额=20×6.7−20×6.7=0

借：应付账款——美元户 1 340

贷：银行存款——美元户 239

应收账款——美元户 210

财务费用——汇兑差额 891

借：长期借款——美元户 300

贷：在建工程 300

(3) 20×4 年 6 月 30 日交易性金融资产的公允价值：11×1×6.7=73.7 万元

借：交易性金融资产——公允价值变动　　5.7 (73.7−68)

　　贷：公允价值变动损益　　5.7

(4) H 商品应计提存货跌价准备=1 000×10×6.8−950×10×6.7=4 350 万元

借：资产减值损失　　4 350

　　贷：存货跌价准备　　4 350

2.

利润表

	金额（万美元）	汇率	折合人民币（万元）
销售收入	3 138	8.1	25 417.8
减：销售成本	1 584	8.1	12 830.4
销售利润	1 554		12 587.4
减：期间费用	430	8.1	3 483
营业利润	1 124		9 104.4
加：营业外净损益	65	8.1	526.5
税前利润	1 189		9 630.9
减：所得税	392	8.1	3 175.2
净利润	797		6 455.7
加：年初未分配利润	497		4 456
减：提取盈余公积	80	8.1	648
减：应付股利	339	8.1	2 745.9
年末未分配利润	875		7 517.8

期末未分配利润=4 456+6 455.7−648−2 745.9=7 517.8

资产负债表

	金额（万美元）	汇率	折合人民币（万元）
现金	500	8.00	4 000
存货	450	8.00	3 600
固定资产	1 100	8.00	8 800
累计折旧	210	8.00	1 680
流动负债	150	8.00	1 200
长期负债	161	8.00	1 288
实收资本	500	8.50	4 250
盈余公积	154	8.00	1 232
未分配利润	875		7 517.8
外币报表折算损益			−767.8

第九章　物价变动会计

1. 根据上述资料，采用一般物价水平会计的程序如下：

(1) 计算货币性项目净额的购买力损益见表 1。

(2) 分别调整货币性项目与非货币性项目，具体调整过程见表 2。

(3) 调整利润表项目，具体见表 3。

(4) 重编原始成本/稳值货币会计报表，见表 4、表 5。

表 1　货币性项目净额购买力损益计算表

单位：元

项目	名义货币额	调 整 系 数	稳值货币额
货币性项目净额年初数	10 000–4 100=5 900	165/110=1.5	5 900×1.5=8 850
货币性项目净额年内变动数	4 300–5 300=–1 000	165/137.5=1.2	–1 000×1.2=–1 200
货币性项目净额年末数	14 300–9 400=4 900	165/165=1	4 900×1=4 900
货币性项目净额购买力损失	8 850+(–1 200)–4 900=2 750		

表 2　货币性项目与非货币性项目调整表

单位：元

项目	期末数
货币性资产	14 300
存货	10 000×165/110=15 000
固定资产	30 000×165/100=49 500
减：累计折旧	2 000×165/100=3 300
调整后资产	75 500
货币性负债	9 400
股本	40 000×165/100=66 000
资本公积	2 900×165/100=4 785
留存收益	75 500–9 400–66 000–4 785=-4 685

表 3　利润表项目调整表

单位：元

营业收入	20 000×165/137.5=24 000
营业成本	
期初存货	8 000×165/100=13 200
加：本期购货	10 000×165/137.5=12 000
减：期末存货	10 000×165/110=15 000
营业成本	10 200
管理费用	4 100×165/137.5=4 920
折旧费	1 000×165/100=1 650
所得税	2 100×165/137.5=2 520
应付股利	4 800×165/137.5=5 760

表 4　资产负债表

2017 年 12 月 31 日

单位：元

资产	期末数	负债及所有者权益	期末数
货币性资产	14 300	货币性负债	9 400
存货	15 000	股本	66 000
固定资产	49 500	资本公积	4 785
减：累计折旧	3 300	留存收益	–4 685
总计	75 500	总计	75 500

表 5　利润表及利润分配相关项目

2017 年度　　单位：元

项目	金额
营业收入	24 000
减：营业成本	10 200
管理费用	4 920
折旧费	1 650
利润总额	7 230
减：所得税	2 520
不包括一般购买力净额损益的净利润	4 710
减：货币性项目净额的购买力损失	2 750
不变币值净收益	1 960
加：年初留存收益	–885
减：应付股利	5 760
年末留存收益	–4 685

2．(1)期初存货数量=1 050÷35=30　　期末存货数量=1 400÷35=40

当年折旧=700–600=100

按现行成本存货期初数=30×40=1 200　　按现行成本存货期末数=40×40=1 600

(2)固定资产可使用年限=1 500÷100=15　已使用 6 年至期初

累计折旧年初数=200÷15×6=800

累计折旧年末数=800+2 000÷15=933

(3)销售成本按现行成本=1 225÷35×40=1 400

折旧费用=933–800=133

(4)存货持产损益

当年已实现=1 400–1 225=175

当年未实现=(1 600–1 400)–(1 200–1 050)=50

(5)固定资产持产损益

当年已实现=133–100=33

当年未实现=[(2 000–933)–(1 500–700)]–[(2 000–800)–(1 500–600)]=–33

(6)合计持产利得

当年已实现=175+33=208

当期未实现=50–33=17

资产负债表

单位：万元

	期初数	期末数		期初数	期末数
货币资金	568	632	应付账款	420	1 090
应收账款	2 843	3 097	应付票据	220	260
存货	1 200	1 600	长期借款	588	428
固定资产	2 000	2 000	股本	2 960	2 960
减：累计折旧	800	933	资本公积	1 173	967
固定资产净值	1 200	1 067	留存收益	450	691
合计	5 811	6 396	合计	5 811	6 396

利润表

单位：万元

营业收入	2 445
减：营业成本	1 400
营业费用	560
折旧费用	133
营业外支出	130
利润总额	222
减：所得税	146
净利润	76
加：年初留存收益	450
减：应付股利	60
加：当年已实现持产利得	208
加：当年未实现持产利得	17
年末留存收益	691

第十章 债务重组

(1)债务重组日为2017年10月15日。理由：甲公司于2017年10月15日办理完毕固定资产转移手续以及股权增资手续。

(2)A公司取得可供出售金融资产的初始入账金额=100×3.5+2=352(万元)。

后续计量原则：可供出售金融资产应按照公允价值进行后续计量，公允价值变动的金额计入所有者权益，即记入“其他综合收益”科目。

(3)A公司应确认的债务重组损失=800−350−3.5×100−50=50(万元)。

A公司债务重组日的会计处理为：

借：固定资产	350	
可供出售金融资产——成本	352	
坏账准备	50	
营业外支出——债务重组损失	50	
贷：应收账款		800
银行存款		2

(4)甲公司应确认的债务重组利得=800−350−3.5×100=100(万元)。

甲公司债务重组日的会计分录为：

借：固定资产清理	300	
累计折旧	100	
贷：固定资产		400
借：应付账款	800	
贷：固定资产清理		300
股本		100
资本公积——股本溢价		250
营业外收入——债务重组利得		100
——处置非流动性资产利得		50